Kleine Bibliothek 115

Politik Wissenschaft Zukunft

Kurt Finker

Stauffenberg und der 20. Juli 1944

Pahl-Rugenstein

1977 Pahl-Rugenstein Verlag, Köln

Gesamtherstellung: Fuldaer Verlagsanstalt GmbH, Fulda
ISBN 3-7609-0333-9

VORWORT

Nach dem Erscheinen der ersten Auflage dieses Buches sind mir viele Meinungsäußerungen sowohl von Fachhistorikern als auch von anderen historisch interessierten Lesern zugegangen. Diese Hinweise, Einwände und Ergänzungen sowie das Vorhandensein neuer Quellen und Ausarbeitungen machten es notwendig, das Buch vor seiner zweiten Auflage gründlich zu überarbeiten und zu ergänzen. Dabei gewährte mir Günter Wirth wertvolle Unterstützung, für die ihm an dieser Stelle herzlich gedankt sei. Die unvermindert große Nachfrage gebot, die dritte Auflage als nur unwesentlich veränderten Nachdruck der zweiten erscheinen zu lassen. Wenn nunmehr wiederum eine überarbeitete Fassung vorgelegt wird, dann hat das mehrere Gründe. Einige neue Materialien ergänzen und präzisieren das Lebensbild Stauffenbergs und seiner Freunde, ohne daß es jedoch erforderlich gewesen wäre, das Gesamtbild zu revidieren. Fortschritte in der wissenschaftlichen Erkenntnis verlangen die Überprüfung mancher Details, und schließlich macht es sich notwendig, die inzwischen neu vorgetragenen Verzerrungen und Verfälschungen des Stauffenberg-Bildes durch bürgerliche Historiker zurückzuweisen.

Im übrigen gilt nach wie vor das, was schon im Vorwort

zur zweiten und dritten Auflage gesagt wurde. Die richtige Einordnung der darzustellenden Persönlichkeit in die sie umgebenden gesellschaftlichen Bedingungen ist ein Grundproblem bei der Ausarbeitung von Biographien. Ein Lebensbild Stauffenbergs geben zu wollen, erfordert in besonderem Maße, die Einflüsse zu untersuchen, denen er in den verschiedenen Lebensabschnitten unterlag und die seine Entwicklung bestimmten. Graf Stauffenberg war ein Angehöriger der herrschenden Klasse, er war von Herkunft und Entwicklung keineswegs dazu bestimmt, dem historischen Fortschritt zum Durchbruch zu verhelfen. Für ihn galt mehr als für manchen anderen, was Karl Marx im „Achtzehnten Brumaire" schrieb: „Die Menschen machen ihre eigene Geschichte, aber sie machen sie nicht aus freien Stücken, nicht unter selbstgewählten, sondern unter unmittelbar vorgefundenen, gegebenen und überlieferten Umständen. Die Tradition aller toten Geschlechter lastet wie ein Alp auf dem Gehirne der Lebenden."[1] Es wurde versucht, den Einfluß der gesellschaftlichen Umweltbedingungen auf die Entwicklung Stauffenbergs vom Aristokraten zum fortschrittlichen Patrioten schärfer nachzuzeichnen, um sichtbar zu machen, inwieweit es ihm gelungen war, die „gegebenen und überlieferten Umstände" geistig zu überwinden und zu neuen Positionen zu gelangen.

Ist eine historische Biographie ohnehin schon ein kompliziertes Unternehmen, so steigern sich die Schwierigkeiten bei dem vorliegenden wissenschaftlichen Gegenstand aus den erwähnten Gründen noch um ein beträchtliches. Bewunderung und Kritik, „die eine wie die andere in gleichem Maße", gehören zu einer guten Biographie, so urteilt Franz Mehring im Vorwort zu seiner berühmten Lebensbe-

schreibung von Karl Marx, dem Vorbild für die marxistische biographische Geschichtsschreibung.[2] *Je komplizierter der Gegenstand ist, um so stärker muß das Bemühen sein, die Bewunderung nicht vor der Kritik, vor der sachlichen Distanz des Historikers rangieren zu lassen.*
Noch eines ist bei Franz Mehring zu lernen: „Geschichtsschreibung ist zugleich Kunst und Wissenschaft, und zumal die biographische Darstellung.“[3] *Inwieweit dieser hohen Forderung Genüge getan werden konnte, muß ich dem Urteil des Lesers überlassen.*

KURT FINKER

Jugend und Beruf I

1907–1933

Elternhaus – Schule – Umwelt

„Der 20. Juli hat mir zwar einen Schock versetzt, aber keinerlei Hoffnung in mir erweckt. Wir erfuhren im KZ Dachau unmittelbar von den Ereignissen und waren uns sehr bald darüber im klaren, daß das versuchte Attentat gewiß keine Wandlung zum Guten herbeiführen würde. – Damals war ich noch überzeugt, daß ich – wäre ich damals in Freiheit gewesen – ganz bestimmt an dieser Aktion, an der ja auch meine besonderen Freunde und Brüder von Haeften beteiligt waren, meinerseits teilgenommen haben würde. Meine geistliche Entwicklung läßt mir heute eine solche Teilnahme als unmöglich erscheinen."[1]

„Die Nachricht von dem Attentat auf Hitler im Juli 1944 kam verspätet und recht unbestimmt zu uns ins Lager (Flossenbürg – K. F.). Wir freuten uns natürlich über dieses Signal einer Verschwörung von Männern aus der den Nazis am nächsten verwandten Schicht: wir fluchten, daß der Anschlag mißlungen war; aber als ich hörte, daß der führende Kopf der Verschwörung Carl Goerdeler war, den ich aus meiner Leipziger Zeit als dortigen Oberbürgermeister und den Typus des stockreaktionären Beamten kannte, da wußte ich, daß an der schiefgegangenen Verschwörung nicht mehr verloren war als ein paar gute Männer, die sich für eine zweifelhafte Sache geopfert hatten."[2]

Diese Worte aus einem 1967 geschriebenen Brief des evangelischen Pastors Martin Niemöller und aus den 1969 veröffentlichten Erinnerungen des kommunistischen Funktionärs Fritz Selbmann beleuchten recht deutlich die widerspruchsvolle, komplizierte Situation, die im Juli 1944 in Deutschland eingetreten war. Nach mehr als elf Jahren faschistischer Diktatur, nach fast fünf Jahren blutigen Krieges, der sich jetzt den Grenzen seines Ursprungslandes näherte, hatte sich eine Gruppe von Politikern und Offizieren gegen das herrschende Regime erhoben, eine Gruppe von Menschen also, die bisher diesem Regime gedient hatte. Zwar wurde die Erhebung nach wenigen Stunden niedergeworfen, aber die Frage blieb: Wer waren diese Politiker und Offiziere? Welche Ziele hatten sie? Wer stand hinter ihnen? Wie war ihr Verhältnis zu der von der Kommunistischen Partei Deutschlands geführten antifaschistisch-demokratischen Widerstandsbewegung?

Handelte es sich wirklich nur um „ein paar gute Männer, die sich für eine zweifelhafte Sache geopfert hatten"?

Wir wollen versuchen, auf diese Fragen eine Antwort zu finden.

Im Mittelpunkt des Geschehens an jenem Julitag 1944 stand ein junger Generalstabsoffizier, der bis dahin nur im Kreise der Kameraden und der militärischen Fachleute bekannt geworden war: der Oberst i. G. Claus Schenk Graf von Stauffenberg.

Als nach dem Ende des Krieges die aufgefundenen Quellen es gestatteten, die Hintergründe der Verschwörung vom 20. Juli aufzudecken, sollte es sich bald zeigen, daß die Beurteilung dieses Ereignisses zu einem Prüfstein für die Beurteilung vieler Grundfragen der deutschen Geschichte der jüngsten Zeit wurde. Eine tiefgründige, auf die umfassende Analyse der Quellen gestützte Einschätzung der Verschwörung und ihrer führenden Vertreter gibt die „Geschichte der deutschen Arbeiterbewegung“. Darin heißt es:

„Die Goerdeler-Gruppe wollte die Hitlerregierung durch eine Regierung von Vertrauensleuten des Monopolkapitals und der Militaristen ersetzen, die durch den Hitlerfaschismus nicht zu sehr kompromittiert waren ... Die innen- und außenpolitischen Pläne der Goerdeler-Gruppe verkörperten somit nur eine andere Variante der antinationalen Politik des deutschen Monopolkapitals. Sie zeigte dem deutschen Volk keinen Ausweg, keine Lösung der nationalen Lebensfragen.“[3]

Gleichzeitig wird aber betont, daß an der Verschwörung auch „Patrioten aus Offizierskreisen und dem Bürgertum beteiligt“ waren, die die reaktionäre Konzeption der Goerdeler-Gruppe ablehnten.[4] „Die fortschrittlichsten Kräfte der Verschwörung“, so heißt es weiter, „wirkten in der Gruppe um Stauffenberg. In ihr waren kluge und aufrechte Männer vereint, die keine panische Angst vor dem Volk und keine Illusionen über die imperialistischen Westmächte hatten.“[5]

Diese hohe Wertschätzung des Mannes, der zusammen mit seinen Freunden versucht hat, Hitler zu beseitigen und das verbrecherische Naziregime zu zerschlagen, ist uns Anlaß, sein Leben und seinen Kampf ausführlicher darzustellen und zu würdigen, als es in den Abhandlungen über den 20. Juli 1944 bisher geschehen konnte.

Claus Philipp Maria Schenk Graf von Stauffenberg wurde am 15. November 1907 als dritter Sohn des Grafen Alfred Schenk von Stauffenberg in Jettingen (Bayern) geboren. Kindheit und Jugend standen im Zeichen großer gesellschaftlicher Erschütterungen und weltbewegender Ereignisse.[6]

Der erste imperialistische Weltkrieg von 1914 bis 1918 wühlte die Menschen zutiefst auf und bewirkte, daß die antagonistischen Widersprüche im Imperialismus sich auf das äußerste verschärften. Die Große Sozialistische Oktoberrevolution 1917 in Rußland eröffnete ein neues Zeitalter der Menschheit und bedeutete den ersten Schritt zum Sieg des Sozialismus im Weltmaßstab. Auf einem Sechstel der Erde stürzte die Arbeiterklasse den Kapitalismus und behauptete siegreich die politische Macht gegen alle inneren und äußeren Feinde. Damit bildete sich die allgemeine Krise des Kapitalismus, die mit dem ersten Weltkrieg eingesetzt hatte, voll heraus. Unaufhaltsam war der Prozeß der fortschreitenden Zersetzung des Kapitalismus und der Schwächung seiner inneren Kräfte. Die Novemberrevolution 1918 in Deutschland beseitigte die alte monarchistische Ordnung, beendete den völkervernichtenden Krieg und führte zur Bildung der bürgerlich-parlamentarischen Weimarer Republik. In erbitterten und blutigen Kämpfen wehrten sich die deutschen Arbeiter gegen die vordringende Konterrevolution und gegen die Abwälzung der Kriegs- und Nachkriegslasten auf ihre Schultern. Im Feuer der Novemberrevolution entstand die Kommunistische Partei Deutschlands, jene Partei, die die Arbeiterklasse braucht, um siegen zu können. Die Novemberrevolution hatte gelehrt, „daß nur dann dem deutschen Volke Frieden, Freiheit und Fortschritt gesichert sind, wenn die Führung der deutschen Nation an die Arbeiterklasse übergeht und die Arbeiterklasse ihre historische Mission verwirklicht", daß die Arbeiterklasse ihre historische Aufgabe aber nur dann erfüllen kann, „wenn an ihrer

Spitze eine festgefügte revolutionäre Kampfpartei steht, die sich konsequent und schöpferisch von den Lehren des Marxismus-Leninismus leiten läßt."[7]

Damit sind gleichzeitig auch die Maßstäbe gesetzt, an denen historische Bewegungen und Gestalten dieser Zeit letztlich gemessen werden müssen.

Claus Graf von Stauffenberg entstammte einem in Oberfranken, Württemberg und Bayern verbreiteten Geschlecht, dessen Ahnenreihe bis 1262 nachweisbar ist.

Stauffenberge waren einst zu Fürstbischöfen von Bamberg und Konstanz sowie zu bayrischen Reichsräten berufen worden. König Ludwig II. von Bayern erhob 1874 den Urgroßvater, Freiherrn Franz Ludwig von Stauffenberg, in den Grafenstand, so daß es seitdem eine freiherrliche und eine gräfliche Linie des Geschlechts gab.

Claus war zwei Jahre jünger als seine Zwillingsbrüder Berthold und Alexander. Der Vater stand bis zur Novemberrevolution als Oberhofmarschall im Dienste des württembergischen Königs Wilhelm II. Er war überzeugter Katholik und Monarchist, konservativ in seiner Lebensauffassung, ein Gegner der bürgerlich-demokratischen Republik, jedoch aufgeschlossen und tatkräftig gegenüber den Dingen des praktischen Lebens. Ein Zeitgenosse schildert ihn als „begabt für echte Form der Repräsentation, das Zeremoniell des Hofes, die Ordnung von Festen wie für alle damit im Zusammenhang stehenden praktischen Dinge des Lebens, fern von gefühlvollen Betrachtungen, die er doch mit fast wohlwollendem Spott geißelte", zugleich aber auch als einen „universell begabten Bastler und Handwerker, der selbst tapezieren, elektrische Leitungen verlegen und Möbel wiederherstellen konnte, ebenso wie er in dem mit Liebe gehegten Garten des Lautlinger Landsitzes das Unkraut der Wege jätete, Rosen züchtete, Obstbäume pfropfte und sogar dem Klima der Rauhen Alb Artischocken abtrotzte."[8] Die Hölderlin-Begeisterung seiner Söhne quittierte er mit der nüchternen Bemerkung, „er verstehe nicht, was man jetzt an diesem Dichter finde, den in seiner Jugend kein Mensch gekannt, geschweige gelesen habe".[9] Die Mutter, Gräfin Caroline, war eine geborene Gräfin Üxküll-Gyllenband und Urenkelin Gneisenaus. Jahrelang Hofdame der württembergischen Königin, flüchtete sie, wenn die konventionellen Pflichten es zuließen, in die Welt der Dichtung. Von ihr erbten die Söhne die künstlerische Begabung. „Neben dem, was sie der Stellung und dem Amt des Gatten zu geben hatte, war sie vor allem und zu allen Zeiten die Mutter ihrer Söhne. Sie hat an sie geglaubt, auch wenn sie ihre Wege nicht immer verstand. Sie war als Protestantin der religiösen Erziehung ihrer katholischen Kinder voll tiefen Vertrauens zugetan. Sie scheute keine Aussprache mit Lehrern und Freunden, sie hat in Heidelberg George aufgesucht, um sich selbst beruhigend Gewißheit zu geben über die Bindungen des Kreises; sie hat die Bücher gelesen, die die Söhne in ihrer stürmischen geistigen Entwicklung beschäftigten, und sie hat die Tat des 20. Juli und alle aus ihr entspringenden, für sie trauervollen Geschehnisse klaglos in königlicher Würde und in letztem Einverständnis mit ihren Söhnen bejaht." So der Bericht eines Zeitgenossen bürgerlicher Provenienz, eines Schulfreundes der Brüder Stauffenberg.[10]

Da der Graf sein Amt bei Hofe wahrzunehmen hatte, lebte die Familie meist in Stuttgart, wo die Brüder Stauffenberg das Eberhard-Ludwigs-Gymnasium besuchten. Zwischen den drei Brüdern bestand ein herzliches Verhältnis, das zwischen Claus und Berthold besonders innig war.[11]

Das Alte Schloß, so berichtet Theodor Pfizer, war „die eigentliche Heimat der Stauffenberg-Buben. Hier auf den weiten Galerien, auf der großen Reittreppe, in geheimnisvollen Winkeln und Gemächern trieben sie ihre Räuber- und Kriegsspiele, durchfuhren die Korridore mit dem Holländer und machten mit ihrem Treiben auch vor dem Salon der Gräfin nicht halt; hier hat der sechsjährige Claus dem unbeweglich vor der Wohnung postierten Lakaien die Frackschöße mit einer großen Schere abgeschnitten".[12]
Stuttgart, mit seiner Altstadt reizvoll im Neckartal gelegen, umgeben von Weinbergen und bewaldeten Höhen, bot nicht nur mit seinem Hofleben, sondern auch mit seiner Architektur, seinen künstlerischen Ereignissen, seinen Kulturstätten und nicht zuletzt mit seiner aufblühenden Industrie dem geistig aufgeschlossenen Jungen mannigfache Anregungen.
Doch es waren Zeiten der Krise der alten gesellschaftlichen Ordnung und ihrer Ideologie[13], Zeiten schwerer Erschütterungen, in denen Claus von Stauffenberg aufwuchs. Welchen Einfluß übten Elternhaus, Schule und gesellschaftliche Umgebung auf die geistige Formung des heranwachsenden jungen Mannes aus? Claus von Stauffenberg erlebte eine sorglose Kindheit. Frei von materiellen Nöten, umgeben von der Fürsorge der Mutter, respektiert als privilegierte Angehörige der gesellschaftlichen Oberschicht, behütet und versorgt von den Bediensteten, auf vielfältige Weise angeregt durch Natur und gesellschaftliche Umgebung, alle Möglichkeiten ausschöpfend, die vielseitigen Begabungen zu fördern, wuchsen er und seine Brüder heran, und niemand – am wenigsten sie selbst – zweifelte daran, daß sie einmal den ihnen – wie sie meinten – rechtens zukommenden Platz in der bestehenden Ordnung einnehmen würden.

In dem Monat, als die Novemberrevolution die Fürstenthrone stürzte, wurde Claus elf Jahre alt, seine Brüder waren dreizehn. Der Schulfreund der Stauffenberg-Brüder, Theodor Pfizer, schrieb über ihre Empfindungen in dieser Zeit: „Es waren jene Wochen, in denen wir damals Drei- zehn- und Vierzehnjährigen nicht glauben konnten, daß das Deutsche Reich zerbrechen, die Fürsten abdanken würden. Noch wehte ja auf dem Wilhelmspalais die Königsstandarte, noch hielten im Westen trotz überstürzender Nachrichten die deutschen Truppen dem Ansturm stand, noch schien die alte Ordnung gesichert – die in Bewegung geratenen neuen Mächte kündigten sich freilich wie fernes Grollen des Donners an."[14]
Die revolutionären Ereignisse brachten einige Änderungen in der Stellung der Familie Stauffenberg, die aber ihren Lebensstil nicht wesentlich beeinflußten. Da es keinen König von Württemberg mehr gab, war auch ein Oberhofmarschall nicht mehr vonnöten. Der alte Graf Stauffenberg wurde aber Generalbevollmächtigter des entthronten Königs und Vorstand der Hofkammer und vertrat als solcher die Interessen des ehemaligen Königshauses gegenüber der Republik Württemberg. Seine uneingeschränkte monarchistische Gesinnung bewies er auch dadurch, daß er fortan nicht mehr das ehemalige Hoftheater besuchte, von dessen Hoflogen die Kronen entfernt worden waren. Die weiträumige Wohnung der Familie im Alten Schloß mußte aufgegeben werden. Aber die Dienstwohnung der Herzoglichen Rentkammer in der Stuttgarter Jägerstraße war immer noch großzügig und bedeutete keine wesentliche Einschränkung. Außerdem besaß die Familie nach wie vor ihr Schloß in Lautlingen. Oft war die ehemalige Königin – die sich beim privaten Zusammensein mit der Gräfin

Caroline von Stauffenberg duzte – zu Gast im Stauffenbergschen Hause in Stuttgart oder in Lautlingen. Sie erfuhr hierbei alle Ehrungen, fast, als hätte es die Revolution nicht gegeben.

Überschaut man diese Gegebenheiten, so müßte man meinen, daß der junge Graf Stauffenberg ausschließlich im aristokratischen Milieu aufwuchs, konservativ, der Rückkehr der Monarchie harrend, wirklichkeitsfremd, feindlich gesinnt gegenüber bürgerlich-demokratischen Tendenzen und Entwicklungen. Das stimmt jedoch nur zum Teil. Gewiß waren Konservatismus und monarchistische Einstellung im Hause Stauffenberg vorherrschend. Die Eltern waren jedoch verständnisvoll genug, um den heranwachsenden Söhnen ihre Lebensauffassung nicht bis in alle Einzelheiten vorzuschreiben. Es lebte ein gewisser bürgerlich-liberaler Geist im Hause Stauffenberg, zumindest in dem Sinne, daß die Beschäftigung mit den verschiedenen geistigen Strömungen und Bewegungen der Zeit nicht verpönt war.

Während der Schulzeit schlossen sich Claus und Berthold Stauffenberg der bürgerlichen Jugendbewegung, und zwar den Neupfadfindern, an. Die Neupfadfinder hatten sich aus der Pfadfinderbewegung der Vorkriegszeit, die nach dem Kriege in mehrere Gruppen zerfallen war, abgesondert und unter der Führung des „Regensburger Kreises“ Reformen durchgeführt, die eine Annäherung an die Wandervogelbewegung erleichtern sollten.

Es war nicht die Regel, daß sich junge Aristokraten der bürgerlichen Jugendbewegung anschlossen. Doch in dieser Beziehung hatten sich die Verhältnisse nach dem Kriege etwas geändert, und wir dürfen annehmen, daß dieser Schritt des jungen Stauffenberg ein Ausdruck seines Suchens nach dem Weg in die Zukunft war. Viele Jugendliche auch aus konservativen Kreisen fanden zeitweilig ihre Heimat in den gemeinsamen Wanderungen, in den Lesungen am Lagerfeuer und anderen gefühlsbetonten Gemeinschaftserlebnissen der Jugendverbände. In dem Potsdamer Programm des Bundes von 1920 hieß es: „Wir Neupfadfinder streben nach Erneuerung unseres inneren und äußeren Lebens im Glauben an eine kommende deutsche Kultur. Sie bedarf eines neuen Menschen, und sie führt in ein neues Reich ... Unsere Lebensweise sei herb und kraftvoll. Der neue Mensch und das neue Reich stehen als Ziel vor ihr.“[15]

Diese Art von Weltauffassung mußte dem Empfinden einer Jugend entgegenkommen, die durch die „Wirren“ der Revolution und der Nachkriegskämpfe, deren Wesen sie nicht begriff, ging. Stauffenberg und seine Freunde fanden zunächst kein positives Verhältnis zur Weimarer Republik und deren Führern. Das „unkönigliche“ Verhalten Wilhelms II. von Württemberg, der am Nachmittag des Revolutionstages das Auto bestiegen hatte und in sein Jagdschloß Bebenhausen gefahren, d. h. geflohen war, stieß zwar auf Abneigung. Man beteiligte sich auch nicht an der Verspottung des neuen Mannes Ebert als „Friedrich den Vorläufigen“ oder der neuen Regierung als der „Sattler- und Korbmacher-Regierung“, wie dies in Junker- und Offizierskreisen gang und gäbe war, aber Ebert wurde im allgemeinen doch als keine „besonders starke“ Figur abgelehnt.[16]

„Vieles brach gleichzeitig auf uns herein“, schrieb Theodor Pfizer.[17] So war es nicht verwunderlich, daß diese Jugend vor der „Unbegreiflichkeit des Schicksals“ verharrte, einen Ausweg im „kosmisch-religiösen Sinn alles Seins“[18] suchte und dabei immer stärker – oft unbewußt und ungewollt – in den Sog elitärer und nationalistischer Strömungen geriet. Darauf deuten auch jene Berichte hin, die besagen, daß Rudolf Bindings „Opfergang" und Oswald Spenglers „Untergang des Abendlandes" und „Preußentum und Sozialismus" zur Lektüre der Stauffenberg-Brüder gehörten. Binding wurde später gefeierter Dichter des faschistischen Deutschland, Spengler kündigte im Rahmen seiner „Kulturen"theorie für das Abendland ein Zeitalter des Cäsarismus an, propagierte die Massenverachtung und den Kult des Krieges und setzte der Arbeiterbewegung die These entgegen, daß der preußisch-deutsche Militarismus der eigentliche, wahre Sozialismus sei.

Nach dem Zeugnis Nina Gräfin von Stauffenbergs war die Bindung zur Jugendbewegung sehr stark, denn Claus von Stauffenberg pflegte das, was er tat, mit Intensität zu betreiben. „Wir zogen hinaus in die Berge und Wälder der Heimat, warfen Speere, lasen am Feuer vor dem Zelt den Stern des Bundes (Gedichtband von Stefan George – K. F.), sangen Landsknechtslieder. Bei der Weihnachtsfeier im Dezember 1922 schmückten wir einen nüchternen Schulsaal nach unserer Art, lasen unter dem brennenden Lichterbaum neben den Worten von der Hoffnung, dem Glauben und der Liebe aus dem Korintherbrief Verse Hölderlins und standen singend Hand in Hand mit unseren Lehrern im Ring."[19]

Die Tätigkeit in der Jugendbewegung rief den Unwillen des Vaters hervor, dessen konservativer, doch zugleich praktischer Sinn dafür wenig Verständnis aufbrachte und der die mystische Schwärmerei höchstens verspottete.

Bezeichnend für den im Hause Stauffenberg herrschenden Geist ist jedoch folgender Vorfall: Obwohl der Vater den

Umgang seiner Söhne mit den „Jugendführern“ ungern sah, empfingen sie dennoch einmal einen solchen Führer zu Hause. Trotz seiner Abneigung sorgte der alte Herr dafür, daß für den unerwünschten Besuch die gleichen Gesetze der Gastfreundschaft galten wie für andere Gäste des Hauses.

Claus von Stauffenberg war innige Naturverbundenheit und starke Heimatliebe eigen. Oft zog er mit seinen Freunden durch die Täler und über die Höhen der Schwäbischen Alb, durchstreifte die Wälder, lag sinnend am Lagerfeuer. Die heimatliche Mundart war ihm geläufig. Später, während des Krieges, machte er einmal über den Zusammenhalt der Schwaben die Bemerkung: „Die einzige Loge, die Hitler nicht auflösen konnte, sind die Schwaben.“[20] Während der Ferien hielten sich die Stauffenbergsöhne zumeist in Lautlingen, dem Dorf in dem südwestlichen Teil der Schwäbischen Alb, am Fuße der Balinger und der am Heuberg gelegenen Berge, auf. „Das Schloß ist ein schlichtes Landhaus aus der Mitte des 19. Jahrhunderts an Stelle einer bewehrten Burg, von deren einstiger Anlage noch die Mauern mit vier kleinen Ecktürmen zeugen, schmucklos in seinem Äußeren und Inneren, aber eingebettet in eine Landschaft, die das Herbe der felsumrandeten Albberge mit der befriedeten Stille der Tallandschaft verbindet...“[21] Der junge Claus hatte sich im östlichen Eckturm ein Zimmer mit Feldbett, Tisch und Stuhl, Büchern und Bildern eingerichtet.

Von hier aus unternahm er oft, allein oder mit Freunden, Wanderungen durch die Berge und Täler der Schwäbischen Alb. Theodor Pfizer erinnert sich an so einen Spaziergang mit Claus zum Felsentor, „seinem Lieblingsplatz, einem der hervortretenden, vom Grün der Buchenwälder umsäumten Albfelsen, von dem der Blick hinuntergeht auf die Täler der stillen Landschaft. Wir sprachen von der Zukunft, von dem schmerzensreichen Werden eines neuen Deutschland, von Aufgaben des Staates, den Möglichkeiten, in ihm zu wirken, von Berufswünschen und -hoffnungen. Weder er noch ich wußten damals, welches unser Weg sein würde."[22]

Sehr stark ausgeprägt waren auch die von der Mutter ererbten und geförderten künstlerischen Neigungen. Claus trug sich längere Zeit mit der Absicht, Architektur zu studieren. Er musizierte aber auch gern – er spielte Cello – und hatte gelegentlich die Neigung, Musiker zu werden, gab diesen Plan jedoch auf, als er erkannte, daß er eine bestimmte Leistungsgrenze nicht überschreiten würde. Häufige Konzert- und Theaterbesuche sowie Mitwirkung an Schülerkonzerten und Schüleraufführungen vervollständigen das Bild Claus von Stauffenbergs in diesen Jugendjahren.

Die Eltern sorgten dafür, daß die Söhne im Geiste der römisch-katholischen Konfession erzogen wurden. Claus von Stauffenberg fühlte sich dem katholischen Glauben verbunden, ohne daß er und sein Bruder Berthold regelmäßige Kirchgänger waren.[23] Er behielt sich, wie seine Witwe berichtet, auch auf diesem Gebiete Gewissensfreiheit vor. Er betrachtete die Religion als staats- und moralerhaltend, als wesentlich für die Erziehung der Kinder. „Einer Familie entstammend, die Fürstbischöfe hervorgebracht hatte, sah er sich auf höherer Ebene seiner Kirche verpflichtet. Gerade zum Ende seines Lebens trat der christliche Zug stärker hervor. Ich habe Ursache zu glauben, daß er zuletzt zur Beichte und Kommunion ging. Er hat in Vertretung des Firmpaten seinem ältesten Sohn zur Seite gestanden. Seine Entschlüsse basierten auf seiner christlichen Grundhaltung."[24] Die Stauffenberg-Brüder besuchten das auf eine jahrhundertealte Tradition zurückblickende humanistische Eberhard-Ludwigs-Gymnasium. Das bürgerliche Gymnasium, das auf den Fundamenten „Antike, Christentum und Humanismus" beruhte, war bekannt durch sein hohes geistiges Niveau und eine Vielzahl bedeutender Theologen, Offiziere, Ärzte, Wissenschaftler, Lehrer und Künstler, die hier die Grundlagen ihrer Bildung und Erziehung erhalten hatten.[25] In einer Ansprache vor der Schule im Januar 1959 sagte Alexander von Stauffenberg, daß hier „zu einem nicht unbeträchtlichen Teil die geistigen Grundlagen unserer Existenz gelegt worden sind".[26]

Dr. Eberhard Zeller, der zwei Jahre nach Claus von Stauffenberg am Gymnasium das Abitur ablegte, schildert die Atmosphäre unter der bürgerlichen Jugend in Stuttgart, wie sie die ersten Nachkriegsjahre kennzeichnete: „Die ‚Neue Deutsche Kunst', die sich 1924 in einer weithin wirkenden Ausstellung in Stuttgart darstellte, brachte die Jugend zur Begegnung mit bisher kaum gekannten Möglichkeiten, neue Musik, tonal oft revolutionär, verlockte oder erschreckte, die Kunst der Romanik und die archaische Plastik der Griechen wurde begierig durchforscht und aufgenommen, völkerkundliche Exkurse, in Vorträgen im Linden-Museum dargeboten, lenkten den Blick auf ferne, hohe oder primitive Kulturen – etwa Peru, Bali, Tibet –, Gespräche über Klages oder Spengler, Loheland und Keyserling, über Mary Wigman, Dostojewski, über Rudolf Steiner und die Waldorfschule nahmen schon die Sechzehnjährigen gefangen, sie lasen Thomas Mann, Stefan Zweig und Rilke oder hatten ihre geheime Provinz bei Hofmannsthal, bei George. Bünde der Jugendbewegung warben – oft im Wettstreit miteinander – um junge Mannschaft und pflegten neben der Schule her ihre bewußte eigene Form. Für die Vielfalt des Neuen fanden wir, oft ohne daß wir es merkten oder wollten, eine Auswägung in der Schule in der Holzgartenstraße. Hier gaben Antike und Klassik einen noch sicheren Boden ..."[27] Natürlich war keineswegs alles „neu", was sich dafür ausgab. Dazu noch einmal die Erinnerung Theodor Pfizers, der mit Berthold und Alexander dieselbe Klasse besuchte: „Wir lasen Bindings Opfergang und Bonsels' Biene Maja, deren Inhalt mir Berthold in einer klaren Sommernacht vor dem Felsentor der Schillerhöhle hoch über dem Ermstal bei Urach am verglimmenden Feuer erzählte, Oswald Spenglers Preußentum und Sozialismus und seine morphologischen Thesen vom untergehenden Abendland, Karl Schefflers Geist der Gotik und Wilhelm Worringers Deutungen vorgeschichtlicher Kunst; aber wir haben auch damals ... den Weg zu Goethe und Hölderlin gefunden ...

Diese weite Welt der Fragen, Neigungen und Interessen spiegelte sich auch in den Gesprächen in der Stauffenbergschen Wohnung ... In der Halle oder im Salon der Gräfin waren zur Teestunde die Tore der Gastfreundschaft weit geöffnet; hier wurden beklemmende Schulsorgen gebeichtet, neue Bücher besprochen, Politisches erörtert – Zeitschriften und bibliophile Kostbarkeiten zwischen Teetassen, Gebäck und Toasts zerstreut. Hinter dem Gebäude stieg der in einen Weinberg mündende Garten an, auf dessen Stufen wir oft mit Büchern saßen oder im Gespräche, unter uns Stuttgart im flimmernden Licht des Sommers, eine fast ländlich stille Welt trotz der Nähe des Hauptbahnhofs."[28] In dieser Welt, die Grenzen konservativ-bürgerlichen Denkens keineswegs überschreitend, lebte und lernte auch der Schüler Claus Graf von Stauffenberg. Zeller erinnert sich daran, daß Claus als Persönlichkeit aus der Masse der Gymnasiasten herausragte: „Im Gegensatz zu den zwei älteren, kräftig gebauten Brüdern war Claus Stauffenberg eher zart, und er war längere Zeit von der Schule fern. Uns Jüngeren prägte sich sein Bild als eines ganz dem frohen Musischen hingegebenen Menschen unter der in die Stirne fallenden Welle weichen Haares vor allem von Kammermusikabenden ein, wenn er Cello spielte. Aber wir wußten auch, daß er auf seiner heimatlichen Alb ein guter Skiläufer war und seine Begleiter schon durch tollkühne Schußfahrten in Bestürzung gebracht hatte. Wir waren ganz mit ihm, als er in einer Tell-Aufführung als Stauffacher unserem jugendlichen Drang die Worte von der Freiheit vorsprach. ... Während die Mitschüler in Berthold den späteren Diplomaten vorgezeichnet sahen, dachten sie Claus Stauffenberg künftig in einem künstlerischen Beruf."[29]

Finanzielle Existenzsorgen kannte die Familie Stauffenberg nach wie vor nicht. Das nach 1918 zwar veränderte, aber nach wie vor einträgliche Amt des Grafen sicherte ihr materiellen Wohlstand, der es erlaubte, den Söhnen eine umfassende Bildung zukommen zu lassen. Als Claus wegen Erkrankung aus der Schule ausscheiden mußte, erhielt er in Lautlingen Privatunterricht.

Claus von Stauffenberg legte am 5. März 1926 – drei Jahre nach seinen Brüdern – das Abitur mit der Gesamtnote „befriedigend" ab. Die Einzelnoten lauteten: Deutscher Aufsatz – befriedigend; Geschichte der deutschen Literatur – befriedigend; Einführung in die Philosophie – befriedigend; Lateinisch – genügend; Griechisch – befriedigend; Französisch – gut; Geschichte und Erdkunde – gut; Mathematik –

gut; Naturgeschichte – befriedigend.[30] Waren diese Ergebnisse im Rahmen der gesamten Klasse auch durchaus noch gut[31], so spiegelten sie doch nicht sein wahres Leistungsvermögen wider. Die Krankheit hatte ihn sehr behindert, so daß er als Externer das Abitur ablegen mußte.

Im Jahre 1923 wurden die Brüder Stauffenberg mit dem Dichter Stefan George bekannt gemacht und von diesem in seinen Kreis aufgenommen. Sie haben bis zu ihrem Tode Stefan George, dem „Meister", große Verehrung entgegengebracht.[32] Claus konnte viele seiner Gedichte auswendig und weilte so oft wie möglich in seinem Kreis. Als er ab 1926 in der Reichswehr Dienst tat, fanden die äußerlichen Beziehungen nur noch in gelegentlichen Besuchen ihren Ausdruck. Obgleich Claus von Stauffenberg nicht zu dem engsten Freundeskreis des Dichters gehörte (im Unterschied zu Berthold, dem George sogar ein Gedicht widmete), hat die Begegnung mit ihm doch große geistige Wirkung auf ihn ausgeübt. Nach dem Titel eines Gedichtes von George aus dem Band „Das Neue Reich" soll sich die Gruppe um Stauffenberg in den Jahren 1943/44 „Geheimes" oder „Heimliches Deutschland" genannt haben.[33]

Es wird berichtet, daß George an Claus von Stauffenberg nie etwas auszusetzen hatte – im Gegensatz zu vielen anderen Mitgliedern seines Kreises. Er gab ihm auch keinen „Übernamen", wie er es sonst mit seinen Anhängern zu tun pflegte.[34]

Stefan George (1868–1933), der sich seit 1931 zumeist in der Schweiz aufhielt, starb am 4. Dezember 1933 in Locarno. Claus von Stauffenberg hielt zusammen mit anderen Freunden die Totenwache in der Kapelle des Dorffriedhofs von Minusio.

Was band Claus von Stauffenberg an jenen Dichter, von

dem Arnold Zweig sagte, daß er im „Dunstkreis einer prunkvollen cäsarischen, ja byzantinischen Einsamkeit" lebte?[35]

Von der äußeren Erscheinung Georges entwirft Arnold Zweig folgendes Bild: „Traf man dann auf dem Weg zur Heidelberger Schloßstiege, im ersten Nachkriegssommer, einen Mann, unter Mittelgröße, gehüllt ins dunkle Lodencape und fast ärmliche Kleidung, der, ohne Hut, das Gesicht eines zaubernden Gnomen durch das milde Licht trug, gelblichgrau, mit Augen, Kinn und Stirnbögen, von denen eine magische Besessenheit ausstrahlte, so war das der wirkliche Stefan George. Und ohne weiteres leuchtete ein, daß empfindliche, zur Unterwerfung neigende Begabungen gewissen Ranges sich der Wucht dieser Stirn beugen mußten ..."[36]

Nun war aber Claus von Stauffenberg keineswegs – trotz seiner Jugend – eine zur Unterwerfung neigende Natur. Er war bereit zur Verehrung des Verehrungswürdigen, nicht aber zur Unterwerfung. Es muß also mehr gewesen sein als nur die psychische Ausstrahlung eines außergewöhnlichen Einzelmenschen.

Zweifellos hatten zunächst einmal Georges frühe Gedichte, „jener herrlich reine Klang, mit dem sich die einsame Seele in die Landschaft bettet",[37] ihre Wirkung auf den kunstliebenden, allem Schönen aufgeschlossenen Jungen getan. Dazu kamen menschliche Zuneigung und Freundschaft, die Ehrfurcht und Bewunderung des Jüngeren gegenüber dem Älteren, Erfahreneren.[38] Stefan George, der schon 1890 seine erste Gedichtsammlung veröffentlicht und zwei Jahre später als Sprachrohr seiner Anschauungen und als Organ jenes Kreises von Anhängern, der sich bald um ihn scharte, die „Blätter für die Kunst" begründet hatte, war ein Dichter, dessen Schöpfungen die geistige Krise des Bürgertums in der Zeit des Übergangs zum Imperialismus und der revolutionären Erschütterungen deutlich widerspiegelten. George verurteilte den kapitalistischen Kunstbetrieb, mit ihm aber die gesamte, als verderbt empfundene Gegenwart. „Die Poesie", so analysiert der Greifswalder Literaturwissenschaftler Bruno Markwardt Georges Kunstauffassung, „duldet keine anderen Götter neben sich, vor allem nicht die Politik. Das Kunstanschauliche will sich bewußt frei halten vom Weltanschaulichen: ‚alles staatliche und gesellschaftliche ausscheidend'. Betont werden jene ‚weltverbesserungen und allbeglückungsträume' abgewehrt, in denen man von naturalistischer Seite ‚den keim zu allem neuen sieht'. Derartige Utopien mögen wohl ‚sehr schön sein', gehören indessen in ein anderes Gebiet ‚als das der dichtung' ... Man hält zudem die ‚tat des einzelnen' für im Endertrag ‚fruchtlos', da noch ‚niemals' in dem Grade ‚wie heute eine herrschaft der massen' den Ausschlag gegeben hat. Immerhin wird in Erwägung gezogen, daß ‚gelegenheiten denkbar' seien, wo auch der Künstler das Schwert ergreifen müsse (...): aber vorerst ist man der hochgemuten Meinung, daß der Künstler ‚über allen diesen welten- staats- und gesellschafts-wälzungen (so!) ... als bewahrer des ewigen feuers' stehe."[39]

Die äußerliche Ablehnung des Politischen war selbstverständlich auch ein Politikum. Verachtung der Demokratie und der Massen, Herrenkult, Prophetie und Sendungsbewußtsein waren bei George gepaart mit der visionären, in antiken und mittelalterlichen Leitbildern wurzelnden Konzipierung eines „neuen Reiches", in der einer Elite, einem neuen Adel, die Herrschaft vorbehalten sein sollte. Ein neues heroisches Zeitalter unter Führung dieser Elite sollte die verderbte Gegenwart ablösen. Nietzsches geistige Patenschaft war hier unverkennbar.[40] George schrieb seine Gedichte für einen Kreis von Auserwählten. Um dem Ungewöhnlichen, dem Alltagsfremden und Besonderen auch äußerlich Ausdruck zu verleihen, änderte er das Schriftbild durch willkürliche Handhabung der Satzzeichen und Kleinschreibung der Hauptwörter. Dieser Schreibweise bediente sich zuweilen auch Stauffenberg in Privatbriefen. Zweifellos gehören George und sein Kreis zu dem, was Hugo von Hofmannsthal und andere die „konservative Revolution" nannten. Natürlich handelte es sich hier nicht wirklich um eine Revolution, sondern um eine aus konservativer Geisteshaltung gewachsene Gegenbewegung sowohl gegen die Ausbreitung revolutionären marxistischen Ideengutes und der damit verbundenen revolutionären Erschütterungen, vor allem der Pariser Kommune und der Großen Sozialistischen Oktoberrevolution, als auch gegen die mit der imperialistischen Entwicklung verbundenen Verfallserscheinungen auf geistigem Gebiet. Ihrem Wesen nach ist diese „konservative Revolution" letztlich konterrevolutionär, weil sie darauf abzielt, dem revolutionären Drängen der Arbeiterklasse Einhalt zu gebieten und durch gewisse Teilerneuerungen das bestehende politische und geistige System widerstandsfähiger zu machen und gegen die Revolution zu immunisieren.

Stefan George sammelte nicht nur einen Kreis namhafter Intellektueller um sich, sondern übte auch „eine nachhaltige Wirkung auf die gebildete großbürgerliche (und nicht nur großbürgerliche – K. F.) Jugend jener Jahrzehnte aus."[41]

Als 1923 der sechzehnjährige Claus von Stauffenberg auf George traf, hatte sich die Krisensituation unter der gebildeten bürgerlichen Jugend noch verschärft. Oktoberrevolution in Rußland, Novemberrevolution in Deutschland, Einsturz alter Ordnungen, Bürgerkriegskämpfe, der Versailler Vertrag mit seinen katastrophalen Auswirkungen hatten das Denken und Fühlen tief erschüttert. Wie andere, so sah auch der junge Stauffenberg in George den Rufer, den Seher, der, die „Wirren" der Zeit überwindend, das Bild eines „neuen Reiches" malte – ohne klare Konturen zwar, aber vielleicht deshalb besonders anziehend. Alexander von Stauffenberg hat berichtet, wie stark George und sein Kreis auf die Jungen wirkte: „Die ersten Jahre, die wir, meine Brüder und ich, mit den Freunden im Umkreis des Dichters verbrachten, vor allem der Winter 1924/25 in Berlin, waren in seinem Anhauch tief in Glück getaucht und erweckten ein unerhörtes, nie wieder empfundenes Lebensgefühl."[42] Es war, wie Alexander betont, gerade das Werk „Das Neue Reich", das die Brüder besonders ansprach. Um einen Eindruck von dieser Wirkung zu vermitteln, zitieren wir nachfolgend längere Absätze aus einer Gedenkrede auf Stefan George, die Alexander von Stauffenberg 1958 gehalten hat. Selbstverständlich können wir die hier zum Ausdruck kommende Auffassung, die charakteristisch für den Verfasser ist, nicht teilen. Alexander sagte: „Und wenn wir auch mit dem ganzen Werk Georges, das immer wieder gemeinsam gelesen wurde, sehr vertraut waren, das Werk, in dem wir vor allem lebten und webten, das uns – fast möchte ich sagen – innigst nah und zugeeignet war, war lang vor seinem Erscheinen das Neue Reich, von dem wichtigste Teile schon in den letzten Folgen der Blätter für die Kunst veröffentlicht und zugänglich waren."[43] Alexander von Stauffenberg nannte das in diesem Werk enthaltene Gedicht „Burg Falkenstein", das bei der großen Lesung im Dezember 1928 von George selbst gelesen wurde, „ein(en) Lob- und Preisgesang auf das Volk der Deutschen, freilich nicht auf das Deutschland, das ist, sondern auf eine unerhörte deutsche Möglichkeit, die in der Zukunft beschlossen liegt, weil sie schon einmal Wirklichkeit war im Hochmittelalter der Kaiser des Heiligen Reiches ... Indem der Dichter hier die Erfüllung einer deutschen Zukunft – welcher fernen Zukunft? – verheißt, freilich, wie man wohl beweisen könnte, nicht unpolitischen Sinn, gemahnt er zugleich an eine große deutsche Vergangenheit."[44] Nach Alexander von Stauffenberg forderte Stefan George „die Wiederanknüpfung einer Überlieferung", „die seit vielen Jahrhunderten deutscher Zerspaltenheit abgerissen ist: die Erinnerung an das Heilige Reich ... Aber nicht nur im Kaisertraum des Sacrum Imperium verkündete George das Pfand einer schöneren deutschen Zukunft, er sah es auch bei den Griechen, und hier war ihm das Vermächtnis des Seher-Dichters Hölderlin Gewähr ..."[45]

Solche Visionen fanden in der bürgerlichen Jugend der Nachkriegsjahre tiefe Resonanz. Es war charakteristisch für diese Jugend – meist Gymnasiasten und Studenten –, daß ihr Blick für die Realitäten des politischen und sozialen Lebens wenig ausgeprägt war. Mystische Schwärmerei und Elitedenken, zum Teil vermischt mit nationalistischem oder rassistischem Gedankengut, waren hier als typische Erscheinungen anzutreffen. Das von George errichtete Reich des ästhetischen Scheins schien untadelig, vollkommen – ganz im Gegensatz zum Reich der harten Realitäten der damaligen Gegenwart. Georges Verse boten zugleich ästhetischen Genuß und – bewußt oder unbewußt – politische Zuflucht. Hier liegen wohl auch Gründe dafür, weshalb George an den Lagerfeuern und auf den

Heimabenden der Pfadfinder- und Wandervogelgruppen nach dem Weltkrieg viel gelesen und tief empfunden wurde. Es ist sicher nicht übertrieben, von einer George-Schwärmerei in Teilen der bürgerlichen Jugendbewegung zu sprechen.[46]

Ähnlich auch bei Claus von Stauffenberg. Ihm, der am Hofe des Königs von Württemberg aufgewachsen war, der noch keine Beziehung zur neuen Staatsform gefunden hatte, dem die Welt der Arbeiter und ihre Kämpfe fernab lagen, ihm bot George eine geistige Zuflucht, einen neuen Richtpunkt. Er sah in des Dichters „neuem Reich" eine Aufgabe, ein Werk, das mitzugestalten er sich aufgefordert und berufen fühlte. Er sah sich angesprochen als Mitgestalter, als Mitschöpfer. Hier bot sich ein Halt in den unverständlichen „Wirren" der Zeit, hier zeigte sich ein Weg aus der dunklen Gegenwart in die vermeintlich helle Zukunft, eine Wirkung, die durch die zweifellos starke persönliche Ausstrahlung des Dichters noch verstärkt wurde.

Wenn man auch die Ansicht heutiger George-Verehrer, daß die Tat Stauffenbergs vom 20. Juli 1944 aus „Georgischem Geist" erwachsen sei, nicht teilen kann, so muß man andrerseits doch zugeben, daß die Begegnung mit George Claus von Stauffenberg stark beeinflußt und geformt hat. Er, der Feldherrn, Bischöfe und königliche Räte zu seinen Ahnen zählen konnte, teilte Georges Elitedenken und seine Vision von der Herrschaft eines neuen Adels.[47] Aber, und das unterschied ihn von manchen anderen George-Verehrern, diese Ideenwelt erfuhr bei ihm in der Folgezeit eine eigenwillige, keimhaft humanistische, auf die politische Realität gerichtete Interpretation und Umformung. Es prägte sich in ihm die Auffassung, daß die Zugehörigkeit zum Adel nicht das Recht auf Privilegien bedeutet. Überliefert ist ein Gespräch, in dem der junge Stauffenberg erklärte, daß Grundbesitz nur ein Mittel sei zu dem Zweck, der Familie den notwendigen Lebensstandard zu sichern, damit sie den Söhnen eine gute Ausbildung als Offiziere, Beamte oder dergleichen gewährleisten könne. Der Sinn des Lebens sollte nach seiner Meinung nicht in der parasitären Nutznießung des Besitzes bestehen. Im Dienst an der Allgemeinheit sah er die vornehmste Aufgabe.[48]

Seine Witwe, Nina Gräfin Schenk von Stauffenberg, ergänzt diese Feststellung durch folgende Ausführungen: „So ist es ihm, wie uns allen, auch selbstverständlich gewesen, den Sinn des Adels darin zu sehen, daß er Verpflichtung bedeute, die Vorteile, die Erziehung, Stand, Tradition geben mochten, in den Dienst derer zu stellen, die nicht daran teilgehabt hatten. Sei es auch nur durch ein beispielhaftes Leben und Verhalten."[49] Es wird berichtet, daß er den Wunsch hatte, zu Außergewöhnlichem gefordert zu werden. Einen Ausspruch seines Großvaters gebrauchend, verlangte er von einem Führenden, daß er „nicht klein dachte und karg fühlte".[50] Für die Entwicklung einer solchen Lebenseinstellung war natürlich nicht allein das George-Erlebnis bestimmend, hier waren auch andere Einflüsse wirksam. Vor allem, so dürfen wir sicher annehmen, ließ das Erlebnis der Revolution und der großen Klassenschlachten der Nachkriegsjahre in Claus von Stauffenberg die Ahnung aufkommen, daß die Stabilität des bestehenden gesellschaftlichen Systems mit den herkömmlichen Methoden und Mitteln nicht mehr zu gewährleisten war.

Bei allen seinen Äußerungen muß man freilich stets voraussetzen, daß Claus von Stauffenberg keine andere als die bestehende bürgerliche Klassengesellschaft im Auge hatte. Der Dienst an der „Allgemeinheit“, dem er zustrebte, war in praxi der Dienst zur Erhaltung des bestehenden Gesellschaftssystems. Staat und Recht, denen er dienen wollte, schienen ihm ewige, unveränderliche Prinzipien zum Nutzen des ganzen Volkes zu sein – und waren doch in Wirklichkeit nur der Staat und das Recht der herrschenden Bourgeoisie. Jeder Gedanke einer grundlegenden Änderung der vorhandenen Besitz- und Machtverhältnisse aber wäre ihm absurd erschienen. Wenn es indes an dieser Gesellschaft etwas zu verbessern gab – wir dürfen annehmen, daß er das durchaus glaubte –, dann, wie er meinte, durch Tätigsein an Stelle parasitärer Untätigkeit, durch höhere sittliche Verantwortung der zur Führung „Berufenen“, durch ein „beispielhaftes Leben und Verhalten“.

So ist es durchaus kein Widerspruch, daß dem jungen Aristokraten Kastengeist und Überheblichkeit gegenüber einfachen Menschen fremd waren. Während ihrer häufigen Aufenthalte in Lautlingen entwickelte sich ein freundschaftliches Verhältnis der Stauffenberg-Brüder zu den Einwohnern des Dorfes. Das Verhältnis der Brüder zu den Bauern in Lautlingen, einem Industriedorf, war, wie Nina Gräfin von Stauffenberg berichtet, durch gegenseitige Achtung gekennzeichnet. „Die Söhne halfen, wenn es nötig war, den Bauern bei der Ernte, und Claus von Stauffenberg war besonders stolz darauf, daß er nicht nur auf ebenem Boden Gras mähen konnte, sondern sogar die Kunst beherrschte, am Hang zu mähen. Die enge Verbundenheit mit den Ortsansässigen hielt weit über die Jugendzeit hinaus an.“[51] Offensichtlich spielte hierbei die Haltung der Mutter auch eine große Rolle. Obwohl die Gräfin

Caroline von Stauffenberg in dem traditionellen Bewußtsein ihres Standes verharrte, hinderte sie dies nicht, zu den Dorfbewohnern ein menschlich nahes Verhältnis zu finden. Als nach dem 20. Juli 1944 ein Auswärtiger ins Dorf kam, um Unterschriften gegen die Familie zu sammeln, wurde ihm erklärt: „Hier ist keiner, der so etwas unterschreibt! Und wenn – auf die paar Lumpen kommt es nicht an!“[52]

Bei der Betrachtung dieser Verhältnisse darf man natürlich nicht vergessen, daß hier noch stark patriarchalische Zustände herrschten und daß die Stauffenbergs den Dorfbewohnern nicht als Großgrundbesitzer gegenüberstanden. Dadurch traten die objektiven Gegensätze zwischen den Bauern und der aristokratischen Beamtenfamilie nicht so deutlich hervor. Dem jungen Stauffenberg erleichterten diese Kindheits- und Jugenderlebnisse später den Zugang zu Menschen, die nicht seiner Klasse angehörten.

Was die politische Meinung betrifft, so wurde schon vermerkt, daß die Stauffenberg-Brüder keine Freunde der Weimarer Republik waren. Das bedeutete aber nicht, daß sie die Restauration der gestürzten Monarchie wünschten. Die gekrönten Häupter hatten nach ihrer Ansicht im November 1918 kläglich versagt, ihre Re-Inthronisierung wäre ein Zurückdrehen der Geschichte gewesen. Die Stauffenberg-Brüder glaubten die Lösung in der noch unbestimmten Zukunft. Es wird berichtet, daß sie – so grotesk das heute auch klingen mag – vom Reichskanzler Cuno, der nach neunmonatiger extrem arbeiterfeindlicher Politik im August 1923 durch einen Generalstreik gestürzt wurde, einen nationalen Aufschwung erhofft hatten.[53] Den Bürgerbräukeller-Putsch vom November 1923 lehnten sie ab, weil er nicht zur Lösung der Probleme beigetragen habe, aber gleichzeitig folgten Berthold und Alexander einem Aufruf der Tübinger Studentenschaft zur Verteidigung der bestehenden Ordnung gegen die revolutionären Arbeiter und traten als Zeitfreiwillige in das 18. Reiterregiment in Ludwigsburg ein. Claus dürfte zu dieser Zeit kaum andere politische Ansichten gehabt haben.

Überblicken wir das Leben Graf Stauffenbergs bis in die Mitte der zwanziger Jahre, so bietet es durchaus nicht das Bild eines außergewöhnlichen Schicksals. Ein junger Angehöriger der Oberschicht durchläuft seinen „normalen" Bildungsweg, um in der Reihe der Plätze, die für die Herrschenden bestimmt sind, den seinigen zu wählen. Zwar fallen seine anziehende äußere Erscheinung, seine Begabung und seine vielfältigen Interessen auf, auch löst die Begegnung mit George eigenwillige Gedanken und Reflexionen aus, aber sonst ist nichts Besonderes an ihm. Noch unterscheidet er sich nicht wesentlich von anderen jungen Männern der Aristokratie und des Bürgertums.

Reichswehroffizier

Claus von Stauffenberg trat 1926 als Fahnenjunker in das Reiterregiment 17 der Reichswehr in Bamberg ein.

Inzwischen war die Zeit der revolutionären Nachkriegskrise durch die Periode der relativen Stabilisierung des Kapitalismus abgelöst worden. Nach der Niederwerfung der Arbeiterklasse im Herbst 1923 gelang es dem deutschen Finanzkapital, seine ökonomischen und politischen Machtpositionen wieder zu festigen. Ökonomische Grundlage der zeitweiligen Stabilisierung des Kapitalismus war die intensivierte Ausbeutung der Werktätigen, die durch verstärkte Arbeitshetze und das System der kapitalistischen Rationalisierung bewirkt wurde. Das USA-Finanzkapital, das zunehmenden Einfluß auf die imperialistische Welt gewann, unterstützte den deutschen Imperialismus durch Anleihen und Kapitalanlagen, so daß große Teile der deutschen Wirtschaft in amerikanischen Besitz übergingen.

Die Veränderung des Kräfteverhältnisses zugunsten des Monopolkapitals hatte ein Wiedererstarken der Reaktion auf allen Gebieten zur Folge. Im Januar 1925 bildete sich eine Bürgerblockregierung, der zum erstenmal auch Vertreter der schwerindustriell-junkerlich orientierten Deutschnationalen Volkspartei angehörten. An Stelle des verstorbenen sozialdemokratischen Reichspräsidenten Ebert wurde im April 1925 der ehemalige kaiserliche Generalfeldmarschall Paul von Hindenburg zum Reichspräsidenten gewählt. Stahlhelm, Jungdeutscher Orden, Wehrwolf, Tannenberg-Bund und andere militaristische Verbände veranstalteten Aufmärsche, terrorisierten klassenbewußte Arbeiter und trieben eine umfangreiche chauvinistische und antikommunistische Propaganda, die sich nicht nur gegen die KPD und die Sowjetunion richtete, sondern auch die Eroberung französischer, polnischer und anderer fremder Gebiete forderte. Mit wachsender Stärke des deutschen Imperialismus entsprach die durch den Versailler Vertrag von den Westmächten vollzogene Neuaufteilung der Welt nicht mehr dem neuen Kräfteverhältnis. Der deutsche Imperialismus schickte sich an, die Voraussetzungen für die Wiederaufnahme des Kampfes um die Weltherrschaft zu schaffen.[54]

Auf militärischem Gebiet war Deutschland durch die Versailler Bestimmungen starken Beschränkungen unterworfen. Ein offener Bruch des Vertrages war bei dem damaligen Kräfteverhältnis noch nicht möglich. Die militärischen Führer Deutschlands betrieben darum die Wiederaufrüstung teils geheim, teils nutzten sie die Lücken im Friedensvertrag raffiniert aus. So wurde das 100 000-Mann-Heer der Reichswehr in dieser Zeit systematisch zu einer Kaderarmee entwickelt, die den Grundstock für die imperialistische Massenarmee der Zukunft bilden sollte. Es existierte nicht nur ein „Rüstungsamt" als geheime Abteilung mit der Aufgabe, im Zusammenwirken mit der Industrie Maßnahmen für eine wirtschaftliche Mobilmachung vorzubereiten, es wurden auch Pläne ausgearbeitet, die die schnelle Vergrößerung des Heeres von sieben auf 21 Divisionen vorsahen. Die Ausbildung war so angelegt, daß die Soldaten als Unteroffiziere und die Unteroffiziere als Offiziere eingesetzt werden konnten, was nach 1933 in der Wehrmacht auch weitgehend geschah. Systematisch, auf lange Sicht, betrieben die deutschen Militaristen die Vorbereitung für den Revanchekrieg.

Das Offizierskorps der Reichswehr war überwiegend antidemokratisch eingestellt, in ihm herrschten reaktionäre Auffassungen vor. Viele Offiziere stammten aus der ehemaligen kaiserlichen Armee, waren nach wie vor monarchistisch eingestellt und haßten die bürgerlich-demokratische Republik.

Was Stauffenberg zu dem Entschluß führte, Offizier zu werden, ist nicht mehr genau festzustellen, trug er sich doch vorher längere Zeit mit dem Gedanken, den Beruf des Architekten zu ergreifen. Sicher spielten traditionelle Bindungen der Familie, deren männliche Mitglieder seit langem im Staatsdienst standen, hier eine große Rolle. Nach Meinung der Gräfin Stauffenberg könnte auch hier der Einfluß Stefan Georges wirksam gewesen sein.[55] Jedenfalls beruhte die Berufswahl auf seinem freien Entschluß, dies um so mehr, da seine Anfälligkeit gegen Krankheiten doch Bedenken gegen diesen Beruf hätte aufkommen lassen müssen. Nach dem Bild, das wir von dem nunmehr Neunzehnjährigen haben, glaubte er wohl, als Offizier am besten der „Allgemeinheit", wie er sie verstand, nützen zu können. Nach seinen Vorstellungen war das Heer eine Einrichtung, die der ganzen Nation dienen sollte.

Die Stadt Bamberg, die zur zweiten Heimat Graf Stauffenbergs wurde, übte mit ihren kulturgeschichtlichen Schätzen und Sehenswürdigkeiten einen großen Einfluß auf den kunstinteressierten jungen Mann aus. Der viertürmige Kaiserdom mit seinem berühmten Reiterstandbild und der von Riemenschneider stammenden Grabplatte mit den Bildnissen Kaiser Heinrichs II. und der Kaiserin Kunigunde, das mitten im Fluß gelegene Alte Rathaus, die Alte Hofhaltung des Erzbischofssitzes, die eindrucksvolle Barockfassade des Böttingerhauses, der Blick von der Unteren Brücke auf „Klein Venedig" – all das wird sicher seine Bewunderung gefunden haben. Und schließlich hatte in dieser Stadt, wovon noch gegenständliche Erinnerungen zeugten, einst einer seiner Ahnen als Erzbischof residiert.

Stauffenberg verrichtete zunächst ein Jahr lang, wie alle Offiziersanwärter, Truppendienst als Rekrut. Danach kam er zur Infanterieschule nach Dresden, die ebenfalls von allen Offiziersanwärtern absolviert werden mußte, bevor sie an die speziellen Waffenschulen kommandiert wurden. Auf der Infanterieschule in Dresden lernte Stauffenberg den Neffen des späteren Oberbefehlshabers des Heeres Walther von Brauchitsch, Manfred von Brauchitsch, näher kennen. Von ihm stammt folgender Bericht, der weiteren Aufschluß über Wesenszüge Claus von Stauffenbergs gibt: „Wir absolvierten gemeinsam den 1. Offizierslehrgang und befreundeten uns im Laufe dieser neun Monate. Wir besuchten unter anderem Museen und zuweilen auch Gottesdienste in historischen Kirchen, wobei uns nicht in erster Linie die religiöse, sondern die ästhetische Seite – Architektur, Musik – fesselte. Stauffenberg war ein eigenartiger, ein besonderer Mensch, der sich deutlich von dem damaligen Offiziersdurchschnitt abhob. Im preußischen Sinne war er nie ein ‚zackiger Soldat', in seiner Haltung, seinem Auftreten, seinem leicht wiegenden Gang eher salopp, nach damaligen Vorstellungen unmilitärisch. Das hervorstechendste Merkmal an ihm waren seine hervorragenden geistigen Fähigkeiten, sein geschliffener Verstand. Während wir mit dem Unterrichtsstoff unsere Mühe hatten, bewältigte er ihn leicht, begann zusätzlich mit dem Erlernen der russischen Sprache und widmete sich künstlerischer Betätigung.

Stauffenberg war eher zum Wissenschaftler als zum Offizier geboren. Ist sein Entschluß, Offizier zu werden, noch aus der Familientradition verständlich, so fällt mir die Erklärung schwer, warum er auch später Offizier geblieben ist. Ich kann es nur so verstehen, daß die Arbeit als Generalstabsoffizier, die er tat, mehr der wissenschaftlichen Tätigkeit nahestand, während er mit dem Handwerk des Tötenmüssens nicht unmittelbar in Berührung kam.

Stauffenberg lehnte den stumpfen und oft rüden Kasinogeist ab. Freundschaftlicher Geselligkeit durchaus nicht abgeneigt, verurteilte er jedoch Zechereien und Ausschweifungen der Kameraden und nahm dies auch bei seinen Freunden sehr übel.

Seine Einstellung zu den Frauen hatte ebenfalls etwas Eigenes, das durch Zurückhaltung und Ritterlichkeit gekennzeichnet war. Den oberflächlichen Abenteuern der Kameraden mit Frauen stand er mit Ablehnung, ja mit völligem Unverständnis gegenüber. In politischer Hinsicht waren viele Offiziere Monarchisten und sahen im Kronprinzen den künftigen Herrscher Deutschlands. Wir lehnten die Weimarer Republik ab und betrachteten sie als ein Durchgangsstadium, das früher oder später sein Ende finden mußte. Unser Hauptfeind waren die ‚Roten', die Sozialdemokraten, die in der Weimarer Republik in maßgeblichen Regierungsstellen saßen. Der Antikommunismus war für uns eine Selbstverständlichkeit, Kommunisten galten als Abschaum, als undiskutabel."[56]

Diese Äußerungen bestätigen weitgehend das schon Gesagte. Parteipolitisch hatte sich Claus von Stauffenberg nicht festgelegt, verboten doch auch die Gesetze der Weimarer Republik den Soldaten offiziell eine parteipolitische Betätigung, ja sogar die Wahlbeteiligung. Er war konservativ, er liebte die Weimarer Demokratie nicht, aber er hatte einen gewissen Blick für die Realitäten – auch die des politischen Lebens. So unterschied er sich von vielen Offizieren nicht zuletzt dadurch, daß er die Verächtlichmachung der Republik und der Farben Schwarz-Rot-Gold strikt zurückwies, handelte es sich doch dabei um den Staat, dem er seinen Eid als Soldat geleistet hatte.[57] Er war der Auffassung, daß die Reichswehr eine wesentliche Stütze der Nation sein sollte, für deren Sicherheit und Ansehen der Offizier besondere Verantwortung trug, unabhängig davon, welche politische Form dieser Staat hatte und wer an seiner Spitze stand. Er war weit davon entfernt, den Klassencharakter des Staates der Weimarer

Republik zu erkennen und das Wesen der politischen Kämpfe seiner Zeit zu verstehen.

In der dienstfreien Zeit besuchte er, so gut es ging, die alten Freunde. „Sooft er künftig als junger, glänzender Offizier der Reichswehr im Kreise der Freunde erschien“, berichtet Alexander von Stauffenberg, „wirkte er durch sein tathaftes Wesen – er war der Tathafteste von allen –, durch seine hohe Geistigkeit, der er im Gespräch und in blitzenden Einzelreden sieghaften Ausdruck verlieh, durch seine unbändige Vitalität, seine strahlende Heiterkeit und sein ‚prachtvolles Lachen‘ als belebende Kraft.“[58]

Während Manfred von Brauchitsch in Dresden den Dienst quittierte und nach einigen Jahren ein berühmter Autorennfahrer wurde, blieb Claus von Stauffenberg auf dem eingeschlagenen Weg. Nach der obligatorischen Grundausbildung auf der Infanterieschule kam er auf die Kavallerieschule nach Hannover. Obwohl er nicht zu den physisch Stärksten gehörte und gegen Krankheiten anfällig war, erreichte er durch seine Willensstärke, daß er auch in solchen Teilen der Ausbildung, die körperliche Anstrengungen erforderten, sehr gute Leistungen erzielte. Er entwickelte sich zu einem ausgezeichneten Reiter, wobei der Dressur seine besondere Neigung galt. Nach dem Lehrgang in Hannover kehrte er zu seinem Regiment nach Bamberg zurück, wo am 1. Januar 1930 die Beförderung zum Leutnant erfolgte. Von November 1930 bis Februar 1931 hatte er einen Lehrgang in Döberitz zu absolvieren, danach wurde ihm das Kommando über den Minenwerferzug der 1. Eskadron des 17. Reiterregiments übertragen. Seine Beförderung zum Oberleutnant erfolgte am 1. Mai 1933.

Aus diesen Jahren berichtet einer der damaligen Freunde über ihn: „Er hatte keine ‚zwei Seiten‘ oder gar ‚zwei

Böden', er war immer derselbe und war es immer ganz. Hierin lag das Geheimnis seiner persönlichen Ausstrahlung, die Erklärung für seine persönliche Wirkung. Weil er hinter jedem Wort, jeder Meinung, jeder Entscheidung und jeder Handlung stand, ganz, überzeugt und – in allen wesentlichen Dingen – kompromißlos, konnte er auch von anderen Gehör und, wenn er zu befehlen hatte, Befolgung ohne Widerspruch erwarten... Für sein inneres Verhältnis zu einem anderen Menschen – es war bei äußerlich gleich scheinender Liebenswürdigkeit sehr differenziert – war nur dessen innerer Wert, nicht die äußeren Umstände bestimmend. So konnte sein Verhältnis zu manchem Soldaten oder Unteroffizier vertraut und herzlich sein, während irgendeine ‚Prominenz' trotz sichtlicher Bemühungen eine höfliche, aber nicht zu übersehende Distanz nie überwinden konnte. Gegenüber Schwächen anderer war Stauffenberg äußerst nachsichtig, gegenüber unsauberer Gesinnung, auch im kleinen, kompromißlos bis zur Schroffheit... Stauffenbergs warmes und offenes Wesen fand seinen schönsten Ausdruck in seinem von Herzen kommenden, befreienden und mitreißenden Lachen. Mit ihm hat er manche Situation gerettet."[59]

Am 26. September 1933 heiratete Claus von Stauffenberg in Bamberg Nina Freiin von Lerchenfeld, die einem alten oberfränkischen Adelsgeschlecht entstammte. Ihr Vater, Gustav Baron von Lerchenfeld, stand vor dem ersten Weltkrieg im diplomatischen Dienst, ihre Mutter war eine russische Adlige, die der Vater während seiner Tätigkeit in Litauen kennengelernt hatte. Nach dem Rufnamen der Großmutter hatte die Tochter den Namen Nina erhalten. Aus der Ehe gingen fünf Kinder hervor: Berthold (1934), Heimeran (1936), Franz Ludwig (1938), Valerie (1940),

Konstanze (27. Januar 1945).[60] Der Erziehung der Kinder widmete der Vater große Aufmerksamkeit – besonders später, als er sich auf den gefährlichen Weg des Kampfes für die Beseitigung des Hitlerregimes begeben hatte. Ihm war klar, was das bedeutete, und er hatte den Fall eines Mißlingens der Aktion eingerechnet, als er zu seiner Frau sagte: „Einer von uns muß den Kindern erhalten bleiben!“[61]

In Bamberg bewohnte die Familie Stauffenberg das Lerchenfeldsche Haus in der Schützenstraße Nr. 20. In dem geräumigen, aber keineswegs prunkvollen Haus, in dem Bilder, Tafelsilber und Gebrauchsgegenstände an die aus Rußland stammende Schwiegermutter erinnerten (und heute noch erinnern), befand sich das Arbeitszimmer Graf Stauffenbergs, das er auch noch benutzte, wenn er 1943/44 zu kurzem Wochenendurlaub von Berlin nach Hause kam.

Prüft man die Berichte über den jungen Grafen Claus von Stauffenberg, so stellt man fest, daß von verschiedenen Seiten her in auffallender Übereinstimmung die Aufrichtigkeit seines Charakters betont wird, seine Ehrlichkeit anderen und sich selbst gegenüber, seine Sauberkeit, sein Verantwortungsbewußtsein, seine Achtung vor dem anderen Menschen, seine Aufgeschlossenheit und sein scharfer, geschulter Verstand.

Stauffenberg gehörte nicht zu denen, die gedankenlos in den Tag hineinlebten. Er fragte nach dem Sinn des Lebens, nach den Forderungen, die an jeden Menschen gestellt sind. Die Antwort freilich, die er sich selbst auf solche Fragen gab, war nicht nur durch seine psychische Erlebnis- und subjektive Erkenntnisfähigkeit determiniert, sondern mehr noch durch Klassenherkunft, Bildungsweg und gesellschaftliches Milieu.

Er ahnte, daß die alte Welt der Standesunterschiede und Privilegien im Untergehen begriffen war, daß es einen Fortschritt in der Geschichte gab. Stand der junge Aristokrat doch schließlich als Offizier im Dienste der parlamentarischen Republik, die er zwar nicht liebte, gegen die zu frondieren er aber ebenfalls ablehnte. Er glaubte an eine kommende „Erneuerung" des Staates – sicher im Sinne Georges –, jedoch stand für ihn die Frage nach der Staatsform nicht im Vordergrund. Er diente dem Staat und meinte, damit seinem Volke zu dienen. Er glaubte, seinen Platz in der Gesellschaft gefunden zu haben, und hegte keine Zweifel, daß dieser Platz notwendig und moralisch gerechtfertigt sei. Die Erkenntnis, daß dieser Staat ein Machtinstrument der Großbourgeoisie, der Großgrundbesitzer und Militaristen gegen die werktätigen Massen war, existierte für ihn nicht, weil dort, wo er herkam und wo er lebte, eine solche Fragestellung als Absurdität oder als abwegiges Räsonnement gegolten hätte. Die Interessen der Arbeiterklasse, ihre historische Rolle, ihre Kämpfe waren ihm fremd.

Nun hatten allerdings die Wirkungen des nationalen und sozialen Befreiungskampfes der KPD sogar auch Menschen der herrschenden Klasse erreicht. 1928 schloß sich der sächsische Adlige und ehemalige Offizier Arnold Friedrich Vieth von Golßenau (Ludwig Renn) der KPD an; im gleichen Jahr tat diesen Schritt Marie-Luise von Hammerstein-Equord, eine Tochter des späteren Chefs der Heeresleitung; im März 1931 bekannte sich der Reichswehrleutnant Richard Scheringer zu den Zielen der KPD; im Juli des gleichen Jahres erklärten 13 ehemalige Offiziere und Führer bürgerlicher Wehrverbände ihre Bereitschaft, zusammen mit der KPD gegen den Faschismus zu kämpfen. Der

Partei war es gelungen, ihre antifaschistische Front zu verbreitern. Doch mußten diese genannten Fälle Ausnahmen bleiben, Abweichungen von der Regel, die besagte, daß Bourgeoisie, Aristokratie und Militärkaste in ihrer Gesamtheit unversöhnliche Feinde der revolutionären Arbeiterbewegung waren.

II Offizier im faschistischen Deutschland

1933–1943

Die faschistische Diktatur und der Kampf der KPD für die Schaffung einer einheitlichen antifaschistischen Widerstandsfront

Das Jahr 1933 war für das ganze deutsche Volk das Jahr des großen Verhängnisses. Die Errichtung der Nazidiktatur und die daraus folgenden Ereignisse hatten für das Leben jedes einzelnen einschneidende Wirkungen. Auch für den 25jährigen Reichswehrleutnant Stauffenberg war das Jahr eine Wende, obgleich sich an seiner persönlichen Lage zunächst nicht viel änderte.

Am 30. Januar 1933 ernannte der Reichspräsident, Generalfeldmarschall von Hindenburg, den Führer der NSDAP, Adolf Hitler, zum Reichskanzler.

Deutschland wurde, insbesondere nach der Reichstagsbrandprovokation, von einer Welle blutigen Terrors überflutet. Funktionäre der KPD, der SPD, vom Volk gewählte Abgeordnete, humanistische Schriftsteller und Künstler, oppositionelle Geistliche füllten die Gefängnisse und die Konzentrationslager oder waren auf der Flucht vor ihren Henkern. Die Arbeiterorganisationen wurden verboten, die bürgerlichen Parteien kapitulierten und lösten sich auf. Zügellose antikommunistische und chauvinistische Hetze, verbunden mit abgefeimter nationaler und sozialer Demagogie, sollte die fortschrittlichen Kräfte, insbesondere die Kommunisten, vom Volke isolieren und die Massen bereit machen, das faschistische Regime zu unterstützen.

Die Bildung der Regierung Hitler erschien den reaktionärsten Gruppen des deutschen Finanzkapitals, des Junkertums und der Militaristen als die sicherste Garantie gegen die Volksrevolution und als das zuverlässigste Instrument zur Vorbereitung und Führung des Krieges um die Weltherrschaft. Mit der Errichtung der faschistischen Diktatur strebten die aggressivsten Kreise des deutschen Monopolkapitals danach, „den weltweiten Übergang vom Kapitalismus zum Sozialismus, der gesetzmäßig mit der Großen Sozialistischen Oktoberrevolution begonnen hatte, gewaltsam rückgängig zu machen, die Sowjetmacht zu vernichten und die ungeteilte Herrschaft des Weltimperialismus wiederherzustellen“.[1]
Der Faschismus in Deutschland war nicht, wie von bürgerlichen Historikern, Politikern und Publizisten der BRD vielfach behauptet wird, die Diktatur eines Mannes oder einer Partei, er war auch nicht allein das Produkt eines „gewalttätigen Nationalismus“.[2] Die faschistische Herrschaft wurde im Interesse der reaktionärsten Gruppen des deutschen Monopolkapitals errichtet. „Die Hintermänner der faschistischen NSDAP und der Hitlerregierung, die wahren Herren Deutschlands, waren die reaktionärsten Monopolherren, Militaristen und Junker.“[3]
Die Entwicklung des staatsmonopolistischen Kapitalismus erreichte unter den Bedingungen der faschistischen Diktatur ihren bisherigen Höhepunkt in Deutschland. Die Verschmelzung der Macht der Finanzoligarchie mit der Macht des Staates, die völlige Unterordnung des Staatsapparates unter die Herrschaft des Finanzkapitals, die Herrschaft der größten Monopole über das Wirtschaftsleben des Landes waren kennzeichnend für die Lage in Deutschland. Das gesamte gesellschaftliche Leben wurde

von staatsmonopolistischen Formen der Monopolherrschaft durchdrungen.

Innenpolitisch bestand das Ziel der faschistischen Diktatur darin, die Ausbeutung und Niederhaltung der Werktätigen zu sichern und jeden Versuch einer organisierten antifaschistischen Widerstandsbewegung unter Führung der KPD zu liquidieren. Zugleich sollte der staatsmonopolistische Machtapparat aber auch ein Ausbrechen von Teilen der herrschenden Klasse aus der allgemein konzipierten Linie der führenden Kräfte des faschistischen deutschen Imperialismus verhindern.[4] Es erfolgte der Aufbau einer gewaltigen Unterdrückungsmaschine sowohl durch die Umbildung schon bestehender Staatsorgane als auch durch die Schaffung neuer staatlicher Unterdrückungsinstrumente. Zentrale Organisation des faschistischen Terrorapparates wurde die SS.

Die Errichtung der faschistischen Diktatur ließ im Zentrum Europas einen gefährlichen Kriegsherd entstehen.

Bereits am 3. Februar 1933 umriß Hitler in einer Ansprache vor den Befehlshabern der Reichswehr die Ziele, die er im Interesse des deutschen Finanzkapitals zu verwirklichen gedachte: „Ausrottung des Marxismus mit Stumpf und Stiel. Einstellung der Jugend und des ganzen Volkes auf den Gedanken, daß nur der Kampf uns retten kann ... Ertüchtigung der Jugend ... Aufbau der Wehrmacht wichtigste Voraussetzung für Erreichung des Ziels: Wiedererringung der politischen Macht ... Vielleicht Erkämpfung neuer Export-Möglichkeiten, vielleicht – und wohl besser – Eroberung neuen Lebensraumes im Osten und dessen rücksichtslose Germanisierung.“[5] In der Öffentlichkeit jedoch verschleierten die Faschisten ihre wahren Absichten mit Phrasen von „Volksgemeinschaft“, „Gleichberechtigung", „Völkerversöhnung" usw. Es blieb indes keineswegs bei Worten. Systematisch, auf den Vorbereitungen aus der Weimarer Republik aufbauend, erfolgte die Vergrößerung und Neuausrüstung der Armee. Erster Höhepunkt dieser Entwicklung war die Wiedereinführung der allgemeinen Militärdienstpflicht im März 1935. Von 1933 bis zur Zeit vor Kriegsbeginn 1939 vergrößerte sich die deutsche Armee von zehn auf 51 Divisionen. Gleichzeitig erfolgte der Aufbau einer starken Luft- und Panzerwaffe, die in den Blitzkriegsplänen der deutschen Militaristen eine entscheidende Rolle spielen sollte.

Die Kommunistische Partei Deutschlands hatte sich bereits in den Jahren vor 1933 aufopferungsvoll der anwachsenden braunen Flut entgegengestemmt und die Arbeiter Deutschlands zur antifaschistischen Aktionseinheit aufgerufen. Am 30. Januar 1933 überbrachte Walter Ulbricht im Auftrage des ZK der KPD dem Parteivorstand der SPD ein Angebot zum gemeinsamen Vorgehen. In diesem Aufruf wurden die SPD, die freien Gewerkschaften, die christlichen Gewerkschaften und das Reichsbanner aufgefordert, „gemeinsam mit den Kommunisten den Generalstreik gegen die faschistische Diktatur der Hitler, Hugenberg, Papen, gegen die Zerschlagung der Arbeiterorganisation, für die Freiheit der Arbeiterklasse durchzuführen!"[6]

Wie schon vorher, so lehnten die rechten SPD-Führer auch jetzt das gemeinsame Handeln mit den Kommunisten ab. Damit förderten sie die Konsolidierung des faschistischen Regimes.

Auf der illegalen Tagung des ZK der KPD am 7. Februar 1933 im Sporthaus Ziegenhals bei Zeuthen warnte Ernst Thälmann vor jeglichen legalistischen Illusionen. Er stellte fest, daß die Hitlerregierung nur durch den revolutionären

Sturz abgelöst werden könne, daß aber dieser Sturz und der Sieg der proletarischen Revolution nicht unbedingt ein und dasselbe sein müßten. Ernst Thälmann rief alle Kommunisten auf, den Massenkampf und die Einheitsfront der Arbeiter zu organisieren.[7] In tiefster Illegalität, unter der ständigen Gefahr, entdeckt, verhaftet, gefoltert, ermordet zu werden, führten die deutschen Kommunisten und viele revolutionäre Sozialdemokraten den Kampf mit dem Ziel, die werktätigen Massen dem Einfluß der faschistischen Ideologie zu entreißen, das Naziregime zu schwächen und die Voraussetzungen für seinen Sturz zu schaffen.

Die neue Lage, die durch die Errichtung der faschistischen Diktatur eingetreten war, erforderte eine Überprüfung der Strategie und Taktik der KPD. Die von dem VII. Weltkongreß der Kommunistischen Internationale ausgearbeitete strategisch-taktische Grundlinie wurde von der Brüsseler Konferenz der KPD im Jahre 1935, auf der Wilhelm Pieck das Hauptreferat hielt, schöpferisch auf die Kampfbedingungen in Deutschland angewandt. Die Partei analysierte ihre bisherige Politik und zog aus den Erfahrungen wie auch aus den Mängeln und Fehlern Schlußfolgerungen für den weiteren Kampf. Das Neue bestand darin, alle Kräfte auf die Schaffung der Einheitsfront mit der Sozialdemokratie und den Gewerkschaften zu konzentrieren und eine breite Volksfrontbewegung aller Gegner des Faschismus zu schaffen. Walter Ulbricht, selbst Teilnehmer der Konferenz, faßte später ihre Ergebnisse so zusammen: „Strategisches Ziel war der Sturz des Hitlerregimes und die Bildung einer Volksfrontregierung in Deutschland als einer antifaschistisch-demokratischen Regierung. Die Kommunisten zeigten der Arbeiterklasse und dem ganzen Volk den Weg zum Sturz Hitlers und zur Schaffung einer demo-

kratischen deutschen Republik: die antifaschistische Volksfront auf der Grundlage der Aktionseinheit der Arbeiterparteien und Gewerkschaften."[8]
Die Brüsseler Konferenz gab dem antifaschistischen Kampf Richtung und Ziel, indem sie die der neuen Lage entsprechende Strategie und Taktik ausarbeitete.[9] Die Beschlüsse der Brüsseler Konferenz der KPD, die allen Volksschichten die Möglichkeit des Zusammenschlusses zum gemeinsamen Kampf boten, waren in der Zeit der Nazidiktatur das einzige Programm einer deutschen Partei, das den Weg zur nationalen und sozialen Befreiung des Volkes wies.[10] Allein die KPD zeigte somit dem Volk eine reale Alternative. In den folgenden Jahren wurde dieses Programm weiter ausgearbeitet und konkretisiert. Im Juni 1936 veröffentlichte das Politbüro des Zentralkomitees der KPD „Richtlinien für die Ausarbeitung einer politischen Plattform für die deutsche Volksfront", die eine Diskussionsgrundlage für alle Anhänger der Volksfront darstellten. Darin hieß es über die „Staatsgrundsätze des neuen Deutschen Reiches": „Die in der Volksfront verbundenen Parteien, Richtungen, Organisationen, Gruppen und Personen erklären als den wichtigsten Staatsgrundsatz, daß das neue Reich eine demokratische Republik sein wird, in der das Volk frei über alle Fragen der Wirtschaft, der Innen- und Außenpolitik des Landes entscheidet und die Regierung durch eine Entscheidung des werktätigen Volkes auf Grund des allgemeinen, gleichen, geheimen und direkten Wahlrechts bestimmt wird."
Weiterhin wurde vorgeschlagen, dem Völkerbund wieder beizutreten, Nichtangriffspakte abzuschließen, im Innern die demokratischen Rechte und Freiheiten zu garantieren, die Bildung reaktionärer Organisationen zu verhindern,

den Staatsapparat von faschistischen Elementen zu säubern und soziale Maßnahmen zur Verbesserung der Lebenslage der Massen durchzuführen.[11]

Auf ihrer Parteikonferenz am 30. Januar und 1. Februar 1939 in Draveil bei Paris (Berner Konferenz) warnte die Partei vor dem drohenden Krieg und erklärte, „daß der Kampf gegen den Krieg, für den Sturz des Kriegstreibers Hitler, die höchste nationale Aufgabe aller Deutschen ist ... Wenn es trotz aller Anstrengungen der Hitlergegner nicht möglich ist, den von Hitler gegen andere Völker provozierten Krieg zu verhindern, liegt es im nationalen Interesse des deutschen Volkes, ihn schnellstens und mit allen Mitteln durch den Sturz des Hitlerregimes zu beenden. Denn nur dadurch kann sich das deutsche Volk vor den grauenhaften Folgen eines solchen Krieges für Blut und Gut, für die ganze Existenz der Nation retten."[12]

Die KPD betonte in ihrem Beschluß, daß nach dem Sturz Hitlers eine demokratische Republik geschaffen werden müsse, die aber – im Gegensatz zur Weimarer Republik – dem Faschismus durch die Enteignung des Trustkapitals seine materielle Basis entziehen müsse. „In der neuen demokratischen Republik wird, im Gegensatz zu Weimar, nicht die Großbourgeoisie, gedeckt durch eine Koalition mit einer Arbeiterpartei, ihre wirtschaftlichen und politischen Anschläge gegen das Volk richten können, sondern die einige Arbeiterklasse, vereint mit den Bauern, dem Mittelstand und der Intelligenz in der Volksfront, wird das Schicksal des Landes bestimmen."[13] Bei Kriegsausbruch 1939 war die KPD die einzige politische Kraft, die die Politik des faschistischen Deutschlands als imperialistische Eroberung entlarvte und allseitig den Widerstand gegen das Hitlerregime organisierte.[14]

Auf der Grundlage dieser Beschlüsse, geleitet von ihrem Zentralkomitee, führten die illegalen Parteiorganisationen der KPD in Deutschland den Kampf gegen den Faschismus. Unter ihrer Führung entstanden Widerstandsorganisationen, in denen Kommunisten, Sozialdemokraten, christliche Demokraten und andere antifaschistische Kräfte zusammenwirkten.

Von wesentlicher Bedeutung war es, die werktätigen Massen über den Charakter des Faschismus aufzuklären und zum Kampf gegen das drohende Verbrechen des Krieges zu mobilisieren. Diesem Ziel diente u. a. die illegale Verbreitung von Aufklärungsschriften. Nach einem Gestapobericht wurden 1936 1 643 200 und 1937 927 430 antifaschistische Schriften beschlagnahmt, wovon etwa 70 Prozent kommunistische Erzeugnisse waren.[15] Diese Zahlen zeugen von einer sehr großen Aktivität, da die Menge des tatsächlich verbreiteten Materials ja viel größer war. Bei alledem muß man sich vergegenwärtigen, auf welche Schwierigkeiten und Gefahren die Herstellung illegalen schriftlichen Materials stieß.

Zum Widerstandskampf gehörte auch die Organisierung von Aktionen zur Verbesserung der Lebenslage der Werktätigen, die Hilfe für die ausländischen Kriegsgefangenen und Zwangsarbeiter sowie die Erschwerung der Rüstung durch die „Arbeite-langsam"-Bewegung und durch Sabotage in der Kriegswirtschaft. In den Jahren 1935 bis 1939 kam es an verschiedenen Stellen, so in den Berliner Siemenswerken, in einigen Zechen des Ruhrgebietes, bei der Adam Opel AG Rüsselsheim, auf Autobahnbaustellen und auf Baustellen am „Westwall" zu Kurzstreiks, Protestversammlungen und organisierter Verlangsamung des Arbeitstempos.[16] Im Dezember 1935 begann ein Massenprozeß gegen 628 Kommunisten, Sozialdemokraten, freie und christliche Gewerkschafter, Mitglieder der Deutschen Arbeitsfront und Vertrauensräte, die beschuldigt wurden, im Wuppertaler Gebiet die freien Gewerkschaften wieder aufgebaut und den Widerstand gegen Lohnabbau, Verschärfung der Ausbeutung und Erhöhung der Zwangsabgaben organisiert zu haben.[17] Dieser Prozeß war nur einer von vielen.

Zahlreiche deutsche Patrioten beteiligten sich am bewaffneten Kampf gegen den Faschismus. Etwa 5000 deutsche Antifaschisten folgten dem Ruf des Zentralkomitees der KPD und nahmen in den Internationalen Brigaden und in anderen Einheiten der republikanischen spanischen Armee am nationalrevolutionären Krieg des spanischen Volkes teil. Während des zweiten Weltkrieges kämpften einige tausend deutsche Antifaschisten auf nahezu allen Kriegsschauplätzen Europas gegen die Naziwehrmacht, insbesondere in den Reihen der Roten Armee und in sowjetischen Partisaneneinheiten, im französischen Maquis, in den Partisanenabteilungen in Griechenland, Jugoslawien und der Tschechoslowakei.

Eine wichtige Aufgabe im Rahmen des Widerstandskampfes war die Übermittlung von Nachrichten über die faschistischen Verbrechen ins Ausland, um durch Aufrüttelung der Öffentlichkeit weitere Verbrechen zu verhindern und die Position des deutschen faschistischen Regimes im Ausland zu untergraben. Die antifaschistischen deutschen Emigranten, insbesondere viele Schriftsteller, leisteten hier eine umfangreiche Arbeit. In der Zeit der verschärften Kriegsgefahr und während des Krieges war die Übermittlung militärischer Informationen über die deutschen Kriegspläne, über neue Waffentypen, geplante Offensiven und

anderes an die Streitkräfte der Antihitlerkoalition, insbesondere an die Rote Armee, eine wichtige Aufgabe der deutschen Widerstandskämpfer und ein wirkungsvoller Beitrag zum Sturz des faschistischen Regimes.
Große Verdienste erwarb sich der für die sowjetische Aufklärung tätige deutsche Kommunist Richard Sorge, der durch Übermittlung wichtiger Informationen aus der deutschen Botschaft in Tokio der Sowjetunion bedeutsame Hilfe erwies. Die unter Leitung des Kommunisten Arvid Harnack und des antifaschistischen Oberleutnants Harro Schulze-Boysen arbeitende Widerstandsorganisation, die in enger Verbindung zur illegalen Organisation der KPD stand, nahm ebenfalls Kontakt zu sowjetischen Nachrichtenorganen auf und leistete durch ihre Kundschaftertätigkeit einen wertvollen Beitrag zur Zerschlagung des Faschismus.[18] Ebenso wie Sorge warnte auch die Schulze-Boysen/Harnack-Organisation die sowjetischen Organe vor dem militärischen Überfall durch das faschistische Deutschland.
Prof. Gerhard Ritter, der nach dem zweiten Weltkrieg in der westdeutschen Geschichtsschreibung eine führende Rolle gespielt hat, brachte es fertig, die Angehörigen der Schulze-Boysen/Harnack-Organisation als „Landesverräter", die zu Recht hingerichtet worden seien, zu bezeichnen.[19] In dem 1959 in der Bundesrepublik erschienenen „Handbuch der deutschen Geschichte" heißt es über den Kampf der Kommunisten: „Widerstand, Spionage und Landesverrat gingen hier ineinander über."[20] In diesen Äußerungen zeigt sich die für die westdeutsche Geschichtsschreibung lange Zeit typische Tendenz, die Kommunisten aus dem Widerstandskampf auszuklammern, ihren heldenhaften Einsatz zu verschweigen, sie zu verleumden. In vielen anderen

Schriften geschah das dadurch, daß die Kommunisten überhaupt nicht erwähnt wurden.[21] Im Zusammenhang mit der sogenannten „neuen" Ostpolitik zeigt sich seit einiger Zeit in der antikommunistischen Geschichtsschreibung eine neue Variante. Der Kampf der Kommunisten gegen den Faschismus wird nicht mehr verschwiegen, er wird z. T. sogar scheinbar gewürdigt. So schreibt Prof. Hans Rothfels, daß die Kommunisten schwere Opfer gebracht haben und daß sie „in der Flugblatt- und anderer Agitation sehr tätig waren".[22] Damit erschöpft sich allerdings die „Würdigung". Es wird geleugnet, daß die KPD eine Alternative ausgearbeitet hatte, daß sie als einzige Partei ein reales Programm für den Sturz des Faschismus und für die Errichtung einer demokratischen Republik besaß. Als führende Kräfte des „Widerstandes" werden nach wie vor Militärs, bürgerliche Politiker und Vertreter des Großkapitals und des Junkertums bezeichnet. Nachdem es sich gezeigt hatte, daß das Verschweigen des heldenhaften Kampfes der KPD für die imperialistischen Ideologen unvorteilhaft geworden war, verlegten sie sich auf eine flexiblere Variante des Antikommunismus in der Geschichtsschreibung. Nach wie vor geht es aber darum, den Kampf der KPD für die Interessen der Nation abzuwerten.

Neben dieser flexibleren Variante blüht jedoch auch noch der offene, plumpe Antikommunismus, wie er sich in dem umfänglichen Werk des jüngsten in der Reihe der bürgerlichen Stauffenberg-Biographen, des Schweizers Christian Müller, niederschlägt. Müller, der Korrespondent der „Neuen Zürcher Zeitung" ist, behauptet – ohne natürlich Beweise vorzulegen –, daß der deutsche Kommunismus 1933 der Illusion erlegen war, „den Nationalsozialismus nach wenigen Monaten beerben zu können, diese Wunschvorstellung teuer hatte bezahlen müssen und nach dem Kriege einen antifaschistischen Mythos zu kreieren gezwungen war (! – K. F.), um das Trauma seiner kläglichen Niederlage vor dem totalitären Konkurrenten zu kaschieren".[23] Selbst wenn dem Verfasser in der Schweiz die Fakten über den von der KPD vor und nach 1933 geführten Kampf gegen den Faschismus nicht bekannt sind, ist so etwas unentschuldbar, denn dann hätte ihn zumindest die menschliche Achtung gegenüber den Hunderttausenden, die Freiheit und Leben im Kampf gegen die Tyrannei geopfert haben, davon abhalten sollen, solche rüden Verleumdungen zu Papier zu bringen.

Was den kirchlichen Widerstand angeht, so waren seine Motive und Erscheinungsformen recht unterschiedlich: Sie reichten von frühen Warnungen vor dem Nationalsozialismus (durch Emil Fuchs, Karl Kleinschmidt und andere religiöse Sozialisten)[24] über die rasche Wandlung jener, die zunächst noch Illusionen über den „Aufbruch der Nation" hatten (man denke an die Haltung zahlreicher Führer der Bekennenden Kirche)[25], und konkrete Aktionen kirchlicher Kreise zugunsten der Sicherung eigener Rechte und der Gewissensfreiheit, aber auch zugunsten abgegrenzter politischer Ziele (es ist hier vor allem an die Stellungnahmen in der Zeit der sogenannten Tschechenkrise 1938 sowie gegen Antisemitismus und „Euthanasie" zu erinnern) bis zum Einsatz führender christlicher Persönlichkeiten in der Bewegung „Freies Deutschland" (sowohl in der UdSSR als auch in den USA und in der Schweiz).[26] Als Höhepunkt des kirchlichen Widerstandes wird man etwa die Jahre 1935/36, also die Zeit der Formierung der Bekennenden Kirche, und die beiden letzten Kriegsjahre, im Blick auf den Kampf des Nationalkomitees „Freies Deutschland", ansehen können.[27] Außerdem wird man immer auch die Frage im Blickfeld haben müssen, inwieweit es sich beim kirchlichen Widerstand in der Tat um einen solchen der Kirche oder aber um den Aufstand des Gewissens einzelner Christen gehandelt hat.[28]

Von ausschlaggebender Bedeutung war, daß die Kommunistische Partei Deutschlands insbesondere seit der Brüsseler Konferenz und von 1943 bis 1945 eindeutige Aussagen zur Bündnispolitik, genauer gesagt: zur Politik der antifaschistischen Volksfront gemacht hat, die auf christliche Kreise nicht ohne bedeutenden Einfluß blieben.[29]

Infolge ihres umfassenden und konsequenten nationalen Kampfes war keine andere deutsche Partei einem solchen Terror ausgesetzt wie die KPD. Von den über 300 000 Mitgliedern, die die KPD im Jahre 1933 hatte, wurden in Nazideutschland ungefähr 150 000 verfolgt, eingesperrt oder in Konzentrationslager gebracht, Zehntausende wurden ermordet. Von den 422 leitenden Funktionären (ZK-Mitglieder, leitende Funktionäre der Bezirke und der Massenorganisationen) waren bis Mitte 1935 219 verhaftet und 24 ermordet worden. Im Jahre 1936 wurden 11 687 Kommunisten und 1374 Sozialdemokraten verhaftet, im Jahre 1937 waren es 8068 Kommunisten und 733 Sozialdemokraten. Bei Kriegsbeginn verhaftete die Gestapo über 2000 Funktionäre der KPD sowie andere Antifaschisten, darunter den ehemaligen sozialdemokratischen Reichstagsabgeordneten Otto Grotewohl. In den Jahren 1933 bis 1945 wurden in Chemnitz (heute Karl-Marx-Stadt) Mitglieder folgender politischer Organisationen eingekerkert: 665 KPD, 101 KJVD, 146 SPD, 17 SAP, 10 SAJ, 1 Zentrum, dazu 156 Parteilose. Von den 98 Antifaschisten, die in Chemnitz ermordet wurden, gehörten an: 51 der KPD,

12 der SPD, 3 der SAP, 13 dem KJVD, dazu 19 Parteilose. Nach dem Kriege beantragten in Hamburg 12 163 Personen ihre Anerkennung als politische Gefangene des Naziregimes. Sie gehörten folgenden Richtungen an: 3175 KPD, 1793 SPD, 64 Demokratische Partei, 38 Zentrum, 303 Gewerkschaften, 413 Opfer des 20. Juli 1944.[30]

Obwohl die Kommunisten und mit ihnen andere demokratische Kräfte einen unablässigen und opfermutigen Kampf führten, gelang es nicht, den Ausbruch des Krieges zu verhindern und das faschistische Regime aus eigener Kraft zu stürzen. Große Teile des deutschen Volkes waren der nationalen und sozialen Demagogie erlegen, waren chauvinistisch verhetzt oder durch den zügellosen Terror eingeschüchtert. Die faschistische Ideologie war tief in das Bewußtsein breiter Volksschichten eingedrungen.

Die militärische Führung als Bestandteil des faschistischen Herrschaftssystems

Die nach dem zweiten Weltkrieg namentlich von Historikern der BRD aufgestellte Behauptung vom „Widerstand" der führenden Militärs gegen das Naziregime gehört in das Reich der Legende. Sie soll das Offizierskorps und besonders die an der Wiederaufrüstung Westdeutschlands beteiligten ehemaligen Nazigenerale von der historischen Schuld freisprechen, an dem größten Verbrechen der deutschen Geschichte aktiv mitgewirkt zu haben.

Bereits vor dem 30. Januar 1933 hatte die Reichswehrführung maßgeblichen Anteil an dem Abbau der Weimarer Demokratie und an dem Zustandekommen der Hitler-Hugenberg-Seldte-Regierung.[31]

Generale wie Kurt von Schleicher, Werner von Blomberg, Werner Freiherr von Fritsch, Walter von Reichenau gehörten zu den unmittelbaren Wegbereitern der Nazidiktatur.

Die Stabilisierung der faschistischen Diktatur in den Jahren 1933/34 wäre ohne den Beistand der militärischen Führung schwerlich möglich gewesen. Zwar gab es hier und da Unzufriedenheit und Meinungsverschiedenheiten[32], man riß Witze über die neuen Machthaber und Zustände, man mokierte sich über den „böhmischen Gefreiten" und sein Gebaren, aber man machte kräftig mit. Auch die wenigen Generale, die nicht in allem mit der politischen und militärischen Doktrin des Faschismus übereinstimmten, wie Schleicher, Wilhelm Groener, Kurt Freiherr von Hammerstein-Equord, hielten sich zurück. Das Regime bekam die Frist, die es für seine Stabilisierung benötigte. Die wenigen Unbequemen wurden schnell ausgeschaltet: General Werner Freiherr von Fritsch trat am 1. Februar 1934 als Chef der Heeresleitung an die Stelle von Hammerstein, Schleicher wurde am 30. Juni 1934 ermordet.

Das Offizierskorps billigte in seiner großen Mehrheit, was General von Reichenau im Februar 1933 bei der Übernahme einer leitenden Stellung im Reichswehrministerium, des sogenannten Ministeramtes, erklärte: „Niemals war die Wehrmacht identischer mit dem Staat als heute."[33] Es widersprach niemand, als die Naziclique am 21. März 1933, dem „Tag von Potsdam", ihr Bündnis mit dem konservativ-militaristischen Preußentum vor aller Öffentlichkeit demonstrierte. So konnte die „Potsdamer Tageszeitung" schreiben: „Natürlich ist auch die Reichswehr beteiligt, und zwar unabhängig von der von ihr zu stellenden Ehrenkompanie. Vertretungen der SS, SA, der Hitlerjugend,

der nationalsozialistischen Försterschaft, der deutschnationalen Kampfgruppen, des Stahlhelms, der Deutschnationalen Volkspartei, der deutschen Studentenschaft, des Freiwilligen Arbeitsdienstes, der Offiziersverbände . . ., sie alle reichten sich an diesem Tage freudig die Hände."[34]
Die Reichswehr und ihre Führung demonstrierten durch ihre Beteiligung an der dem Staatsakt in der Potsdamer Garnisonkirche folgenden Parade ihr Zusammengehen mit den Nazis. Der Parade wohnten viele Generäle der alten Armee, darunter von Mackensen und von Seeckt, bei.[35]
Während die faschistischen Politiker in ihren offiziellen Verlautbarungen ihre Friedensliebe beteuerten, klangen in der Massenpropaganda hier und da bereits Töne an, die den wahren Zweck des Bündnisses von Naziführern und Generalen ahnen ließen. So konnte man in dem Lokalblatt „Angermünder Zeitung und Kreisblatt" vom 22. März 1933 u. a. lesen: „Die marschierenden Bataillone der jungen und der alten Feldgrauen, der SA, SS und der übrigen Wehrverbände unterstreichen den Willen Deutschlands, sich den Platz an der Sonne wieder zu erringen."
Die meisten militärischen Führer Deutschlands glaubten, daß die Errichtung der Hitlerdiktatur für sie den Beginn des goldenen Zeitalters bedeuten mußte. Als zehn Jahre später Walter Ulbricht den in sowjetischer Gefangenschaft befindlichen Generalfeldmarschall Paulus fragte, wie es möglich gewesen sei, daß er als gebildeter Mensch einer solch barbarischen Regierung gedient habe, antwortete Paulus: „Ich bitte Sie, zu verstehen, daß Hitler uns deutschen Generalen alles gegeben hat, was wir brauchen. Er gab das politische Ziel der Eroberung von Lebensraum. Er gab gute Waffen und hat es verstanden, das Volk für seine Ziele zu gewinnen."[36]

Die versprochene Ausrottung des Kommunismus war für die Generale ein wesentlicher Grund, Hitler in den Sattel zu helfen. So hatte Seeckt 1932 geschrieben: „Die Größe der Bedrohung durch den Bolschewismus kann und soll in keiner Weise bestritten werden, und ebenso sei betont, daß das Eindringen und die Verbreitung des Bolschewismus mit allen Mitteln bekämpft werden muß... und daß dabei noch mit weit größerer Schärfe vorgegangen werden könnte, als es heute geschieht."[37]

Selbst General von Hammerstein-Equord, der später ein Gegner Hitlers wurde, erklärte 1931 nach einer vierstündigen Unterredung mit Hitler: „Wir wollen's langsamer. Sonst sind wir eigentlich einer Meinung."[38]

Die Interessenidentität mit den Naziführern bestimmte die Haltung der militärischen Führung und ließ sie den fortschreitenden Faschisierungsprozeß tatkräftig fördern. Am 14. März 1934 übernahm die Reichswehr freiwillig das faschistische Hoheitsabzeichen. Die Masse des Offizierskorps duldete stillschweigend die Ermordung der den Nazis unbequem gewordenen Generale von Schleicher und von Bredow am 30. Juni 1934. Nach dem Tode Hindenburgs übernahm die Reichswehr ohne Widerstand die Eidesleistung auf die Person Hitlers. Während die Soldaten bisher ihren Eid formal auf „Volk und Vaterland" geschworen hatten, lautete die neue Eidesformel vom 20. August 1934 an so: „Ich schwöre bei Gott diesen heiligen Eid, daß ich dem Führer des Deutschen Reiches und Volkes, Adolf Hitler, dem Obersten Befehlshaber der Wehrmacht, unbedingten Gehorsam leisten und als tapferer Soldat bereit sein will, für diesen Eid mein Leben einzusetzen."[39] Dieser Akt sollte später im Kriege noch einmal eine verhängnisvolle Rolle spielen, da der Eid manche Offiziere und Soldaten am aktiven Handeln gegen Hitler hemmte bzw. als Vorwand zum „Durchhalten" diente. Der Beginn der Wiederaufrüstung, die Einführung der allgemeinen Militärdienstpflicht, die Heeresvergrößerung – all das lag ganz im Sinne der militärischen Führung und besiegelte ihren Bund mit dem Faschismus. Einer, der es wissen mußte, der damalige deutsche Militärattaché in Belgrad und spätere Generalleutnant Moritz von Faber du Faur, der auch Stauffenberg von Stuttgart her kannte, schildert in seinen Erinnerungen die Situation in der militärischen Führung zur Zeit der Herbstmanöver 1935:

„Es war das erste Manöver nach Einführung der allgemeinen Wehrpflicht. Die Generale strahlten und waren einschließlich Fritsch ihrem obersten Kriegsherrn treu ergeben. Ich hatte den Eindruck, daß sie nur den einen Gedanken hatten, sich zu bewähren ...

Tout Berlin war für mich ein Novum. Es hatte sich gewaltig verändert unter seinem Führer. Alles gab an und dachte nur daran, zu imponieren. Alle glaubten, das Ziel, Deutschland wieder als Großmacht zu sehen, sei erreicht, und daß man das allein dem Führer verdanke. Im Reichskriegsministerium wußte man zwar nicht, ob man mit dem Faschistengruß oder mit einer Verbeugung eintreten solle, und mußte sich erst bei der Vorzimmerdame erkundigen; aber das tat der Machtentfaltung keinen Abbruch. Man war etwas, das fühlte ich auf Schritt und Tritt, im Oberkommando des Heeres bei Fritsch und Beck nicht weniger als bei Blomberg, Reichenau und Canaris, die zum Oberkommando der gesamten Wehrmacht gehörten ... Ich hatte das Gefühl, daß ich selbst schon anfing, den Kopf höher zu tragen, ohne daß ich mir Rechenschaft darüber ablegen konnte, warum."[40]

Eine ähnliche Schilderung gibt Oberst d. R. Bernhard Watzdorf, der sich damals in der Generalstabsausbildung befand, von der Situation unter den zukünftigen Generalstabsoffizieren. Er berichtet, daß bei den politischen Diskussionen manche Offiziere „diesen oder jenen Vorbehalt gegen die Nazipartei oder Hitler persönlich hatten. So lehnte Hauptmann Stieff, der schon damals ein ausgesprochenes Interesse an politischen Fragen zeigte und sich später an der Verschwörung vom 20. Juli 1944 gegen Hitler beteiligte, die faschistischen Maßnahmen gegen die Kirche und die Judenverfolgungen ab. Vor allem adlige Offiziere wie von Quast, von Grolmann u. a. brachten zum Ausdruck, daß sie Hitler insbesondere wegen seiner niederen sozialen Herkunft keine Sympathie entgegenbrächten und sich als Offiziere nur ungern einem ehemaligen Gefreiten unterordneten. Aber in den wichtigen außen- und militärpolitischen Fragen stellte die Errichtung der faschistischen Diktatur die angehenden Generalstabsoffiziere nicht vor eine grundlegende politische Entscheidung. Das revanchistische Militärprogramm Hitlers entsprach den in der Reichswehr herrschenden Ansichten. Seine Verwirklichung wurde deshalb von uns begrüßt und unterstützt. Alle Vorbehalte und Bedenken wurden durch die Erfolge der Hitler-Regierung auf außen- und militärpolitischem Gebiet in den Hintergrund gedrängt. Eine besondere Rolle spielte die Einführung der allgemeinen Wehrpflicht am 16. März 1935, mit der die Aussichten auf eine erfolgreiche Karriere für uns reale Gestalt annahmen."[41]

Nicht nur die Reichswehroffiziere befanden sich in „Hochstimmung", auch die inaktiven Offiziere unterstützten in ihrer Mehrheit das Naziregime, waren sie doch ein Bestandteil des herrschenden Systems. Ein großer Teil von ihnen wurde reaktiviert. Die Haltung dieser alten Weltkriegsoffiziere mußte naturgemäß auf die jungen Offiziere in besonderem Maße als Vorbild wirken und deren politisches Gesicht wesentlich mitbestimmen.

Der größte deutsche Offiziersverband, der Deutsche Offiziersbund (DOB), rief 1932 seine über 100 000 Mitglieder zur Stimmabgabe für die NSDAP oder die DNVP auf. Zwar hatte der DOB von seiner Gründung 1918 an seine Treue zu Kaiser Wilhelm II. erklärt, fand sich aber 1933 sehr schnell mit dem „Ersatzkaiser" Hitler ab. Auf der Bundestagung des DOB Ende Mai 1933 stattete der Vorsitzende, General von Hutier, Hindenburg seinen Dank ab, besonders aber Hitler, der, wie Hutier sagte, „die hohen Ziele verwirklicht hat, welche die nationalen Kreise unseres Volkes erstrebt und ersehnt haben. Was uns Offiziere der alten Armee besonders mit der Person des Kanzlers verbindet, ist der Umstand, daß er das soldatische Wesen und Empfinden in den Vordergrund des Wiederaufbaus gestellt hat. Freudig folgen wir ihm auf dem gewiesenen Wege."[42] Damit war die Marschrichtung gegeben.

Sämtliche Offiziersverbände wurden im Februar 1934 zum Reichsverband Deutscher Offiziere zusammengeschlossen. Den Vorsitz übernahm der berüchtigte „Baltikumsschlächter", Generalmajor Rüdiger Graf von der Goltz, sein Stellvertreter war der Oberst Reinhard, der zugleich einen hohen SS-Rang bekleidete. Am 16. Februar 1934 veröffentlichte von der Goltz einen Aufruf, in dem er alle Offiziere aufforderte, „in treuer Kameradschaft Schulter an Schulter mit der Reichswehr, mit und in der SA, Stahlhelm sowie SA-Reserven und den Organisationen der NSDAP dem Vaterlande (zu) dienen."[43]

Am 26. April 1934 empfing Hitler die Führung des Reichsverbandes Deutscher Offiziere: Generalmajor von der Goltz, General von Tschischwitz, Oberst Reinhard, Major von Wiese und Kaiserswaldau, Major Schließmann. Hitler drückte seine Befriedigung über die Bildung des Verbandes und über die Bereitschaft der alten Offiziere zur Mitarbeit am faschistischen Staat aus. General von Tschischwitz unterstützte in den folgenden Jahren die Vorbereitung des Aggressionskrieges durch seine militärtheoretischen Schriften. Den aktiven Reichswehroffizieren hatte Hitler schon früher seine Anerkennung gezollt, als er in einer Rede am 23. September 1933 erklärt hatte: „Wir alle wissen genau, wenn das Heer nicht in den Tagen der Revolution (gemeint ist die Bildung der Regierung Hitler – K. F.) auf unserer Seite gestanden hätte, dann stünden wir heute nicht hier."[44]
Als einige SA- und SS-Führer der Militärkaste monarchistische Gesinnung, Kastengeist und „reaktionäre" Geisteshaltung vorwarfen, weil sie darin ein Hindernis für die Propagierung der „Volksgemeinschaft" erblickten, nahm General von der Goltz die Offiziere gegen die Angriffe in Schutz, beteuerte ihre Zuverlässigkeit und erklärte, „daß ihr Kaisergedenken eine Sache des Herzens und des Anstands, aber nicht der Politik ist... Eine Gefahr für den Staat seitens der ‚Reaktion' ist böswillige Erfindung von Leuten, die auf Menschen rechnen, die nicht alle werden. Eine Gefahr bedeutet lediglich der Bolschewismus." Goltz versicherte: „Aus dem Gesagten geht hervor, daß die alte militärische Führerschicht eine der stärksten Stützen des Dritten Reichs sein kann, wenn man sie richtig versteht und geschickt verwendet." Abschließend betonte er, daß seit „dem Tage der Potsdamer Garnisonkirche

März 1933" alle einsichtigen und entwicklungsfähigen Offiziere hinter Adolf Hitler stünden.[45]
Wenngleich auch nicht alle Offiziere eine solche Auffassung teilten, so beschritt doch die übergroße Mehrheit diesen Weg, bis erst die harte Wirklichkeit des zweiten Weltkrieges bei manchen eine Änderung ihrer Haltung herbeizuführen begann. Die militärische Führung in ihrer Gesamtheit stand nicht außerhalb des faschistischen Systems, sondern war dessen fester Bestandteil.

Stauffenberg und das faschistische Regime

Graf Stauffenberg war freiwillig Offizier geworden, und er war es gern. Das änderte sich auch nicht, als die Hitlerregierung gebildet wurde. Er sah im Staat eine über den politischen Kämpfen stehende Einrichtung, der er dienen wollte, wobei ihn die Frage, welche Regierung an der Spitze des Staates stand, erst in zweiter Linie interessierte. So wie er dachten viele junge Offiziere, deren Denken durch die gleichen Erkenntnisschranken begrenzt war.
Aktiver Nationalsozialist war Graf Stauffenberg nicht und wurde er auch nicht, aber die nationale und soziale Demagogie der Faschisten hatte auch bei ihm Wirkung hinterlassen. Manche programmatischen Erklärungen und Versprechungen der Nazis waren ihm sympathisch.[46] So hielt er die Forderungen nach internationaler Gleichberechtigung Deutschlands und nach Revision des Versailler Vertrages für gerecht und sah nicht, daß sie nur als Tarnung und propagandistische Rechtfertigung der Kriegsvorbereitung dienten. Von den angekündigten Sozialmaßnahmen erhoffte er sich eine Dämpfung der inneren Gegen-

sätze im Volk. In einem Bericht heißt es, Stauffenberg sei begeistert gewesen, „daß das Volk sich gegen die Fesseln des Versailler Vertrages aufbäumte und daß durch Arbeitsbeschaffung die Not der Arbeitslosigkeit beseitigt und andere soziale Fürsorge für das werktätige Volk angestrebt wurde".[47] Berthold von Stauffenberg sagte nach dem 20. Juli 1944 vor der Gestapo, daß sie auf innerpolitischem Gebiet die Grundideen des Nationalsozialismus zum größten Teil durchaus bejaht hätten, insbesondere den Gedanken der „selbstverantwortlichen und sachverständigen Führung, verbunden mit dem einer gesunden Rangordnung und dem der Volksgemeinschaft", den Grundsatz „Gemeinnutz geht vor Eigennutz", den „Kampf gegen die Korruption", „die Betonung des Bäuerlichen" wie auch den „Rassengedanken" und den Willen zu „einer neuen, deutsch bestimmten Rechtsordnung".[48] Aristokratisches Elitedenken, durch die Begegnung mit Stefan George noch genährt und gefestigt, vermischte sich hier mit der Unfähigkeit, hinter den demagogischen Phrasen der Nazis deren wahre Absichten zu erkennen.

Die Verfolgung der Kommunistischen Partei Deutschlands und anderer Arbeiterorganisationen, die Beseitigung des in Offizierskreisen allgemein verhaßten Parlamentarismus und die Stärkung der Zentralgewalt im Reich dürften – obwohl wir darüber keine unmittelbaren Zeugnisse besitzen – nicht auf den Widerspruch des jungen adligen Offiziers gestoßen sein.

Stauffenberg interessierte sich sehr für die Frage, wie es Hitler geschafft habe, sich aus dem Dunkel des Unbekannten heraus in recht kurzer Zeit an die Spitze einer starken politischen Bewegung und schließlich Deutschlands zu setzen. Nach dem Bericht Rudolf Fahrners kam er dabei zu folgenden Erklärungen: Hitler habe es verstanden, mit demokratisch erscheinenden Mitteln die Demokratie aufzuheben. „Einem solchen Vorgehen war der gesamte Apparat der Staatsverwaltung und des Parteiwesens in Deutschland unterlegen." Mitschuldig an dem Emporkommen Hitlers seien auch die Westmächte gewesen. „Die Art, wie sie in Versailles geglaubt hatten, ‚Frieden' begründen zu können, hatte Hitler die stärksten Argumente gegeben und ihm für Jahre den Anschein verliehen, daß er für gerechte Belange aller Völker eintrete." Und schließlich hätten Hitlers „soziale Maßnahmen" seine große Wirkung mitbestimmt. „Dadurch hatte er eine von innen wirksame Gegenposition gegen den Kommunismus begründet."[49]

Hitlers Aufstieg schien also Stauffenberg vor allem bedingt durch politisch-taktische, außenpolitische und psychologische Faktoren. Diese seine Beobachtungen und Überlegungen waren teilweise sehr treffend, aber sie ließen die sozialökonomische Grundlage des Geschehens unberücksichtigt. Die Frage nach dem Klassencharakter des Faschismus existierte subjektiv für ihn nicht.

Es ist aber bekannt, daß Stauffenberg an verschiedenen äußeren Erscheinungsformen des Naziregimes Anstoß nahm. Im Jahre 1934 verließen er und einer seiner Freunde in Bamberg demonstrativ eine Nazikundgebung, weil der Redner, Julius Streicher, sich in wüsten Beschimpfungen der Juden erging und dabei – in Anwesenheit von BDM-Mädchen – in einen abstoßenden sexuellen Jargon verfiel.[50]

Auf ähnlicher Linie liegt das, was der ehemalige Hauptmann Ernst Hadermann über seine Begegnung mit Stauffenberg berichtet: „Ich war mit meinem Kasseler Regiment zu einer Schießübung in Ohrdruf, zwischen 1935 und 1938. An einem Sommerabend saßen wir bei einem Glase Wein im Garten vor dem Kasino – unter uns Graf Stauffenberg. Das Gespräch kam auf den griechischen Eros, wie ihn Platon im Symposium und Phaidros preist. Stauffenberg hat es gewagt, diesen Eros zu verteidigen und zu preisen, im Geiste Platons und Stefan Georges – so großartig souverän, daß ihm die kultivierten Offiziere zustimmten. Das war ein deutlicher Affront gegen Zustände und Maßnahmen der Naziregierung. Ich unterstützte ihn, da ich nicht nur ein Kenner, sondern ein Verehrer Platons war... Wir haben dann das Gespräch noch allein fortgesetzt, indem wir uns – sehr zurückhaltend und verehrend – über den ‚Meister', d. i. St. George, unterhielten."[51]

Von wesentlicher Bedeutung für seine wachsenden Zweifel an der moralischen Integrität des Naziregimes waren die Ereignisse der „Kristallnacht" im November 1938. Er verurteilte, wie ein Bekannter berichtet, diese Terrorakte sehr scharf „mit dem Hinweis, welcher Schaden hierdurch für unser Vaterland in der gesamten Welt geschehen würde. In der Zeit nach dem November 1938 kritisierte Stauffenberg Personen der Gliederungen der NSDAP, die ihm dem Charakter und dem Benehmen nach ein Dorn im Auge waren, allerdings stärker als vorher."[52]

Stauffenbergs Kritik an Personen und Übergriffen des Nazisystems war aber nicht Ausdruck einer gefestigten antifaschistischen Gesinnung. Er kritisierte nicht das System, sondern Einzelerscheinungen, und dies auch nur von der Position eines humanistisch gebildeten Aristokraten, dem Vulgäres und Primitives zuwider war.

Trotz allem ist festzustellen, daß aus der teilweisen Sympathie für das faschistische Programm in den ersten Jahren nach 1933 jetzt, im Jahre 1938, zunehmende Enttäuschung, Ernüchterung und wachsende Distanz wurden. Wir dürfen

Bertholds Aussage von 1944 glauben, wonach er und Claus zu der Meinung kamen, daß die anfangs bejahten Grundideen des Nationalsozialismus „in der Durchführung durch das Regime fast alle in ihr Gegenteil verkehrt worden sind".[53] Claus von Stauffenberg begann zu erkennen, daß die Wirklichkeit nicht mit den Losungen und Versprechungen der Naziführer übereinstimmte.
Jedoch wurde diese beginnende Einsicht vorerst immer wieder überlagert durch die – wie Stauffenberg meinte – Notwendigkeit der soldatischen Pflichterfüllung.

Generalstabsausbildung und erster Einsatz

Stauffenberg besuchte 1934 ein zweites Mal die Kavallerieschule in Hannover, wobei er die Wehrkreis- und die englische Militärdolmetscherprüfung ablegte.
Die Wehrkreisprüfung war eine in der Weimarer Zeit geschaffene Form der getarnten Ausbildung von Generalstabsoffizieren, die unter der Bezeichnung „Führergehilfenschulung" lief.[54] Sie mußte von allen Offizieren eines jeden Wehrkreises nach einer Anzahl von Dienstjahren abgelegt werden und umfaßte etwa die Fächer Taktik (bis zum Regimentsmaßstab), Waffenlehre, Fremdsprachen (wobei neben Englisch und Französisch besonders Russisch bevorzugt wurde), Geschichte, Mathematik und Physik. Die geeignetsten Absolventen der Wehrkreisprüfungen wurden für die Generalstabsausbildung im engeren Sinne ausgewählt. Während ein kleinerer Teil dieser ausgewählten Gruppe unter Leitung des Heereswaffenamtes zum Studium an Technische Hochschulen kommandiert wurde, erhielt der größere Teil eine Ausbildung auf dem Gebiete der

höheren Truppenführung. Bis zum Herbst 1932 verlief diese Ausbildung als „Führergehilfenschulung“ in den Wehrkreisen und erstreckte sich über drei Jahre, wobei Aufgaben im Rahmen eines Regiments bis zu einer Armee behandelt wurden. Am 3. Oktober 1932 erfolgte in Berlin-Moabit in Anwesenheit des Reichspräsidenten von Hindenburg, des Chefs der Heeresleitung, General von Hammerstein-Equord, und des Chefs des Truppenamtes, Generalmajor Adam, die Neueröffnung der Kriegsakademie, allerdings – da sie ja durch den Versailler Vertrag offiziell verboten war – noch unter der Tarnbezeichnung „Offizierslehrgänge Berlin“. Der erste Lehrgang lief von 1932 bis 1935.[55] Im Oktober 1935 wurde die Bezeichnung „Kriegsakademie“ offiziell wieder eingeführt. Den jungen Reichswehroffizieren war es kein Geheimnis, daß eine wohldurchdachte und intensive Ausbildung von Generalstabsoffizieren existierte. Auch Stauffenberg, dessen Fähigkeiten weit über dem Durchschnitt der anderen Offiziere lagen, hatte den Wunsch, Generalstabsoffizier zu werden. Er bestand die Wehrkreisprüfung mit sehr guten Ergebnissen, wobei ihm zustatten kam, daß er an Stelle der fremdsprachlichen Prüfung die englische Militärdolmetscherprüfung ablegen konnte.

Nach wie vor hatte Stauffenberg neben seinem Dienst die vielfältigsten Interessen: Geschichte, Politik, Literatur, Philosophie, Kunst. Er spielte Cello, besuchte Konzerte und pflegte regen gesellschaftlichen Verkehr mit Freunden und Bekannten. Doch im Vordergrund stand für ihn immer die militärische Pflichterfüllung, wie er sie verstand. Er bemühte sich, den an ihn gestellten Anforderungen nach besten Kräften gerecht zu werden. Aus der Zeit seines zweiten Aufenthaltes in Hannover wird berich-

tet, daß „ihn die Gabe einer ganz natürlichen und herzlichen Kameradschaft auszeichnete. Dies war um so beachtenswerter, als ganz allgemein seine weit überdurchschnittlichen geistigen Fähigkeiten anerkannt wurden. Jedes Gespräch, an dem er sich beteiligte, hatte durch ihn ein höheres Niveau; dabei liebte er besonders eine angeregte Diskussion, die bei seinem lebhaften und heiteren Temperament nicht heiß genug zugehen konnte. Stauffenberg betrieb alles wissenschaftlich. Es genügte ihm nicht, sich nur zu informieren, er ging allen Dingen auf den Grund. Auf dem Reiterlehrgang erstaunte er uns mit seinen Kenntnissen über Reit- und Dressurmethoden aus allen geschichtlichen Epochen."[56]
Sein Eskadronchef nannte ihn in einer dienstlichen Beurteilung vom Oktober 1933 einen „zuverlässigen und selbständigen Charakter" und hob seine „ausgezeichneten geistigen Anlagen" sowie sein „überdurchschnittliches taktisches und technisches Können" hervor. Auch hier wird Stauffenbergs Interesse für soziale, geschichtliche und religiöse Zusammenhänge betont. Der Vorgesetzte vermerkte aber auch einige Mängel in Stauffenbergs Auftreten: „Seines militärischen Könnens und seiner geistigen Überlegenheit bewußt, neigt er gelegentlich gegenüber Kameraden zur Überheblichkeit, die sich leicht spöttisch äußert, aber nie verletzend wirkt. Etwas salopp in Haltung und Anzug, dürfte sein Auftreten als junger Offizier etwas frischer und energischer sein."[57]
Zu seinen Untergebenen hatte Stauffenberg ein kameradschaftliches, auf menschlicher Achtung beruhendes Verhältnis. Als einmal ein anderer Offizier, der sich ebenfalls sehr um seine Soldaten bemühte, von ihnen als von seinen „Männles" sprach, sagte Stauffenberg zu seiner Frau: „Siehst

du, das ist der Unterschied, ich spreche von ihnen als meinen ‚Männern'!" Er bemühte sich, die Soldaten seines Minenwerferzuges nicht nur nach Tabellen schießen zu lassen, sondern ihnen auch die mathematischen Grundbegriffe dazu beizubringen, so daß einer seiner Soldaten einmal äußerte: „Der Herr Oberleutnant hat die Mathematik im Bauch."[58] Nach dem Bericht seiner Frau hatte er eine „ausgesprochene pädagogische Begabung". Arno von Lenski, in den Jahren von 1933 bis 1935 Adjutant des Kommandeurs der Kavallerieschule in Hannover, der mit Stauffenberg zweimal dienstlich zusammentraf, gewann trotz kurzer Begegnung von ihm den Eindruck, „daß Stauffenberg zu den Offizieren gehörte, die ihren Beruf ernst nehmen und dadurch hervortraten, daß sie durch eigene Anregungen versuchten, die Lern- und Lehrtätigkeit zu verbessern".[59]

Gewisse politische Bedenken und Zweifel, die sich – wie oben dargestellt – bereits ab und zu einstellten, hinderten ihn nicht, seine militärischen Aufgaben zu erfüllen. Noch sah er den militärischen Bereich als eine eigene Welt, die ihm von der politischen scharf abgegrenzt erschien.

Im September 1936 konnte Stauffenberg für zwei Wochen nach England reisen, da er für sein gutes Abschneiden bei der Dolmetscherprüfung einen Preis erhalten hatte.

Zum 1. Oktober 1936 gehörte er zu den hundert Offizieren, die an die Kriegsakademie nach Berlin kommandiert wurden, um zu Generalstabsoffizieren ausgebildet zu werden. Die Beförderung zum Rittmeister erhielt er am 1. Januar 1937. Infolge des hohen Bedarfs an Generalstabsoffizieren war die Ausbildung auf zwei Jahre begrenzt worden, so daß Stauffenberg im Sommer 1938 die Kriegsakademie verließ.

Die Lehrgänge auf der Kriegsakademie waren in „Hörsäle" gegliedert, von denen jeder etwa zwanzig Offiziere umfaßte. Zu Stauffenbergs Hörsaal gehörten u. a. Albrecht Ritter Mertz von Quirnheim und Eberhard Finckh, mit denen ihn bald eine enge Freundschaft verband. Beide nahmen später ebenfalls an der Verschwörung gegen Hitler teil. Stauffenberg gehörte auf Grund seiner Fähigkeiten zu den führenden Köpfen seines Hörsaals. Die Kameraden nannten ihn scherzhaft den „neuen Schlieffen" oder den „würdigen Nachfolger Moltkes". Von Oberst Finckh stammt folgende Charakteristik aus dieser Zeit: „Er übertraf mit seinen geistigen Fähigkeiten sämtliche Teilnehmer und riß dadurch wie durch sein Temperament und seine Redegewandtheit den ganzen Kursus fort."[60] Viele Berichte deuten darauf hin, daß Stauffenberg für wirtschaftspolitische und soziale Probleme sehr aufgeschlossen war. Er hatte die Maßnahmen der Naziregierung zur Beseitigung der Arbeitslosigkeit nach 1933 begrüßt – natürlich ohne ihre Hintergründe und ihr Wesen zu erfassen. Er sah darin zunächst in erster Linie eine Milderung der sozialen Gegensätze, was sich wiederum, wie er meinte, auf die militärische Leistungsfähigkeit des Staates positiv auswirken mußte. So verfolgte er andererseits mit bewunderndem Interesse die Wirtschaftspolitik Roosevelts, vor allem dessen Antikrisenmaßnahmen. Der spätere amerikanische Viersternegeneral Wedemeyer, damals Gasthörer an der deutschen Kriegsakademie, berichtet, mit Stauffenberg über ökonomische Probleme gesprochen zu haben, wobei Stauffenberg Kenntnis der Wirtschaftstheorie von Keynes offenbart habe. (John Maynard Keynes war ein führender Theoretiker des staatsmonopolistischen Kapitalismus. Er behauptete, daß der imperialistische Staat durch ein System von Regulierungs- und Manipulierungsmaßnahmen Krisen ausschließen und ständige Vollbeschäftigung gewährleisten könne.) Ferner habe Stauffenberg die Ursachen des ersten Weltkrieges im ökonomischen Gegensatz zwischen Deutschland und England gesehen.[61]

Diese Berichte decken sich in ihrer grundsätzlichen Aussage mit dem, was wir über Stauffenbergs Ansichten in den zwanziger Jahren wissen. Offensichtlich beunruhigte ihn, daß tiefgreifende soziale Widersprüche die Gesellschaft, in der er lebte, erschütterten. Er wollte, daß diese Widersprüche beseitigt würden, denn er sah darin eine Gefahr für Staat und Volk. Darum begrüßte er alles, was – seiner Meinung nach – geeignet war, den Integrationsprozeß im Volke zu fördern. Eine solche „Einheit" von Volk und Nation mußte selbstverständlich eine Utopie bleiben, denn sie verlangte letztlich die Versöhnung des Unversöhnbaren. Im Grunde genommen lief seine Ansicht auf eine Billigung der staatsmonopolistischen Regulierungsmaßnahmen hinaus, wobei ihm das Wesen dieser Politik allerdings keineswegs bewußt war.

Auf militärischem Gebiet stand Stauffenberg stark unter dem Einfluß des damaligen Generalstabschefs General Beck, den er sehr verehrte.

Hauptgegenstand des Studiums an der Kriegsakademie war die taktische Führung der Division und der Armee. Außerdem wurden Kriegsgeschichte, Heeresversorgung, Wehrwirtschaft sowie der Einsatz der Spezialtruppen behandelt. Die Absolventen der Kriegsakademie kamen zunächst meist als I a, I b oder I c in einem Divisionsstab zur Verwendung. Der I a war der unmittelbare Gehilfe des Divisionskommandeurs und für die taktische Führung verantwortlich, der I b leitete die materielle Versorgung, der I c hatte die „Feindnachrichten" auszuwerten und das „Feindbild" zu erarbeiten.

Stauffenbergs wissenschaftliche Interessen und seine Vielseitigkeit zeigten sich in zwei Arbeiten, die er auf der Kriegsakademie schrieb.

Die eine, eine Arbeit über die Heereskavallerie, gewann allerdings keine besondere Anerkennung, was wohl daran lag, daß Stauffenberg angesichts der Bedeutung, die Kraftwagen und Panzer inzwischen erlangt hatten, die Möglichkeiten der Kavallerie überschätzte.

Er stellte sich jedoch keineswegs gegen militärtechnische Neuerungen, was folgende Stelle der Arbeit beweist: „Unter ‚Kavallerie' ist dabei grundsätzlich jene bewegliche Heerestruppe in der Hand des Feldherrn zu verstehen, deren fast ausschließliches Mittel zur Beweglichkeit bis vor wenigen Jahren das Pferd freilich war. Trotzdem ist von Anfang an festzuhalten, daß die Kavallerie in neuester Zeit keineswegs mehr an die ausschließliche oder teilweise Verwendung von Pferden als Mittel zur Beweglichkeit gebunden ist, schafft doch das Kraftfahrzeug offenbar die Möglichkeit, die operative Beweglichkeit der Kavallerie noch mehr zu steigern."[62]

Die andere Arbeit, „Die Abwehr von feindlichen Fallschirmtruppen im Heimatgebiet", die aus einem Preisausschreiben der Zeitschrift „Wissen und Wehr" hervorgegangen war, fand unter den militärischen Fachleuten größte Aufmerksamkeit. Der Verfasser errang mit ihr den ersten Preis in Höhe von 300 RM, und sie wurde zunächst als internes Informationsmaterial unter Offizieren verbreitet.

Das Interesse für die Fragen des Einsatzes von Fallschirm- und Luftlandetruppen war zu dieser Zeit sehr groß. Dazu hatten nicht zuletzt die sowjetischen Erfahrungen auf die-

sem Gebiet, insbesondere die sowjetischen Manöver 1936, in denen u. a. die Einsatzmöglichkeiten von Fallschirm- und Luftlandetruppen erprobt wurden, beigetragen.
Am 28. April 1938 hielt Stauffenberg über das Thema seiner Arbeit einen Vortrag auf einer Veranstaltung, die von der Deutschen Gesellschaft für Wehrpolitik und Wehrwissenschaften und der Lilienthal-Gesellschaft für Luftfahrtforschung durchgeführt wurde. Der Vortrag erschien auch als Aufsatz in „Wissen und Wehr".[63] Stauffenberg unterschied darin zwischen „Fallschirmtruppen", die die Aufgabe haben, das Leben im gegnerischen Hinterland zu desorganisieren, und „Fallschirmkampftruppen", die für größere Kampfhandlungen bestimmt sind. Er analysierte die Möglichkeiten des Einsatzes und der Abwehr von Fallschirmtruppen.
Der Aufsatz ist aber auch noch aus anderen Gründen bemerkenswert. Im Gegensatz zu den imperialistischen deutschen Blitzkriegstheoretikern, die u. a. auf die kriegsentscheidende Bedeutung einzelner Waffenarten setzten, betonte Stauffenberg die Abhängigkeit jedes einzelnen Kriegsmittels von der Gesamtheit aller materiellen und geistigen Faktoren des Militärwesens: „Denn Umfang und Art des Einsatzes und der Wirkung *jedes* Kriegsmittels ist in allererster Linie von seiner Stellung innerhalb der Gesamtheit *aller* kriegerischen Mittel und innerhalb der sich aus ihnen entwickelnden Kriegskunst abhängig – oder anders: jede einzelne Erscheinung des Krieges kann nur im Rahmen des Krieges als Ganzes gesehen und richtig beurteilt werden."[64]
Bemerkenswert in Stauffenbergs Aufsatz ist seine nüchterne Einschätzung der zu erwartenden verlustreichen Auswirkungen eines künftigen Krieges. In einer Zeit, als die Nazis

mit ihrer militärischen Macht prahlten, als Göring erklärte, daß er Meier heißen wolle, wenn auch nur ein feindliches Flugzeug die deutschen Grenzen überfliegen sollte, schrieb der junge Rittmeister von Stauffenberg:

„In der neueren Zeit ist das gesamte Staats- oder Heimatgebiet einer kriegführenden Macht zur Operationsbasis geworden. Kein Zweig des völkischen Lebens, der nicht mittelbar oder unmittelbar mit in das kriegerische Geschehen einbezogen wäre ...

Eine einigermaßen zutreffende Formulierung der Fallschirmgefahr für die Heimat im Rahmen eines neuzeitlichen Krieges wird uns aber nur dann möglich sein, wenn wir uns die Gesamtheit der Gefahren vor Augen halten, die sie heutzutage zu gewärtigen hat: Abschnürung von der Rohstoff- und Verpflegungszufuhr und damit Ernährungsschwierigkeiten und vor allem Bombenangriffe, vor welchen bei einem Mehrfrontenkrieg Länder unserer Größenordnung an keiner Stelle mehr sicher sind. Die Vorgänge in Spanien und China, von denen der Weltkrieg uns einen Vorgeschmack gegeben hat, zeigen deutlich genug, was der Heimat auch bei größter Entfernung von den kriegerischen Operationen durch feindliche Luftangriffe bevorsteht."

Diese aus nüchterner Analyse hervorgehenden Warnungen des jungen Offiziers blieben unbeachtet. Es bedarf heute keiner besonderen Beweisführung, wie sehr die Praxis des zweiten Weltkrieges diese Warnungen bestätigt hat.

Stauffenberg erweist sich in seinem Aufsatz als ein sachkundiger militärischer Fachmann, der einen scharfen Blick für die militärischen Realitäten besitzt und Abenteurertum ablehnt. Er glaubt zwar zu dieser Zeit noch nicht an eine aggressive Zielsetzung der faschistischen Politik, sondern er ist vielmehr der Meinung, daß er als Offizier die Pflicht habe, die Heimat gegen einen Angriff schützen zu müssen. Ganz deutlich zeigen aber seine Ausführungen, daß er einen Krieg nicht wünscht, weil er sich ausrechnet, daß der moderne Krieg auch dem Hinterland, d. h. den Volksmassen, schwere Verluste und Verwüstungen bringen wird.

Während Stauffenbergs Aufenthalt in Berlin begann die Freundschaft mit dem Germanisten Dr. Rudolf Fahrner, der damals an einer Gneisenau-Biographie arbeitete, die Stauffenbergs Interesse erregte. Dieses Interesse galt natürlich dem großen Vorfahren, in erster Linie aber dem genialen Militär, der sich zugleich auch für politische Erneuerungen verantwortlich fühlte. Stauffenberg hat gerade in den folgenden Jahren Gneisenaus Schriften große Aufmerksamkeit zugewandt.

Nach Absolvierung der Kriegsakademie im Sommer 1938 wurde Staufenberg Ib in der 1. Leichten Division in Wuppertal, die unter dem Befehl des Generalleutnants Hoepner stand. Die damaligen „Leichten Divisionen" waren im Zuge der schnellen Heeresvermehrung seit 1935 entstanden und stellten einen Kompromiß dar zwischen der Forderung nach umfassender Motorisierung und Entwicklung der Panzerwaffe und den mit dieser Forderung nicht Schritt haltenden materiellen Möglichkeiten. Während die Panzerdivisionen etwa 400 gepanzerte Fahrzeuge hatten, verfügten die Leichten Divisionen nur über ungefähr 200 gepanzerte Fahrzeuge, davon über 100 Panzerspähwagen. Sie wurden im Herbst 1939 in Panzerdivisionen umgewandelt (wobei ein Teil vorerst erbeutete tschechische Panzer als Ausrüstung erhielt).

Zur Verwirklichung seiner Weltherrschaftspläne sah der deutsche Imperialismus zunächst die Unterwerfung Mittel-

Claus Schenk Graf von Stauffenberg als Offiziersanwärter auf der Infanterieschule in Dresden 1928

Stefan George

Stauffenberg. Aufnahme aus den frühen dreißiger Jahren

Wohnung Stauffenbergs seit 1933: Bamberg, Schützenstraße 20

Als junger Offizier beim 17. Reiterregiment in Bamberg

Als Oberleutnant um 1936.

Albrecht Ritter Mertz von Quirnheim

Generaloberst Ludwig Beck in Paris 1937, nach einer Unterredung mit dem französischen Generalstabschef; links hinter ihm der damalige Oberst Dr. Speidel

Beck (links) bei den Herbstmanövern in Mecklenburg 1937 mit Manövergästen. Rechts der italienische Generalstabschef Marschall Pietro Badoglio

europas vor. Im März 1938 annektierte er Österreich, ohne daß die für den Schutz Österreichs verantwortlichen Westmächte dagegen einschritten.

Im Sommer und Herbst 1938 bereitete das faschistische Deutschland unter dem Vorwand, der angeblich von den Tschechen bedrohten deutschen Minderheit helfen zu müssen, den militärischen Überfall auf die Tschechoslowakei vor. Noch bestand die Möglichkeit, durch ein gemeinsames Vorgehen Englands, Frankreichs und der ČSR mit der Sowjetunion die faschistischen deutschen Aggressoren zu zügeln und ihnen die Grenzen ihrer Macht zu zeigen. Eine solche Haltung gegenüber der deutschen Regierung hätte zweifellos den antifaschistischen Widerstandskampf in Deutschland gefördert und günstigere Möglichkeiten für einen Sturz des faschistischen Regimes geschaffen. Die Westmächte verweigerten jedoch ein Zusammengehen mit der Sowjetunion und lieferten mit dem erpresserischen Münchner Abkommen die ČSR faktisch den Aggressoren aus. Auf Grund des Münchner Abkommens besetzten deutsche Truppen Anfang Oktober 1938 die von deutschsprachiger Bevölkerung bewohnten, wirtschaftlich zumeist sehr wertvollen Randgebiete Böhmens und Mährens.

Stauffenberg nahm mit der 1. Leichten Division an der Besetzung des „Sudetenlandes" teil, wobei seine Einheit in den Raum Mies einrückte. Als Versorgungsoffizier hatte er sich u. a. um die Weiterführung der landwirtschaftlichen und industriellen Produktion im besetzten Gebiet zu kümmern. Es wird berichtet, daß Stauffenberg sich scharf dagegen wandte, daß deutsche Offiziere und Soldaten in großen Mengen solche Waren aufkauften, die es in Deutschland infolge der kriegswirtschaftlichen Vorbereitungsmaßnahmen schon lange nicht mehr gab. Die

Division verließ am 16. Oktober 1938 wieder das besetzte Gebiet.

Nach der völligen Zerschlagung der Tschechoslowakei im März 1939 richtete der deutsche Imperialismus seine nächste Angriffsaktion gegen Polen, um es zu annektieren, auszuplündern und seine Bevölkerung in Arbeitssklaven der deutschen Monopolherren und Großgrundbesitzer zu verwandeln. Wieder weigerten sich die Westmächte, gemeinsam mit der Sowjetunion dem Aggressor entgegenzutreten. Da auch die polnische Regierung ein Bündnis mit der Sowjetunion ausschlug, hatten die deutschen Faschisten ein leichtes Spiel. Innerhalb von drei Wochen wurden durch die überlegene Naziwehrmacht die polnischen Truppen zerschlagen und der polnische Staat vernichtet. Für das polnische Volk begann die Schreckenszeit der Okkupation, in der sechs Millionen Menschen umgebracht und weitere Millionen zur Zwangsarbeit verschleppt wurden.

Stauffenberg nahm mit seiner Division, die inzwischen in die 6. Panzerdivision umgewandelt worden war, im September 1939 am Feldzug in Polen teil. Sein organisatorisches Talent, das sich bei der Versorgung seiner Einheit und bei der Überwindung von plötzlich auftretenden Schwierigkeiten offenbarte, stand nunmehr im Dienste des Krieges. Er hatte den Krieg nicht gewünscht, aber er war Offizier und glaubte, seine militärische „Pflicht" erfüllen zu müssen, ja, man kann sagen, daß die kriegerischen Ereignisse ihn zeitweilig stark in ihren Bann schlugen. Er war, so wird berichtet, von den schnellen und erfolgreichen Operationen der deutschen Wehrmacht in Polen sehr angetan.[65] Der militärische Blitzsieg beeindruckte viele, auch ihn.

Differenzen innerhalb der herrschenden Klasse

Im Jahre 1939 wurde Stauffenberg bekannt, daß es innerhalb der militärischen Führung unterschiedliche Beurteilungen der Lage und der künftigen Entwicklung gab. Noch hatten diese Erscheinungen allerdings auf ihn keinen bestimmenden Einfluß. Es dauerte noch einige Zeit, bis sie auch ihn, freilich auf besondere Weise, in ihr Spannungsfeld ziehen sollten.

Die Errichtung der faschistischen Diktatur beseitigte keineswegs die schon in der Weimarer Republik vorhandenen Widersprüche innerhalb der herrschenden Klasse. Im Gegenteil, neu aufkommende wirtschaftliche und politische Schwierigkeiten verschärften die Auseinandersetzungen zwischen den Monopolgruppen, in der politischen Führungsspitze und auch in der militärischen Führung. Die Differenzen bezogen sich vor allem auf die Frage nach den Mitteln und Methoden zur Festigung der faschistischen Diktatur, auf Tempo, Schwerpunkte und Gesamtkonzeption der Aufrüstung, auf die außenpolitische Taktik sowie auf den Streit um die Besetzung der einflußreichsten Posten im System des staatsmonopolistischen Kapitalismus.[66]

Eine Gruppe, vertreten durch Wirtschaftsminister Schmitt, wollte die sozialen und finanziellen Spannungen – es gab z. B. Anfang 1934 noch immer vier Millionen Arbeitslose – durch gewisse Verringerung der Massenbelastung und zeitweilige Reduzierung des Aufrüstungstempos überwinden. Die Schwerindustriellen um Thyssen und Krupp, die Reichswehrführung um Blomberg und der Reichsbankpräsident Schacht bekämpften diese Linie.

Auf militärischem Gebiet gab es Meinungsverschiedenheiten darüber, ob das geplante Massenheer auf der Grundlage des Milizsystems oder als stehendes Heer aufgebaut werden sollte. Die SA-Führer um Ernst Röhm wollten ein Milizsystem mit der SA als Kern der Armee, wobei sie für sich selbst hohe Kommandoposten erhofften. Diese Pläne stießen auf den heftigen Widerstand der Generalität.

Auf außenpolitischem Gebiet ging es darum, ob der Widerstand Frankreichs gegen die deutsche Aufrüstung durch eine Art „Verständigung" oder durch ein Überspielen Frankreichs mit Hilfe der USA und Englands überwunden werden sollte. Für eine „Verständigung" traten Schleicher und Röhm ein, während die Reichswehrführung, Schacht, Thyssen und Hermann Göring für die zweite Lösung plädierten.

Die Auseinandersetzungen wurden durch Cliquenkämpfe in der Naziführung sowie durch die tödliche Erkrankung Hindenburgs im Frühjahr 1934, die die Frage der Nachfolge auf die Tagesordnung setzte, weiter verschärft.

Mit der Ermordung Röhms und anderer SA-Führer sowie der Generale von Schleicher, von Bredow und anderer unbequemer bürgerlich-konservativer Opponenten am 30. Juni 1934 (insgesamt über 1000 Personen) fanden die Auseinandersetzungen einen vorläufigen Abschluß. Die Oberhand gewannen diejenigen Kräfte, „die den rücksichtslosen Terror noch verstärken und die Aufrüstung beschleunigen wollten".[67] Die Machtpositionen der schwerindustriellen Ruhrmonopole und der Gruppe um Hjalmar Schacht, der zum Reichswirtschaftsminister ernannt wurde, festigten sich. Mit der Entmachtung der SA, in der die Militärs eine gefährliche Konkurrenz gesehen hatten, gelang es den Naziführern, die Differenzen mit der Reichswehrführung zu überbrücken und sich auf eine schnelle und rücksichtslose Kriegsvorbereitung zu einigen. „Befreit von der Konkurrenz der SA, fühlte sich die Reichswehrführung als eigentlicher Sieger des 30. Juni.“[68] Sie gestattete es, daß Hitler nach dem Tode Hindenburgs am 2. August 1934 das Amt des Reichspräsidenten mit übernahm und als „Führer und Reichskanzler“ nunmehr auch Oberster Befehlshaber der Wehrmacht wurde.

Die Differenzen innerhalb der herrschenden Klasse wurden jedoch nur vorübergehend überbrückt. Auf Grund wirtschaftlicher Schwierigkeiten kam es 1937/1938 erneut zu Auseinandersetzungen über strategisch-taktische Fragen der Aufrüstung und der Außenpolitik. Die Gruppe um Schacht, Fritz Thyssen und andere wollte angesichts des Rohstoff- und Devisenmangels zeitweilig dem Export den Vorrang lassen und Anleihen vor allem aus den USA aufnehmen, um für die weitere Aufrüstung eine solide Grundlage zu schaffen. Sie war nicht gegen die faschistischen Eroberungspläne, sie wollte sie nur besser kriegswirtschaftlich abgesichert wissen und durch Zusammenarbeit mit den Westmächten gegen die Sowjetunion die Gefahr eines Zweifrontenkrieges für Deutschland vermeiden. Anhänger einer Neuaufteilung der Welt durch Verständigung mit den Westmächten war auch der ehemalige Reichspreiskommissar Dr. Carl Goerdeler.

Dagegen stand die sogenannte „Vierjahresplan-Gruppe“, zu der die IG Farben, die Elektrokonzerne, Flick, Krupp und Mannesmann gehörten und die politisch führend war. Sie meinte, das verschärfte Rüstungstempo, gestützt auf den „Vierjahresplan“, weiter fortsetzen zu können. Sie wollte so schnell wie möglich mit der Verwirklichung der kriegerischen Eroberung beginnen, auch auf die Gefahr eines Zweifrontenkrieges hin.

Im Ergebnis der Auseinandersetzungen wurde im November 1937 Wirtschaftsminister Schacht durch Walter Funk, einen Vertrauensmann Görings, ersetzt. Außenminister Freiherr von Neurath, ein Anhänger der Zusammenarbeit mit den Westmächten, wurde durch den eingefleischten Nazi Joachim von Ribbentrop abgelöst, der für das gegen die Sowjetunion, aber auch gegen die Westmächte gerichtete Bündnis mit Italien und Japan eintrat.
Damit begann in der Entwicklung des faschistischen Deutschlands die Etappe, „in der der deutsche Imperialismus daranging, seine verbrecherischen Raubpläne durchzuführen, bewußt einen Krieg zu entfesseln und damit den zweiten Weltkrieg heraufzubeschwören".[69]
Die Differenzen in der Großbourgeoisie und der politischen Führungsspitze spiegelten sich auch in der militärischen Führung wider, die ja ein Teilsystem innerhalb des imperialistischen Herrschaftssystems war. Einige besondere Züge erhielten diese Differenzen noch dadurch, daß es hierbei auch um spezielle militärtheoretische Fragen im Zusammenhang mit der Vorbereitung des neuen Krieges ging.[70]
Wie an anderer Stelle schon dargelegt, hatte die deutsche Generalität die Errichtung und Festigung der Nazidiktatur tatkräftig gefördert. Doch es blieb eine gewisse Unzufriedenheit in Teilen des Offizierskorps, die verschiedene Ursachen hatte.
An Stelle der nach dem 30. Juni 1934 ausgeschalteten SA erhob sich bald in Gestalt der SS, die sich der besonderen Protektion der Naziführer erfreute, eine neue Konkurrenz für die Generalität.
Ein weiterer Grund des Mißfallens ergab sich daraus, daß das in den Traditionen verharrende Offizierskorps mit Unruhe die Bevorzugung bestimmter Wehrmachtsteile und das

damit verbundene starke Eindringen von ausgesprochen nationalsozialistischen Kadern in die Reihen des Offizierskorps sah. Im Heer mit seinen traditionellen Waffengattungen Infanterie, Kavallerie, Artillerie und Pioniertruppen und in der Flotte waren konservative Haltung und Tradition, die bis in die Zeit des kaiserlichen Heeres und der kaiserlichen Flotte, der „ehernen Säulen" des Reiches, zurückreichten, am stärksten. Wichtige Veränderungen in der personellen Zusammensetzung des Offizierskorps und in der öffentlichen Wertschätzung traten ein, als der Aufbau der neuen Waffengattungen, der in der Weimarer Republik nur heimlich und quantitativ geringfügig erfolgen konnte, nunmehr in aller Öffentlichkeit betrieben und überaus forciert wurde: der Panzerwaffe, der U-Boote-Waffe und der Luftwaffe, wobei letztere sogar die Stellung eines dritten Wehrmachtsteiles erhielt. Während in den bisherigen Waffengattungen das konservative, zum großen Teil noch aristokratische Element im Offizierskorps überwog, bestand das Offizierskorps der jungen, sehr schnell aufgebauten Waffengattungen in viel größerem Umfange aus jüngeren, unter dem Einfluß der faschistischen Ideologie stehenden Offizieren. Die Tatsache, daß die neuen Waffengattungen von den Naziführern besonders gefördert wurden – vor allem traf das für Görings Luftwaffe zu –, führte zu gewissen Widersprüchen im Offizierskorps, zu einer Furcht der alten Militärkaste vor einer Einschränkung ihrer privilegierten gesellschaftlichen Stellung. Während des Krieges ergab sich eine ähnliche Situation im Hinblick auf die Waffen-SS, die als militärisch-politische Elitetruppe die besondere Gunst der Naziführer genoß.

Schließlich gab es innerhalb der militärischen Führung Meinungsverschiedenheiten über das Für und Wider eines möglichen Zweifrontenkrieges, über die Aussichten eines Blitzkrieges und über operativ-taktische Fragen, wie z. B. den Einsatz von Panzern und Flugzeugen.

Historiker der BRD stützen auf diese Meinungsverschiedenheiten ihre Behauptung vom „Widerstand“ der Generale. In Wirklichkeit handelte es sich lediglich um einen Streit über die besten Mittel und Methoden, die Vorherrschaft Deutschlands in Europa und in der Welt zu erobern und zu sichern.

Zu einem ersten Aufflackern von Meinungsverschiedenheiten zwischen Hitler und einigen Vertretern der militärischen Führung kam es im Jahre 1936 im Zusammenhang mit der Besetzung der entmilitarisierten Rheinland-Zone. Die Generale von Blomberg, von Fritsch und Beck waren nicht prinzipiell gegen diesen Schritt, aber sie fürchteten eine militärische Gegenaktion Frankreichs und Englands, der Deutschland noch nicht gewachsen sein konnte, denn von den 1935 angekündigten 36 Divisionen waren selbst im Oktober 1936 erst 28 aufgestellt. Die aus den Erfahrungen des ersten Weltkrieges stammende Furcht vor dem Zweifrontenkrieg bestimmte weitgehend die Haltung der Generale, da Frankreich seit 1935 einen Beistandspakt mit der Sowjetunion und der Tschechoslowakei hatte. Hier trafen sich die Einwände der Militärs mit jenen, die einige Zeit später u. a. auch von Schacht vorgebracht wurden. Reichskriegsminister von Blomberg und Generalstabschef Beck trugen Hitler ihre Bedenken vor. Hitler wies sie zurück und ließ sich lediglich zu dem Zugeständnis herbei, im Falle eines militärischen Vorgehens der Gegenseite den Rückzug der deutschen Truppen über den Rhein zu befehlen. Hitler rechnete mit der antisowjetischen Politik der Zugeständnisse durch die Westmächte gegenüber Deutschland und hatte damit Erfolg. Die „Opponenten“ schwiegen. Am 5. November 1937 entwickelte Hitler vor dem Reichskriegsminister, Generalfeldmarschall von Blomberg, dem Oberbefehlshaber des Heeres, Generaloberst Freiherrn von Fritsch, dem Oberbefehlshaber der Kriegsmarine, Generaladmiral Raeder, dem Oberbefehlshaber der Luftwaffe, Generaloberst Göring, und dem Reichsaußenminister Freiherrn von Neurath seinen Plan, daß die „deutsche Frage“ eine Frage der „Raumnot“ sei, die durch „Raumerweiterung“, „durch Brechen von Widerstand und unter Risiko“ gelöst werden müsse. „Zur Lösung der deutschen Frage könne es nur den Weg der Gewalt geben, dieser (könne) niemals risikolos sein“, meldet das Protokoll über Hitlers Ausführungen.[71] Die militärischen Führer Deutschlands stellten sich auf den Boden des hier konzipierten Verbrechens. In der Folgezeit äußerten sie nur gewisse Bedenken über die ungenügende Rüstung Deutschlands, über die Gefahr des Zweifrontenkrieges, über die Stärke der französischen Armee und der tschechischen Grenzbefestigungen. In einem Gespräch zwischen Neurath, Fritsch und Beck am 7. November wurde erklärt, daß ein Krieg mindestens 51 Prozent Erfolgschancen haben müßte, aber diese 51 Prozent seien nicht vorhanden. Hitler jedoch wies die Bedenken, die ihm Fritsch und Neurath vortrugen, brüsk zurück.

Die Generale unterstützten mit ihrem ganzen fachlichen Können die faschistische Kriegspolitik. Bereits am 24. Juni 1937 hatte Blomberg die Weisung für die einheitliche Kriegsvorbereitung der Wehrmacht gegeben. In dieser Weisung wurde gesagt, daß Deutschland mit keinem Angriff einer auswärtigen Macht zu rechnen habe, daß aber die Wehrmacht kriegsbereit sein müsse, „um etwa sich ergebende politisch günstige Gelegenheiten militärisch ausnutzen zu können".[72]

Obwohl die militärischen Führer mit der Politik der Nazis grundsätzlich einverstanden waren, beschloß die Gruppe Hitler – Göring im Einvernehmen mit allen Verfechtern des Gedankens eines baldigen Blitzkrieges, sich einiger Generale zu entledigen, weil ihr Zaudern, ihre Bedenklichkeit und einige ihrer militärtheoretischen Auffassungen die sofortige Durchführung der militärischen Aggressionspläne stören könnten. Im Januar 1938 wurden Blomberg – unter dem Vorwand einer skandalösen Heirat – und Fritsch – unter dem Vorwand homosexueller Beziehungen – ihrer Posten enthoben. Obwohl die Beschuldigung gegen Fritsch sich als erlogen erwies, wurde er nicht wieder in sein früheres Amt eingesetzt. Zugleich wurde eine größere Zahl weiterer Generale abgelöst oder versetzt.

Im Gefolge der personellen Veränderungen wurde im Februar 1938 auch eine Reorganisation der Wehrmachtführung vorgenommen. An die Stelle des Reichskriegsministeriums trat das Oberkommando der Wehrmacht (OKW), das aber nur die Funktion eines Arbeitsstabes des Obersten Befehlshabers Hitler ausübte. Hitler unterstanden direkt die Oberbefehlshaber des Heeres, der Kriegsmarine und der Luftwaffe, wobei Generaloberst Walther von Brauchitsch an die Stelle von Fritsch getreten war. Chef des OKW wurde der hitlertreue General Keitel. Unter der neuen Führung begann nunmehr die Verwirklichung der Eroberungspolitik, deren erste Schritte die Annexion Österreichs und die Vorbereitung des Überfalls auf die Tschechoslowakei waren.

Im Sommer 1938 vergrößerten sich infolge der forcierten Kriegsvorbereitungen die wirtschaftlichen Schwierigkeiten

Deutschlands. Es drohte die Gefahr einer Inflation. Einige führende Politiker und Militärs, an der Spitze Ludwig Beck und Carl Goerdeler, hielten Deutschlands Rüstung und Kriegswirtschaft für unzureichend, um einen langdauernden Zweifrontenkrieg zu bestehen. In der Zeit von September 1937 bis Februar 1938 konnte die deutsche Industrie 41,4 Prozent der Rüstungsaufträge nicht realisieren, da Rohstoffdecke und Produktionskapazität nicht ausreichten.

Ludwig Beck, 1880 geboren, stammte aus Rheinhessen und hatte bereits am ersten Weltkrieg als Generalstabsoffizier teilgenommen. Am 1. Oktober 1933 wurde er zum Chef des Truppenamtes, am 1. Juli 1935 zum Chef des Generalstabes des Heeres ernannt, am 1. Oktober 1935 erhielt er seine Beförderung zum General der Artillerie. Beck war anfangs durchaus bereit, mit den Nationalsozialisten zusammenzuarbeiten, hatte er doch bereits 1930 als Regimentskommandeur die wegen nationalsozialistischer Umtriebe angeklagten Leutnants Ludin und Scheringer in Schutz genommen. In mehreren Denkschriften und Vorträgen vor Brauchitsch legte Beck 1938 dar, daß er zwar für „größeren Lebensraum“ Deutschlands in Europa und Übersee und für die Ausschaltung der „Tschechei“ als „Gefahrenherd“ sei, daß aber dem Erreichen dieses Zieles zur Zeit zu große Hindernisse im Wege stünden: die zu erwartende militärische Koalition der Tschechoslowakei mit Frankreich, England und den USA; die unfertige deutsche Wehrmacht; die Gefahr aus der Luft; der „Tiefstand der Finanz-, Ernährungs- und Rohstofflage“ Deutschlands.[73]

In einer Denkschrift vom 16. Juli 1938 sagte Beck, wenn Frankreich und England in den Krieg einträten, werde es sich für sie „um einen Krieg auf Leben und Tod mit Deutschland handeln“. Er schlußfolgerte: „Auf Grund meiner vorausgegangenen Darlegungen halte ich mich heute für verpflichtet – ... –, die dringende Bitte auszusprechen, den Obersten Befehlshaber der Wehrmacht zu veranlassen, die von ihm befohlenen Kriegsvorbereitungen einzustellen und die Absicht der gewaltsamen Lösung der tschechischen Frage so lange zurückzustellen, bis sich die militärischen Voraussetzungen dafür grundlegend geändert haben. Zur Zeit halte ich sie für aussichtslos ...“[74]

Beck, der also nicht grundsätzlich gegen die Annexion tschechoslowakischen Gebietes war, schlug Brauchitsch vor, daß die höchsten militärischen Führer von Hitler die Einstellung der Kriegsvorbereitungen verlangen und im Weigerungsfalle geschlossen ihren Rücktritt erklären sollten. Der hitlerhörige Brauchitsch, dem die Warnungen in Becks Vorträgen ohnehin nicht paßten, weil sie ihn zu einer selbständigen Entscheidung zwingen wollten, lehnte Becks Forderung ab. Beck zog daraus für seine Person die Konsequenz und erklärte im August 1938 seinen Rücktritt, der von Hitler angenommen und zum 31. Oktober 1938 unter Beförderung zum Generaloberst vollzogen wurde. Dadurch, daß Beck sich nicht auf die unverbindliche Erörterung von Bedenken beschränkte, sondern persönliche Konsequenzen nicht scheute, unterschied er sich von anderen „oppositionellen“ Kräften im Offizierskorps, die nicht ernsthaft an Handlungen gegen Hitler dachten.

Um Beck sammelte sich eine Gruppe von Offizieren, deren oppositionelle Haltung allerdings weit weniger ausgeprägt war. Zu dieser Gruppe gehörte auch der Chef des Wehrwirtschaftsamtes, General Thomas, der 1939 in einer Denkschrift erklärte, daß ein deutscher Angriff auf Polen einen Weltkrieg zur Folge habe, Deutschland aber einen solchen materiell nicht durchhalten könne. Thomas warnte insbesondere vor dem Krieg gegen die Sowjetunion, wobei er auf die riesigen wirtschaftlichen und militärischen Potenzen dieses Landes hinwies. Eine persönlich sehr entschiedene Haltung gegen die Naziführung nahm der ehemalige Chef der Heeresleitung, Generaloberst von Hammerstein-Equord, ein. Hammerstein hatte im November 1933 einem Bekannten erklärt, daß er einen Krieg gegen die Russen nicht mitmachen werde. Bei Kriegsausbruch 1939 sagte er zu Freunden, daß Deutschland den Krieg verlieren müsse, weil es nur so die Nazis loswerden könne.[75] Hammerstein starb jedoch bereits im April 1943.

Alle diese Offiziere hatten in der Weimarer Republik und zum größten Teil auch im faschistischen Deutschland mehr oder weniger stark an der Aufrüstung und Kriegsvorbereitung mitgewirkt. Als militärische Fachleute hatten sie sich aber auch den Blick für das reale Kräfteverhältnis bewahrt. Als aus der abenteuerlichen Politik der Naziführer Gefahr für den deutschen Militarismus und damit für ihre eigene Existenzgrundlage erwuchs, meldeten sie ihre Bedenken an, trugen sie sich mit Staatsstreichabsichten, ohne jedoch am imperialistischen System Grundlegendes ändern zu wollen.

Die Offiziersgruppe um Beck erörterte in den Jahren 1938 bis 1940 wiederholt Pläne für die Durchführung eines Staatsstreichs und die Ausschaltung Hitlers. Auf verschiedenen Wegen, darunter auch über kirchliche Kreise, wurde versucht, mit der britischen Regierung in Verbindung zu kommen, um nach der Ausschaltung Hitlers mit ihr Frieden zu schließen. Alle diese Pläne richteten sich jedoch nicht prinzipiell gegen das faschistische Regime, sie sollten lediglich einige Auswüchse beseitigen und vor allem die militärische Niederlage, die die sachkundigen Militärs sich ausrechneten, durch vorzeitigen Friedensschluß verhindern.

Da aber die Faschisten zunächst beträchtliche außenpolitische und militärische Erfolge verbuchen konnten – Münchner Abkommen, militärische Siege in Polen, Norwegen und Frankreich –, wurden die Staatsstreichpläne immer wieder zu den Akten gelegt. Dazu kam, daß Hitler nicht mit Beförderungen und Auszeichnungen geizte. Allein am 19. Juli 1940, nach dem Sieg in Norwegen und im Westen, ernannte Hitler zwölf Generalfeldmarschälle, darunter von Brauchitsch, von Kluge, von Witzleben, von Reichenau, Keitel, und 18 Generalobersten, darunter Halder, Guderian, Hoepner und Fromm. Von den Beförderten und Ausgezeichneten dachte vorläufig keiner mehr an einen Staatsstreich.

Ein ehemaliger Offizier aus der damaligen näheren Umgebung Witzlebens, der spätere General Lattmann, berichtet (über die Zeit von Oktober 1939 bis Juni 1940), daß Witzleben „ganz offen gegen Hitler sprach", weil er sein „Zusammengehen mit Rußland" für falsch hielt. Als Martin Lattmann gelegentlich einmal sagte, daß er „ja in eine recht reaktionäre Gesellschaft geraten sei", wurde ihm zur Antwort, „das sei nicht so schlimm – jetzt käme es darauf an, den Krieg zu gewinnen, auch gegen England".[76] Das bestätigt noch einmal, daß es den Generalen – von Beck und Hammerstein abgesehen – zur Zeit der großen militärischen Siege nicht ernst war mit ihrer Frontstellung gegen Hitler.[77]

Ähnlich war die Haltung der Kritiker aus dem zivilen Bereich, die sich um Goerdeler sammelten. Auch hier handelte es sich nur um Meinungsverschiedenheiten innerhalb der herrschenden Klasse um den besten Weg und die besten Methoden zur Durchsetzung der reaktionären Klassenziele.

Carl Goerdeler (1884) war nach dem Jurastudium in Wirtschaft und Verwaltung tätig gewesen.[78] Im Jahre 1918 war er als Hauptmann Leiter der Finanzverwaltung bei der deutschen Besatzungsbehörde für Litauen und Bjelorußland. Danach – 1919 – fungierte er als politischer Verbindungsmann im Generalkommando des XVII. A. K. in Danzig unter General von Below.

In Danzig gehörte Goerdeler zu den extremen antipolnischen Elementen. Mit Hilfe einer blutigen Provokation wollte er einen Krieg entfesseln, der zur militärischen Niederwerfung Polens führen sollte.[79] Um ein ruhiges Hinterland für diesen Krieg zu schaffen, forderte er die Verhaftung der Führer der Arbeiterschaft. Diese Haltung qualifizierte ihn für die Mitgliedschaft in der Deutschnationalen Volkspartei, der Partei der Schwerindustrie und des ostelbischen Grundbesitzes. Aus der Danziger Zeit stammte die Bekanntschaft mit Major Siegfried Wagner, der später Bundeskanzler des Stahlhelms wurde und zugleich Vorsitzender des revanchistischen antipolnischen Ostmarkenvereins war. Wagner[80] nahm später als Oberst im OKH ebenfalls an der Verschwörung des 20. Juli 1944 teil. Nach mehrjähriger Tätigkeit in Königsberg (Ostpreußen) wurde Goerdeler 1930 zum Oberbürgermeister von Leipzig gewählt. Nach der Darstellung von Ritter bemühte er sich hier besonders um Sparsamkeit in der kommunalen Haushaltsführung, um eine strenge Bilanzierung von Einnahmen und Ausgaben, allerdings in erster Linie auf Kosten der Werktätigen. „Mehr arbeiten ohne Lohnerhöhung, also billigere Waren schaffen ohne Verminderung der Kaufkraft des einzelnen Arbeiters, das ist der Kern seiner Vorschläge", schreibt Ritter.[81]

Im Jahre 1931 wurde Goerdeler von Hindenburg zum Reichskommissar für Preisüberwachung berufen. Als Brüning 1932 vom Reichskanzleramt zurücktreten mußte, empfahl er Goerdeler als seinen Nachfolger, doch die Kandidatur scheiterte an verschiedenen Widerständen, vor allem bei Schleicher.

Goerdeler begrüßte den Abbau der parlamentarischen Demokratie und forderte die Errichtung einer Notstandsdiktatur. Selbst Prof. Ritter gesteht: „Kein Zweifel: auch er trieb in seinem Eifer, die große Wirtschaftskrise zu überwinden, mit dem Verfassungsrecht ein gefährliches Spiel. An der Entwicklung, die von Brünings Notverordnungen über das Papen-Kabinett bis zu Hitlers ‚Ermächtigungsgesetz' vom 24. 3. 1933 führte, hat auch er seinen eindeutig erkennbaren Anteil gehabt."[82]

Goerdeler bekannte, daß er „in den ersten Jahren nach 1933 mit der NSDAP vollkommen vertrauensvoll zusammengearbeitet" habe.[83] Im Jahre 1934 bat Hitler Goerdeler, das Amt des Preiskommissars noch bis 1935 beizubehalten. Er stellte ihm dafür sogar sein Privatflugzeug zur Verfügung.

Allmählich geriet Goerdeler auf einigen Gebieten in Widerspruch zur Politik der Naziführer. Es war auch die Zeit, in der er zu General Beck in nähere Beziehungen kam. Goerdeler trat gegen einige der staatsmonopolistischen Lenkungs- und Regulierungsmaßnahmen des faschistischen Staates auf und forderte größere Freiheit für die einzelnen Unternehmen. So war er auch ein Gegner des „Vierjahresplanes". Er fürchtete, daß die Maßnahmen der Nazis zu einem wirtschaftlichen Niedergang und damit zu Verlusten für die Monopolbourgeoisie führen würden. Im Jahre 1937 legte Goerdeler sein Amt als Oberbürgermeister nieder. Die formale Begründung lautete, daß er mit der Entfernung des Mendelssohn-Denkmals vor dem Gewandhaus in Leipzig nicht einverstanden gewesen sei.

Goerdeler hatte schon im Herbst 1935 von Gustav Krupp

von Bohlen und Halbach das Angebot erhalten, eine Stellung im Direktorium der Krupp AG anzunehmen. Jetzt allerdings verhielt sich Krupp zurückhaltend, nachdem Hitler ihn hatte wissen lassen, daß er einen Mann mit den wirtschaftspolitischen Ansichten Goerdelers nicht in der Leitung der Krupp-Werke wünsche. Krupp mußte sein Angebot zurückziehen und bot Goerdeler eine hohe Entschädigungssumme an. Goerdeler wurde 1937 Berater des Elektro-Konzerns Bosch AG in Stuttgart. Robert Bosch und seine Freunde gehörten zu jener Gruppe, die, mit Aufrüstung und Expansionspolitik grundsätzlich einverstanden, mit einer gewissen Sorge der eigenen Zukunft entgegensah, weil die Politik der führenden Gruppe größten Schwierigkeiten für die Monopole selbst entgegenzutreiben schien.

Goerdeler hatte auch gute Beziehungen zu Reusch, dem Leiter der Gutehoffnungshütte, und Wentzel-Teutschenthal, einem der reichsten Großgrundbesitzer Deutschlands. Im Auftrage des Bosch-Kreises und Krupps, aus dessen „Entschädigungssumme" von 100 000 RM die notwendigen Gelder kamen, unternahm Goerdeler in den Jahren 1937 bis 1939 ausgedehnte Auslandsreisen, um die Lage in bestimmten Ländern zu sondieren, die Einstellung gegenüber Deutschland zu prüfen und Kontakte zu Politikern und Wirtschaftsführern des Auslandes zu knüpfen. Auch Schacht interessierte sich für die Ergebnisse dieser Reisen. Vorher jedoch informierte Goerdeler Göring, der ihn beauftragte, ihm von jeder Reise Informationen über die Haltung der einzelnen Länder gegenüber Deutschland zu übermitteln.

Die erste Reise 1937 führte Goerdeler nach Belgien, England, Holland, Frankreich und den USA. Auf der zweiten Reise Anfang 1938 besuchte er noch einmal England und

Frankreich. Die dritte Reise, die im August 1938 begann, ging nach der Schweiz, nach Italien, Jugoslawien, Rumänien und Bulgarien. Im Frühjahr 1939 besuchte er Frankreich und Algier, im Sommer 1939 England, Libyen, Ägypten, Palästina, Syrien, die Türkei und die Schweiz. Über alle Reisen fertigte er Berichte an, die an Krupp, Bosch, Göring und Schacht sowie an die Generale von Fritsch, Beck, Halder und Thomas, mit denen Goerdeler auch in Verbindung stand, geschickt wurden. Anfangs wurden sie auch der Reichskanzlei zugeleitet.

In seinen Reiseberichten versuchte Goerdeler, der Naziregierung Empfehlungen für eine risikoarme Expansionspolitik, ohne die Gefahr militärischer Verwicklungen, zu geben. Sehr aufschlußreich sind in dieser Hinsicht die „Schlußbetrachtungen über die Reise Nordafrika, Vorderasien" vom 6. August 1939.[84]

Zunächst warnt Goerdeler in diesem Dokument vor der Illusion, in den arabischen Ländern des Mittelmeerraumes Bundesgenossen finden zu können. Er begründet dies damit, daß Italien sich zum Feind der arabischen Völker gemacht habe und daß „der goldene Arm Englands bei weitem länger als der Deutschlands" sei. Goerdeler hält einen Krieg gegen England und Frankreich, denen sich die USA anschließen würden, auch deshalb für aussichtslos, weil Deutschland allein dastehe:

„Uns stehen echte Bundesgenossen nicht zur Verfügung, Japan ist kein Bundesgenosse, sondern ein kaltherziger Ausnutzer der europäischen Lage, der im Falle eines Sieges auch die deutschen Interessen in Ostasien rücksichtslos vernichtet. Was der italienische Bundesgenosse wert ist, ist aus meinem italienischen Reisebericht abzulesen, im wesentlichen wäre Deutschland nur auf seine eigene Kraft angewiesen."

Dann setzt Goerdeler auseinander, daß England und Frankreich einem neuen deutschen Eroberungsschritt unausweichlich entgegentreten würden. „England und Frankreich können, nachdem sie in München für viele überraschende Konzessionen gemacht haben, einen weiteren Prestigeverlust nicht hinnehmen, weil dann *ihre* Vertragstreue für nichts erachtet, ihr Wille und ihre Kraft belacht und der Bestand ihrer Weltreiche von innen her zersprengt werden würde ... Deshalb werden sie, wo und wann immer in Europa und seinen politischen Anhängseln einseitige Gebietsveränderungen vorgenommen werden, sofort den Kampf aufnehmen." Das aber, so meint Goerdeler, würde den „Großkrieg" bedeuten. Deutschland würde dann faktisch ohne Bundesgenossen dastehen, die Westmächte würden die Nordsee blockieren, überdies hätte Deutschland keine Devisen mehr, um Einfuhren zu bezahlen. Er schlußfolgert: „Nach dem Material, das mir zur Verfügung steht, ist der Eintritt in einen Großkrieg für Deutschland nicht zu verantworten, weil er nicht zu gewinnen ist und weil daher der Gefahr eines uns erneut schwächenden Friedens ins Auge gesehen werden muß." Aus dieser Lage heraus empfiehlt Goerdeler, vorerst auf den Krieg zu verzichten und eine Neuaufteilung der Welt mit friedlichen Mitteln anzustreben. Er fordert, „sich durch klare Fragen ein zuverlässiges Bild über die Friedensmöglichkeit des Nehmens und Gebens authentisch zu verschaffen". Nach seiner Meinung ist folgendes zu erreichen: „Die Grenzen von 1914 im Osten, Kolonien, Gold, Zutritt zu Rohstoffen, dürften zu haben sein." Er verlangt schnelles Handeln, denn wenn „erst die Grenzen unserer wirtschaftlichen Kriegsmöglichkeiten von den Westmächten und ihren Verbündeten erkannt sind, dann kann es auch zu spät werden". Damit meint er also, daß zur Zeit die Möglichkeiten eines erpresserischen Drucks noch vorhanden sind, sich aber das Kräfteverhältnis zuungunsten Deutschlands ändern könnte. Goerdeler erscheint hier – im August 1939 – nicht nur als Sachwalter des deutschen Finanzkapitals schlechthin, er erscheint faktisch auch als außenpolitischer Berater Hitlers, Görings und Ribbentrops. Er rät zu einem „begrenzten" Expansionsprogramm, und der Unterschied zwischen Goerdelers Konzeption und der der Nazis besteht lediglich darin, daß er für eine Neuaufteilung der Welt zugunsten Deutschlands am Verhandlungstisch eintritt, während jene längst den Weg des Krieges ins Auge gefaßt haben. Goerdelers veranschlagte Eroberungen am Verhandlungstisch sind zwar geringer als die beabsichtigten kriegerischen der Nazis, sie erscheinen ihm dafür aber auch gefahrloser, sicherer und dauerhafter. Goerdeler vertrat Bosch, Reusch und andere Monopolkapitalisten, die der Meinung waren, daß eine offene, zügellose Kriegspolitik die Substanz des deutschen Imperialismus gefährden könne. Der Verlauf des Krieges bestärkte ihn – trotz der anfänglichen Siege Deutschlands – in dieser Haltung.

Grundlage seiner Anschauungen war der Antikommunismus. In einer Denkschrift vom 1. Juli 1940 malte er das Bild eines unter der Zwangsherrschaft Hitlers verelendenden Europas, dessen notleidende Massen den besten Nährboden für „bolschewistische Ideen" bieten würden. Nach wie vor ist seine Kritik an der Naziregierung verbunden mit Empfehlungen und Vorschlägen, wie man es „besser" machen sollte. Goerdeler will das faschistische Regime nicht beseitigen, er will es reformieren. Er will die „Maßlosigkeit" in der Eroberungspolitik dämpfen, nicht abschaffen, er will „Exzesse eindämmen" (Judenverfolgungen, Ermordung von Kriegsgefangenen und Zivilisten in besetzten Ländern), weil darunter Ansehen und Kredit Deutschlands leiden.

Ende 1940 und Anfang 1941 verfaßte Goerdeler für seine politischen Freunde die umfangreiche Denkschrift „Das Ziel".[85] Darin breitete er seine Ansichten bis ins Detail aus. Es handelte sich nach wie vor nur um eine Variante der reaktionären und aggressiven Strategie des deutschen Imperialismus, die die Eroberung und Sicherung der Vorherrschaft des deutschen Finanzkapitals in der Welt zum Ziel hatte.

Im außenpolitischen Teil der Denkschrift stand – nach einigen allgemeinen geopolitischen Erörterungen – an erster Stelle der Satz: „Alle zusammenwohnenden Deutschen gehören in einen Nationalstaat: dabei ist es keine Schwächung, sondern im Gegenteil eine Stärkung deutscher Geltung, wenn auch außerhalb der so zu bestimmenden Grenzen des Deutschen Reiches starke deutsche Teile wohnen."[86] Es fällt schwer, hier einen wesentlichen Unterschied zum „Großdeutschland" der Nazis zu entdecken. Auch die Betonung „starker deutscher Teile" außerhalb der Grenzen zur „Stärkung deutscher Geltung" erinnert an die irredentistische Wühlarbeit, mit der die Faschisten ihre Eroberungszüge im Osten einleiteten.

Der zweite außenpolitische Punkt behandelte die Militärfrage: „Die Natur der Menschen und die zentrale Lage Deutschlands in einem Kreis anderer Nationalstaaten zwingt das Deutsche Reich zur Erhaltung einer ausreichenden starken Wehrmacht. Sie ist auch außenpolitisch durchzusetzen ... Die Erhaltung der deutschen Wehrmacht ist so wichtig, daß dieser Gesichtspunkt für Zeit und Art der Beendigung dieses Krieges in den Vordergrund zu stellen ist. Die Wehrmacht ist auch als innenpolitische Klammer und als Erziehungsschule des Volkes unerläßlich ..." Auch dieser Punkt unterschied sich nicht von den faschistischen Auffassungen. Es war nicht einmal die Rede von einer Heeresreform oder von einer bescheidenen Demokratisierung des Militärwesens. Es wurde nur gefordert, „daß die volkswirtschaftliche und politische Erziehung im Generalstab eine breite Grundlage erhält" und daß „die Achselstücke in der traditionellen Form und Farbe wieder ausschließlich dem Offizier vorbehalten werden"! Die Waffen-SS sollte nicht aufgelöst, sondern lediglich in die Wehrmacht eingegliedert werden.

Im dritten Punkt wurde die Notwendigkeit der deutschen Vorherrschaft in Europa dargelegt: „Die Entwicklung der Technik verlangt größere wirtschaftliche Räume ... Der für Deutschland in Betracht kommende Großwirtschaftsraum ist sicherlich Europa. Aber abgesehen davon, daß er zumindest für die beiden nächsten Jahrzehnte infolge der Rückständigkeit Rußlands nicht ausreicht, wäre es schwächlicher Verzicht, wenn wir nicht unsere Leistungsfähigkeit auch in den übrigen Teilen der Welt ausnutzen wollten ... Die zentrale Lage, die zahlenmäßige Stärke und die hochgespannte Leistungsfähigkeit verbürgen dem deutschen Volk die Führung des europäischen Blocks, wenn es sie sich nicht durch Unmäßigkeit oder durch Machtsuchtmanieren verdirbt. Es ist dumm und anmaßend, vom deutschen Herrenmenschen zu sprechen ... In die Führung Europas wird diejenige Nation hineinwachsen, die gerade die kleinen Nationen achtet und ihre Geschicke mit weisem Rat und weiser Hand, nicht mit brutaler Gewalt zu leiten versteht ... Tut man gar alles, um die Führung unsichtbar zu machen, läßt man anderen bei Äußerlichkeiten betont den Vortritt, so kann man spielend die europäischen Staaten zum gemeinsamen Wohle führen." Der Krieg und die Gewaltpolitik haben diese Möglichkeiten zunächst zerstört, hieß es in der Denkschrift, aber: „Es ist nicht zu kühn gesagt, daß bei rechtzeitigem Handeln, d. h. Abbruch des Krieges zugunsten eines sinnvollen politischen Systems, der europäische Staatenbund unter deutscher Führung in 10 bis 20 Jahren Tatsache wird."

Im Blick auf die Sowjetunion hieß es: „Im Osten kann eine fruchtbare wirtschaftliche und politische Zusammenarbeit mit einem bolschewistischen Rußland sich nicht entfalten ... Alle Erfahrungen der Geschichte warnen uns vor militärischen Zwangseingriffen. Er kann ungeahnte nationale Kräfte auf den Plan rufen. Unter allen Umständen empfiehlt sich ständige Fühlung mit England, den USA, China und Japan. Das Ziel muß sein, Rußland allmählich in eine europäische Zusammenfassung einzubeziehen ..."

Wir haben diesen Teil etwas ausführlicher zitiert, weil hier der Unterschied gegenüber der offen faschistischen Strategie und Taktik deutlicher zum Ausdruck kommt.

Gemeinsam ist der Konzeption Goerdelers und der der Nazis das Streben nach Beherrschung Europas und nach Weltmachtstellung des deutschen Imperialismus. Goerdeler jedoch ist gegen die offen sichtbare Gewaltpolitik, gegen die lautstarke Betonung des deutschen Herrenmenschentums, gegen die juristische und moralische Diskriminierung der anderen Völker, gegen „Unmäßigkeit" Deutschlands. Er will eine Vorherrschaft des deutschen Imperialismus mit Glacé-Handschuhen – ohne Gestapo und SS, bei Aufrechterhaltung formaler Gleichberechtigung der unterworfenen Völker. Er will nicht immer wieder hinausposaunt hören, daß Deutschland die auserwählte Herrschernation sei, er will bei „Äußerlichkeiten" sogar den kleinen Nationen „betont den Vortritt“ lassen, damit sie die Vorherrschaft des deutschen Finanzkapitals möglichst freiwillig anerkennen. Den „Bolschewismus“ in der Sowjetunion will er nicht mit militärischer Gewalt niederwerfen, weil das zu risikoreich ist, er will im Bündnis mit den anderen imperialistischen Großmächten die Sowjetunion „einbeziehen“, was nur heißen kann: erpressen, von innen zersetzen, von außen abwürgen. Aber, und das ist das Entscheidende, er will die Vorherrschaft des deutschen Imperialismus.

Somit haben wir in der Konzeption Goerdelers eine andere strategisch-taktische Variante der ihrem Wesen nach einheitlichen Weltherrschaftspolitik des deutschen Imperialismus, eine Variante, die durch größere Elastizität und „Flexibilität“, durch Verlagerung der Stoßrichtungen, durch stärkere Verschleierung der wirklichen Absichten und durch eine größtmögliche Ausnutzung des nichtkriegerischen Weges – wobei eine „ausreichend starke Wehrmacht“ immer im Hintergrund steht – gekennzeichnet ist. Eine solche Taktik sollte den Widerstand der Völker lähmen, einschläfern, anstatt ihn, wie es die Nazis letztlich bewirkten, zu aktivieren. Der nächste Programmpunkt bedarf keines Kommentars: „Es ist nützlich, daß das Deutsche Reich Kolonien hat... Ein geschlossenes Kolonialgebiet in Afrika wird einem weit verzettelten im allgemeinen vorzuziehen sein.“

Im fünften Punkt forderte Goerdeler den „möglichst freien Güteraustausch mit allen Teilen der Welt“.

Schließlich bekräftigte er seine schon vor dem Kriege erhobene Forderung nach einer friedlichen Verständigung mit den Westmächten über die Neuaufteilung der Welt: „Auf der Grundlage der Punkte 1 – 5 wird es gelingen, mit dem englischen Empire sowie mit den Vereinigten Staaten von Nordamerika zu haltbaren Verständigungen zu kommen.“

Auf dem Gebiet der Innenpolitik forderte die Denkschrift eine sehr eingeschränkte Wiederherstellung bürgerlicher Rechte und Freiheiten.

Die Konzentrationslager sollten nicht aufgelöst, sondern der Wehrmacht überantwortet und die Insassen dem Richter vorgeführt werden. „Sind sie nicht straffällig, so kann der Reichsinnenminister ihre weitere Verwahrung anordnen, soweit diese während des Krieges zur Sicherheit des Reiches unerläßlich ist." Das bedeutete faktisch, daß die Kommunisten weiter eingesperrt bleiben sollten, denn entweder waren sie im Sinne der Gesetze „straffällig" oder sie konnten in „Verwahrung" gehalten werden.

Auf dem Gebiete der Wirtschaft sollte ebenfalls nicht viel geändert werden: „Auf allen Gebieten der Wirtschaft bleiben die bisherigen Organisationen (Gruppen) einstweilen bestehen. Wir haben Reichsnährstand, Bauernführer, Wirtschaftsgruppen, Fachgruppen, Bezirksgruppen, Innungen usw. Ihre Vereinfachung wird der Wirtschaft selbst überlassen ..." Lediglich die Führer der einzelnen Organisationen sollten nach einiger Zeit gewählt und nicht mehr ernannt werden.

Die Arbeitsfront sollte in eine Organisation der Arbeiter und Angestellten, für die weiterhin die Zwangsmitgliedschaft galt, umgewandelt werden. Die Führer sollten gewählt, jedoch mußten, so wollte es Goerdeler, der Vorsitzende und sein Stellvertreter vom Staat bestätigt werden. Eine Wiederzulassung der Gewerkschaften sah Goerdelers Programm nicht vor.

Im wirtschaftspolitischen Teil findet sich weiter folgende Forderung: „Die allgemeine Wirtschaftspolitik des Staates muß ferner darauf gerichtet sein, Kartelle, Syndikate, Konzerne, Truste usw. so stark wie möglich zurückzudrängen und wieder in selbständige Unternehmungen zu zerlegen, um der schöpferischen Einzelpersönlichkeit und ihrem Verantwortungsbewußtsein Raum zu gewinnen." Offenkundig war diese Stelle darauf berechnet, die Unterstützung der nichtmonopolistischen Bourgeoisie zu erhalten. Damit aber keine „Mißverständnisse" aufkämen, hieß es weiter: „Nicht jeder Zusammenschluß (Kartell usw.) ist ungesund. Wenn nachgewiesen wird, daß der Zusammenschluß wirtschaftlich größere Erträge bringt ..., dann ist er unter Staatskontrolle zu gestatten ... Gleiche Behandlungen erfahren die Zusammenschlüsse, die notwendig sind, um der deutschen Wirtschaft die Bedingungen zum Wettbewerb auf dem Weltmarkt zu verbessern." Goerdeler zeigte sich also wiederum als Interessenvertreter der Monopole, er verlangte auch hier lediglich eine bessere Verschleierung der monopolistischen Herrschaft sowie eine gewisse Berücksichtigung der Interessen der nichtmonopolistischen Bourgeoisie. Das staatsmonopolistische Herrschafts- und Regulierungssystem sollte erhalten und nach seinen Vorstellungen „verbessert" werden. An der bisherigen nazistischen Sozialpolitik war, nach Meinung Goerdelers, „wenig zu ändern". Nur sollte die Selbstverwaltung der Sozialversicherung wiederhergestellt werden.

Die Hitlerjugend sollte nicht aufgelöst, sondern in eine „Staatsjugend" umgewandelt und unter die Führung eines „in Erziehungsfragen bewährten Generals" gestellt werden. In den Richtlinien für die „Staatsjugend" hieß es: „Es ist notwendig, um auch schon im jugendlichen Menschen das klassengelöste Gefühl der Volksgemeinschaft stark werden zu lassen. Nichtsdestoweniger bleibt die natürliche Grundlage der Jugendorganisation die Klasse und die Schule. In der Klasse ist der Turn- und Sportlehrer der gegebene Jugendführer. Für die Schule ist ein dazu besonders geeigneter Lehrer, der Soldat gewesen ist, mit dieser Aufgabe zu betrauen. Die Gleichaltrigen sind auch bezirklich zusammenzufassen. Zur Führung sind Offiziere berufen, die besondere pädagogische Begabung haben und für diesen Zweck besonders geschult werden."

Goerdeler akzeptierte voll den kapitalistischen Standpunkt, daß eine industrielle Reservearmee, d. h. Arbeitslosigkeit, für die profitable kapitalistische Wirtschaft „notwendig" sei: „Die Bekämpfung der Arbeitslosigkeit ist für den Staat nur von Belang, wenn sie besonders drückenden Umfang annimmt. In kleinen Größenordnungen ist sie etwas in einem großen Volkskörper Unvermeidliches. Gegen die Folgen soll sich der einzelne Mensch durch rechtzeitiges Sparen und gegebenenfalls durch freie Versicherungen selbst schützen ... Erst wenn die Zahl der Arbeitslosen in Deutschland etwa 600 000 übersteigt, wird sie zu einer Erscheinung, die mit den einzelnen zur Verfügung stehenden Mitteln allein nicht mehr bekämpft werden kann."

Hierzu muß man feststellen, daß nicht einmal die Nazis ihre arbeiterfeindliche Einstellung so offen zum Ausdruck gebracht haben. Goerdeler forderte, alle Gesetze abzuschaffen, die der NSDAP den vorherrschenden Einfluß im öffentlichen Leben sichern. Er wollte die Partei selbst aber nicht auflösen: „Im übrigen bleibt sie bestehen. Die Meinungen müssen und werden sich bald von selbst klären." Den Nazis sollte also auch nach der Entfernung Hitlers von der Führung politische Tätigkeit in Deutschland möglich sein.

Der reaktionäre Charakter von Goerdelers Plänen kam besonders auch im Abschnitt über die Verfassung zum Ausdruck. Das aktive und das passive Wahlrecht wollte er auf

24 bzw. 28 Jahre festgesetzt wissen. Direkte Wahlen von Abgeordneten sollte es nur in den Gemeinden geben. Die Vertretungen der Kreise, der Gaue und des Reiches sollten indirekt gewählt werden. Ein Viertel der Abgeordneten sollte von den Wirtschaftskammern ernannt werden. „Bürgermeister, Landrat und Gauhauptmann sind nicht in allen Angelegenheiten an die Beschlüsse der Verordneten gebunden."

Die oberste Volksvertretung sollte aus zwei Kammern bestehen, dem „Reichstag" und dem „Reichsständehaus". Die Mitglieder des Reichstages sollten mindestens 35 Jahre alt sein. Die Wahl sollte zur Hälfte durch die Gauverordneten und zur Hälfte direkt erfolgen. „Das Reichsständehaus besteht aus dem Präsidenten und den Gruppenführern der Reichswirtschaftskammern, aus den Präsidenten aller übrigen Reichskammern (Ärzte, Anwälte, Künstler usw.), der gleichen Zahl von Rektoren von Hochschulen, den Landeshauptleuten und bis zu 30 Personen, die der Staatsführer auf Grund ihrer Leistungen für das deutsche Volk auf Lebenszeit berufen muß." Die Arbeiterklasse sollte, nach den Plänen Goerdelers, weiterhin entrechtet bleiben und keine Möglichkeit einer wirklichen Interessenvertretung besitzen.

An der Spitze des Reiches sollte ein „Reichsführer" stehen. „In Betracht kommen: Erbkaiser, Wahlkaiser, auf Zeit gewählter Führer." Nachdem Goerdeler einige Erörterungen über die Monarchie angestellt hatte, sagte er: „Man muß sich also aus kalter Vernunft für die monarchistische Staatsspitze entscheiden. Die Frage bleibt, ob sie erblich oder gewählt sein soll." Goerdeler schien „die erbliche Monarchie mit den geringsten Fehlerquellen behaftet." Der Reichsführer sollte Oberbefehlshaber der Wehrmacht und „Träger der öffentlichen Gewalt gegenüber den Beamten sein". Für die Übergangszeit empfahl Goerdeler die Einsetzung eines „Reichsverwesers".

Das Programm, wie es Goerdeler in seiner Denkschrift „Das Ziel" entwickelte, unterschied sich in allen wesentlichen Fragen wenig von der faschistischen Politik. Goerdeler vertrat die aggressive, antikommunistische und antidemokratische Konzeption des deutschen Finanzkapitals. Er wollte lediglich einige Formen und Methoden der imperialistischen Herrschaft, die anstößig waren und ihrem Zweck entgegengesetzte Wirkungen hervorriefen, äußerlich gemildert wissen. Eine demokratische Alternative zum Faschismus stellte dieses Programm nicht dar. Es war sogar ein Rückschritt hinter die bürgerlich-parlamentarische Weimarer Republik. So nimmt es nicht wunder, daß Goerdeler heute von Bonner Ideologen und Historikern als der Prototyp des „Widerstandskämpfers" herausgehoben wird.

Die Ausführungen Goerdelers stießen selbst im eigenen Lager auf Kritik. Darum bemühte sich Goerdeler, in einer weiteren umfangreichen Denkschrift, die später „Der Weg" genannt wurde, auf Grund der historischen Entwicklung Deutschlands die Notwendigkeit und Richtigkeit seiner Vorschläge zu begründen.[87] In dieser Denkschrift kritisierte Goerdeler einige taktische Unzulänglichkeiten in der Politik der imperialistischen deutschen Regierungen seit Bismarck, erklärte sich aber grundsätzlich mit dieser Politik einverstanden.

Die Auffassungen Goerdelers teilte im wesentlichen eine ganze Gruppe bürgerlicher Politiker, die z. T. aus den alten bürgerlichen Parteien kamen und direkt mit der Großbourgeoisie verbunden waren. Zu den bekanntesten gehörten: Ulrich von Hassell, bekannt mit dem Bankier Schniewind, ehemals Mitglied der DNVP und von 1932 bis 1938 deutscher Botschafter in Rom, ein Gegner des Bündnisses mit Italien, weil er die militärische, wirtschaftliche und politische Schwäche des faschistischen Italien kannte; Prof. Dr. Johannes Popitz, preußischer Finanzminister, der allerdings in einigen Fragen in Gegensatz zu Goerdeler geriet; Dr. Paul Lejeune-Jung, tätig in der Zellstoffindustrie, ehemaliger Reichstagsabgeordneter der DNVP; Dr. Josef Wirmer, Rechtsanwalt, ehemals Mitglied des Zentrum, Hilfsarbeiter beim Generalbevollmächtigten für Sonderfragen der chemischen Erzeugung im Wehrkreis III; Albrecht Haushofer, Professor für Geopolitik an der Hochschule für Politik in Berlin; Dr. Carl Langbehn, Rechtsanwalt (mit Verbindungen zu hohen SS-Führern); Dr. Erwin Planck, Sohn des berühmten Physikers Max Planck, Staatssekretär a. D., vor 1933 persönlicher Referent Brünings, später Direktor im Otto-Wolff-Konzern; Professor Jens Jessen, als Direktor des Instituts für Welthandel und Seeverkehr wegen Kritik an den Nazis abgesetzt, vertrat die Meinung, die Nazipolitik führe zur „Bolschewisierung", seit 1941 Hauptmann beim Generalquartiermeister; Caesar von Hofacker, ein Vetter Stauffenbergs, leitender Mitarbeiter der Vereinigten Stahlwerke.

Goerdeler bemühte sich, seiner politischen Linie für die Zukunft eine Massenbasis zu sichern. Darum nahm er Verbindung zu ehemaligen Führern der christlichen Gewerkschaften, insbesondere zu Jakob Kaiser, und zu Max Habermann, dem früheren Sekretär des Deutschnationalen Handlungsgehilfenverbandes, auf. Ferner stellte er Kontakte zu ehemaligen rechten Führern der SPD und des ADGB her, darunter zu Wilhelm Leuschner, Julius Leber, Theodor

Haubach, Emil Henk, Ernst von Harnack und anderen. Unter dem Eindruck ihrer eigenen Erfahrungen überwanden jedoch manche sozialdemokratischen Führer ihre antikommunistischen Vorbehalte und lösten sich später von dem reaktionären Programm der Goerdeler-Gruppe.

Goerdelers Konzeption wurde von den Vertretern der Großbourgeoisie zur Kenntnis genommen, aber vorerst noch in Reserve gehalten. Trotz einzelner Einwände setzte das Finanzkapital zunächst weiter auf das faschistische Regime, dessen räuberische Politik ja auch bis 1941 alle Wünsche der Großbourgeoisie zu befriedigen schien.

Als der Überfall auf die Sowjetunion vorbereitet wurde, regte sich innerhalb der herrschenden Klasse Deutschlands keine Hand, um das Verbrechen zu verhindern. Es zeigte sich hier besonders deutlich, daß es zwischen der „Opposition" und den Nazis in den Hauptfragen der imperialistischen Eroberungspolitik keine gegensätzlichen Auffassungen gab. Waren doch alle Monopolherren daran interessiert, sich im Osten „gesundzustoßen". Die führenden Militärs, wie Keitel, von Brauchitsch, von Kluge, von Leeb, von Bock, Guderian usw., die lange vor dem 22. Juni 1941 Kenntnis von dem Plan des Überfalls auf die Sowjetunion hatten, bereiteten ihn mit aller Sorgfalt und Gründlichkeit vor. Nur Beck und Hammerstein verurteilten ihn und äußerten, daß er die Niederlage Deutschlands im gesamten Krieg bringen würde.[88]

Die Niederlage der Wehrmacht vor Moskau im Winter 1941/42, d. h. das endgültige Scheitern des Blitzkrieges in der Sowjetunion, ließ die Differenzen innerhalb der herrschenden Klasse erneut aufbrechen. Angesichts der schweren Verluste und des Scheiterns der deutschen Offensive 1942, die zwar bis zum Kaukasus und zur Wolga führte, aber ihr strategisches Ziel nicht erreichte, wuchsen sich die Differenzen zu heftigen Meinungsverschiedenheiten aus.

Unter den Militärs entstanden mehrere oppositionelle Gruppen, die mit dem Verlauf der Kampfhandlungen und mit der Führung des Krieges unzufrieden waren und nach einem Ausweg suchten.[89]

Eine dieser Gruppen hatte sich im Stab des Befehlshabers der Heeresgruppe Mitte gebildet und stand unter der Leitung des späteren Generalmajors Henning von Tresckow. Es war kein Zufall, daß sich gerade hier in starkem Maße oppositionelle Kräfte entwickelten, hatte doch die Wehrmacht im Mittelabschnitt der Ostfront im Winter 1941/42 ihre erste schwere Niederlage während des ganzen bisherigen Krieges hinnehmen müssen. Den Offizieren und Soldaten dieser Heeresgruppe war der Gegensatz zwischen der Abenteuerlichkeit der OKW-Pläne und der harten Wirklichkeit besonders deutlich vor Augen geführt worden.

Eine zweite Gruppe existierte im Stab des Befehlshabers des Ersatzheeres in der Bendlerstraße in Berlin. Sie stand unter der Führung des Generals Friedrich Olbricht.

Eine dritte Gruppe hatte sich im Generalstab des Heeres in Zossen gebildet. Ihre führenden Köpfe waren General Stieff, Generalquartiermeister Wagner und General Lindemann. Im Stab und beim Befehlshaber des Ersatzheeres kannte man recht genau die Auswirkungen des Kriegsverlaufs auf die ökonomische und militärische Lage Deutschlands. Die hier tätigen Offiziere konnten die nüchternen Zahlen täglich mit den Lügen und Phrasen des Reichspropagandaministeriums vergleichen. In ihnen wuchs die Erkenntnis, daß der Krieg verloren war. So war es nicht zufällig, daß gerade hier aktive Oppositionsgruppen entstanden.

Auch beim Stab des Befehlshabers in Frankreich in Paris begann sich eine Gruppe oppositioneller Offiziere herauszubilden. Sie stand unter der Führung des Generals von Stülpnagel und des Oberstleutnants Caesar von Hofacker, der ein Vetter Stauffenbergs war.

Außerdem gab es einzelne oppositionelle Offiziere auch in anderen Bereichen, so bei der Heeresgruppe Süd, bei der Militärverwaltung in Norwegen, bei den Wehrkreiskommandos in Berlin und Wien und in der Abteilung Abwehr/Ausland (militärischer Geheimdienst). Die Mitarbeiter des Geheimdienstes, insbesondere Admiral Canaris und General Oster, waren besser informiert und kannten recht gut das sich zuungunsten Hitlerdeutschlands entwickelnde Kräfteverhältnis.

Die oppositionellen Offiziere standen entweder direkt oder über Mittelsmänner mit Generaloberst a. D. Ludwig Beck in Verbindung. Mit Beck verbunden blieben auch nach ihrer Pensionierung der Generalfeldmarschall von Witzleben und der Generaloberst Hoepner[90], während andere der von Hitler entlassenen Generale, wie von Brauchitsch und Halder, sich passiv verhielten.

Insgesamt gesehen, handelte es sich bei dieser Opposition jedoch um eine an Zahl verschwindend kleine Gruppe. Die Masse des Offizierskorps stand weiterhin unter dem Einfluß der Naziideologie.

Die politischen Einsichten der oppositionellen Offiziere waren in ihrem Niveau recht unterschiedlich. Neben den alten Generalen Beck und Hammerstein, die die faschistische Politik schon seit der Vorkriegszeit für verfehlt gehalten hatten, gab es andere Offiziere, namentlich jüngere, die erst durch die schweren Niederlagen zu einer kritischen Einstellung gekommen waren. Vorherrschend war die Mei-

nung, daß Hitler von der Führung entfernt werden müsse, wenn man den Krieg noch gewinnen oder wenigstens zu einem für sie erträglichen Ende bringen wolle.
Im Verlauf des Jahres 1942 kam es zu einer Annäherung zwischen den zivilen und militärischen Führern der Opposition.[91] Goerdeler und seine Anhänger versuchten, hohe Militärs zum Vorgehen gegen Hitler zu gewinnen. Im August 1942 traf Goerdeler in Königsberg mit dem Oberbefehlshaber der Heeresgruppe Nord, Generalfeldmarschall von Küchler, zusammen, kurz darauf in Smolensk mit dem Oberbefehlshaber der Heeresgruppe Mitte, Generalfeldmarschall von Kluge, und dessen Ia Tresckow. Kluge hatte sich mehrfach kritisch über Hitler geäußert, konnte sich aber zu einem aktiven Handeln nicht entschließen. Zugleich verstärkte Goerdeler über seine schwedischen Bekannten, die Bankiers Jacob und Marcus Wallenberg, seine Bemühungen, um mit der britischen Regierung in Kontakt zu kommen und von ihr bestimmte Zusicherungen im Falle eines Umsturzes in Deutschland zu erhalten. Es war das Ziel der Goerdeler-Gruppe, mit den Westmächten zu Friedensvereinbarungen zu kommen, um im Osten den Krieg zur Sicherung der noch verbliebenen Beute fortsetzen zu können. Da man wußte, daß die Gegner Nazideutschlands mit Hitler nicht verhandeln würden, trat der Gedanke einer Entfernung Hitlers von der Führung immer stärker in den Vordergrund. Während Goerdeler davon träumte, durch eine Unterredung Hitler zum Rücktritt veranlassen zu können, um möglichst Erschütterungen des imperialistischen deutschen Machtgefüges zu vermeiden, reifte bei einigen entschlossenen Offizieren, vor allem bei den Generalen Henning von Tresckow und Friedrich Olbricht, der Plan, Hitler durch ein Attentat zu beseitigen.

So wurde aus der bis dahin noch recht unverbindlichen Opposition im Laufe des Jahres 1942 – unter dem Eindruck der militärischen Niederlagen – eine Verschwörung, die aktiv einen Umsturz in Deutschland vorzubereiten begann. Diese großbürgerlich-militärische Verschwörung suchte nach einem imperialistischen Ausweg aus dem imperialistischen Krieg, wobei sie auf die Unterstützung der Westmächte rechnete.

Nach der Schlacht an der Wolga reifte in Deutschland eine innenpolitische Krise heran.

Der Gegensatz zwischen den Zielen und Möglichkeiten des deutschen Imperialismus trat auf militärischem, wirtschaftlichem und politischem Gebiet offen zutage.

In der Bevölkerung setzte ein Ernüchterungsprozeß ein, der durch die Erwartung der Niederlage und die Angst vor ihren Folgen verstärkt wurde und die moralisch-politische Lage des faschistischen Deutschlands schwächte.

Es verstärkte sich der Widerstandskampf der Kommunisten und anderer antifaschistischer Kräfte. Mit dem Nationalkomitee „Freies Deutschland" wurde unter Führung der KPD das nationale Zentrum des deutschen antifaschistischen Widerstandes geschaffen.[92]

Die herrschenden Kreise Deutschlands suchten ihren Ausweg aus der Krise in der Organisierung des „totalen Krieges". „Der ‚totale Krieg' war der Versuch des deutschen Imperialismus, mittels möglichst weitgehender Vervollkommnung des staatsmonopolistischen Herrschaftssystems in allen seinen Bereichen dessen unzureichendes Potential mit seinen militärischen und Kriegszielen in Übereinstimmung zu bringen und das faschistische Terrorregime zur Unterdrückung der Volksmassen noch weiter auszubauen."[93]

Die fundamentale Rolle spielten dabei die Monopole, die im Verein mit den Militärs und dem faschistischen Staats- und Parteiapparat ein umfassendes System staatsmonopolistischer Regulierung und Gewaltausübung schufen.
Angesichts der herannahenden Katastrophe begannen die Spitzen des Monopolkapitals jedoch stärker zu lavieren. Ohne in ihren Bemühungen um gesteigerte Rüstung nachzulassen, unterstützten sie sowohl die Naziclique als auch die Goerdeler-Gruppe. Führende Vertreter der Kohle-, Eisen-, Stahl- und der Elektroindustrie, wie Hermann Bücher (AEG), Carl Bosch (IG Farben), Robert Bosch (Bosch GmbH), Hermann Reusch (Gutehoffnungshütte), Hjalmar Schacht, Carl Friedrich von Siemens (Siemens-Konzern), Albert Vögler (Vereinigte Stahlwerke), Hans Walz (Bosch GmbH)[94], orientierten sich immer stärker auf Goerdeler, weil sie glaubten, in seiner Konzeption einen gangbaren Ausweg aus der tiefen Krise, die die Existenz des Monopolkapitals in Deutschland bedrohte, zu finden. Sie schien ihnen eine Art „Rückversicherung für die Zukunft" zu sein.
Unter dem Druck der militärischen Ereignisse 1942/43 mußte Goerdeler einige seiner expansionistischen Forderungen aufgeben. Daß er aber im Prinzip an der Linie festhielt, die in der Denkschrift „Das Ziel" vorgezeichnet war, beweist eine Ausarbeitung, die er im Spätsommer oder Herbst 1943 anfertigte.[95] Diese Ausarbeitung sollte die Grundlage der Verständigung mit England und den USA nach der Beseitigung Hitlers sein. Auf dieser Basis etwa sollte der imperialistische Übergang vom Krieg zum Frieden erfolgen.
Goerdeler ging davon aus, daß Deutschland „moralisch und materiell stark sein muß", daß „zwischen England und Rußland Interessengegensätze" bestehen, daß „Europa eine

Sicherung gegen russische Übermacht braucht" und daß es darum „sinnvoll" ist, „die natürliche Interessengemeinschaft zwischen England und Deutschland zu verwirklichen".

Den größten Teil seiner Niederschrift widmete Goerdeler den Problemen der Zusammenarbeit zwischen dem deutschen und dem britischen Imperialismus, wozu der Antikommunismus als Begründung herhalten mußte. Was eine Erneuerung Deutschlands anbetraf, erklärte er nur, daß „Recht und Anstand" wiederhergestellt und die „Verbrecher gegen das Recht" bestraft werden müßten. Eine Bestrafung der Kriegsverbrecher durch einen internationalen Gerichtshof lehnte er ab.

Dann kam er auf sein Hauptanliegen zu sprechen: „Daß Deutschland materiell wieder genügend stark werden muß, ergibt sich aus der Notwendigkeit, das Deutsche Reich zumindest gegen einen dauernden Druck der gewaltigen russischen Kraft zu sichern. Daraus ergibt sich auch die Notwendigkeit, den territorialen Bestand Deutschlands, wie er sich durch die Geschichte als sinnvoll und notwendig herausgestellt hat, zu erhalten." Demzufolge hielt Goerdeler folgende Grenzen für „notwendig":

„Im Osten etwa die Reichsgrenze von 1914,

im Süden die in der Konferenz von München anerkannte Grenze einschließlich Österreich; auch muß Südtirol, ein rein deutsches Land, bis zur Grenze Bozen-Meran zu Deutschland zurückkehren ...

im Westen ist die Elsaß-Lothringen-Frage sehr schwer zu lösen ...

a) entweder Elsaß-Lothringen wird ein autonomes Land etwa in der Stellung der Schweiz, oder

b) durch eine neutrale Kommission wird die Sprachgrenze

ermittelt, wie sie 1918 und 1938 war. Zwischen diesen beiden Linien muß die Grenze zwischen Frankreich und Deutschland liegen."

Polen sollte „Ersatz für Westpreußen und Posen durch eine Staatsunion mit Litauen" (das seit 1940 zur UdSSR gehörte – K. F.) erhalten.

„Gegenüber Rußland wird nur die alte Ostgrenze Polens von der deutschen Wehrmacht gesichert."

Diese Ausführungen zeigen, daß auch die „oppositionellen" Monopolherren an der imperialistischen Eroberungspolitik festhielten.

Goerdeler meinte, England vor der „bolschewistischen Gefahr" warnen zu müssen. „Wenn das heutige Rußland Vorherrschaft über Europa ausübt, werden die mittel- und westeuropäischen Völker, durch den Krieg geschwächt, durch Leidenschaft bewegt, vor schier unerfüllbaren Aufgaben stehend, zunächst dem radikalen Bolschewismus verfallen. Das wäre der Tod der europäischen Kultur und der Geltung Europas, wäre wohl auch für England eine große Gefahr."

Goerdeler führte den Gedanken noch weiter aus, daß England von Rußland „tödliche Gefahr" drohe, um dann zu erklären, daß weder Italien noch Frankreich noch der Zusammenschluß der kleinen Völker diese Gefahr bannen könne, sondern nur ein starkes Deutschland. Dem stehe aber die Forderung nach bedingungsloser Kapitulation und nach Entwaffnung Deutschlands entgegen, die darum selbstverständlich fallengelassen werden müsse.

Goerdeler empfahl eine Arbeitsteilung zwischen Deutschland und England bei der „Sicherung" gegen den „Bolschewismus": „Wir Deutsche werden auf Flottenräume zu verzichten haben. Auch wir lieben das Meer und werden es

befahren, aber wir können anerkennen, daß der Schutz der Meere durch England aus seinem eigenen Interessengebiet zu verwirklichen ist, während uns Deutschen die Hauptlast der Landsicherung Europas obliegt. Wir haben aber das größte Interesse daran, daß wir die Lasten dieser Sicherung nicht allein tragen. – Daher scheint uns der Zusammenschluß der europäischen Völker zu einem europäischen Staatenbund geboten."
Goerdeler empfahl, für das vereinigte Europa ein Wirtschaftsministerium, eine Wehrmacht und ein Außenministerium zu schaffen.
Auf dem Gebiet der Innenpolitik wiederholte Goerdeler, daß die bürgerlichen Freiheiten in eingeschränktem Maße wiederhergestellt werden sollten und „daß nur eine Monarchie in parlamentarischen Grenzen Deutschland so schnell wie möglich innere Ruhe wiedergeben und es zu einem besonderen Faktor der Mitarbeit machen kann".
Vergleicht man dieses Dokument mit der Denkschrift „Das Ziel" von Anfang 1941, so fällt auf, daß Goerdeler nicht mehr offen von einer notwendigen Vorherrschaft Deutschlands in Europa spricht, sondern von einer Teilung der Vormachtstellung mit England. Auch Kolonialforderungen fehlen. Das ist zweifellos das Ergebnis der veränderten Kriegslage. Goerdeler will, daß das imperialistische Deutschland im Westen die Hände freibekommt zum Kampf gegen die Sowjetunion. Darum der immer wiederkehrende Hinweis auf die „bolschewistische Gefahr", die auch England drohe. Der Krieg sollte im Westen auf der gemeinsamen Basis des Antikommunismus liquidiert werden – das war der letzte Sinn dieser Konzeption.
Goerdeler hoffte, unter dem Banner des Antikommunismus die militärische Macht Deutschlands vor der Zerstörung

retten, einen Teil der eroberten Gebiete halten und mit England zu einer Verständigung gelangen zu können, die die führende Stellung des deutschen Imperialismus in großen Teilen des europäischen Kontinents sicherte. Der Europa-Gedanke, der hier verkündet wurde, hatte nicht nur einen antikommunistischen Inhalt, er war zugleich eine durch das veränderte Kräfteverhältnis hervorgerufene neue, flexiblere Erscheinungsform der Machtansprüche des deutschen Finanzkapitals.

Es ist hier nicht der Ort, um einen Vergleich zwischen der Goerdeler-Konzeption und der Politik der herrschenden Klasse der BRD nach dem Ende des zweiten Weltkrieges vorzunehmen. Aber die Ähnlichkeit ist frappierend.

Während Goerdeler seine politischen Pläne zur Rettung des deutschen Imperialismus entwickelte, befaßten sich Tresckow und Olbricht mit der Vorbereitung des Attentats auf Hitler. Im Dezember 1942 hatten sich Goerdeler, Tresckow und Olbricht in Berlin getroffen und festgelegt, alle Bedingungen dafür zu schaffen, daß das Heer nach dem gelungenen Attentat auf Hitler die Macht übernehmen könne.

Tresckow bereitete im Stab der Heeresgruppe Mitte in Smolensk einen Sprengstoffanschlag auf Hitler vor. Er ließ englischen plastischen Sprengstoff sowie englische chemische Zünder, die geräuschlos liefen, beschaffen und stellte Zündversuche an, um die günstigste Verzögerungszeit herauszufinden. Olbricht arbeitete zusammen mit dem Geheimdienstgeneral Oster einen Plan zur militärischen Machtergreifung in Berlin, Köln, München und Wien durch Einheiten des Ersatzheeres aus. Diese Planungsarbeiten waren schwierig, denn zur Machtergreifung gehörte auch die Ausschaltung der SS. Man hatte aber keine Übersicht über die in den letzten Jahren neu angelegten SS-Stützpunkte. Da half eine List: Mit Hilfe der Sittenpolizei wurden alle in letzter Zeit neu errichteten Bordelle erfaßt – an den gleichen Orten fanden sich auch größere SS-Stützpunkte. So verschaffte man sich einen ausreichenden Überblick.[96]

Die Sozialdemokraten Mierendorff, Haubach und Henk trafen sich unterdessen Weihnachten 1942 in Oberstdorf (Allgäu) und beschlossen, auf die Militärs einzuwirken, um das Attentat zu verschieben. Was waren die Gründe für einen solch seltsamen Beschluß, zumal zu dieser Zeit die Katastrophe von Stalingrad sich abzuzeichnen begann? Die Antwort gibt Emil Henk, einer der Teilnehmer dieser Beratung, in seiner 1946 erschienenen Broschüre „Die Tragödie des 20. Juli 1944“:

„Stalingrad war, militärisch gesehen, der erste Todesstoß für die Armee Hitlers. Die Russen waren am Zug... Es gab unter den Alliierten damals noch keine definitiven Abmachungen über die Zukunft Europas. Solange die Anglikaner noch keine Kontinentalmacht waren, konnten auch keine Entscheidungen über Europa getroffen werden.

Bei der Kriegslage Ende 1942 war ein Sturz Hitlers gleichbedeutend mit dem Anmarsch des Ostens. Europa wäre damit vom Frieden überrascht worden – die ungeheuren, ungelösten politischen Probleme wären über diesem Erdteil zum Ausbruch gekommen. Dies aber bedeutete: ein Attentat auf Hitler kommt erst nach gelungener Invasion der Amerikaner und Engländer in Frage.“[97] Diese „Sozialisten“ also wollten Hitler weiter als Prellbock gegen die Sowjetunion benutzen. Das entsprach im Prinzip der Linie Goerdelers. Daß dabei das deutsche Volk, vor allem die deutsche Arbeiterklasse, ausblutete, um dem englisch-amerikanischen Großkapital den Weg nach Europa zu erleichtern, störte sie

offenkundig nicht. Es zeigte sich, daß einige patriotische Offiziere in dieser Frage mehr nationales Verantwortungsgefühl besaßen. Allerdings haben Haubach und Mierendorff später ihre Meinung korrigiert, während Henk noch 1946 in seiner Broschüre diese Haltung verteidigte.
Ende Februar 1943 meldete Olbricht an Tresckow, daß die Vorbereitungen abgeschlossen seien. Nunmehr wurde Hitler bewogen, der Heeresgruppe Mitte einen Besuch abzustatten, der auch am 13. März 1943 erfolgte.
Ursprünglich war beabsichtigt, Hitler durch eine zuverlässige Truppeneinheit ausheben und verhaften zu lassen. Oberstleutnant von Boeselager war dazu bereit, doch Generalfeldmarschall von Kluge untersagte die Aktion wegen der angeblich zu erwartenden Übermacht hitlertreuer Truppen.[98] Daraufhin entschloß sich Tresckow zu dem Sprengstoffanschlag.
Nachdem Hitler seine Besprechungen mit den Armeeführern der Heeresgruppe Mitte abgeschlossen hatte, flog er zum Führerhauptquartier zurück. Tresckow bat Oberst Brandt aus Hitlers Begleitung, ein Paket mit zwei Kognakflaschen für Oberst Stieff ins OKW mitzunehmen. In diesem Paket befand sich eine Zeitzünderbombe, die während des Fluges explodieren sollte. Gleichzeitig wurde Mitteilung an Olbricht in Berlin gegeben, die Aktion anlaufen zu lassen. Aber man wartete vergeblich auf die Nachricht vom Absturz von Hitlers Flugzeug, es landete wohlbehalten in Rastenburg. Tresckows Adjutant Schlabrendorff wurde sofort in Marsch gesetzt, um das Paket zurückzuholen, was mit der Erklärung, daß eine Verwechslung vorliege, auch gelang. Es stellte sich heraus, daß der Zünder wohl funktioniert, aber das Zündhütchen durch einen Zufall nicht gezündet hatte.

Bereits am 21. März 1943 sollte ein neuer Versuch unternommen werden. Während der Besichtigung einer Ausstellung sowjetischer Beutewaffen im Berliner Zeughaus durch Hitler wollte Oberst Gersdorff mit zwei Bomben in seinen Manteltaschen in die Nähe Hitlers treten und sich und Hitler in die Luft sprengen. Aber Hitlers Eigenart, oft und plötzlich seine Dispositionen zu ändern, vereitelte diesen Anschlag. Er blieb statt der angekündigten dreißig nur etwa acht Minuten, so daß Gersdorff keine Zeit hatte, die Zünder auszulösen.

Ein neuer Plan sah vor, Hitler noch einmal zum Besuch der Heeresgruppe Mitte zu bewegen. Sieben Offiziere waren bereit, ein Pistolenattentat auf ihn zu verüben. Aber Hitler kam nicht mehr; er verließ immer seltener das Hauptquartier.

In dieser Zeit entstand der Gedanke, das Attentat im Führerhauptquartier selbst durchzuführen. Das setzte jedoch einen opferbereiten Offizier voraus, der Zugang zu Hitler hatte. Tresckow war dazu bereit, aber er wurde nur gelegentlich von Kluge zu Lagebesprechungen ins OKW mitgenommen. Sein Einsatz war stark vom Zufall abhängig.

Im April 1943 geriet die Verschwörung erstmalig in ernste Gefahr. Die Gestapo war hinter die Auslandsverbindungen der Abwehr gekommen und verhaftete die Geheimdienstmitarbeiter Dohnanyi, Dietrich Bonhoeffer und Joseph Müller. Oster wurde entlassen, zog von Berlin nach Leipzig und wurde bewacht. Damit war Olbrichts bis dahin wichtigster Gehilfe ausgefallen. Beck hatte sich im März einer schwierigen Magenoperation unterziehen müssen.

Die Aktion im März hatte auch offenbart, daß die Planungen in Berlin unzureichend waren. Olbricht machte sich erneut an die Arbeit, wurde aber durch den Ausfall

Osters stark behindert. Tresckow beantragte darum für August 1943 einen längeren Erholungsurlaub, der ihm auch gewährt wurde. Er wohnte zehn Wochen bei seiner Schwester in Neubabelsberg und arbeitete gemeinsam mit Olbricht an den Staatsstreichplänen. Olbricht schlug vor, Oberstleutnant Stauffenberg, über den er Erkundigungen eingezogen hatte, nach Berlin zu holen und ihn, der bereits als fähiger Generalstabsoffizier bekannt war, in die militärischen Planungen einzubeziehen.

Als Stauffenberg am 10. August nach Berlin kam, legte ihm Olbricht die entscheidende Frage vor. Er gab seine Zusage. Tresckow kannte Stauffenberg von seinen Frontbesuchen 1941 her und war mit seiner Heranziehung einverstanden.

Mit dem Eintritt Stauffenbergs begann eine Etappe neuer Aktivität in der Entwicklung der Verschwörung. Wenden wir uns darum nun zuerst der Frage zu, wie Stauffenberg dazu kam, sich der Verschwörung anzuschließen, mit welchen Überlegungen er dies tat und wie er zur Polarisierung dieser Verschwörung beitrug.

Stauffenbergs Weg in die Verschwörung gegen Hitler

Vieles deutet darauf hin, daß sich Graf Stauffenberg erstmals Ende 1938 ernsthaft Gedanken über die Vorgänge in der politischen und militärischen Führungsspitze, soweit sie überhaupt bekannt geworden sind, gemacht hat. Er muß Kenntnis von den Differenzen zwischen Beck und seinen Widersachern gehabt haben. Im Winter 1938/39 fragte ihn Rudolf Fahrner während eines Spazierganges, ob sich denn die ganze Wehrmacht ein Vorgehen bieten lasse, „wie es im Namen der Deutschen bei den mit der ‚Kristallnacht' zusammenhängenden Ereignissen betätigt worden war".[99] Stauffenberg habe damals zum erstenmal offen von Umsturzmöglichkeiten gesprochen. Er äußerte, daß Beck die zentrale Figur der Opposition gegen Hitler in der Wehrmacht sei, auch auf Hoepner – damals sein Divisionskommandeur – könne man rechnen. „Vor einem Zutrauen zu weiteren Kreisen höherer Offiziere oder gar zu dem inzwischen ins Massenhafte aufgeblähten Heer habe er eindringlich gewarnt, und es seien dabei die Worte gefallen: von Leuten, die sich schon ein- oder zweimal die Wirbelsäule gebrochen hätten, könne man nicht erwarten, daß sie bei einer neuen Entscheidung geradestünden."[100] Während Stauffenberg noch 1938 davon überzeugt war, Hitler werde alles tun, einen Krieg zu vermeiden, prägte er im Frühjahr 1939 in einem Gespräch mit Fahrner im Blick auf Hitler den Satz: „Der Narr macht Krieg."[101]

Offensichtlich sah Stauffenberg der weiteren Entwicklung mit größerer Besorgnis entgegen. Nachdem jedoch der Krieg ausgebrochen war, hielt er die Erfüllung seiner militärischen Aufgaben für vorrangig, weil er im Krieg so etwas wie ein nationales Schicksal sah, dem man sich nicht entziehen dürfe. Ähnlich war auch die Einstellung seines Freundes Mertz von Quirnheim und vieler Offiziere der jüngeren Generation.[102] Wir haben schon an anderer Stelle erwähnt, daß der erfolgreiche Verlauf des Polenfeldzuges Stauffenberg sehr beeindruckte. Wir hören aber auch, daß er sich gegen die Terrorisierung polnischer Zivilisten durch deutsche Wehrmachtangehörige wandte.[103]

Nach seiner Rückkehr aus Polen empfing Stauffenberg den Besuch seines Onkels, des Grafen Nikolaus von Üxküll, und des Stellvertretenden Oberpräsidenten in Breslau, des Grafen Fritz-Dietlof von der Schulenburg, mit dem er ebenfalls bekannt war. Schulenburg – seit Anfang 1932 Mitglied der NSDAP – hatte sich schon zur Zeit der Entlassung Fritschs geistig vom Nationalsozialismus getrennt und – in seiner Eigenschaft als damaliger Polizeivizepräsident von Berlin – auf eigene Verantwortung in der Kristallnacht verhaftete Juden am nächsten Tag entlassen, wofür er von Goebbels scharf gerügt wurde. Seine Einstellung zum Naziregime kennzeichnet ein Ausspruch vom Frühjahr 1939: „Narren und Verbrecher regieren uns!“[104] Schulenburg und Üxküll schilderten Stauffenberg die Lage und forderten ihn auf, sich der Opposition anzuschließen. Dieser war zwar von ihren Schilderungen betroffen, lehnte aber ab, da er in seiner Stellung als Stabsoffizier einer Division keine Möglichkeit entscheidenden Eingreifens sah, vor allem sicherlich aber deshalb, weil er die Notwendigkeit solcher schwerwiegenden Entschlüsse noch nicht einsah. Nach anderer Darstellung soll er – so überraschend das klingen mag – der Meinung gewesen sein, daß ein erfolgreicher Widerstand überhaupt nur von der Arbeiterschaft ausgehen könne, sie verfüge über einen Stamm, dessen oppositionelle Haltung geklärt sei. Die Armee sei dazu ungeeignet und unfähig.[105]

Als am 10. Mai 1940 die deutsche Offensive gegen Frankreich begann, befand sich Stauffenberg nach wie vor als I b bei der 6. Panzerdivision. Die Division gehörte zur Heeresgruppe A unter Generaloberst von Rundstedt, die, aus 45 Divisionen, darunter drei motorisierten und sieben Panzerdivisionen, bestehend, den Hauptstoß durch Luxemburg und die Ardennen in Richtung Saint-Quentin – Abbéville zur Kanalküste führen und die in Belgien und Nordfrankreich stehenden belgisch-englisch-französischen Truppen abschneiden sollte. Noch während der Offensive wurde Stauffenberg in die Organisationsabteilung des Generalstabes versetzt, die ihn bereits 1938 vergeblich angefordert hatte.

Wie stark Stauffenberg vom Kriegsgeschehen gepackt und vom allgemeinen Siegesrausch erfaßt war, zeigt ein Brief an seine Frau vom 27. Mai 1940, in dem es heißt: „Zunächst eine für mich sehr traurige Nachricht, über die Du Dich wahrscheinlich sehr freuen wirst. Ich bin in den Generalstab des Heeres, 2. Abt., versetzt ... Du wirst Dir vorstellen können, wie schwer es mir fällt, mitten aus meiner Division und mitten aus dem Krieg und den ruhmvollsten Operationen meiner Division herausgerissen zu werden, um in einer Behörde wie dem OKH unterzutauchen.

Der Vormarsch unserer Division gehört zu den unwahrscheinlichsten Erlebnissen, die man haben kann. Nach dem Durchbruch durch die Maasstellung eine unaufhaltsame Verfolgung bis dicht ans Meer (Abbéville), dann Abdrehen Richtung Calais, um sich heute wieder nach Osten zu wenden, wo die große Schlacht in Flandern durch allseitige Umfassung sich ihrem letzten Akt in dieser großen englischen Tragödie nähert.

Meine eigene Tätigkeit war von großem Glück begleitet, und die Division war trotz der unvorstellbaren Geschwindigkeiten immer aufs beste versorgt. Mehr als zweimal waren wir nie am gleichen Ort, und auch das nur selten. Mein Stab, den ich in diesem Krieg völlig selbständig gemacht habe, funktioniert aufs beste.

Persönlich geht es uns ausgezeichnet; die Vorräte des Landes genießen wir in vollen Zügen und gleichen so etwas den mangelnden Schlaf aus. Kaffee, Eier zum Frühstück, herrlichen Bordeaux, Burgunder und Heidsieck, so daß sich das Sprichwort ‚Leben wie der Herrgott in Frankreich' durchaus bewahrheitet.

Vor drei Tagen trank ich mit Ribbentrop Kaffee, der uns besuchte und einen ganz passablen Eindruck machte. Großer Löwe ist er allerdings bestimmt nicht.

In unseren Kämpfen bereiten sich die weittragendsten, das Gesicht der alten Welt verändernden Entscheidungen vor. Ich denke, daß nach Vernichtung der flandrischen Armeen zunächst wieder die Politik sprechen wird. Für die Engländer gilt es dann eine große innere Entscheidung. Geben sie nicht nach, wird es noch harte Kämpfe geben, denn dann müssen wir zum Vernichtungskampf gegen England antreten."[106]

Am 21. Juni, diesmal bereits aus dem Generalstab in Chimay, klangen seine Worte merklich distanzierter: „Heute in einer Woche jährt sich der Tag des Versailler Vertrages. Welche Veränderung in welcher Zeit! Neben Triumph und Freude ist da unvermeidbar die Überschau über die zwei Jahrzehnte, die wir miterlebten, mit dem Wissen, wie wenig Endgültiges es gibt und daß die schroffste Umwandlung, ja Umkehr wahrscheinlicher ist als ein Beharren auch nur für wenige Jahre. Wenn wir das unseren Kindern beibringen, daß nur der dauernde Kampf und das dauernde Streben nach Erneuerung vor dem Untergang rettet – dies um so mehr, je größer das schon Erreichte ist – und daß Beharren, Erhalten und Tod identisch sind, dann haben wir den größten Teil unserer nationalen Erziehungspflicht geleistet.

Ich bin noch im alten Quartier, bade täglich ein- bis zweimal in unserem See und bearbeite mit Hochdruck die Gestaltung des neuen Friedensheeres. Dabei glaube ich nicht, daß wir allzubald nach Deutschland (Berlin) zurückkehren, es sei denn, daß England ohne weiteren Kampf nachgibt. Ein Pariser Vorort der weiteren Umgebung ist mir wahrscheinlicher."[107]

Diese Briefstellen dürften eindeutig beweisen, daß Stauffenberg im Sommer 1940 noch keineswegs an ein Vorgehen gegen Hitler dachte, im Gegenteil, die militärischen Erfolge seit dem September 1939 hatten ihn zeitweilig in ihren Bann geschlagen. Doch es gab auch in diesen Wochen Stunden der Besinnung, in denen ihm deutlich wurde, „wie wenig Endgültiges es gibt", daß die „schroffste Umkehr" der Dinge möglich, ja „wahrscheinlicher ist als ein Beharren". Er hatte also die schon früher an ihm zu beobachtende Fähigkeit, die Dinge und Ereignisse mit skeptischer Distanz zu sehen und zu analysieren, keineswegs eingebüßt.

Stauffenberg befand sich seit Anfang Juni 1940 in der Organisationsabteilung des Generalstabes. Diese Abteilung, deren Leiter zu dieser Zeit General Buhle war, unterstand seit 1939 direkt dem Chef des Generalstabes, Generaloberst Halder, der 1938 Beck abgelöst hatte. Zu den Aufgaben der Organisationsabteilung gehörten Aufbau und Gliederung des Friedens- und des Kriegsheeres sowie Forderungen an die Industrie (außer Munition und Betriebsstoff).[108]

Stauffenberg erhielt das Referat „Friedensheer" und hatte Organisationsfragen des Feldheeres, des Ersatzheeres und der Besatzungstruppen auszuarbeiten und den Kommandobehörden vorzuschlagen. Er blieb hier bis Anfang 1943 und machte daher auch alle Standortveränderungen des Generalstabes mit: Godesberg, Chimay (Belgien), Fon-

tainebleau, Zossen, Mauerwald (Ostpreußen), Winniza (Ukraine), Mauerwald.
Seine Tätigkeit umfaßte die Überprüfung der Einsatzbereitschaft von Truppen, die Führung von Verhandlungen über Ausbildungsfragen mit verschiedenen Dienststellen, die Bearbeitung von Problemen des Offizierskorps, die Regelung des Status von Polizeikräften fremder Nationalität und anderes. Die Lösung der vielfältigen Aufgaben erforderte viele Dienstreisen in die verschiedensten Teile des Reiches und der besetzten Länder. Über die Arbeitsweise Stauffenbergs gibt es einen Bericht seines damaligen Mitarbeiters Major Freiherr von Thüngen, der sie wie folgt beschreibt:
„Ich habe die Tür von Claus nie geöffnet, ohne ihn am Fernsprecher anzutreffen. Vor ihm Stöße von Papier, die Linke am Hörer, die Rechte mit dem Bleistift bewaffnet, die Akten ordnend. Er sprach mit lebhafter Miene, je nach dem Gesprächspartner lachend (ohne das ging's eigentlich nie) oder schimpfend (das fehlte auch selten) oder befehlend oder dozierend, gleichzeitig aber schreibend, entweder nur die großen raumgreifenden Buchstaben der Unterschrift oder die kurzen, auffallend präzisen Aktenvermerke. Neben ihm meist der Schreiber, der während der Wartepausen in fliegender Eile Aktenvermerke, Briefe, Notizen aufnahm, ohne daß Claus vergessen hätte, das so peinlich eingehaltene Beiwerk eines hohen Stabes (Briefkopf, Betreff, Bezug) pedantisch genau zu diktieren. Claus gehörte zu den Menschen, die gleichzeitig mit aller Konzentration mehrere Arbeiten erledigen. In erstaunlichem Maße hatte er die Fähigkeit, Akten zu bearbeiten, d. h. Wesentliches von Unwesentlichem mit einem Blick zu trennen. Er drückte sich klar aus, und seine blitzartigen,

den Nagel auf den Kopf treffenden Zwischenbemerkungen brachten seinen Partner nicht selten in Verwirrung... Für das, was bei anderen zum Äußeren gehört, Kleidung, hatte er in dem ungeheuren Geschehen, das ihn bis ins Innerste bewegte, kein Verständnis."[109]
In hohem Maße besaß Stauffenberg die Achtung und Zuneigung seiner Mitarbeiter und Untergebenen. Er strahlte Vertrauen aus, und es wird berichtet, daß selbst Generale, wenn sie im Generalstab zu tun hatten, die Unterhaltung mit ihm suchten. Wenn er zu spät zum Essen kam, meinte man: „Da weint sich wieder ein General bei ihm aus."[110]
Das erste Erlebnis während des Krieges, das Stauffenbergs Zweifel wieder bestärkte, war die Erkenntnis von der seiner Meinung nach unwürdigen Behandlung des besiegten Frankreichs durch die deutschen Machthaber. Ihm schwebte eine Aussöhnung und Zusammenarbeit mit Frankreich nach dem Kriege vor. Statt dessen sah er, daß Frankreich in die Lage eines eroberten Landes gedrückt und in seiner nationalen Ehre verletzt wurde. Er wußte, daß aus einer solchen Situation keine fruchtbare Zusammenarbeit entstehen konnte, und nannte 1940 Halder gegenüber Hitler einen „Sieger ohne Gefühl und Augenmaß".[111] Glaubte er zu Anfang noch an die Möglichkeiten einer echten „Neuordnung" Europas, so begann er zu ahnen, daß es den faschistischen Machthabern um Eroberung und Versklavung der Besiegten ging.
Im April 1941 wurde Graf Stauffenberg zum Major befördert. Von einer gewissen Bedeutung für die weitere Formung der Anschauungen Stauffenbergs war die persönliche Bekanntschaft mit dem Generalstabschef Halder. Halder, der Nachfolger Becks, stand an der Peripherie

jener Offiziersgruppe, die in den Jahren 1938 bis 1940 mehrmals die Absicht hegte, unter Anwendung militärischer Gewalt Hitler von der Führung Deutschlands zu entfernen, um mit den Westmächten zu einer Verständigung zu kommen. In den Jahren 1940/41 führte Stauffenberg mit Halder zahlreiche Gespräche, in denen der General kritische Bemerkungen machte und in Stauffenberg einen aufmerksamen und zustimmenden Hörer fand. Halders Kritik richtete sich aber in erster Linie nur gegen Hitler und seine engsten Paladine, nicht gegen das faschistische Regime insgesamt. Er schreibt selbst über die Gespräche mit Stauffenberg:

„Stundenlang haben wir immer wieder die Möglichkeiten überprüft, wie man den Unhold beseitigen könne, ohne die in Feindberührung stehende Armee in der Erfüllung ihrer Vaterlandsverteidigung empfindlich zu schädigen und ohne das ganze Staatsgefüge zu erschüttern ... Die Stimmung weiter Kreise Deutschlands war durch den französischen Feldzug für Hitler eingenommen worden. Neben den Möglichkeiten und Mitteln eines Umsturzes stand daher der Zeitpunkt besonders zur Diskussion. Alles das sind Gedanken, die ich mit Claus Stauffenberg, soweit ich mich erinnere, besprochen habe.“ [112]

Man muß annehmen, daß diese Gespräche doch mehr den Charakter theoretischer Erörterungen bestimmter Möglichkeiten, einer militärischen Niederlage zuvorzukommen, trugen. Dafür spricht nicht zuletzt die Tatsache, daß Halder sich an keiner Aktion gegen das Hitlerregime beteiligte und seinem „Führer“ treu diente, bis ihn dieser im September 1942 davonjagte. Halder hat sich auch nicht an der Verschwörung vom 20. Juli beteiligt. Es soll nicht geleugnet werden, daß die Gespräche mit Halder sicherlich dazu beitrugen, Stauffenbergs Ablehnung des Naziregimes deutlicher zu akzentuieren. Aber fest steht auch, daß Stauffenberg in den Jahren 1940/41 nicht zum aktiven Widerstand bereit war. Er hielt die Beseitigung Hitlers noch nicht für möglich. „Noch siegt er zu sehr", sagte er im Frühjahr 1941 im Hinblick auf Hitler und die Aussichten eines Umsturzes.[113]

Wir wissen nicht genau, wie Stauffenberg den Überfall Deutschlands auf die Sowjetunion aufgenommen hat. Daß er ihn verurteilt hat, geht aus folgenden Ausführungen Halders hervor: „Auch in der späteren Zeit, in welcher sich der Entschluß Hitlers zum Angriff auf Rußland immer mehr herausbildete, und schließlich in der Zeit der Kriegführung in Rußland drehten sich die Gespräche um ähnliche Fragen, wie Hitler, ohne zum Märtyrer gemacht zu werden, mit militärischen Mitteln aus dem Sattel gehoben und die Gewalt der Partei gebrochen werden könne."[114]

Überliefert ist auch folgende bezeichnende Episode: Stauffenberg hatte im Winter 1941/42 ein Hitlerbild in seinem Arbeitszimmer hängen. Auf das Erstaunen eines Besuchers äußerte er: „Ich habe dieses Bild ausgewählt und aufgehängt, damit alle, die zu mir kommen, darin den Ausdruck der Proportionslosigkeit und des Wahnsinns erkennen."[114]

Im Dezember 1941 begrüßte Stauffenberg die Absetzung Brauchitschs und die Übernahme des Oberbefehls über das Heer durch Hitler, weil er meinte, daß dadurch eine größere Einheitlichkeit in der Führung des Heeres und eine sinnvolle Kriegsspitzengliederung geschaffen werde; vor allem sei es dem Generalstabschef des Heeres jetzt möglich, selbst bei Hitler Vortrag zu halten. Einige Zeit glaubte er, daß die Lage an der Ostfront stabilisiert werden könne. Diese Hoffnung währte nicht lange. Die schweren Verluste der Wehrmacht in der Winterschlacht 1941/42 vor Moskau und an anderen Frontabschnitten führten zu einem erhöhten Nachschubbedarf an Menschen und Material, was wiederum die alte Rivalität zwischen Heer, Waffen-SS und Luftwaffe verstärkt aufflammen ließ. Die Waffen-SS nutzte ihre politische Stellung dazu aus, sich den relativ größten Anteil am Nachschub auf Kosten des Heeres zu sichern. Göring als nächster Vertrauter Hitlers unternahm das gleiche für die Luftwaffe. Stauffenberg hatte auf Grund seiner Stellung Einblick in diese Verhältnisse, die seinen Abscheu vor den Naziführern noch verstärkten.

Oberstleutnant Wolf Henkel, der damals in der Ausbildungsabteilung des Heeresgeneralstabes tätig war, schrieb 1944 in der Zeitung „Freies Deutschland" über Stauffenberg: „Stauffenberg war ein weit über den Durchschnitt begabter Generalstabsoffizier. Als überlegter, verantwortungsbewußter Offizier verfolgte er damals bereits die kraß hervortretende Spannung zwischen Hitler, von Brauchitsch und Halder äußerst kritisch. Er gehörte zu den jungen Generalstabsoffizieren, die alles daransetzten, ihre ‚Flucht aus dem OKH' durchzusetzen, das heißt, ihre Versetzung zum Truppengeneralstab zu erwirken, um der durch die Meinungsverschiedenheiten innerhalb der höchsten Führung entstandenen unerträglichen Atmosphäre zu entfliehen.

Oberst Graf von Stauffenberg mußte auf Grund seiner Vertrauensstellung im OKH einen tiefen Einblick in die Verhältnisse besitzen. Wie wenige andere erkannte er die Katastrophe, in die Hitlers Führung Deutschland steuerte."[116]

Stauffenberg mußte erkennen: Seit der Winterschlacht

1941/42 konnten die Menschenverluste des Heeres durch den Ersatz aus der Heimat nicht mehr ausgeglichen werden. In der Organisationsabteilung des Generalstabes errechnete man, daß die Zahl der Fehlstellen beim Ostheer am 1. November 1942 bereits 800 000 Mann betrug und bis Frühjahr 1943 auf 1,2 Millionen Mann steigen mußte. Im August und September 1942 verlor das Heer 270 000 Mann mehr, als es an Ersatz erhielt.[117] Allein in den Winterkämpfen 1941/42 wurden über fünfzig deutsche Divisionen zerschlagen, die Verluste betrugen bis zum 28. Februar 1942 weit über eine Million Mann. Zur Auffüllung mußte das deutsche Oberkommando 39 Divisionen und sechs Brigaden aus Deutschland und anderen europäischen Ländern, wo zur Zeit keine größeren Kampfhandlungen stattfanden, heranholen.[118] Obwohl der Sommer- und Herbstfeldzug der Wehrmacht 1942 bis an die Wolga und den Kaukasus führte und große Geländegewinne brachte, erreichte er das strategische Ziel nicht. Demgegenüber stand der Verlust an einer weiteren Million Mann an Toten, Verwundeten und Gefangenen. Der Führung der Roten Armee dagegen gelang es nicht nur, die erlittenen Verluste auszugleichen, sondern auch starke Reserven an Soldaten und Kriegsmaterial zu bilden. Im Jahre 1942 produzierte die Sowjetunion 24 700 Panzer und 25 400 Flugzeuge, Deutschland dagegen 9 300 Panzer und 14 700 Flugzeuge.[119] Das Kräfteverhältnis an der sowjetisch-deutschen Front änderte sich gegen Ende des Jahres 1942 immer mehr zugunsten der Sowjetunion.[120]
Alle diese Dinge blieben auch Stauffenberg nicht verborgen und mußten zwangsläufig seine Vorstellungen beeinflussen. Jedoch vollzog sich dieser Prozeß nicht gradlinig und nicht ohne Widersprüche.

Die deutsche militärische Führung sah einen Ausweg zum Ausgleich der Verluste, indem sie in völkerrechtswidriger Weise sowjetische Kriegsgefangene, die durch Hunger, Zwangsarbeit und Krankheit demoralisiert waren, durch Eingliederung in die deutsche Wehrmacht zum Verrat an der Heimat zu bewegen suchte. Erfolgte zunächst nur vereinzelt die Einstellung von Hilfskräften, so begann man im Sommer 1942 mit der Schaffung regulärer Einheiten in Bataillonsstärke aus armenischen, aserbaidshanischen, georgischen, turkestanischen, tatarischen und kosakischen „Freiwilligen" unter den Kriegsgefangenen und Einwohnern der besetzten Gebiete. In der Organisationsabteilung des Generalstabes wurde Stauffenberg mit der Bearbeitung dieser Angelegenheit betraut. Er führte diesen Befehl aus, wobei er sich gleichzeitig dafür einsetzte, daß die „Ostfreiwilligen" gegenüber den deutschen Wehrmachtsangehörigen gleichberechtigt behandelt wurden.

Mit Abscheu verfolgte er zu dieser Zeit die ihm zugänglichen Nachrichten über die Behandlung der Einwohner in den besetzten Ostgebieten. Er wandte sich empört gegen die brutale Ausplünderung und Unterdrückung der Menschen in diesem Raum und bezeichnete die Behandlung der „Ostarbeiter" als eine „unverantwortliche Herausforderung des Ostens".[121] Auf einer Konferenz in Winniza im Oktober 1942, an der etwa 40 Generalstabsoffiziere teilnahmen, verurteilte er scharf die deutsche Ostpolitik und erklärte, Deutschland säe im Osten einen Haß, „der sich einstmals an unseren Kindern rächen" werde. Die deutsche Ostpolitik sei „nur dazu angetan, uns die Menschenmassen im Osten zu Feinden zu machen".[122] Er meinte, es sei ein Skandal, daß sich unter den führenden Männern niemand finde, der dem „Führer" diese Dinge einmal offen sage.

Dieser letzte Satz ist allerdings als Schutzbehauptung aufzufassen, denn Stauffenberg glaubte zu dieser Zeit selbst nicht mehr daran, daß die Verbrechen und Unmenschlichkeiten ohne Wissen und gegen die Absichten Hitlers geschahen. Die Kenntnisse über die deutschen Kriegsverbrechen in der Sowjetunion trugen wesentlich zur Herausbildung und Festigung seiner antinazistischen Haltung bei. Man muß jedoch auch feststellen, daß Stauffenberg sich zu dieser Zeit noch keineswegs von der durch Herkunft und Entwicklungsweg bedingten antikommunistischen Grundhaltung gelöst hatte. In ihm herrschte noch die Vorstellung, daß man durch eine bessere Behandlung der Bevölkerung in den besetzten Ostgebieten diese Menschen zu antisowjetischen Bundesgenossen Deutschlands machen könne. Von diesem Gedanken ließ er sich auch bei seiner Tätigkeit im Zusammenhang mit der Aufstellung der Ost-„Freiwilligenverbände“ leiten. Es war – wenn man es etwas vereinfacht – eine Art geistiger Zweifrontenkrieg, den er zu dieser Zeit in seinem Inneren führte.

In der zweiten Hälfte des Jahres 1942 konzentrierte sich Stauffenberg immer entschiedener auf den Gedanken eines aktiven Vorgehens zur Beseitigung Hitlers. Es waren vor allem die Kenntnisse von den Verbrechen an der Zivilbevölkerung und an sowjetischen Kriegsgefangenen, die Meldungen über die schweren und nicht mehr auszugleichenden Verluste an der Ostfront, die Nachrichten vom Steckenbleiben der deutsch-italienischen Offensive vor der El-Alamein-Stellung in Nordafrika und schließlich das immer häufigere Eingreifen Hitlers in den Kampfverlauf und seine Beschimpfungen von Generalen und Offizieren, die in Stauffenberg diesen Gedanken verstärkten. Hinzu kam: Im Herbst 1942 wurde offenkundig, daß die Ziele

der deutschen Offensive infolge des hartnäckigen sowjetischen Widerstandes im Raum Stalingrad und an der Kaukasusfront nicht erreicht werden konnten.
Wir wissen, daß Stauffenberg in den ersten Jahren nach 1933 noch Illusionen über den „Nationalsozialismus" hatte und vielen Versprechungen der Naziführer glaubte. Die Illusionen waren längst verflogen, aus der Ernüchterung des Jahres 1938 war jetzt Haß gegen die Verderber Deutschlands geworden. Stauffenberg begann, in Hitler den Hauptfeind des deutschen Volkes zu erkennen. Während eines Morgenrittes bei Winniza im August 1942 äußerte er sich über Hitler erregt: „Findet sich denn da drüben im Führerhauptquartier kein Offizier, der das Schwein mit der Pistole umlegt?"[123] Als einmal – es war im Herbst des gleichen Jahres – die Forderung erhoben wurde, dem „Führer" endlich „die Wahrheit" zu sagen, antwortete Stauffenberg: „Es kommt nicht darauf an, ihm die Wahrheit zu sagen, sondern es kommt darauf an, ihn umzubringen, und ich bin dazu bereit."[124]
Während Stauffenberg bis dahin mehr oder weniger abstrakt das Für und Wider, die Möglichkeiten und Aussichten eines politischen Umsturzes mit ihm nahestehenden Menschen erörtert hatte, waren seine Äußerungen jetzt entschiedener und unmittelbar auf das Handeln gerichtet. Die Beseitigung Hitlers war Ende 1942 für ihn keine Frage theoretischer Erwägungen mehr, sondern eine Frage der unausweichlichen praktischen Notwendigkeit. Dabei dachte er aber an einen Umsturz „von oben", nicht an eine Revolution „von unten".
Nachdem er zu der Überzeugung gelangt war, daß gegen Hitler etwas unternommen werden müsse, begann er, dessen Charakter sich seit der Jugend durch Tatfreudigkeit

auszeichnete, selbständig die ersten Schritte in dieser Richtung zu tun. Auf seinen zahlreichen Dienstreisen suchte er in der zweiten Hälfte des Jahres 1942 Kontakte zu Gleichgesinnten, die natürlich erst herausgefunden werden mußten. Vor allem wollte er feststellen, inwieweit die Generale und Feldmarschälle bereit waren, gegen Hitler vorzugehen. Offenbar schwebte ihm vor, daß durch eine geschlossene Aktion der höchsten militärischen Führer, vor allem der Befehlshaber der Heeresgruppen, Hitler von der Macht entfernt werden müßte – etwa so, wie es Beck bereits 1938 gefordert hatte. Die Feldmarschälle jedoch, soweit er mit ihnen ins Gespräch kommen konnte, verhielten sich seinen Vorstellungen gegenüber abweisend. Generalfeldmarschall Erich von Manstein berichtet über ein solches Gespräch mit Stauffenberg:

„Ich konnte ihm nur beistimmen ... und habe ihm auch gesagt, daß auch ich die militärischen Fehler Hitlers (über dessen politisches System ist gar nicht gesprochen worden) durchaus erkenne und eine Änderung der militärischen Führung dringend erwünscht sei; mir schwebte die Ernennung eines verantwortlichen Generalstabschefs der Wehrmacht, der die tatsächliche militärische Führung innehaben sollte, mindestens aber die Ernennung eines Oberbefehlshabers Ost vor. Ich würde – wie dies auch geschehen ist – versuchen, eine solche Änderung bei Hitler zu erreichen. Eine Tendenz Stauffenbergs, ein gemeinsames Vorgehen der Oberbefehlshaber gegen Hitler – also einen Staatsstreich – zu erreichen, war aus seinen Ausführungen nicht zu erkennen ... Ich hatte mehr den Eindruck, daß Stauffenberg verzweifelt darüber war, was er alles im OKH mit ansehen mußte, und habe ihm daher auch geraten, sich mal in eine Frontgeneralstabsstelle versetzen zu lassen, um aus dem unerfreulichen Milieu im Führerhauptquartier herauszukommen ... Wenn ich einen Staatsstreich gegen Hitler im Hinblick auf die Frontlage im Osten für möglich und unumgänglich gehalten hätte, dann würde ich ... selbst gehandelt haben. Ich war und bin aber auch heute der Ansicht, daß ein solches Unternehmen zum Zusammenbruch der Ostfront geführt haben würde, den zu verhindern ich bis zu meiner Entlassung noch gehofft habe."[125]

Manstein war also nicht zum Mitgehen bereit, lieber ging er weiter mit Hitler, um dann schließlich doch den Zusammenbruch der Ostfront zu erleben. Es muß fast wie Hohn geklungen haben, daß Manstein dem um das Schicksal der Nation besorgten jungen Offizier empfahl, als Mittel gegen die Verzweiflung sich in eine Frontgeneralstabsstelle versetzen zu lassen. Über die hier geäußerte Auffassung Mansteins, daß man Hitler zu personellen Änderungen in der militärischen Führungsspitze veranlassen müsse, war Stauffenberg längst hinaus. Er ist nicht weiter in Manstein gedrungen, da er die Zwecklosigkeit dieses Unterfangens bei dem hitlerhörigen Feldmarschall sah.

Generalstabschef Halder, der von 1938 an Hitlers Befehle mit vorbereitet und ausgeführt hatte, war angesichts der Lage an der Ostfront nicht mehr zur bedingungslosen Gefolgschaft Hitlers bereit und wurde am 24. September 1942 entlassen. Offenkundig erhoffte sich Stauffenberg jetzt eine entschiedenere Haltung von Halder, und er besuchte ihn im Oktober 1942 in seiner Berliner Villa. Aber auch dieser Besuch hatte keinen Erfolg; Halder blieb passiv.

Es ist sicher, daß Stauffenberg in dieser Zeit viele Gespräche mit hohen Offizieren über ein Vorgehen gegen Hitler geführt hat. Daß er bei ihnen keine Zustimmung fand, bestätigte er später in Afrika seinem damaligen Divisionskommandeur, der darüber folgendes berichtet: „Sie hatten ihm alle gesagt, sie sähen alles völlig ein, daß es so nicht weitergehen könne und daß etwas geschehen müsse. Aber keiner stellte sich zur Verfügung oder wollte die Führung übernehmen."[126]

Diese Erfahrungen ließen Stauffenberg alle jene hohen Offiziere verachten – woraus er auch kein Hehl machte –, die unter dem Mantel des Nur-Soldaten ihre Furcht vor klaren Entscheidungen verbargen. In einem Gespräch im Herbst 1942 im Kreis junger Offiziere, die meinten, im Fronteinsatz einen Ausweg aus ihrer inneren Zerrissenheit finden zu können, sagte Stauffenberg, daß es ein „falscher Heroismus sei, sich vom Feind totschießen zu lassen – es sei nur feiges Ausweichen und nicht besser, als wenn sich Marschälle mit Gehorsamspflicht und ‚Nur-Soldat-Sein' entschuldigen". Er forderte: „Wen Amt und Ehre in einen führenden Rang rücken, der komme an einen Punkt, wo Mann und Aufgabe zusammenfallen und keine anderen Rücksichten mehr gälten: er habe für den Sinn des Ganzen zu stehen." Er kritisierte, daß nur wenige so dächten: „Man beziehe sein Einkommen, tue seine ‚Pflicht', vertraue auf den Führer und freue sich auf den Urlaub – auf wen sollte das Vaterland denn noch bauen?" Scharfe Worte gebrauchte er in diesem Gespräch für die, die sich der Verantwortung entzogen: „Bürger, Pfründner, Teppichleger im Generalsrang."[127]

Stauffenberg sah mit großer Sorge den Verlauf der Ereignisse in Stalingrad. Er hoffte, daß Hitler den Befehl zum Ausbruch der eingeschlossenen Truppen – der 6. Armee und Teile der 4. Panzerarmee – geben würde, und verurteilte die großsprecherische Zusage Görings, mit der Luftwaffe die Versorgung der Eingeschlossenen garantieren zu wollen. Er hoffte auch, daß wenigstens jetzt beherzte Generale sich gegen Hitlers wahnsinniges Handeln auflehnen würden. Doch es war vergebens. Die Ergebnisse der Schlacht an der Wolga – der Verlust von 32 Divisionen samt Ausrüstung und der Übergang der strategischen Initiative in die Hände der Roten Armee – festigten in Stauffenberg endgültig die Erkenntnis, daß der Krieg verloren sei. Er war, so berichtet Freiherr von Thüngen, „völlig von der nicht mehr zu verhindernden Katastrophe überzeugt und tief niedergeschlagen. Mehr denn je war er der Meinung, daß ‚Er' verschwinden müsse." [128]

Nachdem Stauffenberg am 1. Januar 1943 seine Beförderung zum Oberstleutnant erhalten hatte, wurde er kurze Zeit später turnusgemäß zum Truppengeneralstab versetzt. Er sollte seine Fronterfahrungen auffrischen und vervollkommnen, weil er später für die Verwendung auf höherer Ebene vorgesehen war. In Kreisen des Generalstabes und des OKW hielt man ihn für einen Anwärter auf den Posten des Chefs des Generalstabes. Dieser Gedanke wurde schon in der Umgebung Hitlers geäußert. Stauffenberg sah seine Versetzung zur Truppe nicht ungern. Das Jahr 1942 hatte für ihn mit schweren Enttäuschungen geendet, da keiner der Marschälle und kommandierenden Generale sich zu einem Vorgehen gegen Hitler bereit gezeigt hatte. Außerdem schien es ihm geboten, zeitweilig etwas in den Hintergrund zu treten, um nicht die Aufmerksamkeit hitlertreuer Offiziere zu erwecken. So ist wohl seine Äußerung zu erklären: „Es wird Zeit, daß ich hier verschwinde." [129]

Vor seiner Abreise nach Afrika besuchte er seinen ehemaligen Regimentskameraden, den späteren Oberst Peter Sauerbruch, im Lazarett. Sauerbruch berichtete darüber: „Stauffenberg war damals sehr gedrückt und sagte die Entwicklung der Lage auf dem afrikanischen Kriegsschauplatz so voraus, wie sie später eintrat.“[130]

Anfang Februar 1943 trat Stauffenberg seinen Dienst als I a der 10. Panzerdivision an, die im Frühjahr 1943 in Süd-Tunesien in schweren Kämpfen stand.

Die Engländer hatten im Verlauf ihrer erfolgreichen Offensive in Nordafrika am 23. Januar 1943 Tripolis erreicht und die deutsch-italienischen Truppen bis auf die Mareth-Stellung an der tunesisch-libyschen Grenze zurückgeworfen. Die Anfang November 1942 in Algerien und Marokko gelandeten englisch-amerikanischen Truppen waren im Verlauf des November von Westen her ebenfalls bis Tunesien vorgerückt, das nach der Landung der Alliierten in Nordwestafrika von deutschen Truppen besetzt worden war. Die 10. Panzerdivision, der Stauffenberg angehörte, nahm Mitte Februar an dem Angriff auf die Amerikaner zwischen Faid und Gafsa sowie Anfang März an dem letztlich ebenfalls erfolglosen Stoß gegen die 8. britische Armee aus der Mareth-Stellung heraus teil. Ende März ging die 8. britische Armee zum Gegenangriff über und zwang die faschistischen Truppen zum Rückzug nach Norden, der nur unter großen Verlusten vollzogen werden konnte. Dazu trug vor allem die Luftherrschaft bei, die die Alliierten in Afrika errungen hatten, da die faschistische deutsche Luftwaffe an der Ostfront ausblutete. Die alliierten Jagdbomber beherrschten nahezu uneingeschränkt das Hinterland des Feindes.

Claus von Stauffenberg ließ sich zunächst wieder von der Atmosphäre der Front beherrschen. Er fiel in der

Division bald durch sein kameradschaftliches, freimütiges Wesen und durch seine militärische Sachkenntnis auf. Seine Befehlsgebung wird als überlegt und präzise beurteilt; er nutzte jede Möglichkeit, um mit der kämpfenden Truppe direkte persönliche Verbindung zu halten. Seinem Divisionskommandeur und anderen Offizieren gegenüber, die sein Vertrauen hatten, machte er jedoch kein Hehl aus seiner Feindschaft gegen Hitler und das faschistische Regime. Im Gegensatz zu früher leistete er jetzt seinen militärischen Dienst für eine Sache, die er nicht mehr als die seine empfand.

Während des Rückzuges seiner Division, am 7. April 1943, wurde der Wagen Stauffenbergs von englischen Tieffliegern angegriffen und er selbst schwer verwundet. Man brachte ihn in das Lazarett von Karthago. Er hatte das linke Auge, zwei Finger der linken Hand und die ganze rechte Hand verloren.

Von Karthago in ein Münchener Lazarett übergeführt, verbrachte er dort ein Vierteljahr, da der Heilungsprozeß nur langsam voranschritt. Die Anteilnahme der Verwandten, Freunde und Kameraden an seinem Schicksal war groß; oft erhielt er Besuche, darunter auch solche von Offizieren, die ihn für die Arbeit in ihren eigenen Dienststellen gewinnen wollten. Der neue Chef des Generalstabes, Generaloberst Zeitzler, überreichte ihm bei seinem Besuch das goldene Verwundetenabzeichen. Gräfin Stauffenberg schildert die außerordentliche Willenskraft, mit der der Schwerverwundete seine körperliche Behinderung zu überwinden suchte: „Er weigerte sich, schmerzstillende Mittel zu nehmen. Er war stolz auf seine körperliche Unabhängigkeit, er lernte mit seinen drei Fingern zu essen, sich zu rasieren, sich zu waschen; einmal bestand er darauf, die Schleife zu seinem Smoking zu binden, nur um zu beweisen, daß er es konnte."[131]

Angesichts seiner schweren Verwundung hätte Stauffenberg die Möglichkeit gehabt, seinen Abschied aus der Wehrmacht zu erwirken. Er tat es nicht, weil er wußte, daß gerade jetzt jede Hand und jeder Kopf für die Beseitigung Hitlers gebraucht wurden. „Ich habe das Gefühl, daß ich jetzt etwas tun muß, um das Reich zu retten", erklärte er seiner Frau noch im Krankenhaus in einem lachend-ernsten Ton, hinter dem sich echte Anteilnahme verbarg.[132] Peter Sauerbruch gegenüber äußerte er später: „Ich könnte den Frauen und Kindern der Gefallenen nicht in die Augen sehen, wenn ich nicht alles täte, dieses sinnlose Menschenopfer zu verhindern."[133]

Im Krankenhaus besuchte ihn auch der Graf von Üxküll, sein Onkel, der ihn, wie schon im Herbst 1939, aufforderte, sich der aktiven Bewegung gegen Hitler anzuschließen. Im Ergebnis der Gespräche mit Üxküll erklärte er: „Nachdem die Generäle bisher nichts erreicht haben, müssen sich nun die Obersten einschalten."[134] Sein Entschluß stand fest, sich nicht zurückzuziehen, wie es andere taten, sondern den Kampf gegen das Unheil aufzunehmen. Die Personalabteilung des Heeres hatte Stauffenberg als Chef des Stabes beim Chef des Allgemeinen Heeresamtes in Berlin vorgesehen. Er war einverstanden.

Das Allgemeine Heeresamt, das seit 1940 von General Olbricht geleitet wurde und seinen Sitz im Gebäude des früheren Reichswehrministeriums in der Bendlerstraße in Berlin hatte, war vor dem Kriege neben dem Generalstab, dem Personalamt, dem Waffenamt und dem Verwaltungsamt eines der fünf Ämter des Oberkommandos des Heeres. Mit Kriegsbeginn wurden alle nicht unmittelbar zur Operationsführung benötigten Teile des OKH (das Allgemeine Heeresamt, das Heereswaffenamt und das Heeresverwaltungsamt) dem Befehlshaber des Ersatzheeres, dem späteren Generaloberst Fromm, unterstellt. Der Befehlshaber des Ersatzheeres war auf der Grundlage der Weisungen des Oberbefehlshabers des Heeres verantwortlich für die Ausbildung, Ergänzung und Rüstung des Heeres sowie für die Entwicklung, Beschaffung und die Abnahme von Bewaffnung und Munition.[135]

Stauffenberg fuhr am 10. August 1943 nach Berlin, um sich mit Olbricht und seinem neuen Arbeitsbereich bekannt zu machen. Dabei stellte Olbricht ihm die Frage nach seiner Bereitschaft, an dem Sturz des Hitlerregimes mitzuwirken. Es ist anzunehmen, daß Olbricht schon vorher durch Graf Üxküll und andere Offiziere Erkundigungen über Stauffenberg eingezogen hatte, wahrscheinlich erfolgte sogar der Besuch Üxkülls im Krankenhaus im Auftrage oder zumindest mit Wissen Olbrichts. Stauffenberg gab Olbricht sein Wort.

Als Professor Sauerbruch, der Stauffenberg untersuchte, ihm erklärte, daß für das Anlegen einer künstlichen Hand noch zwei Operationen und eine längere Erholungszeit notwendig seien, wies Stauffenberg dies zurück und erklärte, er habe dringendere Aufgaben zu erfüllen.[136]

Stauffenberg fuhr von Berlin nach Lautlingen, wo er seinen Bruder Berthold sowie Ende August auch Rudolf Fahrner traf. Claus teilte den Freunden seine Entschlüsse mit, die deren Billigung fanden. Zum erstenmal wurde aber auch die Frage aufgeworfen, was nach dem Sturz Hitlers kommen solle. Für Stauffenberg war zu dieser Zeit bereits klar, daß es nicht nur um die Beseitigung der Person Hitlers ging, sondern um die Liquidierung des gesamten Nazisystems.

Nach dem Bericht Fahrners waren die Gesprächsteilnehmer der Auffassung, daß im neuen Staat Gewissensfreiheit herrschen müsse, daß Einigung und Zusammenarbeit unter den Völkern zu fördern seien und daß „geeignete Kräfte aus allen Schichten zu Regierenden" gewonnen werden müßten. Es wurde erörtert, „eine Volksvertretung in Deutschland vielleicht auf eine ganz andere Weise als durch politische Parteien bisheriger Art zu begründen, etwa aus den politischen Realitäten von Gemeinden, Berufsgruppen und Interessengemeinschaften, die dann im Parlament öffentlich für sich selbst einstünden und nicht durch Behandlung von Parteien mit Eigeninteressen oder durch Handel mit solchen Parteien ihre Ziele umwegig verfolgten". Ferner ging das Gespräch darum, „daß das Verhältnis von Unternehmern und Ausführenden in ihrer gemeinsamen Arbeit, in ihrer gemeinsamen Verantwortung gegenüber dem Ganzen und gegenüber der Menschlichkeit des Menschen zu begründen sei". Technik, Industrie und Wirtschaft müßten eine dienende und nicht eine die Menschen beherrschende Rolle spielen.[137]

Waren diese Auffassungen auch noch recht allgemein und erwiesen sie in ihrer begrifflichen Prägung die Herkunft aus dem George-Kreis und aus ständischem Denken, so wird Wesentliches doch bereits ziemlich deutlich: Die Brüder Stauffenberg wollten die Beseitigung der politischen Willkür, die Wiederherstellung der Würde und der Rechte des Menschen, die Schaffung einer echten Volksvertretung, wobei sie von der Art und Form dieser Volksvertretung – was nach den Erfahrungen mit den Parlamenten der Weimarer Republik und dem Nazireichstag verständlich ist – noch keine klare Vorstellung hatten. Sie wollten nach außen friedliche Beziehungen zu anderen Völkern.

Bemerkenswert ist, daß die Gesprächsteilnehmer ihre Aufmerksamkeit auch ökonomisch-politischen Fragen zuwandten. Sie traten ein für eine „gemeinsame Verantwortung" von Arbeitern und Unternehmern, für eine dienende Rolle der Wirtschaft und Industrie. Waren das auch sehr abstrakte und letztlich utopische Vorstellungen, so konnten sie doch einen Ansatzpunkt für spätere neue Erkenntnisse bilden. Diese Feststellung wird dadurch unterstrichen, daß in den Zusammenkünften „über die Kraft, die von freiwilligen Verzichten ausgeht", gesprochen wurde, „wie eine freiwillige Teilung des Großgrundbesitzes, die von den Besitzenden ausginge (dazu zeigten sich Ansätze), ein wirkungsreiches Beispiel geben und zu neuen sozialen Wirtschaftsformen führen könne".[138] Interessant ist hierbei nicht so sehr die erörterte Möglichkeit einer freiwilligen Teilung des Großgrundbesitzes, die natürlich ebenfalls utopisch bleiben mußte; interessanter ist doch wohl, daß die beiden jungen Grafen überhaupt die Frage einer notwendigen Beseitigung des Gegensatzes zwischen Großbesitz und Besitzlosigkeit aufwarfen und die Möglichkeit (vielleicht sogar Notwendigkeit!) „neuer sozialer Wirtschaftsformen" erwogen.

Das alles zeigt eine neue Qualität in der Erkenntnisentwicklung Claus von Stauffenbergs im Spätsommer 1943. Aus dem zwar kritischen, aber „eidgetreu" dienenden Offizier der Hitlerwehrmacht war ein politischer Mensch geworden, der zugleich mit Hitler das gesamte System, das er als verbrecherisch erkannt hatte, stürzen und etwas Neues an seine Stelle setzen wollte. Dieses Neue hatte zwar noch keine ausgeprägten Konturen, aber wesentliche Züge waren schon bestimmt. Wenn man sie auf kurze Formeln bringen wollte, so könnte man sagen: Herstellung demokratischer Rechte und Freiheiten, Frieden, soziale Reformen, Appell an die Besitzenden zur Beseitigung sozialer Spannungen und Gegensätze. Hier lag ein Ansatz, der Stauffenberg zwangsläufig in Gegensatz zu Goerdeler und seinen großbourgeoisen Hintermännern bringen mußte, wie es später auch tatsächlich geschah.

Dabei soll keineswegs die Klarheit der politischen Einsichten und Vorstellungen Stauffenbergs überschätzt werden. Die noch recht große Unbestimmtheit spricht deutlich aus einer Äußerung, die er damals zu einem Freund über die Zeit nach dem Sturz Hitlers tat: „Wir beginnen dann eben eine große Fahrt, die wird teilweise rasendes Tempo annehmen und wieder mit anderen Perioden wechseln. Was dann alles wird, kann niemand wissen, und es kommt alles darauf an, daß dann die richtigen Persönlichkeiten von Können und Charakter an der richtigen Stelle stehen."[139]

Von Lautlingen aus fuhr Claus von Stauffenberg für einige Tage nach Bamberg zu seiner Familie. Er unterrichtete seine Frau davon, daß er sich entschlossen habe, an der Verwirklichung von Plänen Olbrichts mitzuwirken.

Anfang September war er wieder in Berlin, offiziell noch im Genesungsurlaub, doch nach kurzer Zeit schon an den Plänen für den Umsturz arbeitend. Er bezog Quartier in der Wohnung seines Bruders in der Tristanstraße in Berlin-Wannsee. Am 1. Oktober 1943 trat er seinen Dienst im Allgemeinen Heeresamt an. Damit begann für Claus von Stauffenberg eine neue Etappe seines Lebens – die kürzeste, inhaltsschwerste und letzte.

III Im Kampf für ein freies Deutschland

1943/44

Der Kampf der KPD, der Bewegung „Freies Deutschland" und anderer antifaschistischer Kräfte für die Rettung der Nation

Claus Schenk Graf von Stauffenberg war nie zuvor in seinem Leben ernsthaft mit kommunistischen Ideen in Berührung gekommen, er wurde auch bis zum Ende seines Lebens kein Kommunist. Aber dennoch hat der Kampf deutscher Kommunisten und der mit ihnen verbündeten anderen patriotischen Kräfte einen Einfluß auf seine Haltung und seine Entscheidungen ausgeübt. Auf dem Höhepunkt seines Lebens und Kampfes, bei der Vorbereitung eines, wie er hoffte, entscheidenden Schlages gegen das Naziregime, waren Stauffenberg und seine Freunde auf dem Wege zu einem Bündnis mit den deutschen Kommunisten und mit der patriotischen Bewegung „Freies Deutschland".

Werfen wir zunächst einen Blick auf den Kampf der KPD und anderer antifaschistischer Kräfte, insbesondere der Bewegung „Freies Deutschland", wobei es nicht möglich ist, hier einen umfassenden Abriß der Geschichte des Widerstandskampfes während des Krieges zu geben.[1]

Das ZK der KPD hatte nach dem 22. Juni 1941 das deutsche Volk zum Kampf gegen den faschistischen Überfall auf die Sowjetunion aufgerufen. Es bezeichnete diesen Krieg als einen für das deutsche Volk hoffnungslosen Krieg. „Die einzige Rettung für das deutsche Volk besteht darin, mit dem Kriege Schluß zu machen. Um aber mit dem Kriege Schluß zu machen, muß Hitler gestürzt werden. Der Krieg wird so lange weitergehen, wie Hitler und seine Bande Deutschland regieren. Und wehe unserem Volk, wenn es sein Schicksal bis zuletzt an Hitler bindet, wenn wir Deutschen nicht selber in Deutschland Ordnung schaffen, sondern es den anderen Völkern überlassen, Europa von der faschistischen Pest zu säubern.

Die Stunde hat geschlagen, wo unser Volk das Schicksal Deutschlands in seine eigenen Hände nehmen, mit dem Krieg Schluß machen und einen ehrenvollen Frieden erlangen muß."[2]

Das ZK erklärte, daß die Befreiung des Volkes vom faschistischen Regime zu einem Deutschland führen wird, „das es endlich verstehen wird, in Frieden zu leben, und eine Verkörperung des wahren Volkswillens sein wird. Das wird ein Deutschland ohne die Herrschaft der plutokratischen Hyänen und der faschistischen Räuber sein, in welchem es keine Arbeitslosigkeit geben wird, in welchem das Recht auf Arbeit garantiert sein wird, in welchem der Bauer die Freiheit haben wird, über die Erzeugnisse seiner Arbeit zu verfügen. Das wird ein Deutschland sein, in welchem mit der faschistischen Barbarei Schluß gemacht ist, ein Deutschland, in welchem nicht die Reichtümer und die Herkunft, sondern die Fähigkeiten und die Arbeit des Menschen seine Stellung in der Gesellschaft bestimmen werden. Das wird ein Deutschland sein, in welchem es keinen schreienden Widerspruch zwischen dem Reichtum der einen und dem fürchterlichen Elend der anderen gibt. Das wird ein unversehrtes, unabhängiges Deutschland sein, ein Gleiches unter Gleichen, ein Deutschland, das mit allen Völkern in Frieden lebt."[3]

In diesem Aktionsprogramm fand die von der Brüsseler und Berner Konferenz ausgearbeitete Strategie und Taktik ihre Anwendung, es zeigte den Weg zur Rettung der deutschen Nation.

Die deutschen Kommunisten reagierten auf den faschistischen Überfall durch Verstärkung ihres Kampfes. In vielen Teilen Deutschlands vollzog sich ein Aufschwung der antifaschistischen Tätigkeit. Kommunisten schufen gemeinsam mit anderen Antifaschisten große zentralisierte Widerstandsorganisationen wie die Uhrig-Organisation, die Schulze-Boysen/Harnack-Organisation, die Bästlein-Jacob-Abshagen-Organisation, die Neubauer-Poser-Organisation und die Lechleiter-Organisation.[4] Es gelang, auch zahlreiche nichtkommunistische Antifaschisten in den Kampf einzubeziehen. Viele sozialdemokratische Mitglieder und Funktionäre kämpften ebenfalls aufopferungsvoll gegen das Naziregime.

Die in der Emigration befindlichen sozialdemokratischen Führer nahmen eine zwiespältige Haltung ein. Die Londoner Gruppe des sozialdemokratischen Parteivorstandes sprach Ende Juni 1941 die von antikommunistischem Haß genährte Hoffnung aus, daß sich Deutschland und die Sowjetunion „in langen Schlachten" erschöpfen werden, damit „die Macht der britischen und amerikanischen Demokratie zum beherrschenden Faktor der politischen Neugestaltung der Welt werden" kann.[5] Andere Gruppen dagegen sprachen sich für die Antihitlerkoalition aus. Ein Zusammengehen mit den deutschen Kommunisten lehnten die rechten Führer der Sozialdemokratie jedoch auch jetzt noch ab.

In ihrem Kampf um die Schaffung einer breiten antifaschistischen Front stießen die deutschen Kommunisten auf die antikommunistische, chauvinistische Verhetzung großer Teile des deutschen Volkes, auch der werktätigen Massen. „Viele Deutsche“, so charakterisierte Walter Ulbricht die damalige Lage, „fühlten sich infolge des scheinbar unaufhaltsamen Vormarsches bereits als ‚Herren Europas‘, die dazu berufen waren, andere Völker auszuplündern und sie wie Sklaven zu behandeln. Für eine ‚Neuordnung‘ Europas, für mehr ‚Lebensraum‘ für Deutschland hielten sie die Raubkriege Hitlers in ganz Europa für gerechtfertigt. Die Brosamen, die vom Tische der deutschen Monopolherren und Junker, der wahren Herren Deutschlands, abfielen, betrachteten selbst manche Arbeitersöhne als ‚deutschen Sozialismus‘; sie wiederholten die Goebbels-Lüge, daß in Deutschland das Finanzkapital nicht mehr zu bestimmen habe.“[6]

Es bedurfte noch bitterer Erfahrungen, bis die Erkenntnis Boden gewann, daß die Befreiung vom Faschismus im nationalen Interesse lag.

Vor allem führten die schweren Niederlagen, die die Wehrmacht seit dem Winter 1941/42 erlitt, zu der wachsenden Einsicht, daß der Krieg verloren war. Die Nachrichten von den Bestialitäten der Nazis in den besetzten Gebieten und in Deutschland brachten immer mehr Menschen aus allen Klassen und Schichten des Volkes zu der Erkenntnis, daß die Vernichtung des Naziregimes unausbleiblich sein mußte.

Viele, die bislang den antikommunistischen Lügen geglaubt hatten, begannen sich jetzt für die Erklärungen der Kommunisten zu interessieren. Dabei stellten sie fest, daß diese Erklärungen einen realen Ausweg zeigten, daß die Kommunisten in der Tat national dachten, was die antikommunistische Hetze immer zu verdunkeln bemüht gewesen war. Die Aufklärungstätigkeit der KPD fand immer größeren Widerhall.

Ein Beispiel für solche Entwicklung bildete die als „Weiße Rose" bekannte bürgerliche Studentengruppe an der Münchner Universität. Ihre Führer Hans Scholl und Alexander Schmorell befreiten sich von antisowjetischen und antikommunistischen Vorbehalten und riefen in einem Flugblatt vom Januar 1943 alle Deutschen auf: „Glaubt nicht der nationalsozialistischen Propaganda, die Euch den Bolschewistenschreck in die Glieder gejagt hat! ... Der imperialistische Machtgedanke muß, von welcher Seite er auch kommen möge, für alle Zeit unschädlich gemacht werden ... Die Arbeiterschaft muß durch einen vernünftigen Sozialismus aus ihrem Zustand niedrigster Sklaverei befreit werden."[7] Zu diesen Erkenntnissen der Studenten hatten auch persönliche Kontakte mit Kommunisten, darunter mit dem Bruder Arvid Harnacks, beigetragen.

Die in sowjetische Kriegsgefangenschaft geratenen deutschen Offiziere und Soldaten verspürten am deutlichsten die Auswirkungen der faschistischen Katastrophenpolitik und die Diskrepanz zwischen den Goebbels-Lügen und der Wirklichkeit. Natürlich vollzog sich auch hier der Erkenntnisprozeß nicht ohne Konflikte und nicht in kurzer Zeit.

Der überwiegende Teil der deutschen Soldaten stand unter dem Einfluß der faschistischen Ideologie und lehnte es zunächst aus einem falsch verstandenen National- und Pflichtgefühl selbst in der Kriegsgefangenschaft ab, offen gegen Hitler aufzutreten. Die Mehrheit der Kriegsgefangenen glaubte anfangs noch an einen Sieg der deutschen Wehrmacht und rechnete darum mit einer baldigen Befreiung aus der Kriegsgefangenschaft.

Unter dem Eindruck der überzeugenden Argumente der Kommunisten unterzeichneten jedoch am 10. Oktober 1941 nach langer gründlicher Beratung 158 kriegsgefangene deutsche Soldaten einen „Appell an das deutsche Volk", der mit der Feststellung begann: „Hitlers Niederlage ist unvermeidlich! Hitlers Sturz ist des deutschen Volkes Rettung!" Der Appell, dessen Entwurf vom Politbüro des Zentralkomitees der KPD vorgeschlagen worden war, begründete ausführlich, warum das faschistische Deutschland zwangsläufig den Krieg verlieren mußte, entwickelte die Grundsätze für ein neues, demokratisches Deutschland und schloß mit den Worten: „Hitler führt Deutschland dem schlimmsten Versailles entgegen, führt dazu, daß Deutschland zergliedert wird und das deutsche Volk die Kriegsschäden bezahlen muß, die Europa und die Sowjetunion durch Hitler erlitten haben. Wollt ihr dieses Los vermeiden, dann stürzt Hitler und richtet ein freies und unabhängiges Deutschland auf."[8] Unter den 158 Unterzeichnern des Appells, die etwa ein Zehntel der Insassen des Kriegsgefangenenlagers ausmachten, befanden sich 113 Arbeiter, 13 Landarbeiter, elf Bauern, neun Angestellte, sieben Angehörige freier Berufe und des Mittelstandes.[9]
In den folgenden Monaten fanden weitere derartige Konferenzen von Soldaten und Unteroffizieren statt, die davon zeugten, daß ein wachsender Teil der kriegsgefangenen Wehrmachtangehörigen das Wesen des Faschismus zu erkennen begann.
Auf einer Offiziersversammlung im Lager Jelabuga am 21. Mai 1942 hielt Hauptmann Dr. Ernst Hadermann eine Rede, die – als Flugschrift in 500 000 Exemplaren verbreitet – von wesentlicher Bedeutung für die Änderung der Einstellung unter den deutschen Soldaten und Offizieren

war. Dr. Hadermann, ein bürgerlicher Studienrat aus Kassel, Verehrer Platons und Stefan Georges, bereits kurze Zeit nach Kriegsbeginn verwundet in sowjetische Gefangenschaft geraten, verglich in seiner Rede die Lügen der Nazis mit der Wirklichkeit, verurteilte die verbrecherische Eroberungs- und Unterdrückungspolitik der Machthaber Deutschlands und setzte sich dann mit den Argumenten der Gegner des offenen Kampfes gegen Hitler auseinander. Da die Frage der Bindung durch den Hitler geleisteten Eid immer wieder eine große Rolle spielte, beschäftigte sich Ernst Hadermann mit diesem Problem besonders ausführlich:

„Freilich, wir sind an unseren Eid gebunden. Wir haben unseren Fahneneid geleistet auf den Führer des deutschen Volkes. Von ihm uns loszusagen, ist uns schwer geworden, sehr schwer. Männliche Keuschheit verbietet uns, von den seelischen Kämpfen zu sprechen, die hinter uns liegen. Aber Gott, der die Gewissen prüft und durchschaut, wird wissen um unsere Not und unsere Lauterkeit, er wird uns freisprechen. Denn den Eid, den wir Hitler geleistet haben, haben wir ihm nur geleistet als dem Führer des deutschen Volkes. Hitler aber hat das Recht verwirkt, sich Führer des deutschen Volkes zu nennen. Durch Freveltaten zur Macht gekommen, führt er, vom Wahn geblendet, das Volk in die Katastrophe. Führer und Volk sind nicht mehr eins ... Höher als die Treue zu dem einen Mann Adolf Hitler steht uns die Treue zu unserem ganzen Volke, und wir stehen zu unserem Entscheid mit dem ganzen Ernst unseres Lebens. Wir treffen diese Entscheidung in der heiligen Überzeugung, daß nur auf diesem Wege unser Volk vor der Katastrophe gerettet und ihm seine Zukunft gesichert werden kann ...

Was ist Verrat? Verrat begeht der, der um eigenen Vorteils willen dem Vaterlande Schaden zufügt. Wir aber nehmen eigenen Schaden auf uns, um dem Vaterlande Rettung zu bringen. Wir sind nicht Vaterlandsverräter, sondern Vaterlandserretter... Nicht die formale Erfüllung des Eides, den wir Hitler geleistet hatten, macht unseren Wert und unsere Ehre aus, sondern die wesentliche Erfüllung unserer Treuepflicht gegenüber unserem Volke."[10]

Anderen Vorwürfen der Hitleranhänger entgegnete Ernst Hadermann, daß die Antifaschisten nicht den Zusammenbruch Deutschlands herbeiführen, sondern durch den Sturz Hitlers den Zusammenbruch verhindern wollen, daß sie nicht die Zerstückelung Deutschlands anstreben, sondern durch sofortigen Friedensschluß die Zerstückelung zu vermeiden trachten. Auf einen anderen Vorwurf antwortete er:

„Unsere bürgerlichen Kameraden werfen uns vor, wir seien Marxisten. Wir empfinden das nicht als Vorwurf, denn in unseren Augen ist es keine Schande, Marxist zu sein. Aber diese Meinung unserer Gegner ist unbegründet. Zu unserer antifaschistischen Gruppe gehören Männer aller politischen Schattierungen, nur keine Nationalsozialisten, Männer verschiedener Stände und verschiedener Konfessionen. Wir wollen auch gar nicht die Errichtung eines marxistischen Deutschlands, sondern wir haben nur ein gemeinsames Ziel: Sturz der Hitlerregierung, Wiederherstellung der deutschen Freiheit und des Friedens. Die Wahl der Staatsform ist Sache des deutschen Volkes."[11]

Hier sprach ein Offizier, der kein Kommunist war, der es sich auch nicht leicht gemacht hatte, sondern der auf Grund seiner eigenen Erfahrungen und seiner humanistischen Lebensauffassung in einem nicht immer einfachen Entwick-

lungsprozeß zu einer kompromißlosen antifaschistischen Position gekommen war. Diesen Weg gingen in der Folgezeit viele deutsche Soldaten und Offiziere.
Vergleicht man die politischen Ansichten, zu denen Major Stauffenberg in der zweiten Hälfte des Jahres 1942 gekommen war, mit den hier zitierten des Hauptmanns Hadermann, so darf man ohne Übertreibung sagen, daß Stauffenberg, hätte er diese Rede gekannt, sich wahrscheinlich mit ihren Intentionen identifiziert hätte. Auch für ihn hatte sich das Eidproblem in der gleichen Weise gelöst, auch er war ohne Einschränkungen für den Sturz Hitlers und für die Herstellung demokratischer Verhältnisse nach innen und friedlicher Beziehungen nach außen.
Am 6. Dezember 1942 veröffentlichte die Führung der KPD das „Friedensmanifest an das deutsche Volk und an die deutsche Wehrmacht", das vom Deutschen Volkssender und von den illegalen Parteiorganisationen in Deutschland als Flugblatt verbreitet wurde. Das Friedensmanifest schätzte die hoffnungslose militärische und politische Lage Deutschlands ein und rief das Volk auf, die drohende Katastrophe zu verhindern: „Der Weg zu einem gerechten Frieden steht aber unserem Volke offen, wenn es selber diesem Krieg, dem Hitlersystem und seiner Gewaltpolitik ein Ende macht! ... Die Kräfte sind vorhanden sowohl in den von der Hitlerregierung unterdrückten Parteien und Organisationen wie in der Wehrmacht und in der Opposition innerhalb des nationalsozialistischen Lagers; sie sind vorhanden in der Arbeiterschaft wie in der Intelligenz, in der Bauernschaft wie im Mittelstand und im Bürgertum. Ob Anhänger einer der alten großen Parteien – des Zentrums, der Deutschnationalen Volkspartei, der Kommunistischen Partei oder der Sozialdemokratie –, ob ehemaliges

Mitglied der christlichen oder freien Gewerkschaften, der Genossenschaften oder der alten Sportbewegung, ob alter SA-Mann oder Zwangsmitglied einer nationalsozialistischen Organisation – der gemeinsame Wille nach Frieden, Recht und Freiheit muß uns alle im Kampfe vereinen!
Wer gegen die Fortsetzung des Krieges und gegen Hitler ist, der gehört in die große nationale Friedensbewegung!"[12]

Die Verbreitung des Manifests bildete einen wichtigen Schritt auf dem Wege zur Schaffung eines nationalen Zentrums, wie es das Politbüro der KPD bereits im April 1942 vorgeschlagen hatte.[13]

Die schwere Niederlage der faschistischen Wehrmacht an der Wolga Anfang 1943 leitete eine Wende im Denken vieler Menschen in Deutschland und vieler Soldaten und Offiziere ein. In Deutschland reifte eine innenpolitische Krise heran, die als allumfassende Krise des faschistischen Systems sich im Laufe des Jahres 1943 immer weiter verschärfte.

Nach vorbereitenden Versammlungen und Besprechungen erfolgte am 12. und 13. Juli 1943 auf Initiative des Zentralkomitees der KPD in Krasnogorsk bei Moskau die Gründung des Nationalkomitees „Freies Deutschland" (NKFD), dem kriegsgefangene deutsche Soldaten und Offiziere, Reichstagsabgeordnete der KPD, Gewerkschaftsfunktionäre, Schriftsteller und Christen beider Konfessionen angehörten. Seiner sozialen Gliederung nach setzte sich das NKFD wie folgt zusammen: dreizehn Arbeiter, ein Bauer, vier Angestellte, dreizehn Intellektuelle, ein Geistlicher, ein Student, ein Verleger und vier Berufssoldaten. Die KPD war mit dreizehn Mitgliedern, darunter Wilhelm Pieck, Walter Ulbricht, Wilhelm Florin, Anton Ackermann,

Willi Bredel, Edwin Hoernle, vertreten, 25 Mitglieder waren Soldaten und Offiziere (bis zum Major). Präsident wurde der kommunistische Schriftsteller Erich Weinert, Vizepräsidenten wurden Major Karl Hetz, Leutnant Heinrich Graf von Einsiedel und Soldat Max Emendörfer. Das NKFD war ein „festes antifaschistisches Kampfbündnis verschiedener Volksschichten und nationaler Kräfte der Armee, in dem die Arbeiterklasse unter Führung der KPD ihre Hegemonie verwirklichte".[14]

Die Gründungskonferenz des NKFD beschloß das „Manifest des Nationalkomitees ‚Freies Deutschland' an die Wehrmacht und an das deutsche Volk" als gemeinsame politische Plattform des Kampfes für die Beendigung des Krieges und für die Schaffung eines unabhängigen, antifaschistischen, freien Deutschlands. Das Manifest ging von der Einschätzung der militärischen Lage aus und stellte fest: „Der Krieg ist verloren. Deutschland kann ihn nur noch hinschleppen um den Preis unmenschlicher Opfer und Entbehrungen. Die Weiterführung des aussichtslosen Krieges würde das Ende der Nation bedeuten."[15] Das Manifest rief auf zum Kampf für eine Volksregierung, die den Nazismus liquidiert, sofort Frieden schließt, die Folgen des Naziregimes beseitigt, die Kriegsverbrecher bestraft und das Vermögen der Kriegsschuldigen und Kriegsgewinnler beschlagnahmt. Über den Charakter des neuen Staates hieß es: „Eine starke demokratische Staatsmacht, die nichts gemein hat mit der Ohnmacht des Weimarer Regimes, eine Demokratie, die jeden Versuch des Wiederauflebens von Verschwörern gegen die Freiheitsrechte des Volkes oder gegen den Frieden Europas rücksichtslos schon im Keim erstickt."[16]

Mit der Gründung des NKFD begann ein neuer Abschnitt

des deutschen antifaschistischen Widerstandskampfes. Das NKFD entwickelte sich zum politischen und organisatorischen Zentrum der deutschen Antifaschisten inner- und außerhalb Deutschlands. Es stellte die deutsche Antihitlerkoalition dar, in der die Arbeiterklasse und ihre revolutionäre Partei die führende Rolle spielten.

Entstehungsgeschichte, Ziele, Zusammensetzung und Tätigkeit des NKFD widerlegen eindeutig die von den Faschisten aufgestellte und von westdeutschen imperialistischen Ideologen übernommene verleumderische These, daß das NKFD ein sowjetisches Propagandainstrument gewesen sei. Das NKFD kannte kein anderes Ziel als den Sturz des Faschismus, die Rettung des deutschen Volkes und die Schaffung der Grundlagen für ein friedliebendes, demokratisches Deutschland. Selbstverständlich hatte die Sowjetunion, die im schweren, verlustreichen Kampf gegen die Faschisten stand, ein großes Interesse an der Gewinnung von Verbündeten im deutschen Volk selbst. Darum unterstützten die sowjetischen Staatsorgane und die KPdSU das NKFD und verfolgten seine Tätigkeit mit großer Anteilnahme. Der Kampf für die Vernichtung des Faschismus entsprach sowohl den Interessen des sowjetischen als auch des deutschen Volkes.

Eine wesentliche Verbreiterung der Front erfolgte durch die Gründung des Bundes Deutscher Offiziere (BDO) am 11. und 12. September 1943 in Lunowo bei Moskau. Zum Präsidenten des BDO, dem bis Frühjahr 1945 etwa 4000 Offiziere beitraten, darunter ein Generalfeldmarschall und 51 Generale, wurde General Walter von Seydlitz gewählt. Der BDO erklärte seinen Anschluß an die Bewegung „Freies Deutschland", und General von Seydlitz und Generalleutnant Alexander Edler von Daniels wurden zu weiteren Vizepräsidenten des NKFD gewählt. Das NKFD und der BDO leisteten bis Kriegsende an der Front und in den Kriegsgefangenenlagern eine umfangreiche Arbeit, um die Wehrmachtsangehörigen zur Einstellung des sinnlosen Krieges zu bewegen und Menschen für den demokratischen Neuaufbau zu gewinnen.

Im Januar 1944 schrieb Walter Ulbricht in der Zeitung „Freies Deutschland“: „Je stärker die gesunden Kräfte in unserem Volke sind, die sich in der Bewegung ‚Freies Deutschland‘ zusammenschließen, die in der Wehrmacht und in der Heimat mutig den Kampf aufnehmen gegen Hitler, um so eher wird die bankrotte Hitlerregierung hinweggefegt, um so eher wird der Ruin Deutschlands und die Ausblutung unseres Volkes aufgehalten, um so eher wird die Schande beseitigt, die Hitler dem deutschen Namen zugefügt hat, um so eher wird die Stimme des deutschen Volkes wieder in der Welt gehört werden.“[17]

Nach der Kesselschlacht von Korsun-Schewtschenkowski im Februar 1944, in der 55 000 deutsche Soldaten infolge des verbrecherischen Durchhaltebefehls den Tod gefunden hatten, schrieb General Walter von Seydlitz: „Es gilt, die Geistesverwirrung, die Hitler angerichtet hat, mit allen Mitteln zu bekämpfen. Und dazu werden wir jeder Lüge Hitlers nachspüren, gegen jede Lüge auftreten und sie ausrotten. Und wir werden mit dieser Geistesverwirrung fertig werden.

Es gilt, die Verbrecher am deutschen Volk, Hitler und seine unentwegten Helfer, auch physisch zu vernichten. Wir werden davor nicht zurückschrecken.“[18]

Im Frühjahr 1944 beschloß die illegale operative Leitung der KPD in Deutschland das Dokument „Wir Kommunisten und das Nationalkomitee ‚Freies Deutschland‘“, in dem sie sich zur Bewegung „Freies Deutschland“ bekannte und die Notwendigkeit einer breiten antifaschistischen Front unterstrich: „Wir Kommunisten reichen jedem Hitlergegner die Hand – und schlagen in jede ehrliche uns gereichte Hand ein – zum gemeinsamen Kampf gegen den Volksfeind Hitler.“[19] Die Hauptlosungen des Dokuments waren auch die Hauptlosungen des NKFD: Sturz Hitlers, sofortige Beendigung des Krieges, Schaffung eines freien, demokratischen Deutschlands.

Eine Gegenüberstellung dieser politischen Linie mit der der Goerdeler-Gruppe zeigt noch einmal, daß es hier einen prinzipiellen Gegensatz gab, der durch die beiden entgegengesetzten Klassenpositionen bestimmt wurde. Gewiß wollten auch Goerdeler und seine Anhänger den Sturz Hitlers, aber nur, um von der Substanz des deutschen Imperialismus soviel wie möglich – sogar große Teile der geraubten Gebiete und Werte – zu retten. Die deutschen Kommunisten und auch andere fortschrittliche Kräfte waren sich darüber klar, daß die Hauptkräfte der großbürgerlichen Oppositionsbewegung, von der sie schon frühzeitig Kenntnis hatten, keinen antifaschistischen Charakter besaßen, sondern daß sie lediglich das Ziel verfolgten, rechtzeitig das sinkende Schiff zu verlassen, d. h. sich von Hitler und einigen der am meisten kompromittierten Naziführer zu trennen und ihre Machtpositionen zu erhalten.

Die Schulze-Boysen/Harnack-Organisation, deren politischer Kern aus Kommunisten bestand und die zur Goerdeler-Verschwörung über Klaus Bonhoeffer, Wilhelm Leuschner und Adam Trott zu Solz Kontakt hatte, erklärte 1942 in einer ihrer illegalen Schriften: „Die Politik gewisser deutscher Feudaler, Diplomaten, Bankiers usw., welche davon träumen, nach einem Staatsstreich durch die blutige

Verfolgung aller bisher an der Macht Beteiligten eine neue politische Grundlage zu geben und alsdann ein restauriertes Deutschland auf Kosten Rußlands mit den ‚Plutokraten' zu versöhnen, hat keinen Boden unter den Füßen und bringt nicht den Frieden. Mit Haß, Demagogie und rückschrittlicher Gesinnung wird keine Zukunft gezimmert. Freunde unseres Volkes finden sich vielmehr unter den fortschrittlichen Kräften Europas und in der UdSSR."[20]

Diese antifaschistische Widerstandsorganisation kämpfte für eine Republik, in der die Arbeiterklasse im Bündnis mit allen werktätigen Schichten die Macht ausübt, und lehnte die reaktionären Ziele Goerdelers ab.

In diesen Äußerungen zeigt sich, daß die operative Leitung der KPD in Deutschland eine klare Vorstellung von der Lage innerhalb der herrschenden Klasse besaß und daraus entsprechende Schlußfolgerungen zog. Das für die führenden Funktionäre des illegalen Kampfes bestimmte „Kadermaterial" vom Oktober 1943 schätzte die Situation sehr treffend ein:

„Die Krise des deutschen Faschismus ist aber nicht nur die Krise einer Clicque oder des Staatsapparates allein, sondern die Krise der deutschen Bourgeoisie. Und genauso, wie die italienische Bourgeoisie durch den Sturz Mussolinis sich einen Ausweg zur Sicherung ihrer eigenen Klassenherrschaft zu sichern versucht, ist auch die deutsche Bourgeoisie nicht auf immer und ewig mit Hitler verheiratet, sondern wird alles tun, um – wenn nicht mit Hitler, dann gegen ihn – trotz militärischen Zusammenbruchs und politischer Katastrophe sich einen kapitalistischen Ausweg zu eröffnen."[21]

Der Kampf der KPD und des NKFD aber richtete sich nicht nur gegen einzelne Führer des Regimes, sondern er hatte die Zerschlagung des faschistischen Systems zum Ziel. Dazu gehörten die Ausrottung seiner sozialökonomischen Wurzeln, die kompromißlose Bekämpfung der Naziideologie wie auch die Herstellung friedlicher Beziehungen nach außen und wahrhaft demokratischer Verhältnisse nach innen.

Das waren gleichzeitig die Kriterien für einen wirklichen antifaschistischen Widerstandskampf. Darum ist es absurd, die imperialistische Verschwörung Goerdelers und seiner Anhänger als Höhepunkt des „Widerstandes" auszugeben, wie das in zahllosen Schriften der BRD-Geschichtsschreibung erfolgt ist, die damit nur der Großbourgeoisie ein Alibi schaffen und den Kampf der Kommunisten negieren wollen.

Mit vollem Recht konnte Walter Ulbricht anläßlich des fünfzigjährigen Bestehens der KPD feststellen:

„Die Zusammensetzung und die Politik des Nationalkomitees ‚Freies Deutschland' zeigten dem deutschen Volk, daß die Kommunistische Partei konsequent für die Einigung aller antihitlerischen Kräfte kämpfte und eine noch breitere Bewegung förderte, als es die Volksfront war.

So war die Kommunistische Partei Deutschlands die einzige Partei, die zu allen Fragen des Kampfes gegen Hitler Stellung nahm, die im Lande und außerhalb des Landes politische Führungen hatte, die trotz ungeheurer Opfer den antifaschistischen Kampf leitete und nicht wenige aufrechte Deutsche aus allen Schichten des Volkes als Mitstreiter in diesem Kampf gewann."[22]

Die Herausbildung der patriotischen Stauffenberg-Gruppe

Als Graf Stauffenberg am 1. Oktober 1943 seinen Dienst im Allgemeinen Heeresamt in Berlin antrat, war er nicht nur zum Handeln gegen das Naziregime entschlossen; er hatte auch schon gewisse Überlegungen über die Gestaltung Deutschlands nach dem Sturz Hitlers angestellt. Wie oben dargelegt, waren diese Überlegungen aber noch recht allgemein und trugen noch keineswegs einen klar umrissenen programmatischen Charakter. Für ihre Konkretisierung war es bedeutsam, daß Stauffenberg hier in Berlin mit Menschen verschiedener politischer Richtungen zusammenkam, von denen ein Teil fortschrittliche politische Vorstellungen besaß. Stauffenberg begann bald – und das war neu für ihn –, an Auseinandersetzungen über politische Konzeptionen teilzunehmen. Dabei gewann sein Wort zunehmend an Gewicht.

Im August oder September 1943 muß Stauffenberg erstmalig mit Goerdeler und Beck zusammengetroffen sein, mit denen er dann in der Folgezeit noch oft Begegnungen hatte. Goerdeler teilte dem Rechtsanwalt Wirmer mit, daß für die militärischen Planungen „jetzt ein besonders befähigter Generalstabsoffizier eingesetzt worden" sei.[23] Es gelang Stauffenberg, Beck und Olbricht, Goerdeler davon zu überzeugen, daß ein Attentat auf Hitler zu dessen Beseitigung notwendig sei. Goerdeler hatte ursprünglich verlangt, die Militärs sollten ihm nur die Möglichkeit schaffen, über den Rundfunk zu Volk und Wehrmacht sprechen zu können. Er hoffte, auf diese Weise Hitler auszuschalten. Jetzt aber wurden alle Planungen auf das erfolgreiche Attentat als Ausgangslage begründet.

Stauffenberg nahm aber auch an den politischen Diskussionen mit Goerdeler und dessen Gruppe teil. Daß Goerdeler die Entfernung Hitlers wollte, daß er dafür persönlich Gefahren auf sich nahm, verband ihn mit ihm.

Goerdelers reaktionäre politische Pläne waren für Stauffenberg anfangs noch nicht Gegenstand kritischer Aufmerksamkeit. Auch Stauffenberg hielt es – was bei seiner Herkunft nicht verwundern kann – noch 1943 und in den ersten Monaten des Jahres 1944 für die beste Lösung, mit England und den USA sofort Frieden zu schließen, um die Front im Osten halten zu können. Die militärischen Erfolge der Roten Armee sowie eigene politische Erfahrungen führten ihn schließlich zu der Erkenntnis, daß Frieden und gutnachbarliche Beziehungen zu allen Staaten, einschließlich der Sowjetunion, hergestellt werden müssen. Für das Reifen dieser und anderer Erkenntnisse war die Begegnung Stauffenbergs mit Menschen, die sich zu fortschrittlichen Positionen durchgerungen hatten, von wesentlicher Bedeutung.

Je mehr sich die Lage in Deutschland verschärfte, je drohender der militärische, politische und wirtschaftliche Zusammenbruch heranrückte, desto gebieterischer stellte sich den oppositionellen Kräften die Notwendigkeit des Handelns, aber auch die Frage, was nach dem Sturz Hitlers kommen sollte. Im Verlauf dieses Prozesses sammelte sich innerhalb der bürgerlichen Opposition Ende 1943 und Anfang 1944 eine Gruppe von Patrioten um Stauffenberg, die die bürgerlichen Klassenschranken zu überwinden begann und eine Konzeption entwickelte, die den Zielen der Bewegung „Freies Deutschland“ in manchen Punkten entsprach oder zumindest nahekam. Diese Gruppe unterschied sich immer deutlicher von der Goerdeler-Gruppe, die ihrem Wesen nach die Klasseninteressen bestimmter Teile der Großbourgeoisie sowie der Militärkaste zum Ausdruck brachte.

Sie unterschied sich auch von der Gruppe der kaltgestellten Militärs alter Schule wie Beck, von Witzleben und Hoepner, obgleich Stauffenberg persönlich starke Sympathien für Beck hegte.

Was waren es für Menschen, die sich um Stauffenberg sammelten?

Da war zunächst eine Gruppe jüngerer Generalstabsoffiziere. Diese Offiziere hatten – ähnlich wie Stauffenberg selbst – bis zum Kriege nur ihre „Pflichterfüllung" gesehen, mancher hatte anfangs sogar das Naziregime begrüßt. Die Erlebnisse während des Krieges, die Ergebnisse der militärischen Entwicklung und die Kenntnis von den faschistischen Verbrechen ließen sie zu der Erkenntnis kommen, daß Hitler beseitigt und der gesamte nazistische Terrorapparat vernichtet werden muß. Die Vorstellungen über die Gestaltung Deutschlands nach dem Sturz Hitlers waren allerdings recht unterschiedlich. Zu dieser Gruppe gehörten vor allem Mertz von Quirnheim, Stieff und Tresckow.

Oberst i. G. *Albrecht Ritter Mertz von Quirnheim* (1905), dessen Familie aus Süddeutschland stammte, war mit Stauffenberg schon von der Kriegsakademie her befreundet. Mertz kam 1920 nach Potsdam, da sein Vater, Generalleutnant Dr. h. c. Hermann Ritter Mertz von Quirnheim, Präsident des Reichsarchivs wurde, und er besuchte hier das Victoria-Gymnasium. Im Jahre 1923 trat er in das 19. Infanterieregiment in Landshut ein. Während des Krieges trennte er sich geistig vom Nazismus.

Die Schwester Mertz von Quirnheims war mit dem Generalmajor Korfes verheiratet, der in Stalingrad in sowjetische Gefangenschaft geriet und bald einer der aktivsten Kämpfer des Bundes Deutscher Offiziere und des NKFD wurde. Mertz billigte die Haltung seines Schwagers und solidarisierte sich mit den Zielen des NKFD.[24] General Korfes schrieb nach dem 20. Juli 1944 über Mertz: „Der geistig hochbegabte und charakterlich bestveranlagte Sohn hat seinen Eltern in seinem kurzen Leben und in seinem Tode Ehre gemacht. Seine soldatischen Neigungen verbanden sich bei ihm mit einer ernsten Liebe zur Wissenschaft, insbesondere, wie bei seinem Vater, zur Geschichte ... Im Kriege war Albrecht von Mertz zunächst in verschiedenen Generalstabsstellungen, arbeitete sodann bis Mitte 1943 in der Organisationsabteilung des Generalstabes, zuletzt war er Chef des Generalstabes des XXIX. A. K.

Im Jahre 1933 hatte Albrecht von Mertz sich zur SA kommandieren lassen. Seine anfängliche Begeisterung für den Nationalsozialismus wich schnell einer tiefen Enttäuschung, als er die Hohlheit und Unaufrichtigkeit, den tiefen Widerspruch zwischen Wort und Tat durchschaut hatte. Der Entschluß zum Überfall auf Rußland erschütterte ihn tief, der Verlauf dieses Krieges raubte ihm den letzten Glauben, die Greueltaten in Feindesland schufen in seinem Herzen den Haß gegen den Schänder des deutschen Namens.“[25]

Besondere Wirkung übte auf ihn die Kesselschlacht von Tarnopol im März und April 1944 aus, in der die Beauftragten des NKFD eine intensive politische Aufklärungsarbeit geleistet hatten.[26]

Als Stauffenberg am 1. Juli 1944 zum Chef des Stabes beim Befehlshaber des Ersatzheeres ernannt wurde, sorgte er dafür, daß Mertz sein Nachfolger als Stabschef bei Olbricht wurde. Mertz gehörte zu den aktivsten Kräften bei der Vorbereitung und Durchführung des Staatsstreichversuches am 20. Juli 1944.

Ebenfalls zu den engsten Kampfgefährten Stauffenbergs gehörte der Generalmajor *Helmuth Stieff*, der 1901 in Deutsch-Eylau geboren, 1922 zum Leutnant im 3. Artillerie-Regiment ernannt und 1938 in den Generalstab des Heeres berufen wurde. Stieff wird schon aus den dreißiger Jahren als politisch interessierter Offizier geschildert, der die Terrormethoden der Nazis kritisierte.[27] Er war fachlich begabt, lebhaft, liebenswürdig, verantwortungsbewußt, wenn auch nicht frei von Ehrgeiz, und er nahm tiefen Anteil an dem politischen Geschehen. Seine erhalten gebliebenen Briefe gestatten einen Einblick in die Herausbildung seiner antinazistischen Haltung. So schrieb er im November 1939 nach einer Reise durch Polen: „Ich schäme mich, ein Deutscher zu sein! Diese Minderheit, die durch Morden, Plündern und Sengen den deutschen Namen besudelt, wird das Unglück des ganzen deutschen Volkes werden, wenn wir ihnen nicht bald das Handwerk legen. Denn solche Dinge, wie sie mir von kompetentester Seite an Ort und Stelle geschildert und bewiesen wurden, müssen die rächende Nemesis wachrufen. Oder dies Gesindel geht gegen uns Anständige eines Tages ebenso vor und terrorisiert mit seinen pathologischen Leidenschaften auch das eigene Volk.“[28]

So scharf wie Stieff sprach sich zu dieser Zeit kaum ein deutscher Offizier über die Nazis und ihre Verbrechen aus. Gleichzeitig zeigt diese Äußerung aber auch die klassengebundene Beschränktheit seiner Erkenntnis: Er fürchtete die Zukunft, aber er wollte nicht anerkennen, daß die Nazis schon seit sechs Jahren gegen die „Anständigen“ vorgingen

und einen Teil des deutschen Volkes – Kommunisten und andere aufrechte Demokraten – blutig terrorisierten.
In einem Brief vom 23. August 1941 bezeichnete er die Atmosphäre im Führerhauptquartier als „ekelhaft und unwürdig". Im September 1941 wurde Stieff I. Generalstabsoffizier der 4. Armee und erlebte die Winterschlacht vor Moskau. Am 19. November 1941 nannte er die Judendeportationen aus dem Reich nach Minsk „eines angeblichen Kulturvolkes unwürdig" und schlußfolgerte: „Es *muß* sich ja dies alles einmal an uns rächen – und mit Recht! Es ist schamlos, daß um einiger Halunken willen ein so braves Volk ins Unglück gestürzt wird. Es ist alles noch viel schlimmer geworden als vor zwei Jahren in Polen."
In einem Brief vom 10. Januar 1942, also zur Zeit der ersten großen sowjetischen Gegenoffensive im Mittelabschnitt, hieß es: „Wir alle haben so viele Schuld auf uns geladen – denn wir sind ja mit verantwortlich, daß ich in diesem einbrechenden Strafgericht nur eine gerechte Sühne für alle die Schandtaten sehe, die wir Deutschen in den letzten Jahren begangen bzw. geduldet haben. Im Grunde genommen befriedigt es mich zu sehen, daß es doch noch eine ausgleichende Gerechtigkeit auf der Welt gibt! Und wenn ich ihr selbst zum Opfer fallen sollte. Ich bin dieses Schreckens ohne Ende müde!"
Stieff unterschied sich von vielen der oppositionellen Offiziere dadurch, daß sein humanistisches Gerechtigkeitsbewußtsein ihn schon frühzeitig die Niederlage Nazideutschlands im Kriege wünschen ließ. Stieff wurde im Oktober 1942 zum Chef der Organisationsabteilung des Generalstabes im OKH berufen und war in dieser Eigenschaft bis zu Stauffenbergs Versetzung nach Afrika dessen Vorgesetz-

ter. Er war Träger des Deutschen Kreuzes in Gold. Im Jahre 1943 kam Stieff mit Tresckow und Olbricht zusammen und schloß sich der oppositionellen Generalstabsgruppe an. Während er am 30. Januar 1944 der jüngste der an diesem Tage beförderten Generale war, beteiligte er sich gleichzeitig an der Vorbereitung des Attentats auf Hitler. Hierin drückt sich die Widersprüchlichkeit seiner Persönlichkeit aus.

Seit August 1943 verband Stauffenberg eine enge Gesinnungs- und Tatgemeinschaft mit dem Obersten – seit 30. Januar 1944 Generalmajor – *Henning von Tresckow* (1901), den er schon von früheren Dienstreisen flüchtig kannte. Tresckow, einer alten preußischen Adels- und Offiziersfamilie entstammend, hatte noch 1918 am ersten Weltkrieg teilgenommen und Dienst in konterrevolutionären Einheiten getan, war dann jedoch aus dem Militär ausgeschieden und – nicht ohne Erfolg – Börsenmakler geworden. Nach einer einjährigen Weltreise, die er 1924 unternahm, trat er als Leutnant in das traditionsgebundene, stark aristokratisch durchsetzte 9. Infanterieregiment in Potsdam ein, besuchte später die Kriegsakademie und wurde 1936 in die Operationsabteilung des Generalstabs übernommen. Regimentskommandeur, Chef des Generalstabes der 2. Armee und zuletzt Ia der Heeresgruppe Mitte, das waren die Stationen seines militärischen Lebens während des Krieges. Tresckow wird als militärischer Fachmann geschildert, der jedoch den Drill haßte und am liebsten in Zivil ging.

Den Krieg gegen die Sowjetunion nannte Tresckow die „Vermessenheit eines großen Dilettanten, solange England völlig unbesiegt stand".[29] Dieses Urteil bezog sich, wie man sieht, nur auf die militärische Seite. Weit mehr be-

schäftigte ihn die bewußte Planung des Verbrechens durch die Nazis, nachdem ihm im Mai 1941 der Kommissarbefehl, der die Tötung der politischen Kommissare der Roten Armee anordnete, und der Barbarossa-Gerichtsbarkeitsbefehl, der u. a. die Erschießung von „verdächtigen" Zivilisten ohne Kriegsgerichtsurteil anwies, zur Kenntnis gekommen waren. Dem Obersten Freiherrn von Gersdorff, der Abwehrbeauftragter der Heeresgruppe Mitte war, erklärte er damals: „Wenn es uns nicht gelingt, den Feldmarschall (von Brauchitsch – K. F.) dazu zu bewegen, alles, auch seine Person, einzusetzen, daß diese Befehle zurückgenommen werden, dann hat Deutschland endgültig seine Ehre verloren, und das wird sich in Hunderten von Jahren noch auswirken. Man wird nicht Hitler allein die Schuld geben, sondern Ihnen und mir, Ihrer Frau und meiner Frau, Ihren Kindern und meinen Kindern."[30]
Tresckow hoffte vergeblich, daß Brauchitsch sowie die Befehlshaber der drei Heeresgruppen, von Bock (Mitte), von Rundstedt (Süd) und von Leeb (Nord), Hitler zur Rücknahme der Befehle zwingen würden. Von 1942 an betrieb Tresckow Vorbereitungen zur Beseitigung Hitlers. Er erklärte, daß Hitler den Eid tausendfach gebrochen habe, daß darum der ihm gegebene Eid keine Gültigkeit mehr besitze. Überliefert ist aus dieser Zeit folgender Ausspruch Tresckows einem Vertrauten gegenüber: „Ist es nicht ungeheuerlich, daß sich hier zwei Obersten im Generalstab der deutschen Armee darüber unterhalten, wie sie am besten das Staatsoberhaupt umbringen können! Und doch ist es die einzige Lösung, um das Reich und das deutsche Volk vor der größten Katastrophe in ihrer Geschichte zu retten."[31] Tresckow nahm im Frühjahr 1942 Verbindung zu den Verschwörern in Berlin auf und hatte auch eine Unter-

redung mit Goerdeler, als dieser im Herbst 1942 beim Stab der Heeresgruppe Mitte in Smolensk war. Tresckow versuchte immer wieder, Feldmarschall Kluge zum Mitgehen zu bewegen. Kluge sagte mehrmals zu, zögerte aber letztlich doch wieder. Im Jahre 1943 war Tresckow an dem ersten Attentatsversuch auf Hitler führend beteiligt.

Henning von Tresckow gehörte zu den entschlossensten und tatkräftigsten Offizieren der Verschwörung. Er haßte Hitler leidenschaftlich, aber er vermochte nicht, sich zu jener Höhe politischer Einsicht und Voraussicht aufzuschwingen, die Stauffenberg, Mertz von Quirnheim und andere auszeichnete. Das war z. T. dadurch bedingt, daß er nicht an den politischen Auseinandersetzungen in Berlin teilnehmen konnte.

Um Stauffenberg sammelte sich ferner eine Gruppe von älteren Generalen aus dem OKH und dem Generalstab, die von dem jüngeren, tatkräftigen Offizier ein energisches Vorgehen zur Verwirklichung der Staatsstreichpläne erwarteten. Diese Generale hatten den ersten Weltkrieg mitgemacht und waren als ehemalige Reichswehroffiziere von Seeckt, Hammerstein und Beck beeinflußt. Das politische Leben in der Weimarer Republik war von ihnen aufmerksam beobachtet worden. Die Verbrechen der Faschisten und die herannahende militärische Katastrophe ließen sie zu Gegnern des Naziregimes werden. Auch sie wollten nicht nur die Beseitigung Hitlers, sondern auch die Vernichtung des Regimes. Vor allem handelte es sich hierbei um Olbricht, Wagner und Lindemann.

General der Infanterie *Friedrich Olbricht*, 1888 in Leisnig (Sachsen) geboren, 1908 zum Leutnant ernannt, hatte fünf Jahre in der Abteilung Fremde Heere des Reichswehrministeriums Dienst getan und war dann eine Zeitlang Generalstabschef der 4. Division in Dresden. Am Polenfeldzug nahm er als Divisionskommandeur teil und erhielt als einer der ersten Offiziere das Ritterkreuz. Seit Februar 1940 leitete er das Allgemeine Heeresamt im OKH in der Bendlerstraße in Berlin und wurde am 1. Juli 1940 zum General der Infanterie befördert. Im Laufe seiner Tätigkeit kam er in nähere Beziehungen zu Beck, Oster, Stülpnagel, Witzleben sowie zu Goerdeler, Popitz und Hassell, ohne sich indes deren reaktionärer Konzeption anzuschließen.

Olbricht interessierte sich schon in der Weimarer Zeit für politische Fragen. Oberst d. R. Watzdorf, dessen Kompaniechef Olbricht früher einmal war, berichtet, daß Olbricht ihn Mitte der zwanziger Jahre auf die Schriften von Ernst Niekisch, vor allem auf die Zeitschrift „Widerstand", die für ein freundschaftliches Verhältnis zur Sowjetunion eintrat, aufmerksam gemacht hatte.[32] Olbricht sei natürlich kein Anhänger des Sozialismus gewesen, aber er sei – etwa im Sinne Seeckts – für gute Beziehungen und Zusammenarbeit mit der Sowjetunion eingetreten.[33] Er wird als intelligenter, belesener Offizier geschildert, der große Kenntnisse und Erfahrungen auf organisatorischem und taktischem Gebiet besaß. Er hatte Schriften Lenins gelesen und nannte Lenin einen der bedeutendsten Köpfe unserer Epoche. Er respektierte die Weltanschauung anderer, wenn sie ehrlicher Überzeugung entsprang.[34] Trotz aller Aufgeschlossenheit gegenüber neuen politischen Einsichten gelang es Olbricht jedoch nicht, sich von den Belastungen aus Tradition, Erziehung und Standesvorurteilen völlig freizumachen. Aber sein Gefühl für Anstand und Recht und der Blick des Fachmannes für die politischen und militärischen Realitäten des Geschehens ließen ihn zu einem tatbereiten und kompromißlosen Gegner des Naziregimes werden. Dabei spielten zwei Ereignisse, die ihn persönlich tief berührten, eine wichtige stimulierende Rolle: die Kenntnis von den Verbrechen der Faschisten in der Sowjetunion und der Soldatentod seines Sohnes in einem Krieg, der längst nicht mehr der seine war. Über Olbricht schrieb nach dem 20. Juli 1944 Major Bernhard Bechler: „Als Angehöriger des I. R. 10, später als Regimentsadjutant in der 24. I. D. und schließlich während meiner Tätigkeit im OKH kannte ich General Olbricht sehr gut. Er war bei Offizieren und Soldaten besonders beliebt und wegen seines großen Könnens und wegen seiner großen Geschicklichkeit in der Führung von Verhandlungen in allen Kreisen geachtet.

In der Krisenzeit im Dezember 1941 mußte ich im Anschluß an eine fünftägige Dienstreise zu einer Besprechung zu ihm. Es war gerade an dem Tag, an dem infolge der katastrophalen Lage an der Ostfront die mobilmachungsmäßig vorbereitete Aufstellung der sogenannten ‚Rheingold'- und ‚Walküre'-Divisionen von Hitler angeordnet worden war. Wörtlich sagte er damals zu mir: ‚Bechler, die Lage an der Front ist viel kritischer, als wir alle glauben.' Dabei führte er mich an die Lagekarte – ich war nach meiner fünftägigen Abwesenheit nicht mehr orientiert –, zeigte mit einem Finger auf die große Frontlücke bei Livny, die durch das Zurückgehen der Panzerarmee Guderians entstanden war. Seine Umgebung hielt ihn damals für zu pessimistisch. Er hatte jedoch recht. So ist es kein Zufall, daß gerade er die ausweglose Lage des Krieges erkannte und die Schlußfolgerungen zog."[35]

Zusammen mit Stauffenberg gelangte er zu der Einsicht, daß an die Stelle des Naziregimes ein Staat demokratischen Charakters treten müsse. Dabei war er auch zur Zusammenarbeit mit Kommunisten bereit. Er leistete eine große Arbeit bei den Planungs- und Organisationsvorbereitungen für den geplanten Umsturz.

General *Eduard Wagner*, 1894 in Kirchenlamnitz bei Hof geboren, 1914 Leutnant im bayrischen Feldartillerieregiment 12, hatte schon 1938/39 als Oberquartiermeister an Becks Umsturzplänen mitgewirkt. Er glaubte in den Jahren 1941/42 noch, daß die Befehlshaber der Heeresgruppen und Armeen Hitler zur Niederlegung des Oberbefehls zwingen würden. Am 1. August 1943 wurde er zum General der Artillerie befördert. Er schloß sich Stauffenbergs Ansichten weitgehend an und leistete der Verschwörung in seiner Funktion als Generalquartiermeister, der für die Versorgung und Verwaltung zuständig war, viele Dienste.

General der Artillerie *Fritz Lindemann* wurde 1894 in Charlottenburg geboren und 1913 zum Leutnant im 4. Gardefeldartillerie-Regiment in Potsdam ernannt. 1937 zum Oberst befördert, veröffentlichte er in den dreißiger Jahren zahlreiche Arbeiten in militärtheoretischen Zeitschriften. Am 1. Dezember 1943 wurde er General der Artillerie und war seit Oktober 1943 Waffengeneral im OKH. Er hatte zahlreiche Verbindungen. Seine Verwandten und Freunde in Dresden, bei denen er nach dem 20. Juli Zuflucht suchte, standen in Kontakt mit sozialdemokratischen Widerstandskämpfern. Im Jahre 1944 versuchte Friedrich Flick, der Stahlindustrielle und Kriegsverbrecher, auf Lindemann Einfluß zu gewinnen, um mit seiner Hilfe heil aus dem zu erwartenden Zusammenbruch des Naziregimes herauszukommen. Den Vermittler spielte dabei der Neffe und Mitarbeiter Flicks, Bernhard Weiß, der mit Lindemann persönlich bekannt war. Flick erstrebte die Öffnung nach Westen und bot Lindemann nach gelungenem Staatsstreich einen Posten in seinem Konzern an.[36] Lindemann ließ sich jedoch nicht beirren und unterstützte Stauffenberg in seiner Forderung nach Herstellung des Friedens an allen Fronten. Insbesondere bemühte er sich um die Verbindung zum NKFD.

Schließlich müssen zu der Gruppe um Stauffenberg noch zwei Offiziere gerechnet werden, die sich nicht in die bisher genannten Kreise einordnen lassen, aber zu ihm doch in naher Beziehung standen.

Im November 1943 wurde dem Allgemeinen Heeresamt der im Osten schwer verwundete Oberleutnant *Werner von Haeften* (1909) zugeteilt. Seine Mutter war eine Schwester des Generalfeldmarschalls von Brauchitsch. Haeften war kein Berufsoffizier, sondern vor dem Kriege Syndikus in Berlin. Sein Bruder Hans-Bernd gehörte als Legationsrat dem Auswärtigen Amt an. Die Brüder Haeften standen mit dem im KZ Dachau inhaftierten Pastor Martin Niemöller in enger geistiger Beziehung. Werner von Haeften wurde Ordonnanzoffizier Stauffenbergs und sein treuer Helfer, der seine Gedanken und sein Schicksal teilte.

Das nahe, herzliche Verhältnis, das Claus von Stauffenberg zu seinem älteren Bruder *Berthold Graf Schenk von Stauffenberg*[37] hatte, bestand auch in der Zeit der Vorbereitung des Umsturzes. Berthold hatte Rechts- und Staatswissenschaften studiert und von 1931 bis 1934 als redigierender Sekretär am Internationalen Gerichtshof in Den Haag gearbeitet. Danach war er wieder am Institut für Völkerrecht in Berlin tätig, wo er sich besonders mit Fragen des Kriegsrechts befaßte. Er sprach englisch, französisch, italienisch und russisch. Mit Kriegsbeginn wurde er als Berater in Fragen des Völkerrechts zur Seekriegsleitung nach Berlin einberufen, wo er zuletzt das Amt eines Marineoberstabsrichters innehatte. Einer der damaligen Kameraden schilderte ihn so:

„Seine Natur war exklusiv, aber nicht im gesellschaftlichen Sinne. So war sein Auftreten: er kannte die Spielregeln, aber er wirkte nicht eigentlich gewandt. Noch war an ihm etwas von einem großen Jüngling, schlicht, eckig, gutmütig, abwartend ... Mancher hatte es aufgegeben, ihm näherzukommen, weil er sich so gar nicht mit um die Unterhaltung bemühte ... Sein Sinn für Eigenart ertrug eher das Kauzige als das Konventionelle. Gesammelte Ruhe war ihm das Wesentliche, hier entstand für ihn das Schöpferische und Große ebenso wie das Behagen und Genießen ... Für ihn war die Kunst eine Wirklichkeit. Er hatte Auge und Urteil für die bildende Kunst, er liebte die große alte Musik, aber er lebte aus der Dichtung. Hier war der Boden, in dem er wurzelte, hier standen für ihn die großen Bilder und Normen."[38]

Der Bildhauer Urban Thiersch, der als Offizier in Berlin Dienst tat, kennzeichnet den Unterschied im Wesen der Brüder so: „War das Wesen seines Bruders Claus reiche, drängende Kraft, die nach außen strahlen mußte, so schien das seine ganz nach innen gerichtet."[39]

Claus von Stauffenberg wohnte in Berlin bei seinem Bruder Berthold. Er hatte ihn in alle seine Gedanken eingeweiht und beriet sich oft mit ihm.

Außer den hier genannten Offizieren, die in der Verschwörung eine führende Rolle spielten, gab es noch eine Anzahl, die mehr oder weniger eingeweiht und an der Vorbereitung des Staatsstreichs beteiligt war. Dazu gehörten u. a. Hauptmann Friedrich-Karl Klausing, der nach schwerer Verwundung im April 1944 in das Allgemeine Heeresamt kommandiert wurde, Hauptmann Hans Fritzsche vom 9. Infanterieregiment in Potsdam[40], Leutnant Ludwig Freiherr von Hammerstein, Oberleutnant Kunrat Feiherr von Hammerstein, der mit Goerdeler in persönlicher Verbindung stand (beide Hammersteins waren Söhne des mehrfach erwähnten ehemaligen Chefs der Heeresleitung), Leutnant von Oppen, auf dessen Familiengut Stauffenberg noch im Juli 1944 zu Besuch war, Oberleutnant Ewald-Heinrich von Kleist, dessen Vater, der pommersche Großgrundbesitzer Ewald von Kleist-Schmenzin, aus aristokratisch-konservativer Position Hitlergegner war, Hauptmann Ulrich Wilhelm Graf Schwerin von Schwanenfeld, Oberstleutnant i. G. Bernhard Klamroth, der im OKH Dienst tat, Major i. G. Joachim Kuhn, 1944 erster Generalstabsoffizier der 28. Jägerdivision, mit einer Kusine Stauffenbergs verlobt (die Verlobung ging aber auseinander), Oberstleutnant i. G. Robert Bernardis, Österreicher, nach Erkrankung beim Fronteinsatz im Allgemeinen Heeresamt tätig, von Stauffenberg sehr geschätzt, und andere.

Die meisten dieser Offiziere waren zwar für eine Beseitigung Hitlers, aber sie machten sich kaum Gedanken über die politische Gestaltung Deutschlands danach, sie folgten in dieser Frage Goerdeler und seiner Gruppe. Es trifft zu, was Pfarrer Poelchau, der als Gefängnispfarrer viele von ihnen nach dem 20. Juli kennenlernte, schreibt: „Zum Offizierskreis darf man ferner eine ziemlich große Schar von ideologisch nicht stark beteiligten Leuten rechnen. Es waren meist junge Offiziere, die sich gefühlsmäßig gegen Unrecht und Brutalität empörten, aber keine bestimmte politische Idee vertraten. Sie folgten ihren militärischen Führern häufig nur aus reiner Kameradschaft. Das gilt insbesondere für die Offiziere der fränkischen Garnisonen."[41]

Freunde und Verbündete fand Stauffenberg auch im Kreisauer Kreis, mit dem er ab Herbst 1943 in Berührung kam. Der Kreisauer Kreis war eine Gruppe von bürgerlichen

Beamten, Offizieren, Geistlichen und sozialdemokratischen Intellektuellen, die sich um die Grafen Helmuth James von Moltke und Peter Yorck von Wartenburg gebildet hatte. Die Gruppe traf sich anfangs in Kreisau (Schlesien), dem Gut Moltkes, später auch im Hause Yorcks in Berlin.[42] Der Kreisauer Kreis beschäftigte sich auf christlich-humanistischer Grundlage mit Plänen für die Neugestaltung Deutschlands nach dem Ende Hitlers, das die meisten Mitglieder nur durch den Sieg der Alliierten gewährleistet sahen. Die politische Zusammensetzung des Kreises war sehr heterogen. Reaktionären Kräften standen Vertreter fortschrittlicher bürgerlich-demokratischer Auffassungen gegenüber, zu denen Stauffenberg bald engen Kontakt gewann.
Helmuth James Graf von Moltke (1907) war ein Urgroßneffe des bekannten Feldmarschalls und Generalstabschefs des preußisch-deutschen Heeres. Seine Mutter war Engländerin. Nach dem Abitur, das er in Potsdam ablegte – er wohnte damals beim Freiherrn von Mirbach –, studierte er in Deutschland und England Jura und wurde in beiden Ländern als Rechtsanwalt zugelassen. Bereits mit 23 Jahren – im Jahre 1930 – mußte er die Leitung des väterlichen Gutes übernehmen. Moltke hatte in den zwanziger Jahren zusammen mit Freunden Arbeitslager für Arbeiter, Bauern und Studenten organisiert, durch die er soziale Spannungen mildern und ein neues Gemeinschaftsgefühl erwecken wollte. Dadurch kam er auch mit Gewerkschaftsvertretern sowie mit Adolf Reichwein, dem späteren Sozialdemokraten, in Berührung. Bei dieser Tätigkeit stieß er auf die sozialen Grundfragen der Zeit, mit denen er sich gründlicher beschäftigte. Er kam zu der Auffassung, daß die Sicherung seiner materiellen Existenz die Voraussetzung für die Würde des Menschen ist, daß darum die Gesellschaft nach christ-

lich-ethischen Grundsätzen handeln müsse. Ihm schwebte als Lösung der sozialen Frage eine Art – utopischer – christlicher Sozialismus vor, wobei Erziehung zur Gemeinschaft und zur gegenseitigen Achtung sowie das persönliche Vorbild eine große Rolle spielen sollten. Trotz der Anfeindungen durch die benachbarten Junker verteilte er Ländereien seines Gutes an Bauern, womit er zweifellos ein Beispiel für die soziale Neuordnung in der Zukunft geben wollte.[43]

Als Rechtsanwalt hatte er seit 1933 Juden und anderen Verfolgten des Hitlerregimes geholfen. In den Jahren 1937/38 verteidigte er seinen ehemaligen Lehrer, den Rechtswissenschaftler Prof. Arthur Wegner, der von der Gestapo verfolgt wurde. Wegner schrieb später über Moltke: „Er war wohl der knappste, klarste und fähigste Jurist, den ich unter meinen Studenten kennenlernte... Was er als deutscher und englischer Rechtsanwalt, als Verteidiger von Verfolgten und Verachteten getan hat, gehört der Geschichte an."[44]

Als Sachverständiger für Völkerrecht im OKW im Range eines Kriegsverwaltungsrates trat er gegen die Mißhandlung von Kriegsgefangenen und Zivilisten in den besetzten Gebieten, besonders in der Sowjetunion, auf und verhinderte die Erschießung in Nordafrika gefangener Franzosen. Bei einem Besuch in Oslo informierte er Oberstleutnant Theodor Steltzer, der bei der deutschen Militärverwaltung in Oslo Dienst tat und ebenfalls zum Kreisauer Kreis gehörte, von den jetzt auch in Dänemark und Norwegen geplanten Judenverfolgungen. Steltzer warnte norwegische Freunde, die daraufhin vielen Juden die Flucht nach Schweden ermöglichen konnten. Da Moltke die Verbrechen der Nazis genau kannte, ist es sicherlich ihm zuzuschreiben, daß in den Grundsätzen des Kreises die Verurteilung der Kriegsverbrecher durch ein internationales Gericht gefordert wurde.

Ein Brief, den Moltke im Sommer 1942 an seinen Freund Lionel Curtis in Oxford schrieb und durch Mittelsmänner befördern ließ, zeugt davon, daß er bereits die Notwendigkeit der Niederlage Deutschlands erkannt hatte und dafür wirkte. Nachdem er in diesem Brief eine Schilderung der Zustände in Deutschland gegeben und seine Hoffnung ausgedrückt hatte, daß aus den christlichen Kirchen heraus eine Erneuerung kommen werde, schrieb er:

„Du weißt, daß ich die Nazis vom ersten Tage an bekämpft habe, aber der Grad von Gefährdung und Opferbereitschaft, der heute von uns verlangt wird und vielleicht morgen von uns verlangt werden wird, setzt mehr als gute ethische Prinzipien voraus, besonders da wir wissen, daß der Erfolg unseres Kampfes wahrscheinlich den totalen Zusammenbruch als nationale Einheit bedeuten wird. Aber wir sind bereit, dem ins Gesicht zu sehen.“[45]

Über die Beziehungen der Völker nach dem Kriege hieß es bei ihm: „Für uns ist Europa nach dem Kriege weniger eine Frage von Grenzen und Soldaten, von komplizierten Organisationen oder großen Plänen. Europa nach dem Kriege ist die Frage: Wie kann das Bild des Menschen in den Herzen unserer Mitbürger aufgerichtet werden. Das ist eine Frage der Religion, der Erziehung, der Bindungen an Arbeit und Familie, des richtigen Verhältnisses zwischen Verantwortung und Rechten.“ Der Brief schloß mit den Worten: „Vergeßt bitte nicht, daß wir darauf vertrauen, daß Ihr es, ohne mit der Wimper zu zucken, durchsteht, wie wir auch bereit sind, unseren Teil zu leisten, und vergeßt nicht, daß für uns ein sehr bitteres Ende in Sicht ist, wenn Ihr es überstanden habt. Wir hoffen, daß Ihr Euch klar darüber seid, daß wir bereit sind, Euch zu helfen, den Krieg und den Frieden zu gewinnen.“[46]

Theodor Steltzer gibt in seinen Erinnerungen folgendes Bild von Moltkes Persönlichkeit: „Moltke war eine eindrucksvolle Persönlichkeit, eine große schlanke Erscheinung mit einem bedeutenden Kopf. Er war ein sehr begabter Jurist von überragender, vielleicht etwas kühler Intelligenz; ein überzeugter Gegner des Nationalsozialismus. Als ich ihn kennenlernte, lag eine große Melancholie über ihm, die später nachließ, als sich unsere Gespräche zu konkreten Plänen verdichteten. Moltke hatte von seiner englischen Mutter einen freien, weltoffenen Geist geerbt und alle überholten nationalen und gesellschaftlichen Vorurteile und Bindungen überwunden. Es war für ihn selbstverständlich, daß man das Böse in der Politik, wie es der Nationalsozialismus verkörperte, bekämpfen mußte. Ein weiteres Motiv war das Gefühl tiefer Verpflichtung, sich für alles einzusetzen, was zur Rettung des Menschen und des Volkes beitragen konnte.“[47]

Aus dem oben zitierten Brief geht schon hervor, daß Moltke alle nationalistischen Auffassungen überwunden hatte. Das bestätigt auch Theodor Steltzer: „Moltke sagte damals, daß er nicht die geringsten Bedenken hätte, wenn Schlesien irgendwann einmal mit Polen oder der Tschechoslowakei vereinigt und Prag oder Warschau als Hauptstadt erhalten würde.“[48]

Stauffenberg nahm seit dem Herbst 1943 gelegentlich – aber nicht häufig, um keinen Verdacht zu erregen – an den Zusammenkünften des Kreisauer Kreises im Hause Yorck teil und sprach dabei auch mit Moltke. Hauptsächlich aber wurde die Verbindung durch seinen Vetter Yorck aufrechterhalten.

Es gelang der Gestapo, den Spitzel Reckzeh in den sogenannten Solf-Kreis einzuschleusen, dessen Mitglieder Moltke zum Teil bekannt waren. Der Solf-Kreis war eine bürgerliche Diskussionsgruppe, die sich um die Witwe des 1936 verstorbenen Diplomaten Wilhelm Solf zusammengefunden hatte. Hier wurden ebenfalls Gedanken über die Umgestaltung Deutschlands erörtert. Außerdem hielt der Kreis Verbindung mit bürgerlichen deutschen Emigranten im Ausland. Die Gestapo erfuhr, daß Moltke ein Mitglied des Solf-Kreises vor dem Spitzel gewarnt hatte. Am 18. Januar 1944 erfolgte die Verhaftung Moltkes, die aber zunächst nicht mit der Verschwörung gegen Hitler im Zusammenhang stand. Erst nach dem 20. Juli, insbesondere nach der Vernehmung Eugen Gerstenmaiers, ebenfalls Mitglied des Kreisauer Kreises, wurde Moltke mit der Verschwörung in Verbindung gebracht.[49]

Peter Yorck Graf von Wartenburg (1904) war ein Nachkomme des Generals Yorck, der die Konvention von Tauroggen abgeschlossen und damit den deutsch-russischen Befreiungskampf gegen Napoleon eröffnet hatte. Diese Tradition übte starken Einfluß auf die Familie aus. Das Original der Konvention von Tauroggen wurde in der Familie aufbewahrt. Die Familie Yorck verfügte über einen Grundbesitz von etwa 3000 Hektar, ihre Beziehungen zu den Landarbeitern und Bauern waren noch stark durch patriarchalische Züge geprägt.

Peter Yorck war eng mit Moltke befreundet und ein Vetter Stauffenbergs. Er arbeitete nach seinem Jurastudium in verschiedenen Dienststellen, ab 1934 im Oberpräsidium Breslau, ab 1936 in Berlin.

Zusammen mit Berthold von Stauffenberg und Fritz von der Schulenburg arbeitete er 1938 Reformvorschläge für eine künftige deutsche Verfassung aus.

Yorck nahm am Polenfeldzug als Panzeroffizier teil. Seit

1942 arbeitete er in der Ostabteilung des Wehrwirtschaftsamtes in Berlin. Die Judenverfolgungen, die deutschen Greueltaten in den besetzten Gebieten und seine christlich-humanistische Gesinnung machten ihn zu einem glühenden Hasser des Naziregimes. In einer Gegenüberstellung mit Moltke gibt Theodor Steltzer folgende Charakteristik Yorcks: „Graf Yorck von Wartenburg war eine ganz andere Natur. Hochgebildet wie alle Yorcks, neigte er mehr zur Besinnlichkeit. Während Moltke wie ein deutscher Weltbürger wirkte, fühlte sich Yorck doch stärker als deutscher Patriot. Moltkes Art der Gedankenführung stand ihm wesensmäßig fern. Da er ihn jedoch für den Bedeutenderen hielt, bemühte er sich um Verständnis.“[50]

In ähnlicher Weise äußert sich Pfarrer Harald Poelchau, der selbst zum Kreisauer Kreis gehörte: „Wie Moltke stammte Peter Yorck aus einer kultivierten schlesischen Adelsfamilie, berühmt durch ihre philosophische und literarische Tradition ... Peter Yorck, der zurückhaltende, leise sprechende, im ersten Augenblick etwas degeneriert wirkende Mann, taute erst nach einer Weile auf und überraschte dann alle durch die Schärfe seiner pointierten Redeweise. Er wirkte nicht so in die Öffentlichkeit wie Helmuth von Moltke. Er lebte mehr der persönlichen Besinnung und für den Kreis seiner Freunde. Und er war stark mit seiner Heimat verbunden.“[51]

Hans Christoph Freiherr von Stauffenberg, ein Vetter Claus von Stauffenbergs, berichtete über eine Äußerung Yorcks, in der dieser die Beziehung zu Arbeitern als besonders wichtig erklärte: „Die durch den Nationalsozialismus Betrogenen sind nämlich primär die Arbeiter. Und wenn wir uns einbilden, etwas ähnliches wie eine Elite zu sein oder eine Führungsaufgabe zu haben, dann haben wir versagt, und zwar dem einfachen Manne, dem Arbeiter gegenüber, denn sonst hätte das Dritte Reich nicht passieren dürfen. Wir haben eine Schuld gutzumachen am deutschen Arbeiter, deshalb müssen wir dieses Regime beseitigen. Dazu brauchen wir Echo und Rückhalt in das arbeitende Volk hinein."[52]

Wenn in dieser Äußerung auch aristokratisches Elitedenken mitschwang, das York hinderte, die historische Rolle der Arbeiterklasse zu erfassen, so zeugt sie doch von Ansätzen einer tiefgreifenden Erkenntnis, von der Bereitschaft, mit den Arbeitern gemeinsam zu kämpfen.

Claus Stauffenberg kannte Yorck, kam aber erst wieder vom Herbst 1943 an mit ihm in nahe Berührung. Er war häufiger Gast in Yorcks Wohnung in Berlin und hatte zu ihm, mit dem er seine politischen Gedanken austauschte, großes Vertrauen. Yorck stand am 20. Juli 1944 bis zum Ende an der Seite Stauffenbergs.

Der Bruder Werner von Haeftens, Legationsrat Bernd von Haeften, machte Stauffenberg mit dem Legationsrat im Auswärtigen Amt, *Adam von Trott zu Solz*, bekannt. Trott wurde 1909 als Sohn des damaligen preußischen Kultusministers in Potsdam geboren, verlebte seine Kindheit jedoch in der Heimat der Familie, in Imshausen bei Bebra. Als Anhänger sozialreformerischer Ideen gab er bei Wahlen seine Stimme der SPD und scheute auch nicht den Disput mit kommunistischen Funktionären, ohne allerdings seine geistige Ablehnung des Kommunismus aufzugeben.[53] Mit Yorck verbanden ihn verwandtschaftliche Beziehungen, Moltke lernte er während seines Studienaufenthalts in England kennen. Während seiner Studienzeit wird er als ein lebensfroher, politischen Fragen aufgeschlossener Mensch geschildert. Ein Zeitgenosse schildert Trotts „genialischen Jungmännerhaushalt": „Da lagen, wenn man kam, die Haarbürste und der aufgeschlagene Band Hölderlin und Karl Marx auf dem Tisch, und bald war man in Gesprächen über Aufruhr und Änderung im Vaterland."[54] Eine Studienreise führte ihn 1937 zunächst in die USA, dann bis 1939 nach China.

Seine Reisen, seine Tätigkeit in der Informationsabteilung des Auswärtigen Amtes und der Meinungsaustausch mit den Freunden im Kreisauer Kreis ließen ihn zu einem Feind des Naziregimes werden. „Der Krieg löst kein Problem" – geleitet von dieser Devise, versuchte er 1939, den Ausbruch des Krieges verhindern zu helfen.[55] Im Juli 1939 war er in London und beschwor Chamberlain und Halifax, gegenüber Hitlerdeutschland eine feste und starke Haltung einzunehmen. In den USA forderte er 1940, nicht mit Hitler zu paktieren, aber auch keinen Vernichtungskrieg gegen Deutschland zu führen, weil dies das Volk noch mehr in die Arme der Nazis treiben würde. Er versorgte den Kreisauer Kreis mit wichtigen Informationen, arbeitete Vorschläge für die Außenpolitik einer neuen deutschen Regierung aus und versuchte, mit Vertretern westlicher Regierungen und der Sowjetregierung in Verbindung zu kommen. Trott trat in enge Beziehungen zu Stauffenberg und beriet ihn in außenpolitischen Fragen. Die Möglichkeit, im Mai 1944 in Italien auf die Seite der Alliierten übergehen zu können, schlug er aus, weil er sich verpflichtet fühlte, die Erhebung in Deutschland mit vorzubereiten. Sein Ziel war die Herstellung friedlicher Beziehungen Deutschlands zu allen Ländern.

Harald Poelchau (1903) war evangelischer Gefängnispfarrer und Mitglied des Kreisauer Kreises. Schon als Student hatte er sich mit politischen und sozialen Problemen befaßt und gehörte seit 1924 zu den Religiösen Sozialisten. Er besuchte u. a. das Sozialpolitische Seminar der Hochschule für Politik in Berlin, war Geschäftsführer der Deutschen Vereinigung für Jugendgerichte und Jugendgerichtshilfen, promovierte mit einer Arbeit über „Das Menschenbild des Fürsorgerechts“, war eine Zeitlang Gefängnisfürsorger und wurde im April 1933 als Gefängnispfarrer nach Tegel berufen. Hier kam er zum erstenmal mit Funktionären der Arbeiterparteien zusammen, die ihm Achtung abgewannen. Er schrieb darüber: „Es waren meist SPD- und KPD-Funktionäre. Ein ganz anderer Menschenschlag als die kriminell Verurteilten. Nicht sentimentale, haltlose, devote und berechnende Menschen, sondern aufrechte Männer mit normalen sozialen und familiären Bindungen und vielseitigen Interessen ... Sie waren meist aus der Kirche ausgetreten, daher konnte ich schlecht an sie heran. Ich erfand einen ‚Religionsunterricht nur für Dissidenten‘ ... Wir diskutierten bei diesem Unterricht über soziologische und allgemein menschliche Fragen und berührten auch religiöse Probleme. Ich konnte auf solche Art den Politischen viele Anregungen vermitteln.“[56]

Poelchau begegnete in der Wahrnehmung seines Amtes einer großen Zahl von Antifaschisten, von denen er vielen in den letzten Stunden ihres Lebens Beistand leistete. In dieser Tätigkeit wurde er zu einem Feind des Naziregimes. Er übermittelte Nachrichten aus dem Gefängnis und zwischen den Gefangenen, versorgte seine Freunde mit Informationen und nahm an der Diskussion kulturpolitischer Fragen im Kreisauer Kreis teil. Poelchau bemühte sich, in Zusammenarbeit mit Moltke die Auswirkungen des faschistischen Terrors zu mildern. Er schreibt darüber: „Ich hatte ihn oft um Hilfe gebeten, wenn es sich um Geiselerschießungen in den besetzten Gebieten oder um Todesurteile nach Deutschland Verschleppter handelte. Und er half, wo er konnte. Er hatte, als Sachverständiger für internationales Recht beim Oberkommando der Wehrmacht, großen Einfluß durch seine Schlüsselstellung zwischen der Diplomatie und der Armee und wirksame, ausgedehnte Beziehungen zu allen führenden Kreisen."[57] Pfarrer Poelchau war eines der wenigen Mitglieder des Kreisauer Kreises, die nicht verhaftet und verurteilt wurden. Keiner der Verhafteten hatte seinen Namen preisgegeben.[58]

Am Rande des Kreisauer Kreises stehend, aber mit Stauffenberg in naher Verbindung war *Fritz-Dietlof Graf von der Schulenburg*, der 1902 in London geboren wurde. (Aus den Kindheitsjahren in England stammt der Rufname „Fritzi".) Er gehörte einem alten Adelsgeschlecht an, das über ganz Norddeutschland verbreitet war. Sein Vater war Generalstabsoffizier und 1913 Kommandeur des Regiments Garde du Corps in Potsdam, wo die Familie auch eine Zeitlang wohnte. „Fritzi" Schulenburgs Lebensweg war widerspruchsvoll. Er las bereits als Jugendlicher nicht nur Schriften Friedrich Naumanns und des bürgerlich-demokratischen Bodenreformers Adolf Damaschke, sondern auch Werke der klassischen marxistischen Literatur.[59] 1919 nahm er in einem Freikorps an den Kämpfen gegen die revolutionären Berliner Arbeiter teil, studierte dann Staats- und Rechtswissenschaften und begann 1923 seine Tätigkeit als Gerichtsreferendar in Potsdam, der 1925 in Kyritz die Tätigkeit als Regierungsreferendar folgte. In seinem Dienstzeugnis von 1926 wird er als „ein über den Durchschnitt befähigter Mensch" beurteilt.[60] Weiter heißt es darin: „Er verfügt über die Fähigkeit, die Menschen richtig einzuschätzen und sie richtig zu behandeln. Sein Auftreten ist natürlich, bescheiden und frei von der Betonung irgendwelcher persönlicher Selbstgefälligkeit ..."[61] Impulsivität, Einfallsreichtum, organisatorisches Talent und Streben nach sozialer Gerechtigkeit zeichneten ihn aus. Als er einmal eine größere Summe Geld geerbt hatte, kaufte er Land, schuf daraus billige Siedlerstellen und trieb so auf eigene Faust Siedlungspolitik. Natürlich schlug das Unternehmen fehl und endete für ihn mit dem Verlust der Erbschaft.[62]

Die Beschäftigung mit marxistischer Literatur, das Interesse für soziale Fragen, die Geringschätzung konventioneller Formen und die persönliche Bekanntschaft mit Sozialdemokraten trugen ihm die Bezeichnung „roter Graf" ein. Dennoch trat er 1932 der NSDAP bei, weil er an die „nationale Befreiung" und den „deutschen Sozialismus", den die Partei verkündete, glaubte. Er erklärte, daß im „Dritten Reich" die sozialen Gegensätze verschwinden würden, weil niemand mehr über 1000 Mark verdienen dürfe, und lebte selbst nach seinen Grundsätzen.[63] Während seiner Tätigkeit als Landrat in Ostpreußen von 1934 bis 1937 schaffte er die Mietfreiheit für seine Dienstwohnung ab, bezahlte selbst die Kosten für Heizung und Strom und achtete streng darauf, daß der Dienstwagen nicht für Privatfahrten benutzt wurde. Er bemühte sich um Eindämmung der Arbeitslosigkeit. Parteiinstanzen wurden auf ihn aufmerksam, als er gegen heftigen Widerspruch die Vergabe eines kommunalen Auftrages an den als tüchtig bekannten Architekten Hans Hopp durchsetzte, obwohl dieser als Kommunist galt.[64]

Doch nach wenigen Jahren trat die Ernüchterung ein, die bald einer leidenschaftlichen Ablehnung des Nazisystems, insbesondere nach der „Kristallnacht", Platz machte. Im

Herbst 1937 zum stellvertretenden Polizeipräsidenten von Berlin ernannt, unterstützte er 1938 Beck in seinen Staatsstreichplänen. Zusammen mit Berthold Stauffenberg und Yorck arbeitete er an Entwürfen für eine neue Verfassung. Im Herbst 1939 kam es zu der erwähnten Begegnung mit Claus von Stauffenberg. Von 1939 bis 1943 war er zeitweilig als Offizier im Fronteinsatz, zeitweilig als Verwaltungsbeamter tätig; Anfang 1944 befand er sich als Oberleutnant beim Ersatzbataillon des 9. Infanterieregiments in Potsdam. Im Juli 1944 sollte er seinen Dienst bei der deutschen Militärverwaltung in Lyon antreten, zögerte aber die Abfahrt hinaus und war am 20. Juli in der Bendlerstraße.

Schulenburg rechnete trotz der anfänglichen Siege der Wehrmacht mit der Niederlage Deutschlands im Kriege, weil, wie er meinte, das englische Mutterland unbesiegbar sei und die englischen Positionen in Afrika und Vorderasien durch Deutschland wegen der Nachschubschwierigkeiten und des Materialmangels nicht gefährdet werden konnten. Über die sowjetischen Soldaten schrieb er in sein Tagebuch: „Sie verstehen das Gelände wunderbar auszunutzen, gut zu schießen, und machen von ihren zum Teil guten mechanischen Waffen richtigen Gebrauch. Von einem Spaziergang kann keine Rede sein.“[65] Doch fürchtete er anfänglich eine schnelle Entscheidung zugunsten Nazideutschlands auch im Osten. Ähnlich wie Stauffenberg war er zu dieser Zeit noch der Meinung, daß man durch gute Behandlung die Bevölkerung in den besetzten Gebieten vom Sowjetsystem lösen und zu Bundesgenossen Deutschlands machen könne. Dazu aber, so meinte er, sei das Nazisystem nicht fähig.

Die Niederlagen, die der Wehrmacht durch die sowjetischen Armeen zugefügt wurden, bestärkten Schulenburg in

Besuch Rommels (rechts) auf dem Gefechtsstand der 10. Panzerdivision in Tunesien, Frühjahr 1943 (Stauffenberg links)

Prof. Dr. Adolf Reichwein

seinem Willen, am Sturz Hitlers mitzuarbeiten. Er verfügte über umfangreiche persönliche Verbindungen, die er in den Dienst der Verschwörung gegen Hitler stellte: Yorck kannte er schon von der Schulzeit in Potsdam her, mit Caesar von Hofacker war er seit der Studentenzeit befreundet, und Schwerin von Schwanenfeld war ein Verwandter von ihm. Auch mit dem Grafen Üxküll, dem Bruder von Stauffenbergs Mutter, verband ihn enge Freundschaft.

Während eines Krankheitsurlaubs im Herbst 1943, den er in Berlin verbrachte, nahm er wieder Verbindung mit Stauffenberg, den er hoch schätzte und dessen Klugheit und Kühnheit er vertraute,[66] auf und brachte ihn mit dem Sozialdemokraten Julius Leber zusammen. Er beteiligte sich an der Ausarbeitung von Entwürfen für Aufrufe nach dem Sturz Hitlers. Seine freundschaftlichen Beziehungen zu Stauffenberg wurden immer enger.

Auch Schulenburg war zu der Auffassung gekommen, daß der neue Staat die Grundrechte der Bürger wiederherstellen und demokratischen Charakter haben müsse. Sein Biograph Albert Krebs schreibt: „Er hielt nichts von Kollektivismus und Staatskapitalismus, aber den ‚parasitären‘, von keiner Gemeinschaftsinstitution gelenkten und kontrollierten ‚Privatkapitalismus‘ lehnte er ebenfalls ab.“[67] Im Winter 1943/44 äußerte er in einem Gespräch: „Wenn ich überhaupt aus der Sache herauskomme, werde ich mein Adelsprädikat ablegen. Dann erst wird sich zeigen, was an uns ist.“[68] Dazu erklärte Gräfin von der Schulenburg: „Die Bemerkung meines Mannes vom Ablegen des Adelsprädikats ist sicher wahrheitsgemäß berichtet. Er liebte zwar seine Familie und deren Tradition, sah aber den Adel als Zeichen vergangener Verdienste an, die jeweils neu unter

Beweis gestellt werden müßten, und verachtete eingebildete Leute."[69] Nach einer weiteren Äußerung seiner Witwe lehnte er zwar das kommunistische System als Ganzes ab, wollte aber das, was darin „gut und nützlich sei", für die Neugestaltung Deutschlands übernommen wissen. Auch nach Meinung von Hans Bernd Gisevius, der engen Kontakt zu den Verschwörern in Berlin hatte und zugleich für den USA-Geheimdienst arbeitete, war Schulenburg „der am überzeugtesten ‚links' (nicht kommunistisch) Stehende jenes engeren Stauffenberg-Kreises bzw. derjenigen, die Stauffenberg vorangetrieben haben".[70] Schulenburg trat für Frieden im Westen und Osten ein und billigte die Kontaktaufnahme der Verschwörer mit den Führern der KPD in Berlin. Schulenburg war damit natürlich kein Kommunist geworden, er gehörte aber zu jenen Kräften, die begonnen hatten, die seiner Kaste traditionell eigenen antikommunistischen Tabus beiseite zu räumen.

Ähnlich war die Position des Oberstleutnants d. R. *Caesar von Hofacker*, eines Vetters Stauffenbergs. Hofacker war der Sohn eines Generals, nahm als Freiwilliger am ersten Weltkrieg teil und avancierte zum Oberleutnant und Staffelkapitän bei den Fliegern. Er begann 1920 mit dem Jurastudium, das er 1925 mit der Promotion beendete. Während seiner Tätigkeit bei den Vereinigten Stahlwerken stieg er 1936 bis zum Prokuristen dieses Rüstungskonzerns auf. Seit 1930 gehörte er dem Stahlhelm – und damit seit 1933 der SA – und seit 1937 der NSDAP an. 1940 wurde er Leiter des Referats Stahl und Eisen des faschistischen Verwaltungsstabes in Paris, im Herbst Offizier zur persönlichen Verwendung im Stab des Militärbefehlshabers in Frankreich, General von Stülpnagel.

Hofackers humanistische Lebensauffassung brachte ihn in

Konflikt mit den Methoden der faschistischen Besatzungspolitik, so daß er sich 1940 dem Kreis der Hitlergegner um Graf Yorck anschloß. Er teilte weitgehend die Auffassungen Yorcks und Stauffenbergs, mit dem er oft zusammentraf, und wurde der Verbindungsmann zwischen der Pariser Oppositionsgruppe und der Berliner Gruppe um Stauffenberg. Hofacker stimmte mit den Zielen und dem Programm des NKFD überein und war bereit, dem Komitee „Freies Deutschland" für den Westen beizutreten.

Ende 1943 und Anfang 1944 sammelte sich so um Claus Schenk Graf von Stauffenberg eine patriotische Gruppe von Offizieren und Intellektuellen. Kennzeichnend für diese Gruppe war – wie wir im einzelnen noch sehen werden –, daß sie die reaktionäre Konzeption der Goerdeler-Gruppe ablehnte, eine demokratische Alternative entwickelte und allmählich begann, sich aus den Fesseln des Antikommunismus zu lösen.

Zu dieser Entwicklung Stauffenbergs und seiner Freunde trug wesentlich die enge Berührung mit linken Sozialdemokraten bei, die schon lange gegen den Faschismus im Kampfe standen. Graf Stauffenberg traf jetzt in Berlin mit Politikern zusammen, deren Herkunft und geistige Welt ihm bisher ferngestanden hatten. Schulenburg vermittelte, wie schon erwähnt, im Herbst 1943 die Begegnung mit Julius Leber. Darauf folgte die Bekanntschaft mit Wilhelm Leuschner, Hermann Maaß und Adolf Reichwein. Leber und Reichwein gehörten zum Kreisauer Kreis, Maaß nahm wenige Male im Auftrage Leuschners an den Beratungen teil.

Julius Leber (1891) stammte aus dem Oberelsaß und war der Sohn eines Maurers. Nach dem Besuch der kaufmännischen Lehre konnte er 1912–1914 mit Hilfe eines Stipendiums studieren. Er schloß sich schon als Jugendlicher der SPD an, meldete sich jedoch 1914 – in Übereinstimmung mit der sozialchauvinistischen Haltung des Parteivorstandes – zum Kriegsdienst und wurde 1915 zum Leutnant befördert. Er nahm an den Kämpfen gegen den Kapp-Putsch teil, war von 1921 an Chefredakteur des sozialdemokratischen „Lübecker Volksboten" und von 1924 bis 1933 Reichstagsabgeordneter. In den zwanziger Jahren galt Leber als rechter Sozialdemokrat, als Anhänger der bürgerlich-parlamentarischen Republik und als Gegner einer Zusammenarbeit mit den Kommunisten. Er meinte, die Republik nicht nur gegen die Nazis, sondern auch gegen die Kommunisten schützen zu müssen. Nach einem mißlungenen Mordanschlag der Faschisten in der Nacht zum 31. Januar 1933 wurde er am 23. März 1933 verhaftet und nach Verbüßung einer zwanzigmonatigen Gefängnisstrafe bis 1937 in den Konzentrationslagern Esterwegen und Oranienburg gefangengehalten. In der Zeit seiner Untersuchungshaft verfaßte er eine Schrift, die sich mit den Ursachen für den Niedergang der SPD beschäftigte. Obwohl in diesen Überlegungen noch manche antikommunistischen Vorbehalte steckten, kam er doch zu bemerkenswerten Ergebnissen. So schrieb er:

„Wenn die Staatsgründung vom 9. November 1918 und vom 11. August 1919 überhaupt Aussicht auf Lebensfähigkeit und Bestand haben sollte, so mußten die zwei wichtigsten Fundamente jeder Ordnung mit rücksichtsloser Energie gebaut und stabilisiert werden: eine zuverlässige und sich mit der jungen Republik identisch fühlende Wehrmacht und eine ebensolche Rechtsprechung, wenigstens für staatliche und politische Angelegenheiten. Beides geschah nicht, und jedes Wort der Kritik an dieser Unterlassung ist überflüssig. Die legitimen Kinder der Revolution saßen in ihren Ämtern. Sie schlossen Frieden mit manchem ‚Klassenfeind' von ehedem. Und sie wollten jetzt vor allem endlich ihre Ruhe haben. Die Partei gab deshalb die Parole aus, es käme nun nur noch darauf an, die Republik zu schützen. Und jahrelang genügte diese Parole auch, bis mit der gewaltigen Wirtschaftskrise die große Prüfung für Republik und Volk heraufzog."[71]

Leber kritisierte viele politische Fehler seiner Partei sehr scharf, aber er sah noch nicht, daß es vor allem die fehlende Einheit der Arbeiterklasse war, die den Vormarsch des Faschismus ermöglicht hatte.

Nach seiner Entlassung trat Leber als Teilhaber in eine Berliner Kohlenhandlung ein und begann nach kurzer Zeit, Verbindung zu politischen Freunden aufzunehmen und die antinazistische Tätigkeit zu organisieren. Er nahm Kontakt auf zu Adolf Reichwein, Wilhelm Leuschner, Hermann Maaß, Carlo Mierendorff und Theodor Haubach. Über Mierendorff und Haubach gewann er Verbindung zum Kreisauer Kreis, wo er besonders eng mit Trott zu Solz zusammenarbeitete. Schulenburg vermittelte die Begegnung mit Stauffenberg, und beide Männer, die aus so unterschiedlichen Lebenskreisen kamen, verband bald eine enge Freundschaft. Leber wies Stauffenberg vor allem auf die großen sozialen Probleme hin, die nach dem Umsturz der Lösung harrten.

Am Vorabend des Umsturzversuches suchte Julius Leber mit Billigung Stauffenbergs Kontakt zu den Kommunisten.

Adolf Reichwein (1898) war der Sohn eines Lehrers, betätigte sich in der Wandervogelbewegung, nahm von 1916 an am Weltkrieg teil, wurde 1917 schwer verwundet und

suchte nach dem Kriege als Werkstudent erste Kontakte zur sozialistischen Jugendbewegung, ohne sich jedoch schon parteipolitisch zu binden. Er promovierte bereits mit 22 Jahren mit einer Arbeit über die geistigen und künstlerischen Beziehungen zwischen China und Europa im 18. Jahrhundert. Einem kurzen Einsatz im preußischen Kultusministerium folgte die Tätigkeit in der Erwachsenenbildung, besonders als Leiter der von der Carl-Zeiß-Stiftung geförderten Volkshochschule am Beutenberg in Jena. Reichwein suchte und fand ein kameradschaftliches Verhältnis zu seinen Schülern, meist sozialdemokratischen und kommunistischen Arbeitern. Seine Sympathien gehörten den Werktätigen, er suchte allerdings zu dieser Zeit noch die Lösung der sozialen Frage in der „Klassenharmonie", wobei er der Erziehung der Menschen große Bedeutung beimaß. Darum unterstützte er auch die Bewegung der Arbeitslager für Arbeiter, Bauern und Studenten, wobei er mit Helmuth Graf von Moltke in Berührung kam. Ausgedehnte Reisen, die auch durch ein Forschungsstipendium ermöglicht wurden, führten ihn durch Nordamerika, Japan, China und das Südseegebiet. Einem Freund gegenüber äußerte er, daß er es als ständigen Vorwurf empfinde, das neue Rußland noch nicht gesehen zu haben.
Einer neuerlichen Tätigkeit im preußischen Kultusministerium folgte von 1930 bis 1933 die Arbeit als Professor für Geschichte an der Pädagogischen Akademie in Halle. Der humanistisch orientierten, gegen Nationalismus und Antisemitismus gerichteten Lehrerbildung galt jetzt Reichweins ganze Aufmerksamkeit. Er hielt auch jetzt noch die Verbindung zur sozialdemokratischen und fortschrittlichen bürgerlichen Jugendbewegung und besuchte mit seinem kleinen Sportflugzeug, das er selbst steuerte, oft Jugendlager.

Angesichts der fortschreitenden Faschisierung des öffentlichen Lebens trat er 1932 demonstrativ in die SPD ein, was ihm im April 1933 die Entlassung brachte. Von 1933 bis 1939 unterrichtete er als Lehrer an der kleinen Dorfschule in Tiefensee bei Berlin, die er bald zu einem pädagogisch-kulturellen Mittelpunkt dieses ländlichen Bereichs zu machen verstand. War auch hier die Verbindung zu seinen politischen Freunden nie ganz abgerissen, so trat er in den engeren Kreis der Widerstandsbewegung, als er 1939 die Leitung der Abteilung „Schule und Museum" am Staatlichen Museum für deutsche Volkskunde zu Berlin übernahm. Getarnt hinter der Erledigung der Museumsangelegenheiten, wurde sein Büro im Prinzessinnen-Palais Unter den Linden zu einem Treffpunkt vieler Antifaschisten. Über seine Beziehungen zum Kreisauer Kreis schreibt Frau Reichwein:

„Die Beziehungen meines Mannes bestanden zunächst zu den Gründern des Kreises um H. von Moltke und P. von Yorck. Später wurde nach dem Tode von Carlo Mierendorff, den er zusammen mit Theo Haubach als Vertreter der sozialistischen Seite in den Kreis eingeführt hatte, Julius Leber hinzugezogen. Mit diesem zusammen nahm mein Mann den Kontakt zum kommunistischen Z.K. auf. Ich nehme an, daß Stauffenberg darüber orientiert war."[72]

Reichwein vertrat die Auffassung, daß eine Widerstandsbewegung nur Erfolg haben könne, wenn sie die Unterstützung des linken Flügels der Arbeiterklasse finde. Nach der Begegnung zwischen Leber und Stauffenberg wurde auch Reichwein bald mit Stauffenberg bekannt und nahm auf die Gestaltung der Konzeption für das Deutschland nach Hitler großen Einfluß. Reichwein drang mit seinen politischen Erkenntnissen von allen Mitgliedern des Kreisauer Kreises am weitesten vor. Er war bereit, mit den Kommunisten zusammen eine demokratische Erneuerung Deutschlands in Angriff zu nehmen. Er hatte wesentlichen Anteil an dem Zustandekommen der Besprechung mit Führern der KPD am 22. Juni 1944.

Harro Siegel, ein enger Freund Reichweins, richtete am 25. März 1946 aus Braunschweig einen Brief an die Witwe Reichweins, in dem es hieß: „Ich bin sehr geneigt zu glauben, daß Adolf heute im Osten stände.“[73]

Wilhelm Leuschner (1890), von Beruf Holzbildhauer, war seit 1924 SPD-Abgeordneter im Landtag von Hessen, von 1928 bis 1933 Innenminister dieses Landes und gleichzeitig seit 1932 stellvertretender Vorsitzender des Allgemeinen Deutschen Gewerkschaftsbundes. Er bekämpfte die Nazis, trat zugleich aber auch gegen die Zusammenarbeit mit den Kommunisten auf. Weil er es ablehnte, auf der Internationalen Arbeitskonferenz im Juni 1933 die Interessen der Nazis wahrzunehmen, wurde er nach der Rückkehr verhaftet und zwei Jahre gefangengehalten. Nach seiner Freilassung übernahm er die Leitung einer kleinen Fabrik in Berlin. Bald trafen sich bei ihm SPD-Mitglieder, Gewerkschaftsfunktionäre und auch Vertreter der ehemaligen christlichen und Hirsch-Dunckerschen Gewerkschaften. Gleichzeitig suchte er Fühlung zu oppositionellen Kreisen des Bürgertums und des Militärs. So wurde er nicht nur mit Leber und Reichwein bekannt, sondern auch mit Goerdeler, General von Hammerstein, Beck, Oster und Olbricht. Im Herbst 1943 suchte Leuschner Beck auf, um sich Klarheit über die Pläne der militärischen Opposition zu verschaffen. Leuschner war für die Schaffung eines demokratischen Staates, meinte aber, daß angesichts des Kräfteverhältnisses die Beseitigung des Naziregimes nur mit Hilfe der Wehrmacht erfolgen könne. Darum suchte er Bundesgenossen im Offizierskorps. Der Legationsrat Brücklmeier brachte ihn im Frühjahr 1944 mit Stauffenberg zusammen, mit dem er bis zum 20. Juli mehrere Begegnungen hatte. Zum Kreisauer Kreis gehörte er nicht direkt, sondern hielt den Kontakt durch Verbindungsleute. Den Beratungen der Kreisauer, die er für zu „intellektuell" hielt,[74] stand er reserviert gegenüber. Ihm schwebte als Ziel die Schaffung einer einheitlichen Gewerkschaftsorganisation vor. Dazu hatte er feste Verbindungen zu ehemaligen Gewerkschaftsfunktionären geknüpft, so u. a. zu Hermann Schlimme, Bernhard Göring, Walter Maschke und auch zu Jakob Kaiser von den christlichen Gewerkschaften. Nach dem 20. Juli 1944 wurde er verhaftet und schwer mißhandelt. Am Abend vor seiner Hinrichtung rief er – vom „Verhör" blutüberströmt – seinen Freunden zu: „Morgen werde ich gehängt, schafft die Einheit!"[75]

Stauffenberg traf 1944 mehrfach mit *Hermann Maaß* (1897) zusammen. Maaß war bis 1933 Geschäftsführer des Reichsausschusses der deutschen Jugendverbände und kannte aus dieser Zeit auch Führer der bürgerlichen Jugendbewegung sowie Offiziere. Nähere Bekanntschaft verband ihn damals mit Walter Maschke, dem Jugendsekretär im ADGB. Maschke brachte nach 1933 Maaß mit Leuschner in Verbindung, in dessen Firma Maaß als Prokurist arbeitete. Er teilte in allen wesentlichen Fragen die Ansichten Leuschners. In der Wohnung von Hermann Maaß in Potsdam-Babelsberg fanden mehrmals Gespräche mit Stauffenberg statt. Maaß nannte seinen Bekannten gegenüber niemals den Namen Stauffenberg, sondern sagte immer nur „mein Oberst".[76]

Durch diese Sozialdemokraten kam Stauffenberg mit Gedankengut in Berührung, das ihm bis dahin zwar nicht völlig unbekannt, aber doch auch nicht gerade vertraut war. In der freundschaftlichen geistigen Auseinandersetzung mit ihnen, besonders mit Julius Leber, festigte sich bei ihm die Erkenntnis, daß eine militärische Aktion zur Ausschaltung Hitlers und seiner Clique nicht genügte, es vielmehr notwendig war, Grundsätze für die Gestaltung des politischen Lebens nach der Beseitigung Hitlers zu erarbeiten. Diese Grundsätze beruhten darauf, daß das Deutschland der Zukunft nur als antifaschistisch-demokratischer Staat denkbar sein konnte. So bildete sich innerhalb der reaktionären Verschwörung eine fortschrittliche Gruppe heraus. „Insgesamt standen die Zielsetzungen der fortschrittlichen Kräfte um Julius Leber, Helmuth von Moltke und Schenk von Stauffenberg in unversöhnlichem Gegensatz zu denen der reaktionären Mehrheit der Verschwörer.“[77] Dieser Gegensatz zeigte sich besonders in den Zielvorstellungen der verschiedenen Gruppen.

Das Ziel: ein unabhängiges, demokratisches Deutschland

Wie die Gespräche vom August 1943 mit seinem Bruder und mit Rudolf Fahrner zeigten, kam Claus von Stauffenberg schon mit der Vorstellung nach Berlin, daß die Hauptaufgabe nicht nur in der Beseitigung Hitlers bestehe, sondern vor allem darin, an die Stelle des Naziregimes etwas grundsätzlich Neues zu setzen, einen neuen Staat, in dem „geeignete Kräfte aus allen Schichten zu Regierenden“ gewonnen werden müßten. In dieser Auffassung wurde er besonders durch Leber, Reichwein, Leuschner, Maaß sowie durch Moltke, Yorck und Trott bestärkt. Über seinen Vetter Yorck hielt Claus von Stauffenberg enge Verbindung zum Kreisauer Kreis, dessen Vorstellungen über die zukünftige Gestaltung Deutschlands ihm weitgehend zusagten. Wenden wir uns darum zunächst einmal den Ergebnissen der Kreisauer Beratungen zu.

Über das Ziel der programmatischen Diskussionen im Kreisauer Kreis schrieb Theodor Steltzer: „Wir wollten uns ein Bild dessen machen, wie ein anständiges Deutschland aussehen mußte.“[78] Es wurde schon darauf hingewiesen, daß der Kreisauer Kreis politisch nicht homogen war, sondern aus bürgerlich-konservativen Beamten, evangelischen und katholischen Christen mit unterschiedlichen gesellschaftlichen Vorstellungen und rechten und linken Sozialdemokraten bestand. Demzufolge stellten auch seine Beschlüsse meist einen Kompromiß zwischen verschiedenen politischen Grundauffassungen dar.

In den Beratungen des Kreisauer Kreises Pfingsten 1942, im Herbst 1942, Januar 1943 (hier zusammen mit Beck, von Hassell, Popitz, Goerdeler), Pfingsten 1943 und im August 1943 entstanden programmatische Richtlinien, die als Grundsätze für die Innen- und Außenpolitik des neuen Staates beschlossen wurden. Die beiden grundlegenden Dokumente, die schon 1942 in Grundzügen vorbereitet und am 9. August 1943 endgültig angenommen wurden, waren die „Erste Weisung an die Landesverweser“ und die „Grundsätze für den Neuaufbau“.[79]

Die „Erste Weisung an die Landesverweser“, deren Entwurf von Moltke stammte, sollte eine gesetzliche Richtlinie für die Personen sein, die nach der Beseitigung des Naziregimes in den einzelnen Teilen Deutschlands als Inhaber der obersten Staatsgewalt eingesetzt werden sollten.

Die Weisung ging (bereits im August 1943!) von der Wahrscheinlichkeit aus, „daß einzelne Landesteile militärisch besetzt und abgetrennt werden, oder daß sogar eine Regierung des Deutschen Reiches nicht vorhanden ist oder jedenfalls nicht die Möglichkeit der verbindlichen Befehlsgebung hat". In dieser Situation sollte in allen Teilen Deutschlands in den Grundfragen übereinstimmend gehandelt und der Zusammenhalt des Reiches gewahrt werden. Gleich am Anfang des Dokuments wurde gesagt, auf welche Kräfte sich der Landesverweser stützen soll: „Die freiheitlich gesonnene deutsche Arbeiterschaft und mit ihr die christlichen Kirchen vertreten und führen diejenigen Volkskräfte, aus denen heraus der Aufbau in Angriff genommen werden kann... Auf diese Kräfte gestützt, übertragen wir Ihnen die hohe Verantwortung."
Es ist äußerst bemerkenswert, daß der Kreisauer Kreis, der zum wesentlichen Teil aus bürgerlichen Nazigegnern bestand, neben den christlichen Kirchen der Arbeiterschaft die führende Rolle beim Neuaufbau zuerkannte. Man darf jedoch darin nicht etwa eine Anerkennung der historischen Rolle der Arbeiterklasse im Sinne des wissenschaftlichen Sozialismus vermuten. Wenn von den Kirchen als der zweiten großen Führungskraft gesprochen wurde, dann war hier selbstverständlich in erster Linie der gegen die Nazis eingestellte Teil der Geistlichkeit gemeint. Das wird schon dadurch bezeugt, daß Trott zu Solz Martin Niemöller als künftigen Reichskanzler vorschlug.
Die Weisungen verlangten die Unterstellung der militärischen unter die politische Gewalt: „Die Wehrkreisbefehlshaber werden angewiesen, Ihren Weisungen zu folgen." Auch diese Festlegung deutete in eine vorwärtsweisende Richtung. Im Kreisauer Kreis stand man den Generalen

mit Skepsis gegenüber und zweifelte an ihrer Fähigkeit, grundlegende Veränderungen herbeiführen zu können.

Der Verantwortungsbereich des Landesverwesers wurde wie folgt umrissen:

„1. Er soll für die Rechtssicherheit, persönliche Freiheit und echte Mitverantwortung der gesamten Landesbevölkerung Sorge tragen ...

2. Der Landesverweser soll in engem Einvernehmen mit den anerkannten Kulturträgern des Landes dem Neuaufbau einer christlichen Erziehung und damit einer echten Erneuerung des geistigen Lebens den Weg bahnen. Hierzu ist vor allem eine alsbaldige, auf beiderseitiges Vertrauen gegründete Zusammenarbeit von Land und Kirche erforderlich ...

3. Insbesondere soll der Landesverweser die verantwortliche Mitwirkung der Werktätigen in Verwaltung und Wirtschaft herbeiführen. Zu diesem Zweck treten Sie unverzüglich mit den Beauftragten der deutschen Gewerkschaft in Verbindung, die als allein berechtigte Vertreterin der Werktätigen anzuerkennen ist."

Diese Weisungen lassen zwei Grundlinien hervortreten:

1. Die Verfasser maßen dem Christentum als ideologischer Grundlage der neuen gesellschaftlichen Verhältnisse größte Bedeutung zu. Das erklärt sich daraus, daß Moltke und andere selbst überzeugte Christen waren und im Christentum das einzige moralische Gegengewicht gegen die faschistische Ideologie sahen. Die Kreisauer wollten die Durchdringung des öffentlichen Lebens mit christlichem Geist, aber sie verlangten nicht die Vorherrschaft der Kirche gegenüber dem Staat, und sie hielten die Gewissensfreiheit des Einzelmenschen für ein selbstverständliches Prinzip der neuen Ordnung.

2. Der neue Staat sollte sich auf die Werktätigen stützen, die in der „deutschen Gewerkschaft“ ihre anerkannte Organisation hatten. Die fortschrittlichen Kräfte des Kreisauer Kreises erkannten das Recht der werktätigen Massen auf Mitbestimmung an. Hier lag der wesentliche Unterschied gegenüber der Konzeption Goerdelers. Sahen die Kreisauer im Christentum die ideologische, so sahen sie in der Demokratie die politische Alternative zum Faschismus. Wir dürfen mit Sicherheit annehmen, daß die Rolle, die den Werktätigen und ihrer Organisation eingeräumt wurde, auf den Einfluß Lebers, Leuschners und Reichweins zurückzuführen war. Es war ja vor allem Leuschners Plan, eine einheitliche Gewerkschaftsorganisation aufzubauen.

In den weiteren Anweisungen wurde gesagt: „Aus wichtigen Stellungen sind alle irgendwie führenden Nationalsozialisten grundsätzlich zu entfernen.“ Es wurde betont, daß auch im Falle des Belagerungszustandes der militärische Befehlshaber den politischen Weisungen des Landesverwesers unterworfen bleibt. Nazistische Verbrecher sollten verhaftet, zu Unrecht Eingekerkerte sollten befreit werden. „Alle Gesetze und Anordnungen, die einzelne wegen ihrer Zugehörigkeit zu einer bestimmten Nation, Rasse oder Religion benachteiligen, sind nicht anzuwenden; darauf beruhende diskriminierende Maßnahmen sind sofort aufzuheben.“

Der „Ersten Weisung an die Landesverweser“ waren als Anlage „Grundsätze für die Neuordnung“ beigefügt, die die grundsätzliche Orientierung für die neue staatliche und gesellschaftliche Entwicklung geben sollten.

In diesen Grundsätzen wurde eingangs noch einmal gesagt, daß das „Christentum die Grundlage für die sittliche und religiöse Erneuerung unseres Volkes, für die Überwindung von Haß und Lüge, für den Neuaufbau der europäischen Völkergemeinschaft" sein sollte. Die folgenden Abschnitte befaßten sich mit der Wiederaufrichtung des „zertretenen Rechts", mit der „Glaubens- und Gewissensfreiheit", mit dem „Recht auf Arbeit und Eigentum", mit dem Schutz der Familie und der Mitverantwortung und Mitwirkung des einzelnen am wirtschaftlichen und staatlichen Leben.

Die Volksvertretungen für die Gemeinden und Kreise sollten in direkter Wahl, für die Länder und das Reich in indirekter Wahl gewählt werden. Das aktive Wahlrecht sollte ab 21 Jahre, das passive erst ab 27 Jahre gelten. An der Spitze der Länder und des Reiches sollten Landesverweser bzw. ein Reichsverweser stehen. Der Reichsverweser sollte auf zwölf Jahre gewählt werden, den Oberbefehl über die Wehrmacht innehaben und das Reich nach außen vertreten.

Die Gesetzgebung sollte allein beim Reichstag liegen, die zweite Kammer, der Reichsrat, sollte lediglich den Reichsverweser zur Wahl vorschlagen, das Beamtenrecht regeln und Empfehlungen für den Reichstag ausarbeiten.

Sehr bemerkenswert waren die wirtschaftspolitischen Grundsätze, in denen es hieß: „Die Existenzsicherung der Werktätigen ist um ihrer Menschenwürde willen Aufgabe der Wirtschaftsführung ... Die Reichsregierung sieht die Grundlage des Wiederaufbaus der Wirtschaft in einem geordneten Leistungswettbewerb, der sich im Rahmen staatlicher Wirtschaftsführung und hinsichtlich seiner Methoden unter ständiger staatlicher Aufsicht vollzieht.

Wo die vorhandenen Bindungen und Verflechtungen der Wirtschaft (Monopole, Kartelle, Konzerne) diesen Leistungswettbewerb ausschließen, ist es Aufgabe der Wirtschaftsführung, die Grundsätze des geordneten Leistungswettbewerbs zur Geltung zu bringen und die Interessen der Gesamtheit zu wahren.

Das Gemeinschaftsinteresse der Wirtschaft an der Großindustrie erfordert in besonderem Maße bei diesen Industriezweigen eine straffe Wirtschaftsführung des Staates. Schlüsselunternehmen des Bergbaues, der eisen- und metallschaffenden Industrie, der Grundchemie und Energiewirtschaft werden in das Eigentum der öffentlichen Hand überführt werden. Die Betriebe sind nach den allgemeinen für die Wirtschaft geltenden Grundsätzen zu führen und zu beaufsichtigen ...

Die Reichsregierung fördert die Entwicklung des Betriebes zu einer Wirtschaftsgemeinschaft der in ihm schaffenden Menschen. In einer solchen ‚Betriebsgewerkschaft' genannten Gemeinschaft wird die Beteiligung der Belegschaft an der Betriebsführung und an den Betriebsergebnissen, insbesondere dem Wertzuwachs des Betriebes, zwischen dem Eigentümer des Betriebes und der Vertretung der Belegschaft vereinbart ...

Die ‚Deutsche Gewerkschaft' ist ein notwendiges Mittel zur Durchführung des dargestellten wirtschaftlichen Programms und des in diesem vorausgesetzten Staatsaufbaus."

Damit bekannten sich die Verfasser

1. zur staatlichen Aufsicht über die Wirtschaftsführung, wobei, wie oben gesagt, der Staat von den Werktätigen mitgetragen werden sollte,
2. zur Mitbestimmung der Arbeiter in den Betrieben,
3. zur Einschränkung der Macht der Monopole, insbesondere durch Verstaatlichung der Schlüsselindustrien.

Dabei muß man berücksichtigen, daß dieses Programm einen Kompromiß darstellte. Einzelne Mitglieder des

Kreisauer Kreises, darunter solche, die Stauffenberg am nächsten standen, hatten noch weitergehende Vorstellungen hinsichtlich des Privateigentums an Produktionsmitteln. In den „Bemerkungen zu dem Friedensprogramm der amerikanischen Kirchen“ vom April 1943 erblickten Trott und die anderen Verfasser dieses Dokuments in der Existenz nationaler und internationaler Monopole eine Gefahr für die Lebensmöglichkeiten der Massen und für den Weltfrieden.[80] Es heißt dort: „Dem Ziel der Befreiung der Massen von wirtschaftlicher Not und der Hebung des Lebensstandards auf breitester Grundlage werden alle Christen grundsätzlich vorbehaltlos zustimmen. Auch kann wohl nicht bezweifelt werden, daß dieses Ziel ohne internationale Abmachungen der Staaten im wirtschaftlichen und finanziellen Bereich nicht erlangt werden kann. Fraglich erscheint es uns jedoch, ob der Freihandel zur Erreichung dieses Zieles in jeder Phase der Entwicklung möglich oder auch nur wahrscheinlich ist.“

Die „Bemerkungen“ fordern dann auf wirtschaftlichem Gebiet „Ordnung bei einem Maximum von Freiheit“ und sagen: „Ordnung sowohl als Freiheit sind auf wirtschaftlichem Gebiet gerade im internationalen Austausch am stärksten durch das Monopol bedroht.“ In dem Dokument wird erklärt, daß eine formale Abschaffung der Monopole nicht genügt, sondern daß sie real beseitigt werden müssen. „Wir glauben darum, daß die künftige internationale Organisation imstande sein muß, nationalen wie privatkapitalistischen Monopolen als einem entscheidenden Hindernis für die wirtschaftliche und finanzielle Befriedigung der Welt entgegenzutreten.“

Mit diesen Ansichten standen die Kreisauer im Gegensatz zur Goerdeler-Gruppe. Um eine Einigung herbeizuführen, kam es im Januar 1943 im Hause Yorcks zu dem schon mehrfach erwähnten Gespräch, an dem Yorck, Moltke, Gerstenmaier sowie Beck, Goerdeler, Popitz, Jessen und Hassell teilnahmen. Über den Verlauf des Gespräches, bei dem die Gegensätze aufeinanderprallten, berichtet von Hassell in seinem Tagebuch: „Die ‚Jungen', die im Gegensatz zu den ‚Alten' nach außen als Einheit auftreten, wurden geistig von dem sehr witzigen, angelsächsisch und pazifistisch denkenden Hellmann (Helmuth Moltke) geführt... Scharfer, von Pfaff (Goerdeler) bewußt, aber erfolglos verschleierter Gegensatz zwischen ihm und den ‚Jungen' vor allem auf sozialem Gebiet. Pfaff ist doch eine Art Reaktionär."[81]

Im ganzen gesehen, enthalten die Kreisauer Dokumente wesentliche Elemente einer antifaschistischen bürgerlich-demokratischen Republik, die auf einigen Gebieten bereits die Grenzen der bürgerlichen Demokratie zu überschreiten schien. Allerdings ist manche Forderung so allgemein gehalten, daß eine entgegengesetzte Deutung nicht ausgeschlossen war. Diese Ambivalenz widerspiegelte die Widersprüche in Zusammensetzung und Charakter des Kreisauer Kreises.

Von konservativem Denken zeugen einzelne Bestimmungen des Wahlrechts und des Aufbaus der Staatsorgane sowie die Ausschließlichkeit, mit der die christliche Religion als Grundlage des staatlichen Lebens gefordert wurde. Die Verfasser äußerten sich nicht dazu, wie sie diese Ausschließlichkeit mit der ebenfalls von ihnen geforderten Gewissensfreiheit in Einklang bringen wollten. Die vorgesehene Verquickung von Staat und Kirche konnte zweifellos nicht zukunftsweisend sein, sie war auch in anderen fortgeschrittenen bürgerlichen Staaten längst überholt. Wir haben schon vermerkt, daß diese Meinung Moltkes und seiner Freunde nicht irgendwelchen klerikalen Vorherrschaftsansprüchen entsprang, sondern der Überzeugung, daß allein das Christentum eine tragfähige Basis zur Zurückdrängung aller inhumanen Theorien und Praktiken bilde. Damit engten die fortschrittlichen Kreisauer ihr Wirkungsfeld allerdings selbst ein.

Wesentlicher waren die Vorstellungen über die Mitwirkung der Werktätigen, insbesondere der Arbeiterschaft, im staatlichen Leben und die vorgesehene Einschränkung der Monopole und deren Machtpolitik. Solche programmatischen Zielsetzungen zeigen, daß der fortschrittliche Flügel der Kreisauer an die Kernfrage der Demokratie im Zeitalter des Imperialismus herankam. Diese Teile des Programms trugen in Ansätzen bereits antiimperialistischen Charakter.

Es darf jedoch nicht übersehen werden, daß es in den Auffassungen mancher Mitglieder des Kreisauer Kreises auch starke antikommunistische Züge gab. So wurden die weitreichenden Sozialreformen von einigen Mitgliedern damit begründet, daß man dadurch den Kommunisten den Wind aus den Segeln nehmen wolle.[82] Einige rechte Sozialdemokraten sowie klerikale Kräfte widersetzten sich einer Zusammenarbeit mit den Kommunisten.

Werfen wir zunächst noch einen Blick auf die außenpolitischen Vorstellungen der mit Stauffenberg eng verbundenen Kräfte im Kreisauer Kreis. Im Gegensatz zu Goerdelers reaktionärer „Westorientierung“ waren diese Kreisauer für Frieden an allen Fronten und für gutnachbarliche Beziehungen zu allen angrenzenden Völkern. In seinen Erinnerungen weist Theodor Steltzer ebenfalls auf die Differenzen mit Goerdeler hin und beschreibt die außenpolitischen Vorstellungen der Mehrheit des Kreisauer Kreises wie folgt:

„Eine weitere Differenz bestand in der Einstellung zu Rußland. Wir waren in unserem Kreise der Ansicht, daß es zu Europa gehörte. Es würde bei den Friedensregelungen ein gewichtiges Wort mitzusprechen haben, so daß sich die Notwendigkeit einer Zusammenarbeit ergäbe. Wir waren damals schon, noch vor der Atombombe, der Ansicht, daß sich der Krieg als Mittel der Politik ad absurdum geführt habe; daß neue Wege internationaler Zusammenarbeit gesucht werden müßten und daß somit die Vorstellungen von ‚Erzfeinden', mit denen die Möglichkeit eines friedlichen Zusammenwirkens von vornherein verneint würde, überwunden werden müßten. Ein Untergang der menschlichen Zivilisation schien uns nur dann vermeidbar, wenn sich ein friedliches Zusammenleben in einem ökonomisch-kulturellen Wettbewerb auch unter gegensätzlichen gesellschaftlichen Anschauungen durchsetzen würde. Neigungen zu einer ausschließlichen Zusammenarbeit mit dem Westen, vielleicht sogar eines gemeinsamen Vorgehens mit dem Westen gegen die Sowjetunion gab es auch damals. Ich glaube aber nicht, daß ihnen allzu große Bedeutung zukam. Wir waren einmütig der Auffassung, daß Rußland ein unentbehrlicher Faktor künftiger europäischer Ordnung sein würde."[83]

Nach diesem Zeugnis eines Mitgliedes des Kreisauer Kreises bekannte sich die Mehrheit zu friedlichen Beziehungen zur Sowjetunion, zu einer neuen Art und Weise internationaler Zusammenarbeit, deren Wesen in der Anerkennung der friedlichen Koexistenz und im „ökonomisch-kulturellen Wettbewerb" der Völker bestehen sollte. Der Krieg sollte aus den internationalen Beziehungen verbannt werden.

Wir verweisen in diesem Zusammenhang noch einmal auf die oben zitierte Meinung von Trott zu Solz und anderen, die in der Macht der Monopole Hemmnisse für die Befriedung der Welt sahen und darum ihre Beseitigung verlangten.

Über die außenpolitischen Grundauffassungen innerhalb der gesamten Verschwörung geben die Kaltenbrunner-Berichte folgendes Bild, das in der Skizzierung des „Feindbildes“ der Wahrheit sicherlich sehr nahekommt: „Goerdeler hatte Bedenken. Für ihn war ein Friedensschluß mit der Sowjetunion eine Abänderung seines außenpolitischen Konzepts um 180 Grad. Ihm schwebte die Verständigung mit den Westmächten vor, und die Aufnahme der Verhandlungen mit der Sowjetunion erschien ihm erst dann vertretbar, wenn die Verständigung mit dem Westen sich als absolut aussichtslos erwies ...

Diese politische Zielsetzung steigerte sich schließlich derart, daß sich Beck und Goerdeler der Hoffnung hingaben, es müsse bei einem weiteren Anwachsen der russischen Macht versucht werden, mit England und Amerika sogar ein Bündnis gegen Rußland zu erreichen ...

Die Gruppe, die eine Ostlösung propagierte, d. h. ein Zusammengehen mit Rußland, ohne oder gegebenenfalls auch gegen den Westen, war sehr klein. Sie hat im Laufe der Vorbereitungen und Vorbesprechungen noch an Bedeutung verloren. Vertreter einer ausgesprochenen Ostlösung war z. B. Professor Reichwein. Reichwein hatte zu einer kommunistischen Gruppe Beziehungen aufgenommen ... Der Hauptvertreter der vermittelnden Lösung war der frühere Legationsrat von Trott zu Solz. Er hatte in seiner Schrift ‚Deutschland zwischen Ost und West‘ dargelegt, daß Deutschland in der Mitte Europas sich weder ausdrücklich

für das Zusammengehen mit Rußland noch ausschließlich für ein Zusammengehen mit den Westmächten entscheiden könne. Vielmehr sei seine Politik durch die geographische Lage dahingehend vorgeschrieben, daß man mit beiden Seiten in ein erträgliches Verhältnis kommen müsse.
Diese Auffassung hat auf die außenpolitischen Planungen der Verschwörergruppe zeitweise stark eingewirkt. So war beabsichtigt, unmittelbar nach der Übernahme der Macht durch die Putschisten Unterhändler sowohl nach Moskau wie nach London zu entsenden. Innerhalb des Verschwörerkreises hat insbesondere Yorck den Gedanken Trotts eifrig vertreten. Er erklärte es für notwendig, daß keine einseitige Fühlungnahme nach Westen, sondern gleichzeitig Verbindung nach Osten und Westen gesucht werden sollte ... Die Kommission, die für den Osten bestimmt war, sollte gleichzeitig eine Verbindung mit dem sogenannten Nationalkomitee ‚Freies Deutschland' suchen."[84]
Auch Julius Leber war für sofortigen Frieden nach beiden Seiten. Als Trott zu Solz im Juni 1944 nach Schweden reiste, um die außenpolitischen Möglichkeiten zu sondieren, empfahl ihm Leber „mit allem Nachdruck, keineswegs eine auf die Spaltung der Alliierten gerichtete Politik zu betreiben. Die einzige Chance bestand seiner Ansicht nach im Sturz Hitlers, dem Ausrufen einer aus den Kreisen des Widerstandes gebildeten Regierung und deren offenem Waffenstillstandsangebot."[85]
Die Mehrheit des Kreisauer Kreises war von der unausbleiblichen militärischen Katastrophe Deutschlands und von der Notwendigkeit der Kapitulation überzeugt. Moltke, Yorck, Steltzer, Delp und andere hielten einen Staatsstreich für aussichtslos, da sie nicht an die Fähigkeit der Generale, einen solchen erfolgreich durchzuführen, glaubten.

Ihr Ziel war es, noch vor der militärischen Katastrophe zu einer politischen Verständigung mit der Antihitlerkoalition zu kommen. „Wir wollten ... den Alliierten die Lage in Deutschland klarmachen und mit ihnen vor der Kapitulation Vereinbarungen über die politische Stellung Deutschlands treffen", schreibt Theodor Steltzer.[86] Als Verbindungsleute waren vorgesehen: für den Westen Adam von Trott zu Solz, der in England Freunde hatte; für die Sowjetunion Werner Graf von der Schulenburg, von 1934 bis 1941 deutscher Botschafter in Moskau und mit Stalin persönlich bekannt. Man wußte, daß Schulenburg vor dem Kriege für eine deutsch-sowjetische Verständigung eingetreten war und insofern die Rapallo-Politik der zwanziger Jahre fortzusetzen suchte. Auch General Köstring, ehemaliger deutscher Militärattaché in Moskau, war als Unterhändler im Gespräch.

Werner von der Schulenburg – ein Onkel Fritz-Dietlofs von der Schulenburg –, der einigen Mitgliedern des Kreisauer Kreises nahestand, war 1943 bereit, mit Hilfe Henning von Tresckows und anderer oppositioneller Offiziere die Frontlinie zu überschreiten, um Verbindung zur sowjetischen Regierung aufzunehmen.[87] Als dieses Unternehmen sich als undurchführbar erwies, schlug Steltzer vor, diesen Kontakt zunächst über Stockholm zu schaffen. Steltzer hatte die Möglichkeit, über einen norwegischen Freund die Verbindung zu Alexandra Kollontaj, der sowjetischen Botschafterin in Schweden, herzustellen. Als Trott zu Solz im Juni 1944 nach Stockholm kam, sollte er mit Alexandra Kollontaj zusammentreffen, um „die Fühlungnahme Schulenburg – Moskau (zu) erleichtern".[88] Zu dieser Begegnung kam es jedoch nicht. Am Vorabend des Attentats herrschte – entgegen den Ansichten Goerdelers – unter den Verschwörern

die einhellige Meinung, daß nach der Beseitigung Hitlers sofort Verhandlungen mit den Westmächten und der Sowjetunion geführt werden müßten.
Soweit die Auffassungen, wie sie im Kreisauer Kreis bestanden. Es bleibt nun noch die Frage nach den Zielvorstellungen der mit Stauffenberg in enger Verbindung stehenden sozialdemokratischen Funktionäre.
Wie stellten sich Leuschner, Leber, Maaß, Reichwein und ihre Freunde die Neugestaltung Deutschlands vor? Obgleich Wilhelm Leuschner die Auffassung vertrat, daß der Sturz Hitlers durch Mitwirkung von Teilen der Wehrmacht erfolgreich vonstatten gehen sollte, war ihm andererseits auch klar, daß die neue Ordnung sich auf die breitesten Volksschichten, insbesondere die Arbeiterschaft, stützen mußte. Zusammen mit Leber, Reichwein und anderen Sozialdemokraten schuf er innerhalb der Organisation der ehemaligen SPD und der Gewerkschaften ein Netz von Vertrauensleuten, das aber erst nach dem Umsturz in Aktion treten sollte. Über die Pläne Leuschners und seiner Freunde berichtet Walter Maschke:
„Der beabsichtigte Umsturz hätte sich zunächst als eine rein militärische Angelegenheit abgespielt. Sofort nach vollzogenem Umsturz sollte aber eine Massenorganisation als politisches Instrument der neuen Staatsführung durch die Wiedererrichtung deutscher Gewerkschaften geschaffen werden. In allen Bezirken Deutschlands waren Beauftragte eingesetzt, die den sofortigen Aufbau der Gewerkschaften nach dem geglückten Umsturz in die Wege leiten sollten. Die Zusammenarbeit von Vertretern der früheren verschiedenen Gewerkschaftsrichtungen war dabei vorgesehen. In der Reichsführung der Gewerkschaften sollten neben Wilhelm Leuschner u. a. Jakob Kaiser, Hermann Schlimme,

Walter Maschke, Bernhard Göring und andere ehemalige Gewerkschafter eine Rolle spielen. Der politischen Aufgabe der Gewerkschaften wegen, die sofortige Aktionsfähigkeit verlangte, war ein stark zentralistischer Aufbau der Organisation vorgesehen. Der Freie Deutsche Gewerkschaftsbund sollte als eine über das ganze Reichsgebiet sich erstreckende Organisation aufgebaut werden, die als Untergliederungen für die verschiedenen Industriezweige besondere Industrieverbände errichten sollte. Vorgesehen war, daß die neue Gewerkschaftsführung durch Rundfunkaufruf die Arbeiter aller Rüstungsbetriebe zur Arbeitsniederlegung und alle deutschen Arbeiter zur Beseitigung der Nazi-Betriebsobleute und sonstigen Amtswalter auffordern sollte. Die neue Reichsregierung sollte als erste Handlung der Forderung der Alliierten entsprechend die bedingungslose Kapitulation anbieten."[89]

Nach Leuschners Meinung sollten die Gewerkschaften große und wichtige Aufgabengebiete in eigene Verantwortung übernehmen. „Alles, was mit den Fragen der Sozialpolitik, Sozialversicherung, des Arbeitsschutzes, des Arbeitsrechts, der Arbeitsvermittlung und der Arbeitslosenfürsorge zusammenhing, sollte unter die ausschließliche Zuständigkeit der Gewerkschaften fallen."[90]

Nach den Erinnerungen von Maschke übten Leuschner und Maaß einen Druck auf die Militärs aus, um sie zur Aktion zu drängen. Die Initiative aber war den Offizieren überlassen, „und hier lag die Schwäche des ganzen Unternehmens. Diese Leute sahen in erster Linie die militärischen und nicht die politischen Seiten des Unternehmens."[91]

Wilhelm Leuschner und seine Freunde sahen als Aufgabe nicht nur den Aufbau der Gewerkschaften, sondern darüber hinaus die Schaffung der Grundlagen für einen neuen

Staatsapparat und andere Institutionen. Davon zeugen noch folgende Beispiele:
Walter Maschke, der in Berlin-Adlershof wohnte, berichtet, daß Leuschner Anfang 1944 ihm gegenüber konkrete Vorstellungen entwickelte. „Er legte jetzt mehr Gewicht auf die Nennung bestimmter Personen für die Besetzung von Ämtern in der Gewerkschaftsführung und in der öffentlichen Verwaltung ... Ich sollte zu seiner besonderen Verfügung stehen und mich der Angelegenheiten der in Deutschland befindlichen ausländischen Arbeiter annehmen."[92]
Maschke sollte einen Aufruf an die in Deutschland befindlichen ausländischen Zwangsarbeiter vorbereiten und Maßnahmen für ihre geordnete Rückführung planen.
Aus Potsdam berichtet der ehemalige Gewerkschaftsangestellte und Vorsitzende des Ortsvereins der SPD, Fritz Krüger, der 1933 entlassen worden war und seitdem als Maurer arbeitete: „Ich gehörte einer illegalen Gruppe an, die aus drei Genossen bestand. Unser Verbindungsmann war der Genosse Georg Spiegel, der vor 1933 der Lokalredakteur unserer Parteizeitung gewesen war. Mir ist bekannt, daß Georg Spiegel mit Hermann Maaß und Wilhelm Leuschner in Verbindung stand. Genosse Spiegel war während des Krieges Zivilangestellter bei der Wehrmacht. Einige Wochen vor dem 20. Juli 1944 sagte mir Georg Spiegel, daß in Deutschland bald ein Umsturz erfolgen und daß ich mich dafür bereithalten solle. Ich sei dafür vorgesehen, die Funktion des Oberbürgermeisters von Potsdam oder eine zentrale Funktion in Berlin zu übernehmen."[93]
Ähnliches sagt ein Bericht von Dr. Hans Grünberg, vor 1933 Journalist und Mitglied der SPD, nach 1933 mehrfach aus politischen Gründen entlassen, 1944 als Elektromechaniker bei der Verkaufsstelle Rostock der Daimler-Benz AG tätig:

„Im Mai 1944 traf ich den ehemaligen zweiten Bezirkssekretär der SPD Willy Jesse, der zum ‚Sicherheits- und Hilfsdienst' eingezogen war und bei der Neptunwerft an einem Sandkasten arbeitete ... Er sagte mir, daß in der nächsten Zeit ‚etwas passieren' würde und daß ich mich ‚nach den ersten Anzeichen sofort bei ihm melden' sollte, um in der Redaktion der dann herauszugebenden Zeitung eingesetzt zu werden. Nach Kriegsende kehrte er aus Schweden zurück (wohin ihm die Flucht nach dem 20. Juli 1944 gelungen war) und teilte mir mit, daß er seit 1942 mit der sozialdemokratischen Gruppe Leuschner-Leber-Mierendorff-Haubach in Berlin in Verbindung stand, über den geplanten Putschversuch informiert wurde und den Auftrag hatte, den Umsturz in Mecklenburg vorzubereiten."[94]

Diese Berichte deuten an, daß ein relativ weitverzweigtes, tief nach unten reichendes Netz von Vertrauensleuten geschaffen wurde, das durchaus ein wichtiger Faktor für die Entfachung einer demokratischen Massenbewegung hätte werden können. Leuschner, Leber, Maaß und Reichwein waren also offenbar nicht gewillt, die Umgestaltung Deutschlands allein einer kleinen Gruppe von Offizieren, Beamten und Spitzenfunktionären zu überlassen.

Für die Entfachung einer breiten antifaschistischen Massenbewegung war jedoch die Zusammenarbeit mit der KPD und der von ihr ausgelösten und geführten Bewegung „Freies Deutschland" unerläßliche Voraussetzung. Wir werden dieses Problem im nächsten Abschnitt näher untersuchen. Es sei hier bereits vorweggenommen, daß sozialdemokratische Funktionäre und die vernünftigsten Kräfte aus dem Kreisauer Kreis begannen, den verderblichen Antikommunismus abzustreifen und Kontakt zur Bewegung „Freies Deutschland" zu suchen.

Bisher wurden nur die Ansichten dargelegt und die Vorbereitungen beschrieben, wie sie in der Umgebung Stauffenbergs entwickelt worden waren.

Welche konkreten Vorstellungen hatte Stauffenberg selbst von der Neugestaltung Deutschlands nach dem Sturz des Naziregimes?

Graf Stauffenberg hat damals seine Gedanken in mehreren Ausarbeitungen schriftlich niedergelegt. Diese Dokumente konnten jedoch bisher nicht aufgefunden werden und sind höchstwahrscheinlich vernichtet. Wir müssen uns darum in der Hauptsache auf die Berichte seiner Freunde und Zeitgenossen sowie auf die Aussagen stützen, die von den nach dem 20. Juli Verhafteten vor der Gestapo gemacht worden sind, wobei dieser Quelle aus verständlichen Gründen nur ein bedingter Wert zukommt.

Alle Berichte besagen, daß Stauffenberg zu Moltke, Yorck, Trott, Schulenburg, Leber, Leuschner, Maaß und Reichwein ein freundschaftliches Verhältnis hatte und daß ihre Ansichten im wesentlichen übereinstimmten. Stauffenberg gehörte 1944 eindeutig zum linken Flügel der Verschwörung, der – im scharfen Gegensatz zur Goerdeler-Gruppe – für fortschrittliche politische und soziale Veränderungen eintrat. Das wird auch von zahlreichen bürgerlichen Zeitgenossen und Historikern nicht bestritten. Goerdeler selbst gab in den während seiner Haft im November 1944 niedergeschriebenen Erinnerungen von Stauffenberg folgendes Bild:

„Tresckow machte mich im Herbst 1943 mit Oberstleutnant Graf Stauffenberg bekannt, einem hochgesinnten, in Afrika schwer verwundeten Generalstabsoffizier, der sich später als Querkopf erwies, der auch Politik machen wollte. Ich schätzte ihn hoch und hatte doch manchen Zusammenstoß

mit ihm. Er wollte einen unklaren politischen Kurs mit Anlehnung an Linkssozialisten und Kommunisten ..."[95]
Warum Goerdeler ihn als „Querkopf" bezeichnete, deutete er selber schon mit dem Hinweis auf Stauffenbergs Bereitschaft an, sich mit Sozialisten und Kommunisten zu verbünden.
Hören wir noch einen Zeitgenossen aus dem bürgerlichen Lager. Hans Bernd Gisevius, der auch mit Stauffenberg zusammengetroffen war, gibt folgende Schilderung: „Tatsächlich gab die Fiktion einer sozialrevolutionären Verbrüderung der deutschen und fremdländischen Arbeitermassen dem energiegeladenen Stauffenberg-Kreis einen mächtigen Auftrieb. Als ich April 1944 gelegentlich Trotts letztem Schweizer Aufenthalt mit ihm über diese Zusammenhänge sprach, war ich geradezu erschrocken, wie radikal dieser im Grunde so westlich eingestellte Diplomat seine Option für den Osten, besser sollte ich sagen, seine Absage an den Westen innerlich vollzogen hatte ...
Folgerichtig erstrebte der engere Stauffenberg-Kreis das Bündnis mit der extremen Linken, den Kommunisten. Der maßgebliche Initiator war Regierungspräsident Fritz Graf von der Schulenburg ... Seit 1938 erneut in der Opposition, war er es, der Stauffenberg gewann und fortan ihm innerlich am nächsten stand. Bestimmt der Aktivste im engeren Kreis, nahm er scharf Stellung gegen die Kandidatur des ‚reaktionären' Goerdeler. An seiner Stelle nominierte er den weit links stehenden früheren sozialdemokratischen Wehrmachtsreferenten im Reichstag, Leber, als Kanzler der ‚Jüngeren'. Seither war die Opposition innerlich aufgesplittert. Denn es ging weder um die Person Goerdelers noch um die Lebers, es ging um zwei sich diametral gegenüberstehende willensmäßige Richtungen ..."

Gisevius meint, daß Stauffenberg eine Art „militärischen Sozialismus“ gewollt habe, daß er Goerdeler als Reichskanzler zugunsten Lebers ablehnte, und fährt fort: „Leber hat auch mit Einverständnis Stauffenbergs jene vorherigen Verhandlungen mit den Kommunisten geführt, um sich vornehmlich auf die Kräfte der militanten Linken zu stützen.“ Gisevius gibt dann die Meinung von Oberst Hansen, dem Canaris-Nachfolger im Geheimdienst, wieder: „Hansen behauptet, Stauffenberg habe mir gegenüber Versteck gespielt. Während er noch vor wenigen Wochen damit gerechnet habe, den Westen und Osten gegeneinander ausspielen zu können, denke er jetzt an den gemeinsamen Siegeszug der grau-roten Armeen gegen die Plutokratien.“[96]

Gisevius übermittelte seine Eindrücke von Stauffenberg auch Allan Welsh Dulles, der in der Schweiz das amerikanische Office of Strategic Service leitete und die Aufgabe hatte, die innere Lage in den Achsenstaaten, besonders in Deutschland, zu erkunden. Dulles (ein Bruder des späteren berüchtigten Außenministers John Foster Dulles) gibt in seinem Buch „Verschwörung in Deutschland“ folgende Schilderungen:

„Stauffenberg anerkannte zwar die oberste Führung Becks und Goerdelers, sie waren ihm aber politisch nicht sympathisch. Er zeigte größtes Interesse für die Probleme des Ostens und die erhöhte Bedeutung Rußlands in Europa. Gisevius berichtete mir, Stauffenberg habe sogar mit dem Gedanken gespielt, eine Revolution der Arbeiter, Bauern und Soldaten herbeizuführen. Er habe gehofft, die Rote Armee würde ein nach dem russischen Muster organisiertes kommunistisches Deutschland unterstützen. Andere unter den Verschwörern, vor allem einige der jüngeren Leute des Kreisauer Kreises, darunter die Brüder Haeften und Trott,

sympathisierten mit ähnlichen Ansichten. Bei den einen war es eine Frage der Ideologie, bei den anderen eine der Politik... Das Nationalkomitee ‚Freies Deutschland' imponierte vielen Deutschen...
Wenn auch der dem Osten freundliche Flügel stärker wurde, so betrachteten doch Beck, Goerdeler und die anderen Hauptbeteiligten an der Verschwörung den Kommunismus als keine Verbesserung gegenüber dem Nazismus. Aber sie mußten Stauffenbergs starke Stellung anerkennen, als er ein Mitglied des inneren Kreises wurde."
Nachdem Dulles geschildert hatte, daß Stauffenberg zuerst Leuschner und, nachdem dieser abgelehnt hatte, Leber als Reichskanzler vorschlug, fährt er fort: „Als der Juni 1944 kam und es bald ganz klar war, daß die amerikanischen und englischen Truppen sich für dauernd in Frankreich festgesetzt hatten, verdoppelte sich Stauffenbergs Aktivität. Er schlug nun vor, die Kommunisten in die Koalition hereinzunehmen. Als man ihm aus Sicherheitsgründen davon abriet, veranlaßte er seine sozialistischen Freunde, ohne Zustimmung der anderen Hauptverschwörer mit der kommunistischen Untergrundbewegung Kontakt aufzunehmen."[97]
Lassen wir nun noch den gewiß keiner Sympathien für den Kommunismus verdächtigen Prof. Gerhard Ritter zu Wort kommen. Ritter war nicht nur ein Kenner der Quellen zur Geschichte des 20. Juli 1944, sondern auch Teilnehmern der Verschwörung persönlich bekannt. Er gibt folgende Charakteristik Stauffenbergs: „Politisch neigte er offenbar mehr zu dem romantischen ‚Sozialismus' der Kreisauer Grafen, seiner Altersgenossen, als zu dem bürgerlichen Liberalismus Goerdelers oder gar zu den altpreußisch-konservativen Gedankengängen eines Popitz... Er trug sich vielmehr mit hochfliegenden Ideen einer sittlich-politischen Erneuerung

Deutschlands, zu deren Dienst er sich berufen fühlte. Wie er sich diese Erneuerung konkret vorgestellt hat, ist schwer zu sagen – sicherlich aber in der Form einer revolutionären Bewegung, die in ‚rasender Fahrt' alles Alte überrennen sollte. Damit stand er nun freilich in entschiedenem Gegensatz zu den Zielen der bürgerlichen Politiker, vor allem Goerdelers ..."[98]

Es sei ferner aus einem Aufsatz von Sebastian Haffner zitiert, der in der englischen Vierteljahresschrift „Contact" sowie im August 1947 in der „Neuen Auslese" erschien: „Diese Regierung (mit Leber als Kanzler und Trott als Außenminister) sollte den militärischen Aufstand in eine echte Revolution überleiten, Deutsche und Fremdarbeiter unter dem alten Schlachtruf ‚Proletarier aller Länder, vereinigt euch!' zusammenführen, die Regierungsgewalt in den besetzten Ländern an die Widerstandsbewegung übergeben und die anrückenden Heere der Großen Drei mit einem Europa konfrontieren, das sich in einem revolutionären Flammenmeer zur Einheit schmiedete. Fürs erste war dies nichts weiter als eine Verschwörung, aber dahinter welch ein Traum ...! Der Mann, der ihn träumte und eine Elite seiner Altersgenossen mit ihm ansteckte, war Graf Stauffenberg."[99]

Dr. Eberhard Zeller, der Verfasser der materialreichen Arbeit über den 20. Juli 1944 „Geist der Freiheit", hält diese Deutung für „überspitzt", meint aber, daß in ihr „wohl Richtiges steckt".[100]

Der britische Historiker John W. Wheeler-Bennett, ebenfalls ein Antikommunist, nennt Stauffenberg den „Bamberger Reiter", „der einen ethischen Sozialismus mit christlichen Grundsätzen und aristokratischen Traditionen zu verbinden suchte ... Sein ‚Universalismus' glich einem Feuerbrand, war der eines Aufwieglers; die Art seines Geistes, seines Gemüts und seiner Erscheinung die eines Revolutionärs. Er dachte und handelte revolutionär, und nichts spricht für die Annahme, daß er, hätte er sein nächstes revolutionäres Ziel erreicht, auf diesem Wege nicht weitergeschritten wäre. Jedenfalls hätten sich die Ergebnisse aller Wahrscheinlichkeit nach von denen sehr unterschieden, die Beck und Goerdeler bei ihren Putsch-Planungen vorweggenommen oder erhofft hatten, und es ist kaum daran zu zweifeln, daß – zum Vorteil oder zum Schaden – Stauffenberg und nicht sie die bestimmende Kraft des neuen Deutschlands gewesen wäre."[101]

Soweit die umfangreichen Auszüge aus den Erinnerungen und Darstellungen bürgerlicher Historiker, Politiker oder Publizisten! Von westdeutschen Historikern wird der Geschichtsschreibung der DDR oft der Vorwurf gemacht, daß sie Stauffenberg einseitig sehe, ihn fälschlich in die unmittelbare Nähe der Kommunisten rücke und ihn zum „Schrittmacher des DDR-Sozialismus" deklariere.[102] Die angeführten Zitate beweisen wohl zur Genüge, daß die patriotisch-demokratischen Neigungen Stauffenbergs keine Erfindung der DDR-Geschichtswissenschaft sind. In den zitierten Äußerungen sind aber in der Tat Übertreibungen enthalten, die auf Grund der überlieferten Quellen von den wirklichen Tatsachen geschieden werden müssen. Es gehört jedoch ziemlich viel antikommunistische Unverfrorenheit dazu, die marxistische Geschichtswissenschaft für die Übertreibungen einiger bürgerlicher Autoren verantwortlich zu machen.

Hinzu kommt noch etwas anderes: Heute ist es den imperialistischen Meinungsmachern unangenehm, daß Leute von Rang und Namen aus dem eigenen Lager einstmals

Stauffenberg als einen Revolutionär und Freund der Sowjetunion und der Kommunisten eingeschätzt haben. Wir lassen uns jedoch nicht von den Erwägungen einer zweifelhaften Taktik leiten, sondern allein von dem Streben, die historische Wahrheit zu ergründen. Darum werden die erwähnten Auslassungen von uns nicht kritiklos übernommen. Es ist allerdings einer näheren Untersuchung wert, wieso mehrere Autoren, unabhängig voneinander und von unterschiedlichsten Positionen ausgehend, in vielen Fragen zu den zitierten gleichen oder doch annähernd gleichen Urteilen kommen.

Es gibt in der Tat überzeugende Beweise, daß Stauffenberg ein unabhängiges, demokratisches Deutschland als Ziel vor Augen hatte. Als Stauffenberg Anfang Oktober 1943 die Vorbereitungsarbeit für den Umsturz begann, fand er außer den militärischen Planungen auch Aufrufe und Rundfunkansprachen vor, die von Goerdeler, Wirmer, Hassell und anderen verfaßt worden waren. Mit Unterstützung seines Bruders sowie des Ende Oktober telegrafisch herbeigerufenen Rudolf Fahrner gab er den Aufrufen eine neue Fassung. Diese Aufrufe sind allerdings verlorengegangen. Aus den Gedächtnisnotizen Rudolf Fahrners, die er im August 1945 anfertigte, lassen sich jedoch einige Aufschlüsse über den Inhalt und damit über die politischen Vorstellungen Stauffenbergs gewinnen.[103]

Ein allgemeiner Aufruf sollte den Tod Hitlers melden, eine kurze Abrechnung mit den übrigen Parteiführern vornehmen und die Notwendigkeit des Eingreifens begründen. So bald als möglich „würde die Nation zu freier Entscheidung über die künftige Verfassung des Staates aufgerufen werden, für die es eine neue Form zu suchen gelte". Rechtsbrüche und Verbrechen sollten ihre Sühne finden, jedoch sollten keine Verfolgungen allein wegen politischer Gesinnung vorgenommen werden. Auf schnellstmögliche Weise sollte der Frieden herbeigeführt werden. Der Aufruf ließ keinen Zweifel, daß Opfer und Einbußen zu erwarten seien, die Deutschland durch seine Politik selbst verschuldet habe. Ein Aufruf an das Heer war ähnlichen Inhalts. Die „verbrecherischen und sinnlosen Kriegshandlungen sollten ihr Ende finden"; es erfolgte eine „Absage an Eroberungsgelüste und an Bedrohungen anderer Völker". „Das Gelöbnis der neuen Regierung besagte, daß sie keines deutschen Mannes Leben mehr einsetzen würde, es sei denn, soweit es unbedingt zum unmittelbaren Schutze der Heimat, der Frauen und Kinder notwendig sei. Besonnene Führer würden die Heere so bald als möglich in die Heimat führen. Bis dahin sollten die Soldaten ausharren."

Ein weiterer Aufruf wandte sich an die Frauen „zur Bewältigung des Vergangenen und zum Aufbau eines neuen Lebens."

Von maßgeblicher Bedeutung für die Formung von Stauffenbergs politischen Ansichten war die Freundschaft mit Julius Leber und die Bekanntschaft mit Reichwein, Maaß und Leuschner. Drückte es doch schon eine bestimmte politische Einsicht aus, wenn der in konservativen Verhältnissen aufgewachsene Graf und Generalstabsoffizier die Freundschaft eines linken Sozialdemokraten gewann. Gräfin Stauffenberg äußert sich über die Grundlage dieser Freundschaft wie folgt:

„In Julius Leber verehrte er den Menschen, Mann und Patrioten. Was ich immer wieder versuche verständlich zu machen, ist, daß mein Mann nicht in weltanschaulich vorgesteckten Bahnen dachte, sondern ein ‚denkender Mensch' war. Er paßt nicht in vorgefertigte ‚Schachteln' und

‚Systeme'! Es ging ihm um die Ehre von Volk und Vaterland. Wenn er da auf Resonanz stieß, wie bei Leber, waren ihm Hintergründe gleich. Er sah in ihm weniger den ‚Sozialdemokraten' als den sozialen Demokraten. Die persönliche Ehrlichkeit und Integrität waren ihm maßgebend."[104]

In ähnlicher Weise urteilt Annedore Leber: „Im Jahre 1943 trat Dr. Leber mit Stauffenberg in Verbindung. Beide Männer brachten sich schon nach kurzem ehrliche Freundschaft entgegen. Stauffenberg war alles andere als ein sogenannter Militär oder Generalstäbler. Er hatte starke politische Interessen und maß der politischen Konzeption Dr. Lebers größte Bedeutung für die Zukunft bei."[105]

Stauffenberg und Leber trafen sich also in der gemeinsamen Sorge um das Schicksal der Nation und in der gemeinsamen Erkenntnis der Notwendigkeit grundlegender politischer und sozialer Veränderungen in Deutschland.

Gemeinsam mit Leber trat Stauffenberg gegen die Konzeption der Goerdeler-Gruppe auf, die er als „Revolution der Greise" abtat.[106] Dr. Leber bezeichnete Goerdeler als „Illusionisten" und erhob mit Unterstützung Stauffenbergs in den Programmdiskussionen die Forderung nach tiefgreifenden sozialen Reformen.[107]

Im April und Mai 1944 versuchte der Rechtsanwalt Wirmer, zwischen Stauffenberg/Leber und Goerdeler zu vermitteln, und führte zu diesem Zweck mehrere Aussprachen herbei: „Dabei führte Graf von Stauffenberg aus, daß es keinesfalls zu dem von Dr. Goerdeler geplanten Restaurationsversuch der Republik von 1919 kommen dürfe. Als Dr. Leber unter Verwerfung der Auffassungen Dr. Goerdelers ein radikales sozialistisches Programm vorlegte und bekannt wurde, daß Graf von Stauffenberg dies zu billigen schien, schaltete sich Wirmer wiederum auf Bitten Dr. Goerdelers zur Bereinigung dieser Schwierigkeit ein."[108] Stauffenberg soll sich dann, nach weiteren Angaben der Anklageschrift gegen Goerdeler, mit einem Kompromißentwurf Wirmers einverstanden erklärt haben, was durchaus möglich ist, denn für Stauffenberg stand zunächst die Frage der Beseitigung Hitlers und der Beendigung des Krieges im Vordergrund.

Im Mai 1944 richtete Leber neue heftige Angriffe gegen Goerdeler wegen seiner „Westpolitik". Er verurteilte auch die „kirchenhörige Politik Goerdelers und Wirmers". Leber trat für eine stärkere Orientierung nach Osten ein.[109]

Stauffenberg und Leber widersetzten sich der Kanzlerkandidatur Goerdelers – eine Haltung, die auch Moltke und andere Mitglieder des Kreisauer Kreises teilten. Im Frühjahr 1944 traf Stauffenberg mit Wilhelm Leuschner zusammen. Der Legationsrat Brücklmeier, der die Begegnung vermittelte, schilderte Stauffenberg als einen Mann, „der Interesse für Arbeiterfragen habe".[110] Stauffenberg fragte Leuschner, ob es nicht besser sei, wenn ein Vertreter der Arbeiterschaft im neuen Deutschland die Führung übernehme.[111] Leuschner jedoch war dagegen. Er wollte nicht, daß sich die Sozialdemokratie – wie 1918/19 – mit der Liquidierung eines verlorenen Krieges, für den sie keine Verantwortung trug, belasten müsse. Leuschner war zunächst mit der Kanzlerschaft Goerdelers einverstanden, sah darin aber nur eine Übergangslösung. Er wollte später einen Sozialdemokraten an der Spitze des Staates sehen.

Stauffenberg machte aus der von ihm abgelehnten Kanzlerkandidatur Goerdelers keinen Streitfall, weil ihm zunächst die Einheit aller Kräfte zum Sturz Hitlers das Notwendigste schien. Aber auch er sah darin nur eine Übergangsregierung. Stauffenberg, Schulenburg und andere – selbst Beck trug sich mit dem Gedanken – sahen in Julius Leber für die Zukunft den geeigneten Kandidaten für das Amt des Reichskanzlers.[112] Goerdeler beschwerte sich über Stauffenbergs radikale demokratische Ansichten bei Beck. „Beck war aber der Meinung, man solle diesen jungen Heißspornen nicht zuviel Zügel auflegen."[113]

Einen weiteren Einblick in die politische Vorstellungswelt Stauffenbergs vom Frühjahr 1944 geben die Aussagen des ehemaligen Majors Meinicke-Kleint, der von Januar bis Juni 1944 in das Allgemeine Heeresamt abkommandiert war und eine Zeitlang unter unmittelbarer Leitung Stauffenbergs arbeitete. Meinicke-Kleint war zwar nicht in die Verschwörung einbezogen, aber Stauffenberg äußerte sich zu ihm sehr offen über die allgemeine Lage und über die Zukunft. Meinicke-Kleint erinnert sich an die wörtliche Äußerung Stauffenbergs: „Das deutsche Volk besteht nicht nur aus adligen Offizieren und Krautjunkern."

Weiter sagte Stauffenberg, daß eine vaterländische Front geschaffen werden müsse und daß nach dem Sturz Hitlers der Kampf gegen das geistige Erbe Hitlers besonders vordringlich sei. Er sei gegen alle Maßnahmen, die den Krieg verlängern. Der Krieg sei verloren, und Deutschland müsse ihn verlieren, da es ein Verbrechen war, ihn zu beginnen. Dieses Verbrechen habe 1933 begonnen. Über die Konzentrationslager äußerte er sich, daß in den KZ in der überwiegenden Anzahl anständige Menschen säßen.[114] Gräfin Stauffenberg erklärte dazu, diese Aussagen gäben „glänzend die Gedankengänge" ihres Mannes wieder.[115]

Mit seinen Ansichten über politische und soziale Reformen traf sich Claus von Stauffenberg mit dem fünf Jahre älteren Gutsbesitzer Ulrich Wilhelm Graf Schwerin von Schwanenfeld, der als Hauptmann im Amt des Generalquartiermeisters Dienst tat und seit Oktober 1943 mit Stauffenberg näher bekannt war. Schwerin stand seit 1938 mit der Goerdeler-Gruppe in Verbindung, neigte aber jetzt den Auffassungen der Kreisauer zu. Er war auch mit Fritz von der Schulenburg befreundet. Eberhard Zeller schreibt über ihn:

„Mit Stauffenberg hat er immer wieder Gespräche über die künftige Boden- und Landreform geführt und Pläne gutgeheißen, die für ihn selbst einen weitgehenden freiwilligen Verzicht zugunsten eines neuen Staatsgefüges bedeuteten. Er hielt darauf, daß der Mehrbesitzende freiwillig vorangehen müsse, um eine ‚Revolution von oben', wie sie der Freiherr vom Stein gefordert, zu verwirklichen."[116] Diese Ansichten deckten sich mit denen der Brüder Stauffenberg wie auch des Grafen Moltke. Da Stauffenberg eine breite Front aller Gegner des Naziregimes erstrebte, billigte er die Verhandlungen Lebers und Reichweins mit den Kommunisten Anton Saefkow und Franz Jacob am 22. Juni 1944.

Auch General Olbricht, einer der engsten Gefährten Stauffenbergs, unternahm einen Versuch, die Front zu verbreitern und Kontakt mit Kommunisten herzustellen. Er besuchte im Frühjahr 1944 eine Bekannte, von der er wußte, daß sie der KPD angehörte. Olbricht bat sie, sich „nach der Beseitigung Hitlers dem Neuaufbau durch Gewinnung aufrechter, ehrlicher Menschen aus allen Gesellschaftsschichten, auch Kommunisten, zur Verfügung zu stellen und insbesondere auf die Frauen Einfluß zu nehmen, ohne die eine möglichst unblutige Umstellung auf eine demokratische Staatsführung nicht möglich sein würde".[117]

Stauffenberg ging davon aus, daß der Sturz Hitlers durch Einheiten der Wehrmacht unter der Führung entschlossener

Offiziere vollzogen werden müsse, daß also der Wehrmacht in der ersten Phase des Umsturzes die entscheidende Rolle zufalle. Nach Konsolidierung der neuen Macht sollten schrittweise demokratische Verhältnisse, gestützt auf die breite Front der Werktätigen einschließlich der Kommunisten, verwirklicht werden. Nach Meinung Kunrat Freiherr von Hammersteins gab es für Stauffenberg. Olbricht und andere kein Hindernis in der Zusammenarbeit mit Kommunisten. Entscheidend war die antifaschistische patriotische Gesinnung.[118]

Einige Zeit vor dem 20. Juli 1944 entwarf Stauffenberg einen Eid, den alle Teilnehmer der Aktion schwören sollten. Darin hieß es: „Wir wollen eine neue Ordnung, die alle Deutsche zu Trägern des Staates macht und ihnen Recht und Gerechtigkeit verbürgt, verachten aber die Gleichheitslüge und beugen uns vor den naturgegebenen Rängen. Wir wollen ein Volk, das in der Erde der Heimat verwurzelt, den natürlichen Mächten nahebleibt, das im Wirken in den gegebenen Lebenskreisen sein Glück und sein Genüge findet und in freiem Stolze die niederen Triebe des Neides und der Mißgunst überwindet. Wir wollen Führende, die, aus allen Schichten des Volkes wachsend, verbunden den göttlichen Mächten, durch großen Sinn, Zucht und Opfer den anderen vorangehen.“[119] Dieser Eid, in seiner Diktion die Herkunft aus dem George-Kreis verratend und Züge der „Revolution von oben“ tragend, war letztlich doch ein Bekenntnis zur Demokratie und zum Verzicht auf Expansion und Bedrohung anderer Völker.

Die Aussagen der Mitverschworenen ließen bei den faschistischen Justiz- und Gestapobeamten den Eindruck entstehen, daß die Gruppe um Stauffenberg für eine „sozialistische“ Lösung eingetreten sei. In einem Bericht des Reichsjustizministers Thierack an Bormann über die Hauptverhandlungen gegen Goerdeler u. a. vom 8. September 1944 heißt es: „Stauffenberg ... sprach über ‚verkalkte Generalität' und darüber, daß jüngere Offiziere anders dächten und die Dinge zu einer Sozialistischen Republik vorwärtstreiben würden."[120] In dem Bericht über die Vernehmung des später in jugoslawische Gefangenschaft geratenen Mitglieds der Gestapo-Sonderkommission „20. Juli", Obersturmbannführer Dr. Georg Kiesel, heißt es über die Gruppe um Stauffenberg-Moltke: „Die Verbindung des Christentums mit dem Sozialismus war ihnen die wesentliche Grundlage zu einem Wiederaufbau des deutschen Reiches."[121]

Die „sozialistischen" Gedankengänge Stauffenbergs und Moltkes waren natürlich nicht identisch mit dem wissenschaftlichen Sozialismus im Sinne von Marx und Lenin. Stauffenberg und Moltke hatten jedoch die Vorstellung von tiefgreifenden sozialen Veränderungen: Bodenreform, Einschränkung der Macht der Monopole, Mitbestimmung der Arbeiter in Wirtschaft und Staat. Sicherlich hätten sich diese Vorstellungen – das sollte man bei einer Wertung nicht ganz außer acht lassen – im Zuge des Kampfes um ihre Verwirklichung weiterentwickelt und konkretisiert.

Nach der Darstellung von Kramarz soll Stauffenberg 1943 auf außenpolitischem Gebiet der Ansicht gewesen sein, man müsse die Gegensätze zwischen den Westmächten und der Sowjetunion ausnutzen, um zu einer günstigen Friedensregelung zu gelangen. Es ist nicht unwahrscheinlich, daß Stauffenberg noch damals auch an eine solche Möglichkeit gedacht hat.

Über die in der Umgebung Stauffenbergs in den letzten Tagen vor dem Attentat herrschende Auffassung geben die in den Kaltenbrunner-Berichten zusammengefaßten Untersuchungsergebnisse einigen Aufschluß. Darin wird über die Besprechung am Sonntag, dem 16. Juli 1944, an der Claus und Berthold von Stauffenberg, Trott zu Solz, von Hofacker, Mertz, Hansen und Fritz von der Schulenburg teilnahmen, folgendes gesagt:

„Von Trott vertrat den Standpunkt, daß man auf der Feindseite verhandlungsbereit sei, sobald dafür die Voraussetzung, ein völliger Wechsel des Regimes, geschaffen werde. In der anschließenden Diskussion wurde die Meinung vertreten, daß die Verhandlungen von Militär zu Militär geführt werden sollten, und zwar nicht nur mit den Feinden im Westen, sondern auch mit den Sowjets, wobei der alte Schulenburg und der ehemalige Militärattaché in Moskau (General Köstring – K. F.) als Sachkenner in die Verhandlungen eingeschaltet werden sollten. Nach der englisch-amerikanischen Seite hin wollte von Trott dabei sein. Ein besonderer maßgeblicher deutscher Politiker, der dem Westen gegenüber verwendet werden könnte, fiel den Verschwörern nicht ein."[122] Damit dürfte ziemlich eindeutig bewiesen sein, daß Stauffenberg und seine Freunde, im scharfen Gegensatz zu Goerdeler und Beck, für eine sofortige Beendigung des Krieges an allen Fronten eintraten. Das wird auch von anderer Seite bestätigt.

Als Stauffenberg zur Ausführung des Attentats auf Hitler schritt, wußte er, daß dieses Attentat nur der Auftakt für eine tiefgreifende Umwälzung sein konnte. Oberst Job von Witzleben, ein Verwandter des Generalfeldmarschalls Erwin von Witzleben und seit Herbst 1943 an der Kriegsakademie in Hirschberg ebenfalls an der Vorbereitung des Umsturzes beteiligt, berichtet über die politischen Ansichten, die im Juni 1944 in der Stauffenberg-Gruppe herrschten:

„In dieser Zeit hatte ich zwei sehr interessante Zusammenkünfte: die eine mit einem Bekannten, Oberstleutnant Klamroth, der in Hirschberg einen Vortrag an der Kriegsakademie gehalten hatte; die andere mit Oberleutnant von Haeften, dem Adjutanten Stauffenbergs, bei einer Gesellschaft in Potsdam. In den Gesprächen kam – getrennt voneinander – übereinstimmend folgendes zum Ausdruck, was man sicherlich mit den Vorstellungen Stauffenbergs und seiner Freunde identifizieren kann:

1. Man strebe auf Grund der Entwicklung der militärischen Lage eine ‚ganze Lösung' für die Kriegsbeendigung an – also Waffenstillstand an *allen* Fronten. Alles andere, wie z. B. eine Teilkapitulation an der Westfront, sei Wunschdenken geworden. Bevollmächtigte Oberbefehlshaber müßten nach Beseitigung Hitlers sofort zur Gegenseite entsandt werden: für die Ostfront war an Marschall Rommel, für die Westfront an Marschall von Kluge gedacht.

2. Deutschland brauche in Zukunft im Herzen Europas keine Alternativorientierung im Sinne einer ‚Westeuropalösung', sondern eine deutsche Orientierung, das heißt: gedeihliches Auskommen mit allen seinen Nachbarn, also auch mit der Sowjetunion.

3. Man sei sich vollkommen darüber klar, daß nach einem Regierungswechsel und Waffenstillstand mit der militärischen Kapitulation gerechnet werden müsse. Die Wehrmacht müsse etappenweise aus den besetzten Gebieten auf deutsches Reichsgebiet zurückgeführt und werde – bis auf Sicherungskräfte – leider aufgelöst werden müssen. Eine Besetzung Deutschlands durch die Siegermächte sei unumgänglich.

4. Über die künftigen Grenzen Deutschlands werde es keine Verhandlungen mit den Siegern geben. Diese Chance sei

auf Grund der vielen deutschen Verbrechen verspielt. Ebenso müßten die von Deutschland angerichteten Schäden ersetzt werden. Seit der Konferenz von Teheran müsse man mit der künftigen Ostgrenze Deutschlands an der Oderlinie sowie mit erheblichen Reparationen rechnen.

5. Staatsstreich und Ausnahmezustand könnten nur von kurzer Dauer sein. Man habe die Vorstellung von der Bildung von fünf Parteien: einer Arbeiterpartei, einer Bauernpartei, einer christlichen Partei, einer liberalen Partei und einer konservativen Partei. Dann hätten Wahlen zu erfolgen. Eine Verfassung ähnlich der von Weimar – nur unter Vermeidung ihrer Fehler – solle das Grundgesetz der künftigen deutschen Demokratie sein. Das aber sei schon Sache der Politiker.

6. Man strebe an, in späterer Zeit eine deutsche Wehrmacht, möglicherweise in Form einer Berufsarmee ähnlich der Reichswehr, zu reinen Verteidigungszwecken aufzubauen, wenn die Siegermächte zu einer Friedensregelung bereit wären.

In diesem Zusammenhang wurde damals ganz offen davon gesprochen, daß nach einem gelungenen Staatsstreich ‚großdeutsche Träume getrost zu den Akten gelegt' und jegliche ‚Anfänge eines neuen Revisionismus oder einer Dolchstoßlegende' mit allen Mitteln im Keime erstickt werden müßten. Gerade Stauffenbergs Herzenswunsch sei es, daß die Siegermächte den Deutschen selbst Gelegenheit gäben, über die Nazi- und Kriegsverbrecher Gerichtstag zu halten. Damit könnten wir Deutschen viel wiedergutmachen. Das Attentat selbst sei im Verhältnis zu diesen Aufgaben nur ein bescheidener Anfang."[123]

Dieser Bericht dürfte etwa das aussagen, was im Frühsommer 1944 das politische Programm der Stauffenberg-Gruppe ausmachte. Für den Wahrheitsgehalt bürgt nicht nur die persönliche Integrität des Berichterstatters, sondern auch ein Vergleich mit den schon früher zitierten Aussagen Stauffenbergs.

Es zeigt sich allerdings, daß gerade in den Fragen der Demokratisierung Deutschlands konkretere Äußerungen Stauffenbergs bekannt sind, als in obigem Bericht zum Ausdruck kommt. Es ist aber denkbar, daß Graf Stauffenberg seine entschiedene Forderung nach Demokratisierung und seine Ablehnung Goerdelers am Vorabend des Attentats nicht in den Vordergrund gestellt hat, um die Einheit aller Kräfte zum Sturz Hitlers nicht zu gefährden.

Die Stauffenberg-Gruppe und die Bewegung „Freies Deutschland"

Die Bildung einer operativen Leitung der KPD im November 1943, der Franz Jacob, Theodor Neubauer, Anton Saefkow, Georg Schumann, Martin Schwantes und Bernhard Bästlein angehörten, führte zu einem Aufschwung in der illegalen Parteiarbeit. Im Frühjahr und Sommer 1944 kämpften etwa 10 000 Antifaschisten in der von der KPD geführten Bewegung „Freies Deutschland" im Lande selbst. Die operative Leitung der Partei hatte illegale Stützpunkte in über 30 Orten des Landes Brandenburg, in 18 Orten Sachsens und Sachsen-Anhalts, in über 37 Orten Thüringens und in 26 weiteren Orten Deutschlands.[124] Die deutsche antifaschistische Widerstandsbewegung erreichte zu dieser Zeit ihre größte Breite und Wirksamkeit.

Anfang März 1944 veröffentlichte das NKFD das wichtige Dokument „Das Nationalkomitee an Volk und Wehr-

macht: 25 Artikel zur Beendigung des Krieges", in dem es seine politische Zielsetzung darlegte. In den Mittelpunkt wurde der Kampf für die Beendigung des Krieges gestellt: „Erste Aufgabe: den Krieg beenden. Die Abstellung des großen Ausblutens, die sofortige Beendigung des Krieges ist die Voraussetzung für alles Weitere. Zur Beendigung hat jeder Deutsche durch die Tat beizutragen. Arbeiter, Angestellte, Unternehmer – Hitler braucht Eure Arbeit für seinen Krieg. Bauern – Hitler braucht Euer letztes Hab und Gut für seinen Krieg. Schlagt ihm die Mittel zur Weiterführung seines Krieges aus der Hand! Gegen Eure Einheit ist jede Gestapo machtlos. Es gibt keinen Platz, von dem aus Hitlers verderbliche Herrschaft nicht aus den Angeln gehoben werden kann. Soldaten, Offiziere, Generale – tragt in Eure Einheiten den Geist unserer Freiheitsbewegung. Schließt Euch zusammen zum Kampf gegen Hitler unter der Fahne des Nationalkomitees!"[125]
Gleichzeitig erklärte das NKFD, daß das neue Deutschland ein demokratischer Staat sein muß: „In wirklich freier Wahl wählt das Volk seine Besten zu seinen Vertretern. Es beschließt die Verfassung, die ihm nützt, und schützt durch Gesetz und Schwert sein Gedeihen vor den Anschlägen der entthronten Reaktion. Die Schwäche der Weimarer Republik wird sich nicht wiederholen." Im Artikel 15 fordert das Dokument die Entfernung der „Rüstungsplutokraten, die zu nichts nütze sind als zur Herbeiführung von Kriegen". Das Dokument schloß mit den Worten „Hitler muß fallen – damit Deutschland lebe!"
Die 25 Artikel spielten bei der Aufklärung der Menschen in Deutschland, der Soldaten an der Front und der Kriegsgefangenen eine bedeutsame Rolle, da sie den Weg zur Lösung der wichtigsten Lebensfragen des Volkes zeigten.

Ein Vergleich der programmatischen Erklärungen der Bewegung „Freies Deutschland“ mit den Auffassungen, wie sie die patriotischen Kräfte um Stauffenberg, Leber und Moltke entwickelt hatten, zeigt, daß sie in vielen Punkten übereinstimmten. Übereinstimmung oder Ähnlichkeit waren so deutlich, daß der Chef des Reichssicherheitshauptamtes, Kaltenbrunner, nach dem 20. Juli eine vergleichende Analyse anfertigen ließ.[126] Die Gestapo mußte zugeben, daß „in der Beurteilung der militärischen Lage, in der Kritik am Führer, in der gegen den Nationalsozialismus gerichteten Ideologie und in den Zielsetzungen außerordentlich weitgehende Übereinstimmungen sichtbar“ wurden.[127] „Selbst die Ausdrucksweise“, so hieß es weiter, „ist in einzelnen Punkten so ähnlich, als ob sie bewußt aufeinander abgestimmt wäre.“ Der Gestapobericht sprach schließlich von einer gleichen Gesinnung und Denkart diesseits und jenseits der Ostfront.[128]

Unter dem Eindruck des stark angewachsenen antifaschistischen Widerstandskampfes und der von nationaler Verantwortung getragenen Appelle des NKFD nahmen sozialdemokratische und fortgeschrittene bürgerliche Vertreter der Verschwörung Verbindung zur Bewegung „Freies Deutschland“ auf.

Die Kommunistische Partei Deutschlands hatte seit langem ihre Bereitschaft erklärt, mit allen Gegnern des Nazismus, ohne Rücksicht auf Weltanschauung oder Parteizugehörigkeit, den Kampf gegen das Naziregime zu führen. Die Gründung des Nationalkomitees „Freies Deutschland“ und der gemeinsame Kampf von Kommunisten, Sozialdemokraten und ehemaligen Offizieren und Generalen der Wehrmacht für die Befreiung Deutschlands waren der Beweis, daß es die Kommunisten mit ihrer Bereitschaft ehrlich meinten. In den Jahren 1942/43 erhielt die Führung der illegalen KPD in Deutschland Informationen über die Vorbereitung einer bürgerlichen Verschwörung zur Beseitigung Hitlers. Sie verstärkte daraufhin ihre Arbeit, besonders in den Großbetrieben. Generalmajor Richard Wenzel, damals Mitglied der Saefkow-Jacob-Bästlein-Organisation, berichtet dazu:

„Es galt, alle Betriebe fest in unsere Hand zu bekommen, um einer eventuellen Militärregierung, die den Krieg auch ohne Hitler fortsetzen wollte, den unbedingten Friedenswillen und die organisierte Kraft der Berliner Arbeiterschaft entgegenzustellen. In diesem Sinne wurde auch die Arbeit unter den Wehrmachtangehörigen verstärkt, die laufend unsere Flugzettel durch die Feldpost erhielten."[129]

Zugleich bemühten sich die Kommunisten um Kontakte zur Führung der bürgerlichen Opposition. Die Herstellung eines solchen Kontaktes hing natürlich auch von der Bereitschaft der Gegenseite ab. Anfang 1944 fand in der Wohnung Goerdelers in Leipzig eine Zusammenkunft zwischen Vertretern der Schumann-Organisation und Goerdeler statt, auf der u. a. auch über die Zusammensetzung der neuen Regierung gesprochen wurde. Goerdeler lehnte die Aufnahme von Kommunisten und jede weitere Zusammenarbeit mit ihnen ab. Das entsprach völlig der oben bereits dargelegten reaktionären Konzeption Goerdelers.

Eine andere Haltung nahmen jedoch einige sozialdemokratische Funktionäre ein. Unter dem Eindruck der Lehren aus der Weimarer Zeit, ihrer eigenen Erfahrungen mit dem Faschismus und unter der Wirkung des Ringens der Kommunisten um die Einheit aller Hitlergegner, begannen sie, ihre antikommunistischen Vorbehalte abzustreifen und für eine Zusammenarbeit mit den Kommunisten einzutre-

ten. So gelang es der KPD, in den Jahren 1943/44 Verbindungen zu führenden Funktionären der Sozialdemokratie und der Gewerkschaften herzustellen.[130]
Zu dieser Gruppe gehörte Carlo Mierendorff, der in der Zeit der Weimarer Republik oft gegen die KPD aufgetreten war. Die Lehren aus dem Untergang der Weimarer Republik und die Schicksalsgemeinschaft mit kommunistischen Genossen während seiner fünfjährigen KZ-Haft führten ihn zu neuen Erkenntnissen. Im KZ Lichtenburg entwickelte sich zwischen ihm und den KPD-Funktionären und Reichstagsabgeordneten Albert Kuntz, Ottomar Geschke, Ernst Grube und Max Herm ein kameradschaftliches, zum Teil freundschaftliches Verhältnis. Mierendorff war bereit, gemeinsam mit den Kommunisten politische Zukunftsvorstellungen zu erörtern.[131] Im Juni 1943 verfaßte Mierendorff einen Aufruf zur „Sozialistischen Aktion", der von Moltke bei den Kreisauer Grundtexten aufbewahrt wurde. Darin hieß es:
„Die Sozialistische Aktion ist eine überparteiliche Volksbewegung zur Rettung Deutschlands.
Sie kämpft für die Befreiung des deutschen Volkes von der Hitlerdiktatur, für die Wiederherstellung seiner durch die Verbrechen des Nazismus niedergetretenen Ehre und für seine Freiheit in der sozialistischen Ordnung.
Den Aktionsausschuß bilden Vertreter der christlichen Kräfte, der sozialistischen Bewegung, der kommunistischen Bewegung und der liberalen Kräfte als Ausdruck der Geschlossenheit und Einheit."[132]
In dem Aufruf forderte Mierendorff u. a. die „sozialistische Ordnung der Wirtschaft", die „Enteignung der Schlüsselbetriebe der Schwerindustrie zu Gunsten des deutschen Volkes als Grundlage der sozialistischen Ordnung der

Wirtschaft, um mit dem verderblichen Mißbrauch der politischen Macht des Großkapitals Schluß zu machen," und die „aufrichtige Zusammenarbeit mit allen Völkern, insbesondere in Europa mit Großbritannien und Sowjetrußland".[133] „Nie wieder darf die Arbeiterschaft sich im Bruderkampf zerfleischen", hieß es am Schluß seines Aufrufes. Mierendorff konnte seine Vorstellungen nicht verwirklichen, denn er fiel im Dezember 1943 einem englischen Terrorangriff auf Leipzig zum Opfer.

Für eine sofortige Zusammenarbeit mit den Kommunisten traten besonders Leber und Reichwein ein, während andere Mitglieder des Kreisauer Kreises der Meinung waren, erst nach dem Sturz Hitlers die Verbindung zu ihnen zu schaffen.[134] Die Haltung Lebers wird von seiner Frau Annedore Leber wie folgt geschildert:

„Da aber nach seiner Ansicht nur eine breite Volksbewegung stark genug sein konnte, sich auf eine Auseinandersetzung mit Hitler einzulassen, versuchte er Leuschner auch davon zu überzeugen, daß ohne ein Abstimmen mit den Kommunisten jeder Versuch einer Gegenbewegung gegen das nationalsozialistische Regime schwersten Gefahren und Folgen ausgesetzt sei."[135]

Diese bemerkenswerten Ausführungen zeigen, daß Leber nicht nur die Einstellung der Kommunisten erkunden wollte, wie oft behauptet wird, sondern daß für ihn die Entwicklung einer „breiten Volksbewegung" ohne die Einbeziehung der Kommunisten undenkbar war. In dem Buch „Ein Mann geht seinen Weg", in dem Lebers politische Freunde seine Schriften, Reden und Briefe herausgaben, heißt es, daß Leber aus den „Unzulänglichkeiten von Weimar" Lehren gezogen wissen wollte: „Als vordringliche Aufgabe am ‚Tage danach' sprach er gelegentlich von einer Art neuer Volksfront auf der Grundlage ‚aller überlebenden und lebensfähigen sozialen und demokratischen Kräfte'!“[136] Unter den sozialdemokratischen Mitgliedern des Kreisauer Kreises trat Adolf Reichwein am entschiedensten für die Zusammenarbeit mit den Kommunisten ein. Sein damaliger Freund Hans Bohnenkamp hebt hervor: „Ich erinnere mich noch eines früheren Gesprächs zu dritt mit Mierendorff, in dem Adolf in der Frage des Ostens und des Kommunismus der Vorurteilsloseste und Weitherzigste gewesen war.“[137] Über kommunistische Freunde aus Jena stellte Reichwein im Frühjahr 1944 direkte Verbindungen zur Poser-Neubauer-Organisation her.[138] Selbst Ritter muß eingestehen, Reichwein „habe in Rußland das große und mächtige Land der Zukunft gesehen, ohne das und gegen das keine europäische Politik mehr möglich sein würde... Mit ihm sollte also unter allen Umständen ein Interessenausgleich gesucht werden.“[139] In einer Sendung des westdeutschen Fernsehens am 20. Juli 1965 erklärte Theodor Steltzer: „Reichwein hatte kommunistische Beziehungen und hatte auch die Auffassung, daß man die Kommunisten an unseren Besprechungen beteiligen sollte.“[140] So verwundert es nicht, wenn Theodor Steltzer meint, daß man Reichwein „später den Kommunisten zurechnen“ müsse.[141] Dazu schreibt Frau Reichwein: „Er war nie Kommunist, obwohl er gute Kontakte seit seiner Jenenser Volkshochschularbeit mit den Kommunisten der Zeiß-Werke hatte und über diese dann auch die Verbindung zum Berliner kommunistischen Z.K. bekam... Ihrer Auffassung, daß A. Reichwein ‚kein Kommunist war, daß er aber sehr entschieden für die Einheit aller Antifaschisten, darunter auch der Kommunisten, eintrat', stimme ich völlig zu.“[142] Nachdem die Kommunisten Judith Auer und Ferdinand Thomas den

Kontakt hergestellt hatten, führten Leber und Reichwein mit Billigung Stauffenbergs, Schulenburgs und Yorcks am 22. Juni 1944 in der Wohnung eines Berliner Arztes ein erstes Gespräch mit den Mitgliedern der illegalen Leitung der KPD in Deutschland Anton Saefkow und Franz Jacob, das der Auftakt zu weiteren Gesprächen sein sollte. Dazu kam es jedoch nicht mehr, da Anfang Juli alle Beteiligten verhaftet wurden.

Weitere Verbindungen zwischen Kommunisten und Sozialdemokraten entstanden in diesem Zusammenhang auf unterer Ebene in Berlin und Leipzig. Darüber berichtet der ehemalige Sekretär der Ortsgruppe Berlin des freigewerkschaftlichen „Bundes der technischen Angestellten und Beamten" (Butab), Max Günther: „Ich hatte mich damals gerade einer Gruppe von aktiven Antifaschisten, Intellektuellen (Ärzte, Juristen, Volkswirte und Künstler), angeschlossen, die vorwiegend der kommunistischen Studentenbewegung entstammten. Sie führten eine planmäßige Arbeit zur Sammlung der antifaschistischen Kräfte. Unter ihnen befand sich ein ungewöhnlich intelligenter Jurist, Wolfgang Heinze, der die Stellung eines Direktors bei den Köllmann-Werken in Leipzig bekleidete. In Berlin und Leipzig waren bald Diskussionszirkel gebildet, an denen regelmäßig auch aktive Offiziere teilnahmen und die bald zur Quelle sehr wichtiger Informationen wurden. Gleichzeitig unterhielt ich Beziehungen zu Berliner Gewerkschaftsfunktionären, vorwiegend des Butab, die ich über diese Entwicklung auf dem laufenden hielt. Anfang November 1943 bat mich der Kollege Bernhard Göring um eine Unterredung, in der er mir mitteilte, daß er zuverlässige Informationen über die Bereitwilligkeit höherer Militärs habe, eine ernsthafte Aktion zur Beseitigung Hitlers und zum Sturze der Naziregierung zu unternehmen. Obwohl ich dieser Information skeptisch gegenüberstand, unterrichtete ich den Kollegen Göring über meine Bemühungen in der Richtung einer Aktivierung des Kampfes gegen das Hitler-Regime. In einer zweiten Besprechung etwa Mitte November 1943, an der neben dem Kollegen Göring auch der Kollege Dr. Otto Suhr teilnahm, machte der Kollege Göring konkrete Angaben und nannte dabei auch die Namen des Generalobersten Beck und des ehemaligen Bürgermeisters von Leipzig, Dr. Goerdeler, sowie den Kollegen Leuschner vom ADGB als Teilnehmer einer gegen Hitler gerichteten Aktion. Er bat mich, für meine Person und für den Butab meine Mitwirkung zuzusagen. Außerdem bezeichnete er es als wünschenswert, wenn ich auch jenen kommunistisch orientierten Kreis mit einbeziehe, von dem ich in der vorausgegangenen Unterredung berichtet habe. Obwohl ich Bedenken bezüglich der Pläne der höheren Militärs hatte, die auch vom Kollegen Dr. Otto Suhr geteilt wurden, gab ich die gewünschte Zusage, denn es erschien mir als wichtiger, eine Aktion zum Sturze Hitlers, gleichgültig von welcher Seite sie komme, zu unterstützen.

Ich unterrichtete eine kleine Gruppe von Berliner Funktionären des Butab, darunter den jetzigen zweiten Bürgermeister von Hoppegarten, Karl Hoffmann,[143] und den ehemaligen Vorsitzenden der Fachgruppe Metall-Industrie, Artur Wanzlik, mit der Anweisung, auch Funktionäre der Metallarbeiter vorsichtig auf eine solche Möglichkeit vorzubereiten. Vereinbarungsgemäß wurden die Namen Leuschner und Göring von mir nicht erwähnt. Der Kollege Fritz Rossignol übernahm es, die illegal arbeitende Gruppe der KPD in Berlin zu unterrichten und zu interessieren. Der schon

erwähnte Kreis kommunistisch orientierter Intellektueller in Leipzig und Berlin wurde von Wolfgang Heinze informiert, der sich gleichzeitig um einen Anschluß an die aus der Wirtschaft interessierten Kreise um Dr. Goerdeler in Leipzig bemühte und die Aktion auch auf andere Städte ausdehnte.
Mit dem Kollegen Göring stand ich in laufender Verbindung, ich konnte ihm günstige Berichte über die Stützpunktentwicklung geben."[144]

Nach einem ergänzenden Bericht von Karl Hoffmann erhielt Günther von Heinze einige Zeit vor dem Attentat den Auftrag, „in Berliner Betrieben Dreier-Gruppen zu bilden, die nach dem Gelingen eines solchen Attentats in ihren Betrieben entsprechende Maßnahmen zur Mobilisierung von Kriegs- und Hitler-Gegnern treffen sollten".[145]

Zu dem Kreis um Bernhard Göring gehörte auch der Theologe Emil Fuchs, der seit 1921 Mitglied der SPD war und in der Gruppe der Religiösen Sozialisten eine bedeutende Rolle gespielt hatte. Fuchs stand auch mit Ernst von Harnack in Verbindung.[146]

Obwohl sich der größte Teil der Wehrmacht einschließlich des Offizierskorps noch unter dem Einfluß der faschistischen Führung und Ideologie befand, schenkte doch Ende 1943 und 1944 ein immer größerer Teil den Aufrufen und Erklärungen der Vertreter des NKFD Gehör. Selbst auf dem rechten Flügel interessierte man sich für die Tätigkeit des NKFD.

Job von Witzleben berichtet folgendes: „In den Urlaubstagen (Herbst 1943 – K. F.) besuchte ich einen entfernten, aber mir sehr am Herzen liegenden Verwandten. Es war der damals schon außer Dienst befindliche und später auf Befehl Hitlers bestialisch hingerichtete Generalfeldmar-

schall Erwin von Witzleben in Berlin-Grunewald. Ich wollte mich mit ihm als einem Sachkenner über die militärische Lage und die Kriegsaussichten austauschen. In der Unterhaltung, die sich tief in mein Gedächtnis eingeprägt hat, fragte er mich, was ich von dem ‚Seydlitz-Komitee' wisse und davon halte. Ich kannte von meiner Tätigkeit im Stab der 10. Panzergrenadierdivision eine ganze Reihe von Materialien des in der Sowjetunion gegründeten Nationalkomitees ‚Freies Deutschland' und des etwas später geschaffenen ‚Bundes Deutscher Offiziere'. Sie waren meist über die Front geworfen worden. Eigentlich fand ich damals die An- und Absichten dieser Männer nicht nur aufschlußreich, sondern trotz mancher Vorbehalte in vielem recht vernünftig. Dies berichtete ich auch meinem Verwandten. Seine Antwort mündete damals etwa in folgendem: Er kenne z. B. die Generale von Seydlitz und Lattmann recht gut; beide seien Männer mit Zivilcourage und einer tadellosen Ehrauffassung. Er selbst wolle im Prinzip das gleiche wie Seydlitz. Hitler und seine Bande müßten verschwinden, und zwar bald und mit Gewalt. Alles aber hänge von der Haltung der Wehrmacht und vor allem der deutschen Generalität ab. Werde dieser Gedanke im Offizierskorps und in der Truppe schneller erkannt, so könne er die Tätigkeit des – wie er sagte – ‚Seydlitz-Komitees' nur begrüßen."
Witzleben teilte dann seinem jüngeren Verwandten mit, daß Graf von der Schulenburg bereit sei, mit der Sowjetregierung persönlichen Kontakt zur Beendigung des Krieges aufzunehmen. „Geplant sei das unbemerkte Überschreiten oder Überfliegen der deutschen Front durch Schulenburg – entweder im Bereich der Heeresgruppe Mitte durch Vermittlung des Oberst i. G. von Tresckow oder auch bei der Heeresgruppe Süd mit Hilfe des Oberst i. G. Schulze-

Büttger. Schulenburg habe vor kurzem sogar die Meinung vertreten, man müsse jetzt versuchen, zusätzlich auch mit leitenden Persönlichkeiten des Nationalkomitees ‚Freies Deutschland' bei Moskau – insbesondere mit General von Seydlitz – ins Gespräch und womöglich schon zu ersten Vereinbarungen zu kommen. Leider scheiterten diese Ende 1943 – Anfang 1944 ernsthaft ins Auge gefaßten Pläne am menschlichen Versagen der Generalfeldmarschälle von Kluge und von Manstein."[147]

Auch Beck und Goerdeler interessierten sich lebhaft für das NKFD, jedoch entsprang ihr Interesse reaktionären Motiven. Darüber schreibt Kunrat von Hammerstein: „Ich hatte Beck schon zwischen Weihnachten und Neujahr (1943/1944 – K. F.) nach dem Nationalkomitee ‚Freies Deutschland' und dem seit Stalingrad in Rußland gefangenen General Walther von Seydlitz gefragt. Beck war mit Seydlitz nicht einverstanden, denn es bestehe die Gefahr, daß er Deutschland zu sehr auf die russische Linie festlege ... – Als ich Goerdeler fragte, sagte er: ‚Seydlitz legt uns nicht fest, jedenfalls wird man es immer korrigieren können, und daß er offen gegen Hitler auftritt, ist nur zu begrüßen.'"[148] Goerdeler rechnete also offensichtlich damit, das NKFD seinen eigenen Absichten unterordnen zu können.

Anders war die Reaktion der bürgerlichen Hitlergegner um Dr. Rudolf Pechel. Er berichtet: „Zwischen den deutschen Widerstandskreisen, soweit sie nicht kommunistisch waren, hat zu dem Nationalkomitee keine Verbindung bestanden. Das war ja auch rein technisch nicht möglich, wenn wir auch das Verhalten von Seydlitz durchaus verstanden und gebilligt haben. Wenn von drüben Flugschriften kamen, so sind sie von den Widerstandskreisen verbreitet worden."[149]

Selbst in ausgesprochen konservativen Kreisen beschäftigte man sich mit dem NKFD. Darüber äußerte sich Hans-Jürgen von Kleist-Retzow mit Bezug auf sich und seinen Freund Kleist-Schmenzin: „Ich persönlich habe die Initiative des Nationalkomitees ‚Freies Deutschland' und des Bundes Deutscher Offiziere von dem Moment an, wo ich von ihrer Gründung erfuhr, begrüßt. Ich war in Übereinstimmung mit meinem Freunde Ewald von Kleist-Schmenzin damals längst zu der Erkenntnis gekommen, daß allein durch einen Verlust des Krieges Deutschland von Hitler und dem Nationalsozialismus befreit werden könne, falls der innere Umsturz nicht gelänge. Aus diesem Grunde schien mir alles, was dieses Ende beschleunigen konnte, bejahenswert . . .

Wir waren weiter der Überzeugung, daß die außenpolitische Lage Deutschlands um so günstigere Aussichten bot, je früher der Sturz des Nationalsozialismus durchgeführt würde; daß der auf die Dauer doch unvermeidliche Zusammenbruch Deutschlands um so furchtbarere Ausmaße annehmen mußte, je länger er hinausgezögert würde. Somit war die antinazistische Bewegung in Rußland als Hilfsmittel zur Beschleunigung entweder des Umsturzes oder aber im äußersten Falle des militärischen Zusammenbruchs immer begrüßenswert.

Es schien uns dazuzukommen, daß sich hier eine gewisse Chance des Ausspielens der Ostmacht gegen die Westmächte bot. Als allmählich klar wurde, daß das *unconditional surrender* (die bedingungslose Kapitulation – K. F.) auch nach einem Umsturz für eine deutsche Nachfolgeregierung gelten sollte, wurden solche Erwägungen unserer Ansicht nach noch bedeutungsvoller. In dieser Situation hat Ewald Kleist, der bis dahin der Westlösung anhing, auch, wie mir bekannt ist, die Frage eines Anschlusses an den Osten als vorziehbar ernstlich erwogen. Dabei bedeutete selbstverständlich die Existenz einer nazifeindlichen deutschen Organisation eine wichtige Erwägungsgrundlage... So haben wir also in dem engeren Schmenziner Kreise die Bewegung in Moskau durchaus positiv beurteilt."[150]

Der Kriegsverwaltungsoberrat Freiherr von Teuchert, der beim Militärbefehlshaber in Frankreich Dienst tat und ein Anhänger der Westorientierung war, muß in seinen Erinnerungen zugeben: „Auch wußte man, daß sich mancher Beteiligte das Heil aus dem Osten – zum Teil von Seydlitz-Paulus versprach..."[151]

Diese Berichte dürften bereits deutlich die von einigen westdeutschen Autoren aufgestellte Behauptung widerlegen, daß das NKFD keinen Einfluß auf die Bewegung des 20. Juli gehabt habe. Die reaktionären Elemente um Goerdeler, soweit sie das NKFD akzeptierten, sahen allerdings in ihm in erster Linie ein Instrument, um selber schneller zum Ziele zu kommen. Politischen Einfluß wollten sie ihm nicht einräumen.

Wie stand der Kreisauer Kreis zum NKFD? Theodor Steltzer berichtet: „Wir hatten natürlich Kenntnis von der Gründung des Nationalkomitees, da uns ja die Nachrichtenapparaturen des Auswärtigen Amtes und von Admiral Canaris zur Verfügung standen, und wir haben auch die Verlautbarungen gelesen, auch wenn sie nur einem verhältnismäßig kleinen Kreise zugänglich waren."[152]

Waren also die Tätigkeit und die politische Linie des NKFD im Kreisauer Kreis bekannt, so wurde jedoch – nach den Mitteilungen von Theodor Steltzer und Paulus van Husen – eine Kontaktaufnahme mit ihm abgelehnt.[153] Die Auskünfte darüber sind allerdings widerspruchsvoll.[154]

Es ist bekannt, daß viele Kreisauer nicht an die Möglichkeiten eines siegreichen Volksaufstandes oder eines erfolgreichen militärischen Staatsstreichs gegen Hitler glaubten und die militärische Katastrophe als Voraussetzung von etwas Neuem für unausbleiblich hielten. Sie sahen als Partner in erster Linie die Alliierten in West und Ost und waren um eine Verbindung zu ihnen bemüht. Daraus erklärt sich, daß diese Gruppe innerhalb des Kreises, die den Volkskampf ignorierte, dem Wirken des NKFD wenig Bedeutung beimessen wollte. Bei einem anderen Teil der Kreisauer dürfte eine prinzipielle antikommunistische Einstellung die Ursache für die Ablehnung gewesen sein.
Es ist jedoch nicht wahr, daß der Kreisauer Kreis das NKFD völlig ignoriert hat. Als Trott zu Solz im Juni 1944 in Schweden war, verschaffte er sich auch Dokumente des NKFD, um sich mit der politischen Linie des Komitees bekannt zu machen.[155] Yorck von Wartenburg setzte sich nicht nur entschieden für Verhandlungen mit dem Westen und dem Osten ein, sondern forderte auch, daß man bei den Verhandlungen im Osten sofort Verbindung zum NKFD suchen sollte.[156] Über die Absichten Werner von der Schulenburgs ist schon an anderer Stelle gesprochen worden. Die politischen Ansichten des alten Grafen Schulenburg wurden von seinem Neffen Fritz gutgeheißen.[157]
Welche Rolle spielte das NKFD in den Plänen Stauffenbergs und seiner engsten Freunde?
Es gibt kein bisher bekannt gewordenes Dokument Graf Stauffenbergs, in dem er sich zum NKFD und seinen Zielen äußert. Es ist nur die Tatsache bekannt, daß er die Verbindung seiner Freunde Leber, Reichwein und Olbricht mit Vertretern der Bewegung „Freies Deutschland" im Lande selbst gebilligt hat. Nach den Kaltenbrunner-Berich-

ten soll Graf Stauffenberg das NKFD abgelehnt haben, weil er von „Proklamationen hinter Stacheldraht" nichts gehalten habe.[158] Die westdeutschen Historiker E. Zeller und J. Kramarz akzeptieren diese „Quelle" ohne Kommentar und stützen darauf ihre Behauptung, daß Stauffenberg dem NKFD ablehnend gegenübergestanden habe.[159]

Bevor wir uns anderen Quellen zuwenden, müssen wir den Wahrheitsgehalt dieser Behauptung prüfen. Es ist bekannt, daß die Kaltenbrunner-Berichte eine Zusammenfassung der Ergebnisse von Verhören der nach dem 20. Juli Verhafteten enthalten. Kein Historiker wird bestreiten, daß diesen Berichten nur ein begrenzter Quellenwert zukommt, weil sie erstens nur Auszüge aus den Vernehmungsprotokollen sowie subjektiv gefärbte Zusammenfassungen bringen und weil zweitens die Verhörten bestrebt waren, sich durch Aussagen nicht noch mehr zu belasten. Eine solche zusätzliche Belastung, nämlich die Anklage des Landesverrates, hätte die nachgewiesene Beziehung zum NKFD bedeutet. Darum ist es geboten, die Aussagen zu diesem Komplex mit besonderer Vorsicht aufzunehmen. Wenn man sich schon in einer so wichtigen Frage ausschließlich auf faschistische Dokumente stützt, dann muß man das wenigstens sorgfältig tun. Es gibt darunter nämlich auch Dokumente, die das Gegenteil von dem aussagen, was Zeller und Kramarz behaupten. So wird in einer Redner-Information der Reichspropagandaleitung der NSDAP vom 11. August 1944 gesagt, daß die Verschwörer mit dem Nationalkomitee in Moskau in Verbindung gestanden hätten.[160] Insbesondere wird in diesem Nazidokument betont, daß die „kleine Clique" um Oberst Graf von Stauffenberg in Verbindung mit dem NKFD gestanden habe.[161] Prüfen wir die Tatsachen, soweit sie uns überliefert sind.

Die einzige authentische Quelle, die bisher zu dieser Frage bekannt ist, sind die Berichte seiner Witwe, Nina Gräfin von Stauffenberg. Gräfin Stauffenberg berichtet, „daß die Leute des Widerstandes diese Gruppe (das NKFD – K. F.) mit Interesse betrachteten". Stauffenberg brachte bei einem seiner Besuche einmal einige Nummern der Zeitung „Freies Deutschland" nach Bamberg.[162] Wir dürfen also annehmen, daß er wesentliche Materialien des NKFD gekannt hat. Tatsache ist, daß viele seiner Gedanken über die Neugestaltung Deutschlands mit den programmatischen Erklärungen des NKFD übereinstimmten oder ihnen nahekamen. Eine Kontaktaufnahme mit dem NKFD, die ja ohnehin schwierig war, schien ihm, so berichtet Nina Gräfin von Stauffenberg, für die militärische Aktion, die er vorbereitete, nicht notwendig, ja belastend, weil sie die Gefahr des Entdecktwerdens noch vergrößert hätte.

Es kann als sicher gelten, daß Stauffenberg nach gelungenem Umsturz die Verbindung zum NKFD gesucht hätte. Dafür spricht auch die Tatsache, daß einige Kampfgefährten Stauffenbergs schon vor dem Attentat um Kontaktaufnahme bemüht waren. Dazu gehörte besonders General Lindemann. Am 30. August 1944 wurde der Sohn des zu dieser Zeit noch flüchtigen Generals, Oberfähnrich zur See Georg Lindemann, von der Gestapo vernommen. Im Protokoll heißt es: „Ich gebe zu:

1. daß ich im März 1944 zum erstenmal von meinem Vater Andeutungen darüber erhalten habe, daß der Krieg verloren sei, und daß er mir auf meine Frage, ob man alles so laufen lassen könne, die Möglichkeit eines Kompromißfriedens mittels des Nationalkomitees Seydlitz geschildert hat und außerdem darauf hinwies, daß sich in Berlin im OKW bereits Männer zusammengefunden hätten, die an

die Stelle des Führers treten würden, um mit dem Gegner über einen Frieden zu verhandeln.

2. daß mir mein Vater am 30. Juni erklärt hat

a) der Krieg wäre verloren ...

...

d) er würde sich den Männern zur Verfügung stellen, die sich in Berlin bereits zu einer Verhandlung mit dem Gegner bereitgefunden haben."[163]

Von Frau Gudrun Korfes, der Schwester des Obersten Mertz von Quirnheim, liegt folgende eidesstattliche Aussage vor: „In diesen Tagen, Ende Juni 1944, sprach ich zum letztenmal meinen Bruder, den Oberst i. G. Albrecht Mertz von Quirnheim. Er war damals Chef des Stabes bei General Olbricht, dem Chef des Allgemeinen Heeresamtes in Berlin. – Am Sonntagvormittag des 25. Juni schilderte er mir mit tiefem Ernst und großer Besorgnis die hoffnungslose militärische und politische Lage: ‚Hitler ist ein Verbrecher oder Wahnsinniger, wahrscheinlich aber beides. Er muß beseitigt werden, um den aussichtslosen Krieg zu beenden.' Jetzt teilte mir mein Bruder auch Näheres über die Tätigkeit des Nationalkomitees ‚Freies Deutschland' mit. Er war sehr gut darüber unterrichtet und verbarg seine Sympathie mit den Bestrebungen des Nationalkomitees nicht. – Dem Sinne nach sagte mein Bruder: ‚Wenn sie auch jetzt als Vaterlandsverräter und Kriegsverbrecher diffamiert werden, so wird die spätere Geschichte allen Mitgliedern des Nationalkomitees recht geben. Wir versuchen seit langer Zeit, Verbindung mit dem Nationalkomitee aufzunehmen, haben aber bisher noch keinen zuverlässigen und vertrauenswürdigen Piloten gefunden, der es riskiert, über die Kampflinie zu fliegen und hinter der Front in der Sowjetunion zu landen. Wir müssen zu Frieden und Verhandlungen mit der Sowjetunion kommen, um Deutschland vor dem Untergang zu retten.' – Ich kann mich an das Gespräch mit meinem Bruder und dessen Inhalt mit absoluter Zuverlässigkeit erinnern. – Es war für mich sehr wesentlich, daß auch mein Bruder, der mir bei unserem vertrauten Verhältnis nie etwas Unwahres gesagt haben würde, ... das Nationalkomitee als eine starke Hilfe bei dem Versuche, Deutschland vor der Katastrophe zu bewahren, ansah."[164]

In Frankreich nahm Stauffenbergs Vertrauter Caesar von Hofacker unmittelbar Verbindung mit Otto Niebergall auf, dem Leiter der illegalen KPD-Organisation im besetzten Frankreich und Präsidenten des Komitees „Freies Deutschland" für den Westen, das seit September 1943 existierte. Hofacker traf sich im Januar und Mai 1944 mit Niebergall und führte mit ihm intensive Gespräche, in denen eine weitgehende Übereinstimmung erzielt wurde. In den bisher unveröffentlichten Erinnerungen Niebergalls heißt es dazu: „Eine ungarische Genossin, genannt Annette, unterhielt im Auftrag der Résistance schon längere Zeit Kontakt zu dem deutschen Soldaten Paul Gräfe und dem Stabsfeldwebel Mathias Klein, beide ehemalige Mitglieder der SPD aus Köln. Gräfe war Fahrer des Oberstleutnants von Hofacker. Er erzählte Annette, die er für eine Französin hielt, daß sein Chef ganz und gar kein Hitlerfreund sei. Bei einem Bombenangriff hätte er sogar einmal gebrüllt: ‚Daran ist nur der Gefreite, der Zigeuner, schuld.' Das Gespräch, das Gräfe dann zwischen Annette und von Hofacker vermittelte, fiel recht positiv aus, und es schien angebracht, offener mit ihm zu reden und mich mit ihm bekannt zu machen.

Meine erste Begegnung mit Caesar von Hofacker fand in

einer Villa in Passy statt und war von unseren Leuten gut abgesichert. Anwesend waren Oberstleutnant Caesar von Hofacker und ein älterer General, den er als seinen Vater ausgab, sowie Annette und ich ... Nach dem ersten Abtasten verlief die Unterhaltung recht offen. Von Hofacker war bestens über die Lage informiert und wußte über das Nationalkomitee ‚Freies Deutschland' in der Sowjetunion Bescheid. Er machte Hitler und die Reichsregierung für den Verlauf des Krieges und für die Verbrechen an den Völkern, auch am deutschen Volk, verantwortlich. Dabei deutete er an, daß dies nicht mehr lange so weitergehe, ohne sich aber hierüber klarer auszudrücken.

Annette und ich entwickelten unseren Standpunkt zum Krieg, zur Rolle des Hitlerfaschismus, zu den Vorgängen in der Sowjetunion und in der Welt und wie es nach unserer Auffassung weitergehen müsse. Der ältere General saß in einer Ecke im Halbdunkel und äußerte sich nur wenig. Wir haben nicht feststellen können, wer er tatsächlich war. Ich vermute jedoch, daß es sich um den Kommandanten von Groß-Paris, Generalleutnant von Boineburg-Lengsfeld, handelte.

In dieser ersten Unterhaltung, die bis spät in die Nacht dauerte, war allerdings die Version, ich sei Lothringer, nicht aufrechtzuerhalten. Aber von Hofacker war darüber gar nicht erstaunt. Paul Gräfe hatte bereits vorgebaut, daß wir zur französischen Widerstandsbewegung gehörten und auf nationaler und antifaschistischer Basis handelten.

Bei meiner letzten Zusammenkunft mit Caesar von Hofacker erklärte er sein Einverständnis mit den Ideen des Nationalkomitees ‚Freies Deutschland' in der Sowjetunion und seine Bereitschaft, dem Komitee ‚Freies Deutschland' für den Westen beizutreten."[165]

Hofacker war über die Absichten Stauffenbergs, auch über dessen Attentatsplan, genau informiert. Er hatte mit ihm am 11. und 16. Juli und natürlich auch schon früher ausführliche Unterredungen. Es ist schwer vorstellbar, daß er dabei Stauffenberg nicht über seine Verhandlungen mit dem Führer der Bewegung „Freies Deutschland" im Westen unterrichtet haben soll. Eher ist anzunehmen, daß Stauffenberg diese Kontakte billigte, genau so, wie er die Kontakte zur Bewegung „Freies Deutschland" in Deutschland selbst und die Versuche zur Kontaktaufnahme mit dem NKFD billigte. Daß er persönlich dabei nicht in den Vordergrund treten konnte, ist wohl einleuchtend.
Anfang 1944 traf Job von Witzleben seinen Bekannten, den Oberstleutnant i. G. Klamroth, in Potsdam und hatte mit ihm ein längeres Gespräch, bei dem Klamroth ihn aufforderte, an der Kriegsakademie, wo Witzleben zu dieser Zeit studierte, energische und bereitwillige Offiziere für die Mitwirkung am Umsturz zu gewinnen. Ferner sollte er Klamroth oft über den Aufenthaltsort, die Ansichten und das Befinden Görings unterrichten, da ein Neffe Görings, der Hauptmann Rigele, im gleichen Hörsaal wie Witzleben war. Weiter berichtet von Witzleben: „Bei dieser Gelegenheit kamen wir auch auf die Tätigkeit des Nationalkomitees ‚Freies Deutschland' und vor allem des ‚Bundes Deutscher Offiziere' zu sprechen. Klamroth, der zum Widerstandskreis um Generalmajor Stieff in der Organisationsabteilung des Generalstabes des Heeres gehörte und auch Oberst i. G. Graf Stauffenberg sehr nahestand, sagte mir damals u. a. folgendes: Sie erhalten regelmäßig die Materialien des Nationalkomitees, und zwar mit Hilfe von Oberstleutnant Schrader (einem Vertrauensmann Stauffenbergs – K. F.) aus der Heereswesenabteilung im OKH. Mit Freude

zeigte er mir bei dieser Gelegenheit die ‚25 Artikel zur Beendigung des Krieges' und äußerte, das, was darin gefordert werde, sei im Grunde auch seiner Freunde Anliegen. Vor allem hob er drei Gemeinsamkeiten hervor:

1. das hohe nationale Verantwortungsgefühl, das aus diesen Artikeln spreche;

2. die einzig mögliche Alternative, nach dem Sturz des Hitlerregimes den Krieg an allen Fronten – also auch an der Ostfront – unverzüglich zu beenden;

3. das Bestreben zur Schaffung einer möglichst breiten Antihitlerbewegung an der Front und in der Heimat, wenngleich dies auch außerordentlich schwierig erscheine.

... Bei aller Würdigung der aktiven Widerstandstätigkeit gerade Dr. Goerdelers konnten – nach Meinung Klamroths – dessen restaurative Vorstellungen über ein künftiges Deutschland und seine außenpolitischen Trugschlüsse von einer Spaltung der Antihitlerkoalition im Jahre 1944 keine tragfähige Grundlage der Opposition mehr sein."[166]

In dem Bericht über die Vernehmung des SS-Obersturmbannführers Kiesel heißt es: „Den beteiligten Militärs gelang es nicht, eine Beziehung zum ‚Nationalkomitee Freies Deutschland' herzustellen. General Lindemann hatte den Auftrag, diese Verbindung herzustellen. Er konnte aber seine Absicht nicht verwirklichen."[167]

Schließlich muß noch erwähnt werden, daß der Major i. G. Joachim Kuhn, der mit Stauffenberg persönlich bekannt war, nach dem Scheitern des Attentats auf sowjetische Seite übertrat und Verbindung zum NKFD suchte.

Diese Berichte sagen übereinstimmend aus, daß in der unmittelbaren Umgebung Stauffenbergs nicht nur Sympathien für das NKFD bestanden, sondern die Absicht gehegt wurde, mit ihm bei der Neugestaltung der innen- und außenpolitischen Situation Deutschlands zusammenzuarbeiten. An der Stellung zum NKFD und zur KPD zeigt sich das differenzierte Bild der Bewegung des 20. Juli in besonderer Weise. Gründung und Tätigkeit des NKFD beschleunigten und verschärften den Differenzierungsprozeß innerhalb der bürgerlichen Antihitleropposition und förderten die Herausbildung und Profilierung der antifaschistisch-demokratischen Gruppe um Graf Stauffenberg. Dabei muß durchaus noch einmal betont werden, daß diese Gruppe nicht die Mehrheit der Bewegung darstellte, obgleich sie in sich die aktivsten und am meisten vorwärtsdrängenden Elemente vereinte. Die Hinwendung der Stauffenberg-Gruppe zur Bewegung „Freies Deutschland" inner- und außerhalb des Landes erklärt sich daraus, daß sie in vielen Fragen mit deren Zielen übereinstimmte.

Fassen wir die Ansichten und Ziele der Stauffenberg-Gruppe, wie sie im Sommer 1944 vorhanden waren, zusammen, so ergibt sich folgendes Programm (wobei die Vorstellungen einzelner Mitglieder des Kreisauer Kreises teilweise noch darüber hinausgingen):

1. Beseitigung des Hitlerregimes,
2. sofortige Beendigung des Krieges an allen Fronten, auch unter Annahme einer von der Antihitlerkoalition geforderten bedingungslosen Kapitulation,
3. Verhandlungen mit den Westmächten und der Sowjetunion über für das deutsche Volk erträgliche Friedensbedingungen; Klarheit darüber, daß infolge der faschistischen Untaten mit dem Verlust deutschen Landes, mit Reparationsleistungen, mit der Auflösung der Wehrmacht und mit der Besetzung Deutschlands gerechnet werden muß,
4. Bestrafung der Nazi- und Kriegsverbrecher, möglichst durch antifaschistische deutsche Gerichte,

5. Bekämpfung der Naziideologie, insbesondere Unterdrückung einer neuen Dolchstoßlegende und des Revanchismus,
6. Herstellung gutnachbarlicher Beziehungen zu allen Völkern – darunter gerade auch zur Sowjetunion – als Grundlinie der künftigen deutschen Außenpolitik, Verzicht auf jegliche Eroberungen,
7. Herstellung bürgerlich-demokratischer Rechte und Freiheiten, vor allem Gewissensfreiheit, Beseitigung des Führerprinzips zugunsten des demokratischen Prinzips, Mitarbeit der Frauen im gesellschaftlichen Leben, Freiheit für die Bildung antifaschistisch-demokratischer Parteien und Organisationen (im Kreisauer Programm: Bildung der Deutschen Gewerkschaft als Interessenvertretung der Werktätigen),
8. nach dem Sturz Hitlers und der Machtübernahme durch die Wehrmacht schrittweise Demokratisierung des Staates, Bildung einer breiten Front antifaschistisch-demokratischer Kräfte aus allen Klassen und Schichten als Grundlage des neuen Staates, dabei Anerkennung einer besonderen Rolle und Verantwortung der Arbeiterschaft,
9. sozialer Ausgleich durch Hebung des Lebensstandards der Werktätigen, durch staatliche Einschränkung des Großbesitzes in Industrie und Landwirtschaft und durch Appell an die Besitzenden, freiwillig auf Teile des Besitzes zu verzichten (im Kreisauer Programm: Verstaatlichung der Schlüsselindustrie),
10. Vermeidung der von der Weimarer Republik gemachten Fehler in der Innen- und Außenpolitik.

Seinem Klassencharakter nach haben wir es hier mit einem antifaschistischen bürgerlich-demokratischen Reformprogramm zu tun. Diese Zusammenstellung, die auf überlie-

ferten Berichten beruht, zeigt die Größe und auch die Grenzen Graf Stauffenbergs auf politischem Gebiet.
Stauffenberg sah klar, daß die Beseitigung Hitlers, die Vernichtung des nazistischen Regimes, die sofortige Herstellung des Friedens, die Bestrafung der Verbrecher und die Schaffung demokratischer Verhältnisse für Deutschland notwendig waren. In diesen Fragen stimmte er auch mit den Zielen des NKFD völlig überein. Der Klasseninhalt des Kampfes gegen den Faschismus war Stauffenberg jedoch nur in elementarer Weise bewußt, er faßte ihn subjektiv vor allem als Gewissensfrage auf. Natürlich ist die politische Entscheidung eines einzelnen immer auch eine Gewissensfrage, besonders bei einem sittlich so verantwortungsbewußten Menschen, wie es Claus von Stauffenberg war. Die Schaffung einer Koalition der antifaschistischen Kräfte aus allen Klassen und Schichten konnte aber nicht nur eine Gewissensfrage sein, sondern war in erster Linie eine Klassenfrage.
Die Einheitsfront von Großgrundbesitzern bis hin zur Arbeiterklasse, von den Konservativen bis zu den Kommunisten, war beim Kampf für den Sturz Hitlers wohl möglich, aber wie würde die Perspektive einer solchen Front aussehen? Auf diese Frage finden wir bei Stauffenberg keine Antwort. Er konnte sie nicht geben; er wollte es wahrscheinlich auch noch gar nicht, weil für ihn das Nächstliegende, die Beseitigung Hitlers, im Vordergrund stand. Ähnlich verhält es sich mit der sozialen Frage. Unter dem Einfluß linker Sozialdemokraten erkannte Stauffenberg, daß der Arbeiterklasse im gesellschaftlichen Leben eine große Bedeutung zukommt. Wie er diese Bedeutung im einzelnen auffaßte, wissen wir nicht. Seine und seiner Freunde Vorstellungen, die Besitzenden zum Verzicht auf ihren

Besitz oder einen Teil desselben zu bewegen – als Methode zur Lösung der sozialen Frage –, entsprangen zwar einer ehrlichen Auffassung, mußten aber Utopie bleiben. Immerhin wollen wir festhalten, daß er überhaupt einen Zusammenhang zwischen politischer und sozialer Neugestaltung Deutschlands sah. Er hatte begriffen, daß eine echte Gestaltung des staatlichen Lebens durch das Volk unmöglich ist, solange klaffende Besitzunterschiede das Volk spalten.

Schließlich muß darauf hingewiesen werden, daß die Bereitschaft der fortschrittlichen Kräfte um Stauffenberg, mit den Kommunisten und mit dem NKFD zusammenzuarbeiten, wohl vorhanden war, aber über Ansätze einer Zusammenarbeit doch nicht hinauskam. Im Blick auf das NKFD blieb es bei der Bekundung der Bereitschaft oder bei der Planung des Kontakts, der jedoch nicht zustande kam. Mit der reaktionären Mehrheit der Verschwörung jedoch bestanden lange Zeit feste Verbindungen, die sich erst allmählich lockerten, aber von Stauffenberg im Interesse der Einheit aller Kräfte nicht abgebrochen wurden. Stauffenberg und Olbricht vertrauten in erster Linie den militärischen Führern, die mit ihren Truppen den Staatsstreich durchführen und die Macht der Nazi- und SS-Führer brechen sollten. Erst danach sollte und konnte – nach Meinung Stauffenbergs – mit Unterstützung der bürgerlichen Demokraten, Sozialdemokraten und Kommunisten die breite vaterländische Front entstehen. In dieser Konzeption für den Weg zur Macht lag – bei aller Ehrlichkeit und persönlich lauteren Gesinnung – bereits im Keim das Scheitern des Unternehmens begründet. Es wäre notwendig gewesen, sich auf die fortschrittlichsten Kräfte zu orientieren und gemeinsam die Massen zum Kampf zu mobilisieren. Die Grundvoraussetzung für die endgültige Zerschlagung des Faschismus war die Aktionseinheit der Arbeiterklasse, wie sie die KPD anstrebte. Nur eine einheitlich handelnde Arbeiterklasse hätte die Aktion der patriotischen Offiziere zum Siege führen und die reaktionären Kräfte der Verschwörung zurückdrängen können. Die Aktionseinheit der Arbeiterklasse war auch die Grundfrage, in der sich die sozialdemokratischen Teilnehmer der Verschwörung unterschieden. Wer jetzt noch gegen die Einheit auftrat, der wollte aus der Geschichte der deutschen Arbeiterbewegung nicht lernen, der wollte das imperialistische System vor der Vernichtung bewahren. Leber, Leuschner und andere Sozialdemokraten hatten nach langem Irrweg die Notwendigkeit der Aktionseinheit begriffen. Bevor sie aber ihre Pläne verwirklichen konnten, fielen sie dem faschistischen Terror zum Opfer.

IV Der Umsturzversuch

20. Juli 1944

Attentatsvorbereitungen und -versuche

Ende 1943 hatte sich die militärisch-politische Lage Deutschlands auf allen Gebieten weiter verschärft. Nach dem Sieg in der Schlacht bei Kursk im Sommer 1943 ging die militärische Initiative endgültig an die Rote Armee über, die faschistische strategische Verteidigung erwies sich als erfolglos. Trotz Mobilisierung aller Kräfte war die Stärke des Ostheeres von 3 100 000 Mann am 1. November 1942 auf 2 850 000 Mann am 1. November 1943 abgesunken. Der grundlegende Umschwung im gesamten Kriegsverlauf hatte sich vollendet. Es festigte sich auch trotz aller Umtriebe reaktionärer imperialistischer Kräfte die Zusammenarbeit der Mächte der Antihitlerkoalition. Vom 28. November bis 1. Dezember 1943 trafen sich Stalin, Roosevelt und Churchill in Teheran zu einer Konferenz, um das weitere Vorgehen gegen Hitlerdeutschland abzustimmen. Die Westmächte konnten ihre Verzögerungstaktik nicht länger aufrechterhalten und erklärten ihre Bereitschaft, spätestens im Mai 1944 in Westeuropa die zweite Front zu eröffnen. Anfang 1944 trat der Krieg in Europa in seine letzte Periode. Die Niederlage des faschistischen Deutschlands war unabwendbar. Die faschistischen Machthaber unternahmen jedoch neue Anstrengungen, um durch zügellosen Terror und durch Aufbietung der letzten Menschen- und Materialreserven den Krieg zu verlängern und den eigenen Untergang hinauszuzögern. Dabei spielte die Hoffnung auf ein Auseinanderfallen der Antihitlerkoalition eine große Rolle. In dieser Hoffnung trafen sich alle Gruppierungen des Finanzkapitals: sowohl die, die nach wie vor auf die faschistische Führungsspitze setzten, als auch die, die sich immer mehr auf die Goerdeler-Gruppe orientierten.

Für die Verschwörer war die Verschlechterung der militärischen Lage Anlaß, ihre Attentatsvorbereitungen zu beschleunigen. Wenden wir uns nunmehr diesen Vorbereitungen zu, wobei im Interesse einer besseren Übersichtlichkeit die Vorbereitungen und Versuche der Jahre 1943/44 zusammenhängend dargestellt werden.

Die militärischen Vorbereitungen zur Beseitigung Hitlers gründeten sich auf einen Plan unter dem Decknamen „Walküre", der Maßnahmen für den Fall innerer Unruhen vorsah. Bereits im Winter 1941/42 hatte Olbricht vorgeschlagen, einen solchen Plan auszuarbeiten. Hitler hatte dem Vorschlag angesichts der großen Zahl ausländischer Kriegsgefangener und Zwangsarbeiter in Deutschland und der Gefahr feindlicher Luftlandungen zugestimmt. Im Verlauf der Jahre 1942/43 war der „Walküre"-Plan ausgearbeitet und mehrfach ergänzt worden. In seiner Endfassung sah er vor, im Falle innerer Unruhen die Einheiten des Ersatzheeres – das waren etwa 2,5 Millionen Mann – zu alarmieren und zu einsatzfähigen Kampfgruppen zusammenzustellen. Die Kampfgruppen sollten unter dem Befehl der Wehrkreiskommandeure wichtige Objekte, militärische und wirtschaftliche Anlagen, Nachrichtenzentren und -verbindungen, Transportanlagen usw. sichern und dann auf Grund weiterer Anweisungen den auftretenden Gegner bekämpfen. Alle Wehrkreiskommandos waren im Besitz des Planes, der auf das Stichwort „Walküre" in Kraft treten sollte. Zur Auslösung von „Walküre" war im Auftrage Hitlers nur der Befehlshaber des Ersatzheeres, Generaloberst Fromm, berechtigt.

Im Falle einer Weigerung Fromms, sich am Staatsstreich zu beteiligen, wollte General Olbricht das Stichwort „Walküre" an die Wehrkreisbefehlshaber geben, was technisch durchaus möglich war, denn bei Fernschreiben oder Funksprüchen war nicht sogleich festzustellen, wer wirklich den Befehl unterzeichnet hatte. Der von Hitler bestätigte Alarm- und Einsatzplan stellte die legale Tarnung und den Auftakt für den beabsichtigten Staatsstreich dar. Olbricht, Stauffenberg und – bis Oktober 1943 – Tresckow arbeiteten dazu gemeinsam eine Reihe von Zusatzbefehlen aus, die die Aufgabe hatten, den „Walküre"-Alarm in einen Staatsstreich zur Beseitigung der Naziherrschaft umzuwandeln.[1]

Nach dem Attentat auf Hitler und der Alarmierung der Truppen in Berlin und Umgebung sollte der erste Grundbefehl an die Wehrkreiskommandeure und Oberbefehlshaber herausgehen. Er begann mit den Worten: „Der Führer Adolf Hitler ist tot. Eine gewissenlose Clique frontfremder Parteiführer hat es unter Ausnutzung dieser Lage versucht, der schwerringenden Front in den Rücken zu fallen und die Macht zu eigennützigen Zwecken an sich zu reißen."[2] Die Verschwörer hielten diese Erklärung zunächst für notwendig, weil sie meinten, daß die Autorität Hitlers in der Wehrmacht noch so groß sei, daß man nicht gleich die volle Wahrheit sagen könne. Dies sollte erst geschehen, nachdem die Macht in den Händen der Wehrmacht war. Weiter wurde in dem Grundbefehl dem Feldmarschall, der ihn unterzeichnet hatte (im September 1943 erklärte

sich v. Witzleben dazu bereit), der Oberbefehl über die Wehrmacht und damit zugleich die vollziehende Gewalt übertragen. Der Oberbefehlshaber delegierte die vollziehende Gewalt für das Heimatkriegsgebiet an den Befehlshaber des Ersatzheeres, für die besetzten Gebiete an die Oberbefehlshaber West, Südwest, Südost, Heeresgruppe Südukraine, Nordukraine, Mitte, Nord, an die Wehrmachtsbefehlshaber Ostland, Dänemark und Norwegen. Diesen Befehlshabern wurden unterstellt: sämtliche Einheiten und Dienststellen der Wehrmacht, der Waffen-SS, des Reichsarbeitsdienstes (RAD), der Organisation Todt (OT), alle öffentlichen Behörden, die gesamte Ordnungs-, Sicherheits- und Verwaltungspolizei, die gesamte NSDAP und die Verkehrs- und Versorgungsbetriebe. Die Waffen-SS sollte sofort in das Heer eingegliedert werden. Die Inhaber der vollziehenden Gewalt sollten die Ordnung und öffentliche Sicherheit aufrechterhalten, die Nachrichtenanlagen sichern und den Sicherheitsdienst der SS (SD) ausschalten. Alle militärischen Kommandeure wurden verpflichtet, die Inhaber der vollziehenden Gewalt mit allen Mitteln, auch unter Anwendung von Waffengewalt, zu unterstützen. Der Befehl schloß mit den Worten: „Der deutsche Soldat steht vor einer geschichtlichen Aufgabe. Von seiner Tatkraft und Haltung wird es abhängen, ob Deutschland gerettet wird.“[3]
Im zweiten Grundbefehl übertrug der Befehlshaber im Heimatkriegsgebiet die vollziehende Gewalt an die stellvertretenden Kommandierenden Generale und Wehrkreisbefehlshaber. Sie erhielten gleichzeitig die Befugnisse der von Hitler eingesetzten Reichsverteidigungskommissare.
Es waren folgende Sofortmaßnahmen durchzuführen:
1. Militärische Besetzung und Sicherung der Anlagen des Nachrichtennetzes der Post und der Wehrmacht,

2. Amtsenthebung und Verhaftung sämtlicher NSDAP-Gauleiter, Reichsstatthalter, Minister, Oberpräsidenten, Polizeipräsidenten, höherer SS- und Polizeiführer, Gestapo-Leiter, Leiter der SS-Dienststellen, Leiter der Propagandaämter und NSDAP-Kreisleiter,
3. Besetzung der Konzentrationslager, Verhaftung ihrer Kommandanten, Entwaffnung und Kasernierung der Wachmannschaften,
4. Verhaftung der sich widersetzenden oder ungeeigneten Führer der Waffen-SS, Entwaffnung der Widerstand leistenden Verbände („Energisches Zugreifen mit überlegenen Kräften, damit stärkeres Blutvergießen vermieden wird")[4],
5. Besetzung der SD- und Gestapo-Dienststellen, Heranziehung der Ordnungspolizei zur Mithilfe,
6. Herstellung der Verbindung zur Marine und Luftwaffe und gemeinsames Handeln.

Für jeden Wehrkreis sollte ein Politischer Beauftragter als vorläufiger Verwaltungschef und Berater des Wehrkreisbefehlshabers ernannt werden. Ferner sollten vom Oberbefehlshaber des Heimatkriegsgebietes Verbindungsoffiziere zu den einzelnen Wehrkreisen eingesetzt werden. Der zweite Grundbefehl schloß mit den Worten: „Bei Ausübung der vollziehenden Gewalt dürfen keine Willkür- oder Racheakte geduldet werden. Die Bevölkerung muß sich des Abstandes zu den willkürlichen Methoden der bisherigen Machthaber bewußt werden."[5]

Da Fromm seine Mitwirkung an der Aktion verweigerte, sollte Generaloberst Hoepner Befehlshaber des Ersatzheeres und damit des Heimatkriegsgebietes werden. Als Oberbefehlshaber der Wehrmacht war, wie schon gesagt, Generalfeldmarschall Erwin von Witzleben vorgesehen und hierzu auch bereit.

Schwerpunkt für den Einsatz der Truppen im Rahmen des „Walküre"-Planes war zunächst die Reichshauptstadt. Die hier verfügbaren Truppen – das Wachbataillon, die Feuerwerker- und Waffenmeisterschule, die Panzertruppenschulen Krampnitz und Groß-Glienicke, die Infanterieschule Döberitz, die Fahnenjunkerschule Potsdam, die Unteroffiziersschule Potsdam und als zweite Welle die Panzertruppenschule Wünsdorf und die Artillerieschule Jüterbog – sollten das Regierungsviertel absperren, Goebbels festnehmen, das Propagandaministerium und das Reichssicherheitshauptamt besonders bewachen und alle anderen wichtigen Objekte besetzen. Eine Aufstellung umfaßte 29 vordringlich zu besetzende Objekte: zehn SS-Objekte, zehn Regierungsstellen und neun Parteidienststellen. Später sollten 32 weitere Objekte besetzt werden. Einige Einheiten sollten den Auftrag erhalten, die Rundfunksender Königs Wusterhausen, Zeesen und Tegel sowie das Funkhaus in der Masurenallee zu besetzen. Es war vorgesehen, Aufrufe an die Wehrmacht und an das Volk über den Rundfunk zu verbreiten.[6]

Die Bestimmungen des militärischen Ausnahmezustandes wurden durch „Standrechtverordnungen" präzisiert. Darin wurde u. a. angeordnet: Waffentragend waren nur Wehrmacht, Polizei und beauftragte Wachformationen, alle anderen Personen mußten den Waffenbesitz anzeigen; Verbot von Aufmärschen, Kundgebungen, Versammlungen in geschlossenen Räumen, Flugblattherstellung; Weiterführung von Wirtschaft und Verkehr; Weiterarbeit von Reichsnährstand, gewerblichen Organisationen, OT, RAD, NS-Volkswohlfahrt und Deutscher Arbeitsfront unter neuer Leitung bzw. unter neuer Aufsicht; Weiterarbeit der Beamten, Angestellten und Arbeiter; Urlaubssperre, vorläufige Beschlagnahme des Vermögens der NSDAP und ihrer Verbände (außer RAD und OT); Strafverfolgung für Beseitigung oder Änderung von Urkunden, Registern, Akten; Verbot einer Betätigung für Amtsträger der NSDAP.

Zuwiderhandlungen gegen die Anordnungen, Aufreizung zu Gewalttat oder Sachbeschädigung sowie Plünderung sollten mit Gefängnis, Zuchthaus, Vermögensverlust oder Tod bestraft werden. Es sollten Standgerichte, aus drei Mitgliedern bestehend, eingesetzt werden. In weiteren Anordnungen wurde verkündet: Beschlagnahme des Vermögens der NSDAP-Führer; sofortige Schließung und Verwahrung der Dienststellen und Räume der NSDAP und ihrer Gliederungen, soweit sie nicht unter kommissarischer Leitung weiterzuarbeiten hatten; Aufhebung der UK-Stellung von NS-Führern, Einziehung zur Wehrmacht; Verbot des privaten Reiseverkehrs für drei Tage; Sperrung des gesamten Telegramm- und Fernsprechverkehrs außer Ortsgesprächen und Verkehr zwischen Staats- und Wehrmachtsstellen.

Es gab ferner Pläne, um das Nachrichtennetz der Post und der Wehrmacht in die Hand zu bekommen. General Fellgiebel, der Chef des Nachrichtenwesens im OKH und aller Wehrmachtsnachrichtenverbindungen, war zusammen mit seinen Mitarbeitern General Thiele und Oberst Hahn bereit, nach dem Attentat alle Nachrichtenverbindungen vom Führerhauptquartier zu sperren.

Die von Olbricht und Stauffenberg unter strenger Geheimhaltung vorgenommenen Planungsarbeiten waren sehr sorgfältig und gründlich. (Es muß hierzu noch bemerkt werden, daß die oben angeführten Dokumente nur jene sind, die erhalten blieben bzw. die sich auszugsweise in den Kaltenbrunner-Berichten finden.) Die schriftlichen Arbeiten an den „Walküre“-Zusatzbefehlen wurden von Frau von Tresckow und Fräulein von Oven, später verheiratete Gräfin Hardenberg, erledigt. Stauffenbergs Arbeit erfreute sich bei seinen Kameraden großer Wertschätzung. Fritz-Dietlof von der Schulenburg bezeichnete sie als geradezu „klassisch“: „Wir wären schon weiter, wenn sich Stauffenberg eher entschlossen hätte“, bemerkte er zu seiner Frau.[7] Die Tochter des Grafen Üxküll, Olga von Saucken, gibt folgende Äußerung ihres Vaters wieder: „Wenn diese ganze Verschwörung überhaupt noch eine winzige Chance hat, dann erst, seit Claus dazugestoßen ist. Er ist jetzt die treibende Kraft, die Kraft, die überhaupt erst all unseren jahrelangen Bemühungen eine Form gegeben hat. Er ist jetzt auch der Finger am Drücker. Ich bin schon alt, ich sehe im Moment meine Hauptaufgabe in der Sorge für Claus. Denn ohne ihn hat die ganze Sache kein Herz und (keinen) Kopf.“[8]

Bei aller Würdigung von Stauffenbergs und Olbrichts sorgfältiger Planungsarbeit muß man jedoch feststellen, daß sie sich ausschließlich auf die Vorbereitung eines militärischen Staatsstreichs bezog. Es war nicht vorgesehen, die Volksmassen von der ersten Stunde an zum Handeln aufzurufen, im Gegenteil, das Verbot von Kundgebungen, Demonstrationen und Herstellung von Flugblättern zielte darauf ab, revolutionäre Aktivität zu unterbinden. Der erste Schlag sollte ausschließlich von Militärs geführt werden. Die Aktion war also als Militärputsch, nicht als Volksaufstand angelegt. Auch Stauffenberg hatte sich also von dem Einfluß der antidemokratischen Mehrheit noch nicht völlig befreit.

Bei der Bewältigung der riesigen Aufgaben hatte Stauffenberg die selbstlose Unterstützung seiner Freunde. Haupt-

mann Helmuth Cords, der selbst in der Bendlerstraße war, gibt folgenden Bericht über Werner von Haeften:
„Sein innerliches Freudigsein überwog und überstrahlte alles andere. Wie am ersten Abend fand ich ihn auch später nie gedrückt oder niedergeschlagen, wenn er auch ernst sein konnte ... Er hatte eine große Liebe zu seinen Freunden und tat für sie alles, was in seiner Macht stand ... Selten sprach Werner darüber, daß er neben seinem offiziellen Dienst im Amt noch ganz anderes bearbeitete. Ab und zu sagte er nur, daß es am Vorabend wieder einmal so spät geworden war, 12 Uhr, 2 Uhr, 3 Uhr. Nicht daß darüber auch nur einen Augenblick ein Ungehaltensein durchklang oder daß er vielleicht geklagt hätte, daß es ihm zuviel wäre. Jeden Morgen fuhr er pünktlich zum Amt – meist fuhr er selbst den kleinen Mercedes –, neben ihm Oberst Graf Stauffenberg, und wenn er mich auf dem Weg von der U-Bahn-Station zur Bendlerstraße überholte, hielt er an, wenn noch Platz im Wagen war, oder er winkte mir wenigstens vergnügt zu."[9]
Stauffenberg selbst ließ keine Gelegenheit ungenutzt, neue Mitkämpfer zu gewinnen. Er sprach mit vielen Offizieren, erläuterte ihnen in aller Deutlichkeit die wahre Lage an den Fronten und in der Heimat und suchte sie von der Notwendigkeit des aktiven Widerstandes zu überzeugen. Der Oberleutnant Urban Thiersch, den Stauffenberg nach Berlin hatte versetzen lassen, berichtet über seine erste Begegnung mit Stauffenberg:
„Stauffenberg gab mir die linke Hand, strahlend lebhaft und mit einer Sicherheit, die einen glauben machte, seine schweren Verstümmelungen behinderten ihn nicht im mindesten. Er erkundigte sich freundlich, wie ich gereist und in Berlin untergekommen sei, und ließ mir Zigaretten anbie-

ten. Die Art, wie er und sein Ordonnanzoffizier miteinander sprachen, hatte etwas so Freimütiges, wie ich es unter Soldaten höchst selten und nur im Feld erlebt habe.
Das Klingeln des Telefons unterbrach uns und verknüpfte Stauffenberg in neue Gespräche am Apparat. Es war ein Vergnügen zu beobachten, mit welcher Intensität er die Unterredungen führte, knapp und sicher in Anordnungen, ... dabei immer souverän ...
Als die Gespräche abgeschlossen waren, wandte er sich wieder mir zu: ‚Gehen wir in medias res', sagte er, ‚ich betreibe mit allen mir zur Verfügung stehenden Mitteln den Hochverrat.' Dann sprachen wir von der unentrinnbar hoffnungslosen militärischen Lage, daß ein Umsturz daran nichts zu ändern vermöge, aber daß viel Blut gespart und ein letztes furchtbares Chaos vermieden werden könne. Die Schmach der gegenwärtigen Regierung müsse aber beseitigt werden. Ernst fügte er hinzu, es sei fraglich, ob es gelinge, doch schlimmer als ein Mißlingen sei, der Schande und dem lähmenden Zwang tatenlos zu verfallen. Nur Handeln vermöge innere wie äußere Freiheit zu gewinnen."[10]
Bei aller technischen Gründlichkeit des Planes, bei aller Selbstlosigkeit vieler Beteiligten hatte die Planung des Staatsstreichs jedoch den weiteren politischen Mangel, daß von dem zum Handeln bestimmten Personenkreis nur ein kleiner Teil tatsächlich zur Antihitleropposition gehörte. Der weitaus größere Teil konnte vorher nicht für die Mitwirkung gewonnen werden, wurde darum von den ersten Befehlen überrascht und war unschlüssig oder orientierte sich gar am Verhalten der örtlichen Partei- und SS-Führer. Stauffenberg und Olbricht stellten die von ihnen vorbereitete Aktion ausschließlich auf die Grundlage des militärischen Befehlssystems und rechneten sowohl mit dem unab-

dingbaren Gehorsam der angesprochenen Offiziere als auch mit der korrekten Durchführung der Weisungen. Der Kreis der „Wissenden“ war sehr klein, es gab weder zivile noch militärische politisch zuverlässige Kampfgruppen zur Durchführung der ersten Maßnahmen. Die Truppen, die bisher auf Befehl ihrer Offiziere für den „Führer“ marschiert waren, sollten nunmehr auf Befehl der gleichen Offiziere gegen ihn marschieren. Es sollte sich zeigen, daß diese Decke zu dünn sein mußte, um ein Unternehmen solcher Gewichtigkeit zu tragen. Wir dürfen annehmen, daß Stauffenberg diesen Mangel spürte. Er versuchte, ihn zu mildern, indem er mit jedem der künftigen Verbindungsoffiziere sprach und ihn in Plan und Aufgabe einführte. Aber das betraf bereits die Zeit nach dem entscheidenden Schlag, der in Berlin erfolgen mußte. Stauffenberg und Olbricht bemühten sich ferner, mit den in und um Berlin stationierten Truppen in näheren Kontakt zu kommen.

Stauffenberg drängte gleichzeitig auf die Auswahl geeigneter Persönlichkeiten als Politische Beauftragte in den Wehrkreisen, aber die Auswahl wurde von Goerdeler, Jakob Kaiser und Leuschner vorgenommen. Offensichtlich ließ ihm die umfangreiche Planungsarbeit, die er neben seinen dienstlichen Verpflichtungen erledigen mußte, keine weitere Zeit und Kraft, zumal er sich ja auch noch an den internen politischen Auseinandersetzungen zu beteiligen hatte. So war bei der Auswahl der Politischen Beauftragten und Unterbeauftragten der Einfluß Goerdelers besonders stark spürbar.

Die Liste der Verbindungsoffiziere und Politischen Beauftragten, die am 20. Juli 1944 der Gestapo in die Hände fiel, umfaßte folgende Namen:[11]

Wehrkreis	Verbindungsoffizier	Politischer Beauftragter
I Königsberg	Oberlt. Heinrich Graf von Lehndorff (Gutsbesitzer)	Heinrich Graf zu Dohna-Tolksdorf (Gutsbesitzer)
II Stettin	Major i. G. H. J. Graf von Blumenthal (früher Stahlhelmführer)	Oberlandforstmeister von Willisen (Staatsbeamter); Unterbeauftragter Ewald von Kleist-Schmenzin (Gutsbesitzer)
III Berlin	nicht genannt	nicht genannt
IV Dresden	Generalmajor Hans Oster (ehemaliger Geheimdienstoffizier)	Kaufmännischer Direktor Walter Kramer (Industrieller, DNVP)
V Stuttgart	nicht genannt	Baurat a. D. Albrecht Fischer (leitender Mitarbeiter bei Bosch, ehemaliger Vorsitzender des Verbandes der Metallindustriellen)
VI Münster	nicht genannt	Hauptmann d. R. Bernhard Letterhaus (ehemaliger Verbandssekretär der westdeutschen katholischen Arbeitervereine, Zentrum); Unterbeauftragter Landrat Sümmermann
VII München	Major L. Freiherr von Leonrod, Hauptmann Graf Drechsel	Reichswehrminister a. D. Otto Geßler (Demokratische Partei)

Wehrkreis	Verbindungsoffizier	Politischer Beauftragter
VIII Breslau	Rittmeister d. R. Friedrich Scholz-Babisch	Rechtsanwalt Dr. Hans Lukaschek (ehemal. Oberpräsident von Schlesien, Zentrum), Unterbeauftragte Polizeipräsident a. D. Fritz Voigt (SPD) und Rechtsanwalt Kaschny (Bürgermeister a. D.; Zentrum)
IX Kassel	Oberstlt. von Sell (Adjutant von Generalfeldmarschall von Mackensen)	Reichsminister und Oberpräsident a. D. Gustav Noske (SPD); Unterbeauftragter Staatsminister a. D. August Frölich (SPD) [12]
X Hamburg		Gustav Dahrendorf (ehemal. SPD-Bürgerschaftsabgeordneter); Unterbeauftragter Theodor Tantzen (Demokratische Partei)
XI Hannover	Oberst Siegfried Wagner (ehemal. Stahlhelmführer)	Oberbürgermeister a. D. Dr. Arthur Menge (Unternehmer, Deutsch-Hannoversche Partei); Unterbeauftragter Ministerpräsident a. D. Hermann Lüdemann (SPD)
XII Wiesbaden	Hauptmann d. R. Hermann Kaiser (Studienrat)	Staatsrat a. D. Rechtsanwalt Ludwig Schwamb (SPD); Unterbeauftragter Staatsminister a. D. der Saarregierung Bartholomäus Koßmann (Zentrum)

Wehrkreis	Verbindungsoffizier	Politischer Beauftragter
XIII Nürnberg	nicht genannt	Georg Böhme (ehemaliger Gewerkschaftsfunktionär)
XVII Wien	Oberst Rudolf Graf von Marogna-Redwitz	Bürgermeister a. D. Karl Seitz; Unterbeauftragter Josef Reither (österr. Bauernführer)
XVIII Salzburg	Oberst Otto Armster	Franz Rehrl (ehem. Landeshauptm. von Salzburg); Anton Mörl-Pfalzen (früher Sicherheitsdirektor von Tirol)
XX Danzig	Oberstlt. i. G. Hasso von Boehmer	Oberpräs. a. D. Hermann Freiherr von Lüninck (Gutsbesitzer, ehem. Stahlhelmführer, NSDAP)
XXI Posen	Major d. R. Georg Conrad Kissling	Ministerialdirektor Oberst Vollert
Böhmen-Mähren	Oberstlt. Nikolaus Graf von Üxküll (Onkel Stauffenbergs)	

Die Liste der Politischen Beauftragten und Unterbeauftragten ist eine Ansammlung von Unternehmern, Gutsbesitzern sowie früheren oder noch aktiven Staatsbeamten, die zumeist den ehemaligen bürgerlichen Parteien, besonders dem Zentrum, angehörten. Schon in dieser Zusammensetzung zeigt sich noch einmal besonders deutlich der reaktionäre Charakter der Verschwörung insgesamt. Eine Anzahl von rechten SPD-Führern sollte, ähnlich wie in der

Weimarer Republik, für einen pseudodemokratischen äußeren Anstrich sorgen.

Wir wissen, daß Stauffenberg, Leber, Moltke u. a. gegen die Kandidatur Goerdelers als Reichskanzler aufgetreten sind und Leber oder Leuschner als neuen Kanzler wollten. Für die Regierung einschließlich der den einzelnen Ministerien unterstehenden Staatssekretäre waren folgende Personen vorgesehen:[13]

Vorläufiges Staatsoberhaupt: Ludwig Beck; später evtl. Wilhelm Leuschner. *Staatssekretär:* Ulrich Graf Schwerin von Schwanenfeld

Reichskanzler: Carl Goerdeler; später Julius Leber oder Wilhelm Leuschner. *Pressereferent:* Carlo Mierendorff (Dez. 1943 bei Luftangriff getötet); danach Otto Kiep (Gesandter), auch Theo Haubach genannt

Vizekanzler: Wilhelm Leuschner oder Jakob Kaiser. *Staatssekretär:* Peter Graf Yorck von Wartenburg.

Inneres: Julius Leber, auch Günther Gereke (Christlich-Nationale Bauern- und Landvolkpartei) genannt, *Staatssekretär:* Fritz-Dietlof Graf von der Schulenburg

Äußeres: Ulrich von Hassell oder Werner Graf von der Schulenburg, auch Adam von Trott zu Solz genannt

Finanzen: Ewald Loeser (Direktor bei Krupp, früher Stadtkämmerer von Leipzig), auch Johannes Popitz genannt

Wirtschaft: Paul Lejeune-Jung (tätig in leitender Stellung in der Zellstoffindustrie, DNVP) oder Wilhelm Leuschner

Kultur: Eugen Bolz (Staatspräsident von Württemberg a. D., Zentrum), genannt auch Kurt Edler von Schuschnigg (früher österr. Bundeskanzler) und Adolf Reichwein. *Staatssekretär:* Hermann Kaiser

Justiz: Joseph Wirmer (Rechtsanwalt, Zentrum), auch Carl Langbehn genannt

Landwirtschaft: Andreas Hermes (Minister a. D., Zentrum); auch Freiherr von Lüninck und Hans Schlange-Schöningen (Osthilfekommissar 1931/32, Gutsbesitzer, Christlich-Nationale Bauern- und Landvolkpartei) genannt
Kriegswesen: Erich Hoepner oder Friedrich Olbricht.
Unterstaatssekretär: Claus Graf von Stauffenberg oder Friedrich Olbricht
Wiederaufbau: Bernhard Letterhaus
Verkehr: Wilhelm zur Nieden (Stadtbaurat a. D., Mitarbeiter Goerdelers in Leipzig) oder Matthäus Herrmann (Gewerkschafter)
Post: Erich Fellgiebel. *Unterstaatssekretär:* Fritz Thiele
Chef der Polizei: Wolf Graf von Helldorf; später Henning von Tresckow
Ferner sollte noch ein Österreicher als „Sprechminister" in das Kabinett aufgenommen werden.

Die Zusammensetzung der geplanten Regierung, die nach der Machtübernahme durch die Wehrmacht gebildet werden sollte, zeigt, daß die patriotischen Kräfte hier stärkere Positionen besessen hätten als in der Gruppe der Politischen Beauftragten für die Wehrkreise. Die großbürgerlichen Kräfte mußten dem Drängen der fortschrittlicheren Elemente des Kreisauer Kreises und der Stauffenberg-Gruppe, die den aktivsten Flügel der Verschwörung bildeten, einige Konzessionen machen. Wäre diese Regierung zustande gekommen, so wären mit Sicherheit nach kurzer Zeit – nach Beseitigung der Macht der NSDAP und der SS – in ihr prinzipielle, aus verschiedenen Klassenstandpunkten herrührende Gegensätze aufgebrochen. Politiker wie Goerdeler, von Hassell, Loeser, Lejeune-Jung, Hermes, Lüninck, Schlange-Schöningen u. a. waren politische Interessenverfechter der Großbourgeoisie und des Großgrund-

besitzes. Ihnen standen die linken Sozialdemokraten Leuschner, Leber, Reichwein und bürgerlich-demokratische Reformer wie Stauffenberg, Olbricht, Yorck, Schwerin von Schwanenfeld und Fritz von der Schulenburg gegenüber.
Wenn es auch sicher ist, daß die Letztgenannten sich auf die von den Kommunisten und Sozialdemokraten mobilisierte und organisierte Volksbewegung stützen konnten, so wäre es doch müßig, darüber zu spekulieren, ob sie sich hätten durchsetzen können. Der militärische Ausnahmezustand mit seinen auch gegen eine demokratische Bewegung gerichteten Beschränkungen hätte natürlich auch die Volksbewegung behindert. Es war darum die Forderung Stauffenbergs und Lebers, die Zeit des militärischen Ausnahmezustandes so kurz wie möglich zu halten. Auf alle Fälle darf man die Dinge jedoch nicht vereinfachen und bei dem Staatsstreich, wenn er in der vorgesehenen Weise gelungen wäre, nur die reaktionäre Seite im Blickfeld haben.
Selbstverständlich war die Verschwörung in ihrer Gesamtheit und in ihrem Wesen ein reaktionäres Unternehmen zur Rettung des deutschen Imperialismus und der Macht der Monopole vor ihrer Zerschlagung. Es ist unwissenschaftliche Geschichtsklitterei, sie als „Aufstand des Gewissens" oder als Audruck des „Geistes der Freiheit"[14] oder als „demokratische Verschwörung im totalitären Staat"[15] zu beurteilen.
Wenn diese reaktionäre Verschwörung aber einen besonderen Zug aufwies, dann den, daß sich um Leber, Moltke und Stauffenberg eine patriotische, bürgerlich-demokratische, dem Charakter der Gesamtverschwörung *entgegengesetzte* Gruppe herausgebildet hatte. Die ausgearbeiteten Pläne und Dokumente sowie das tatsächliche Kräfteverhältnis zeigen, daß diese Kräfte zwar nicht das Überge-

wicht, aber doch ziemlich starke Positionen gewonnen hatten, von denen aus günstigere Möglichkeiten für Ansätze zu einer echten antifaschistisch-demokratischen Orientierung bestanden hätten.
Ein einheitliches Regierungsprogramm existierte nicht. Es gab lediglich die zahlreichen Denkschriften Goerdelers, denen die Kreisauer Dokumente und die sich mit ihnen berührenden Ansichten der Gruppe um Stauffenberg gegenüberstanden. In den von Goerdeler, Wirmer, Stauffenberg u. a. vorbereiteten Rundfunkansprachen spiegelten sich die verschiedenen Ansichten und die Kompromisse wider.
Mitte Juni 1944 schrieb Kunrat von Hammerstein Goerdelers Gedanken wie folgt auf: Man dürfe mit dem Sturz Hitlers nicht mehr warten, sonst „wird das Volk mit vollem Recht sagen, daß seine Führungsschicht, die die Katastrophe hätte voraussehen müssen, ganz jämmerlich versagt und jede Führungsbefugnis verloren habe; eine Schicht, die den Stand der Großindustriellen einschließt, ohne dessen kurzsichtige Geldgier Hitler nie zur Macht gekommen wäre. Und dennoch würde es für uns insgesamt von Vorteil sein, wenn sich diese im Hauptbestandteil nur durch Generationen aufzubauende Schicht noch finge, denn ihre völlige Neubildung kommt einem Volke furchtbar teuer.“[16]
Außenpolitisch war Goerdeler folgender Meinung: „Durch sofortige Räumung aller besetzten Gebiete könnten wir den Anglo-Amerikanern immer noch große Verluste ersparen. Nur im Osten würden wir am besten an der polnischen Ostgrenze so lange stehenbleiben, bis Polen durch Deutschland wiederhergestellt wäre.“[17]
Nach wie vor war Goerdeler für ein antisowjetisches Bündnis mit England und den USA: „England muß daran gelegen sein, dem russischen Einfluß auf Europa ein von ihm

gelenktes, gesundendes Deutschland entgegenzusetzen. Deshalb werden Reparationen nach diesem Krieg nicht in Frage kommen. Die vor allem durch den Bombenkrieg herbeigeführte Verarmung, welche ein Volk bei schlechter Behandlung auf den Kommunismus stoßen könnte, wird die Engländer in ihren Friedensbedingungen überhaupt vorsichtig machen ... Ungeschickte Härten von anglo-amerikanischer Seite würden die Russen durch entgegenkommende Haltung für sich auszunutzen suchen. Aber da dem Westen das Bestehenbleiben eines starken Gegengewichts gegen Rußland von allergrößtem Interesse sein muß, werden wir uns – ohne die Russen vor den Kopf zu stoßen – zumindest vorläufig nach Westen orientieren."[18]

Die Gedanken Goerdelers zur Innenpolitik zeichnete Hammerstein wie folgt auf: „Deutschland muß wieder Rechtsstaat werden. Alle Kriegs- und NS-Verbrecher sind nach den zur Zeit der Verübung ihrer Untaten gültigen Gesetzen abzuurteilen. Vom ganzen Volk wird sehr viel Arbeit verlangt werden müssen, aber bei Beobachtung größter Sparsamkeit, geordneter Führung des Staatshaushaltes, Wiederherstellung eines in jeder Hinsicht einfachen Verwaltungsapparates bei voller Ausgestaltung des Gedankens der sozialen Gerechtigkeit – es geht nicht mehr an, daß ein Generaldirektor hundertmal soviel verdient wie sein bestbezahlter Arbeiter: diese Spanne ist viel zu hoch! – werden auch die beiden größten, auf finanziellem Gebiet und im Wiederaufbau der Städte liegenden Schwierigkeiten zu meistern sein."[19] Von einer demokratischen Umgestaltung war keine Rede. In einem Gespräch am 29. Juni erklärte Goerdeler, daß im Westen trotz Invasion „den anderen" immer noch viel zu ersparen sei, „Österreich müsse beim Reich bleiben, und englische Fühler seien da".[20]

Das bedeutete, daß Goerdeler im Prinzip auch jetzt noch an seinen großkapitalistischen, expansionistischen und antisowjetischen Zielen festhielt. Er sah in Stauffenberg nur ein Werkzeug, diese Ziele zu erreichen.

Im Interesse der Übersichtlichkeit haben wir zunächst die militärischen Pläne und den für die neue Staatsmacht vorgesehenen Personenkreis im Zusammenhang skizziert. Die Ausarbeitung dieser Dokumente erfolgte im wesentlichen bis Anfang 1944, bedurfte aber auch danach immer wieder der Ergänzung und Korrektur. Um die Zusammensetzung der künftigen Regierung gab es teilweise heftige Auseinandersetzungen bis in die Zeit unmittelbar vor dem 20. Juli.

Wenden wir uns nunmehr wieder den konkreten Attentatsversuchen zu, die in der Zeit von Herbst 1943 bis zum 20. Juli 1944 mehrfach unternommen wurden.

In der Frage der Ausschaltung Hitlers gab es verschiedene Auffassungen. Goerdeler lehnte lange Zeit ein Attentat ab, weil er offenkundig fürchtete, daß sich nach dem Tod Hitlers und anderer Naziführer demokratisch-revolutionäre Kräfte Bahn brechen würden. Er wollte, wie schon erwähnt, einem neuen 1918 zuvorkommen. Dabei rechnete er damit, daß es gelingen würde, Hitler zum Rücktritt zu bewegen und ohne wesentliche Konflikte die deutsche imperialistische Politik in etwas „gemäßigtere“ Bahnen zu lenken.

Moltke, Steltzer und andere Kreisauer waren ebenfalls gegen ein Attentat, aber nicht aus Angst vor dem Volk. Sie meinten, daß mit der Beseitigung Hitlers das gesamte Naziregime noch längst nicht beseitigt sei. Eine demokratische Volksbewegung, die das System hätte liquidieren können, gab es nach ihrer Meinung nicht, und den Generalen trauten sie diese Fähigkeit nicht zu. Darum hielten sie die Befreiung Deutschlands auf dem Wege über die militärische Katastrophe für unabwendbar.[21]

Außerdem gab es einige Mitglieder der Verschwörung, die ein Attentat aus religiösen Gründen ablehnten, z. B. Werner von Haeften.

Stauffenberg, Olbricht, Tresckow und andere hielten das Attentat auf Hitler für den einzig möglichen Auftakt zu einer Umwälzung. Stauffenberg und Olbricht wußten, daß die Tötung Hitlers noch keineswegs die entscheidende Umwälzung, aber der notwendige erste Akt für sie war. Sie rechneten mit dem Heer und seinen Offizieren als den allein entscheidenden Faktoren der ersten Stunden und Tage. Sie wußten aber auch, daß viele Offiziere sich an den Eid gebunden glaubten, daß andere die Eidbindung vorschützten, um einer persönlichen Entscheidung gegen die Nazis ausweichen zu können. Außerdem übten Person und Name des „Führers“ und Obersten Befehlshabers der Wehrmacht immer noch eine gewisse suggestive Kraft auf Teile des Volkes, der Soldaten und Offiziere aus.[22] Und schließlich hatte bei dem Kult, der um Hitler getrieben wurde, seine Person wesentliche Bedeutung für den inneren Zusammenhalt und die Festigkeit des gesamten Nazisystems mit Partei, Verbänden, SS, Gestapo usw. Stauffenberg und Olbricht wollten alle diese Probleme durch die klare Tatsache des Todes Hitlers lösen. Darum betrieben sie mit Energie die weiteren Attentatsvorbereitungen.

Ein neuer Attentatsversuch sollte Anfang November 1943 stattfinden. Man hatte sich darauf geeinigt, daß Stieff, der an den Lagebesprechungen im Führerhauptquartier teilnahm, den Anschlag während einer „Führerlage“, wie die Besprechungen mit Hitler genannt wurden, ausführen sollte. Tresckow hatte neuen englischen Sprengstoff besorgt, den er im Oktober an Stauffenberg weitergab. Stauffenberg übergab ihn an Stieff, der jedoch nach einiger Zeit erklärte, keine Möglichkeit zu haben, den Sprengstoff unbemerkt in das Beratungszimmer zu bringen. Der mehrfache Sicherheitskordon, der Hitler im Hauptquartier umgab, war in der Tat ein schweres Hindernis für das Gelingen eines Anschlages.

Stauffenberg hatte versucht, den Oberst i. G. Joachim Meichßner für das Attentat zu gewinnen. Meichßner war Mitarbeiter Keitels und hatte Zutritt zu den Lagebesprechungen. Aber Meichßner, obwohl er mit Stauffenberg übereinstimmte, brachte nicht die Kraft auf, den Anschlag auszuführen. Daraufhin schlug Tresckow vor, das Attentat während einer Uniformvorführung zu vollziehen. Im November sollten Hitler neue Uniformen vorgeführt werden, damit er sie genehmigen konnte. Es galt, einen Offizier zu finden, der bereit war, mit einer in der Uniform versteckten Sprengstoffladung sich Hitler zu nähern und ihn und sich selbst in die Luft zu sprengen. Schulenburg nannte Hauptmann Axel von dem Bussche, mit dem er befreundet war und von dem er wußte, daß er Hitler glühend haßte. Das Erlebnis der Massenerschießungen von Männern, Frauen und Kindern in Polen und der Sowjetunion hatte ihn zu einem Feind des Nazismus gemacht. Stauffenberg rief Bussche von der Ostfront nach Berlin und führte mit ihm in Düppel, einem Vorort von Berlin, das entscheidende Gespräch. Bussche war zur Selbstaufopferung bereit. Jedoch wurde die Vorführung der Uniformen mehrmals verschoben, und als sie schließlich doch stattfinden sollte, wurde der Eisenbahnwagen mit den Uniformen durch einen Luftangriff in Berlin vernichtet. Inzwischen mußte Bussche an die Front zurück, wo er bald schwer verwundet wurde.

Zu dieser Zeit äußerte Stauffenberg zum erstenmal den Gedanken, das Attentat selbst durchzuführen. Aber Olbricht und Beck widersprachen dem, weil sie Stauffenberg in Berlin für unersetzbar hielten.

Nach unklaren und nicht eindeutig belegten Darstellungen soll Ende Dezember 1943 ein weiterer vergeblicher Versuch eines Anschlages unternommen worden sein.[23] Ein Zufall hätte beinahe zur Entdeckung der Verschwörung geführt. Major Kuhn und Oberleutnant Hagen hatten englischen Sprengstoff im Führerhauptquartier unter einem hölzernen Wachturm verborgen. Auf ungeklärte Weise entzündete sich die Ladung. Die Untersuchung des Vorfalls wurde jedoch von dem Abwehroffizier Oberstleutnant Schrader, der Mitglied der Verschwörung war, geführt. Schrader konnte die Angelegenheit verschleiern und eine Entdeckung verhindern. Es mußte jedoch neuer Sprengstoff beschafft werden. Im Januar 1944 ergab sich aufs neue die Möglichkeit, die jetzt beabsichtigte Uniformvorführung für das Vorhaben auszunutzen. Da Bussche verwundet war, mußte ein anderer Offizier gefunden werden. Schulenburg schlug Oberleutnant Ewald-Heinrich von Kleist vom Potsdamer 9. Infanterieregiment vor, der nach Gesprächen mit Stauffenberg und mit seinem Vater, dem schon mehrfach genannten pommerschen Gutsbesitzer Ewald von Kleist-Schmenzin, zum Selbstopfer bereit war.[24] Doch die für den 11. Februar 1944 angesetzte Vorführung wurde wieder abgesagt.

Sicherlich hätten sich außer den Genannten noch weitere Offiziere gefunden, die unter Einsatz ihres Lebens den Anschlag auf Hitler zu unternehmen bereit waren. Aber es handelte sich meist um junge Offiziere, die keinen Zutritt zu Hitler hatten. Unter den Generalen und hohen Offizieren aus der Umgebung Hitlers fand sich keiner dazu bereit. Zutritt zu den Lagebesprechungen hatte der Chef der Operationsabteilung im Generalstab des Heeres, Generalleutnant Adolf Heusinger, der seit Frühjahr 1943 von der Absicht der Verschwörer, Hitler zu beseitigen, wußte. Dem General Wagner, der ihn zu gewinnen suchte, hatte er erklärt, daß er sich einer neuen Führung vorbehaltlos zur Verfügung stellen wolle. Als aber Ende 1943 Stieff bei Heusinger wegen des Attentats vorfühlte, lehnte er mit den Worten ab: „Um Gottes willen! Das ist ja Hochverrat! Wir sind an Eid und militärische Pflicht gebunden!“[25]

Tresckow glaubte längere Zeit, daß Heusinger doch zur Mitwirkung bereit wäre. Als Anfang 1944 Heusinger zur Kur fahren mußte, bat Tresckow ihn schriftlich, ihn – Tresckow – als seinen Stellvertreter zu benennen. Tresckow hätte dann die Möglichkeit gehabt, an den Lagebesprechungen teilzunehmen und den Anschlag auszuführen. Doch Heusinger beantwortete die Bitte Tresckows nicht einmal. Werner von Haeften nannte Heusinger einen „Versager und Nickesel“.[26] Auf Vorschlag Olbrichts und Lindemanns wies Stauffenberg an, Heusinger und den eine ähnliche Haltung einnehmenden Grafen Kielmannsegg aus allen weiteren Planungen auszuschalten.

Inzwischen hatte sich die Gestapo immer näher an die Verschwörung herangetastet. Sie hatte – wie schon erwähnt – den Spitzel Reckzeh[27] in den Solf-Kreis geschleust und im Januar 1944 viele Mitglieder dieses Kreises, darunter Helmuth von Moltke, verhaftet. Im Februar erließ Hitler eine Verordnung, durch die der militärische Geheimdienst größtenteils in den SD eingegliedert und Canaris entlassen wurde. Der Rest der Abwehr kam unter die Leitung von Oberst Hansen, der ein Mitverschworener war. Im Juni

1944 sagte Himmler zu Canaris, er wisse wohl, „daß es namhafte Kreise im Heere gebe, die mit Umsturzplänen spielten. Aber es werde nicht soweit kommen. Er werde rechtzeitig vorher zugreifen. Er habe sich die Sache nur so lange angesehen, um herauszubekommen, wer denn eigentlich dahinterstecke. Nun wisse er es. Und er werde Leuten wie Beck und Goerdeler rechtzeitig das Handwerk legen".[28] Schlabrendorff berichtet, daß Olbricht von diesem Bericht Canaris' sehr beeindruckt war und „einen unmittelbar bevorstehenden Zugriff Himmlers" befürchtete. „Wir konnten nichts tun. Wir mußten die Nerven behalten."[29]

Am 4. Juli 1944 wurden Reichwein, Saefkow und Jacob, am 5. Juli Leber verhaftet. Am 17. Juli wurde die Verhaftung Goerdelers angeordnet, der schon gewarnt war und sich verborgen hielt. Damit war die Gestapo in den inneren Kreis der Verschwörung eingedrungen, und auch unter diesem Aspekt war höchste Eile geboten.

Die militärische Lage Hitlerdeutschlands nahm im Sommer 1944 den Charakter einer Katastrophe an. Am 4. Juni befreiten alliierte Truppen Rom von der faschistischen Herrschaft. Am 6. Juni landeten die Alliierten in der Normandie und bildeten einen festen Brückenkopf, in dem sie schnell ihre Kräfte verstärkten und den Einbruch nach Frankreich vorbereiteten. Am 23. Juni begann die Bjelorussische Operation der Roten Armee, durch die die Heeresgruppe Mitte nahezu völlig zerschlagen wurde und am 26. Juni Witebsk, am 3. Juli Minsk und am 13. Juli Vilnius befreit wurden. Am 8. Juli kapitulierte General Vincenz Müller mit den Resten der eingeschlossenen 4. Armee bei Minsk und schloß sich kurze Zeit später dem Bund Deutscher Offiziere und dem NKFD an. Am 13. Juli 1944 begann die sowjetische Offensive gegen die Heeresgruppe Nordukraine, die zur Befreiung der Westukraine führte. Ende Juli/Anfang August erreichten die sowjetischen Truppen an mehreren Stellen die Weichsel. Bezeichnend für die Situation, wie sie in der militärischen Führerschaft der faschistischen Wehrmacht entstanden war, ist ein Telefongespräch, das Ende Juni zwischen Keitel und Rundstedt geführt wurde. Als Keitel angesichts der sich häufenden Katastrophenmeldungen von allen Fronten verzweifelt fragte: „Was sollen wir denn machen?", antwortete ihm Rundstedt: „Was ihr machen sollt? Schluß sollt ihr machen mit dem Krieg, ihr Idioten!"[30] Aber Rundstedt und die anderen Feldmarschälle brachten, von wenigen Ausnahmen abgesehen, nicht einmal das Minimum von Vernunft auf, den verlorenen Krieg zu beenden. Angesichts der Verschärfung der militärischen Lage entstand unter den Verschwörern die Frage, ob ein Staatsstreich überhaupt noch einen Sinn habe, da der Zusammenbruch der faschistischen Herrschaft nahe bevorstand. Diese Frage ließ Stauffenberg im Juni durch Lehndorff an Tresckow richten. Tresckows Antwort lautete: „Das Attentat muß erfolgen, coûte que coûte. Sollte es nicht gelingen, so muß trotzdem in Berlin gehandelt werden. Denn es kommt nicht mehr auf den praktischen Zweck an, sondern darauf, daß die deutsche Widerstandsbewegung vor der Welt und vor der Geschichte den entscheidenden Wurf gewagt hat. Alles andere ist daneben gleichgültig."[31] Im Grunde war das auch Stauffenbergs Ansicht, er wollte sie nur noch einmal durch einen Kampfgefährten bestätigt wissen.

Selbstverständlich hätte ein erfolgreicher Umsturz mit sofortiger Herstellung des Friedens auch noch zu dieser Zeit nicht nur moralische, sondern auch höchst praktisch-materielle Bedeutung gehabt. Dafür spricht schon allein die Überlegung, daß dem deutschen Volk und den anderen Völkern das alles erspart geblieben wäre, was sich seit dieser Zeit bis Kriegsende noch ereignet hat.

Seit März 1944 hatte sich für die Stauffenberg-Gruppe keine Möglichkeit mehr zur Durchführung des Attentats ergeben. Da kam ein günstiger Umstand zu Hilfe. Claus von Stauffenberg wurde ab 15. Juni interimistisch, ab 1. Juli offiziell zum Chef des Stabes beim Befehlshaber des Ersatzheeres unter gleichzeitiger Beförderung zum Oberst berufen. Das bedeutete, daß er jetzt oft an den Lagebesprechungen im Führerhauptquartier teilnehmen mußte. Sofort entschloß er sich, die Durchführung des Attentats selbst zu übernehmen. Die Freunde reagierten auf diesen Entschluß mit großem Unbehagen, aber schließlich hatten ja alle anderen Versuche mit Fehlschlägen geendet. In seiner neuen Funktion hatte Stauffenberg auch die Möglichkeit – mit oder ohne Fromm –, den Befehlsapparat des Heimatheeres in Bewegung zu setzen.

Die Verschwörer traten in eine Periode erneuter großer Aktivität. Die Aufrufe, Rundfunkansprachen und vorbereiteten Befehle wurden noch einmal überprüft und auf den neuesten Stand gebracht. Man wußte, daß jetzt in wenigen Tagen die Entscheidung fallen konnte. Mit den eingeweihten Offizieren fanden letzte Absprachen statt. Als seinen Nachfolger als Chef des Stabes bei Olbricht holte Stauffenberg seinen Freund Mertz von Quirnheim in die Bendlerstraße. Mertz wohnte bei Stauffenberg in Berlin-Wannsee. Eine Schwierigkeit ergab sich mit dem Wachbataillon Berlin, das im Mai 1944 mit Major Ernst Remer einen neuen Kommandeur erhalten hatte. Remer war Träger des „Eichenlaubs“ und galt als hitlertreu. Aber man glaubte,

daß er nach Hitlers Tod den Befehlen der neuen militärischen Vorgesetzten gehorchen würde.
Im Westen hatte die Verschwörung im Sommer 1944 eine gewisse Verstärkung erhalten. Generalfeldmarschall Erwin Rommel, einstiger Verehrer Hitlers, dessen Günstling und lange Zeit Idol der Hitler-Jugend, wandte sich nunmehr gegen Hitler. Seine Ansichten werden bei Zeller wie folgt wiedergegeben: „Festnahme Hitlers und seine Aburteilung durch ein deutsches Gericht, Waffenstillstandsverhandlungen im Westen auf der Grundlage der sofortigen Freigabe der besetzten Westgebiete und unmittelbarer Beendigung der Bombenabwürfe durch die westlichen Alliierten, Fortbestehen einer verkürzten Abwehrfront im Osten, endlich Bildung einer neuen vorläufigen Reichsgewalt unter der Führung Becks, Goerdelers, Leuschners.“[32] Als Rommel von den Vorbereitungen Stauffenbergs hörte, sprach er sich gegen ein Attentat aus, erklärte sich aber grundsätzlich zu einer Mitwirkung bei der Verschwörung bereit. Rommel gehörte politisch zum rechten Flügel der Goerdeler-Gruppe. Er hatte unbedenklich dem „Führer“ gedient, solange dieser siegte, er kündigte ihm die Gefolgschaft, als die Gefahr bestand, mit hineingerissen zu werden in den Abgrund. Überdies gehörte er zu den Verfechtern der imperialistischen „Westlösung“: Öffnung der Front im Westen, Fortsetzung des Krieges gegen die Sowjetunion.
Anfang Juli 1944 schickten Stauffenberg und Hansen den Syndikus der Lufthansa, Dr. Otto John, nach Madrid mit dem Auftrag, mit alliierten Stellen, möglichst mit dem Obersten Hauptquartier der Alliierten Expeditionsstreitkräfte, Verbindung aufzunehmen und die Nachricht vom bevorstehenden Staatsstreich zu übermitteln. Diese Aktion war nicht unbedingt Ausdruck einer „Westorientierung“

Stauffenbergs. Stauffenberg hatte ebenfalls die Versuche gebilligt, mit der Sowjetregierung in Verbindung zu kommen. Er war – wie schon oben dargelegt – für Frieden an allen Fronten.

Offensichtlich widmete Stauffenberg in dieser Zeit den in und um Berlin stationierten Truppen erhöhte Aufmerksamkeit, um sich ihrer Einsatzbereitschaft zu versichern. Dafür spricht ein Bericht des damaligen Obergefreiten der Infanterie-Schule Döberitz-Elsgrund, Walter Keirath, in dem es heißt:

„Anfang Juni 1944 mußte der gesamte Lehrstab 4 der Infanterie-Schule Döberitz-Elsgrund zu einer Besichtigung auf dem Exerzierplatz antreten. Hauptmann Patzer, ein sehr energischer und vor allem ein sportlich sehr gut durchgebildeter Offizier, hatte unsere Einheit, sie hieß jetzt 2. Stammkompanie des Lehrstabs 4, zu einer Eliteeinheit ausgebildet. Bei der Besichtigung erschien Oberst Stauffenberg mit Gefolge. Er schritt ruhig und gelassen die Front ab, in einem sehr kameradschaftlichen Ton unterhielt er sich eingehend mit etlichen Soldaten. Er sagte dann: ‚Diese Kompanie macht auf mich einen tadellosen Eindruck. Eure vierteljährige Ruhe hat nun bald ein Ende, ihr kommt nun bald zum Einsatz und werdet für meine große Aufgabe die Spitzenkompanie. Ich erwarte, daß jeder Soldat und Offizier seine Pflicht treu erfüllt, es geht jetzt erst recht um Deutschland.‘ Wir dachten nun alle, daß wir zur Westfront kommen, denn da erwartete man die Invasion der Alliierten.

Die Dienstpläne der Kompanie wurden umgestaltet. Sahen sie bis dahin zu 50 Prozent Angriff und ‚Feindstellung‘ zur Ausbildung der Offiziersanwärter vor, so wurde nun die Nahkampfausbildung, Häuserkämpfe usw. in den Vordergrund gestellt. Mit scharfen Handgranaten und Panzerfäusten wurde des öfteren geprobt. Ende Juni wurde morgens Alarm gegeben. Die Einheit stand in einer halben Stunde mit schweren und leichten Waffen und voller Kriegsausrüstung einsatzbereit. Scharfe Munition wurde ausgegeben. Als Tarnung für diesen Einsatz wurde uns erklärt, daß Ostarbeiter in Berlin einen Aufstand planten. Fahrzeuge und Panzer wurden von einer motorisierten Einheit gestellt. Nach wenigen Stunden war das Unternehmen beendet, wir fuhren nicht bis Berlin, es galt nur als Probe. Oberst Stauffenberg erschien nach dieser Übung zum zweiten Male in Döberitz-Elsgrund. Die Übung wurde ausgewertet, Hauptmann Patzer ließ die Kompanie peinlichst ausrichten und meldete. Oberst Stauffenberg erklärte, nachdem wir uns in einem Kreis um ihn versammeln mußten: ‚Ich schaue jetzt nicht nach der Ausrichtung und Linie, ich will nur die richtige Linie im harten Einsatz sehen, der uns nun bald bevorsteht!'"[33]

Auch Olbricht besichtigte Truppen im Raum Berlin und bemühte sich um persönliche Fühlungnahme mit den Offizieren, die – wie auch der erwähnte Hauptmann Patzer – nicht zur Verschwörung gehörten, aber eine wichtige Aufgabe zu erfüllen hatten. So fand Anfang Juli auch eine Alarmübung im Panzer-Lehrregiment Potsdam-Nedlitz statt. Olbricht besichtigte anschließend die Einheit, bedankte sich für die gute Übung und unterhielt sich mit Offizieren und Soldaten.

Ebenso wurde die Panzertruppenschule Groß-Glienicke inspiziert. Darüber berichtet der ehemalige Fähnrich Walter Hartz:

„Wenige Tage vor dem 20. Juli – wir fuhren gerade eine Gefechtsübung mit scharfem Schuß auf dem ehem. Truppenübungsplatz Döberitz – mußten wir sofort mit unseren Fahrzeugen in die Schule einrücken, denn es war das Kennwort ‚Walküre' ausgegeben worden. Die Kampfwagen wurden kriegsmäßig ‚munitioniert' und aufgebaut, und wir stellten uns mit den Fahrzeugen der anderen ‚Inspektionen' der Schule – SPW und Pak – auf der Straße Potsdam–Spandau auf, die unmittelbar vor der Schule vorbeiführt. Die Schule besaß vorwiegend Kampfwagen vom Typ ‚Panzer IV' mit der 7,5 cm Langrohr KWK, auch einige ‚Panther' waren darunter. Die Durchführung dieses Alarms ging im allgemeinen für militärische Begriffe recht langsam vor sich, denn es sickerte nach kurzer Zeit durch, daß es sich nur um eine Übung handele, und wenn ich mich nicht irre, wurde alles sehr oberflächlich gehandhabt, d. h., daß manche Panzer keinesfalls gefechtsfähig waren, auch wurde keine Verpflegung für die Besatzungen ausgegeben. Man belehrte uns erst jetzt, daß das Kennwort ‚Walküre' bei ‚inneren Notständen' ausgegeben wird. Als wir auf der Straße standen, kamen dann einige uns unbekannte Offiziere, die offensichtlich nicht zur Schule gehörten, und besichtigten die Fahrzeuge. Sicherlich hatten sie von Anfang an den Ablauf des Alarms verfolgt und schienen unzufrieden, denn am nächsten Tag wurden wir von unseren Inspektionsoffizieren wegen unserer Lässigkeit gerügt, und man machte uns auf die verhängnisvollen Folgen bei einem Ernstfall aufmerksam. Später wurde von einigen Fähnrichen behauptet, daß auch Stauffenberg dabei gewesen wäre und mit ihnen sehr jovial gesprochen hätte. Ich kann mich für Stauffenbergs Anwesenheit nicht verbürgen."[34] Alle genannten Einheiten kamen am 20. Juli zum Einsatz.

Am 6. Juli mußte Stauffenberg zu einer Besprechung zum Obersalzberg, wo sich Hitler gerade befand. Nach einem späteren Gestapo-Bericht soll er in seiner Aktentasche die Bombe mitgeführt, aber keinen Anschlag versucht haben.[35]

Am 11. Juli war Stauffenberg wieder auf dem Obersalzberg. In seiner Aktentasche befand sich die Bombe. Er nahm aber von der Auslösung Abstand, weil Himmler nicht an der Besprechung beteiligt war. Die Ausschaltung Himmlers und Görings zusammen mit Hitler erschien ihm unbedingt notwendig.

Am Abend des 11. Juli traf Stauffenberg seinen aus Paris angekommenen Vetter Caesar von Hofacker, der berichtete, daß Rommel zum Handeln entschlossen sei, wenn von Berlin aus der Anstoß käme. Hofacker meinte weiter, daß nach dem Tod Hitlers auch Kluge, der inzwischen zum Oberbefehlshaber West ernannt worden war, mitmachen würde. Aus Madrid kam von John die Mitteilung, daß Eisenhower zu Kontakten bereit sei, aber die bedingungslose Kapitulation – auch im Osten – fordere. Beck drängte zum schnellen Handeln.

Nunmehr wurde das Attentat für den 15. Juli festgelegt, da Stauffenberg an diesem Tage zusammen mit Fromm wieder zur Besprechung bei Hitler – diesmal in die „Wolfsschanze“ bei Rastenburg – mußte. Die Vertrauensleute erhielten Vorwarnungen, und es wurde verabredet, zwei Stunden vor dem Attentat „Walküre“ auszulösen. Um 9.35 Uhr landeten Fromm und Stauffenberg, begleitet von Klausing, in Rastenburg. Um 11.00 Uhr gab Olbricht in Berlin das Stichwort „Walküre“. Um 13.10 Uhr begann in der Wolfsschanze die Lagebesprechung, die jedoch nur kurz war, so daß Stauffenberg die Bombe nicht zünden konnte. Anschließend mußte er zu einer ursprünglich nicht vorgesehenen Sonderbesprechung, bei der Hitler nicht anwesend war. Nach 13.30 Uhr meldete Stauffenberg telefo-

nisch nach Berlin, daß die Aktion mißlungen sei. Der „Walküre“-Alarm wurde abgebrochen und als Übungsalarm getarnt.
Am Abend des 16. Juli fand in Stauffenbergs Wohnung in Wannsee die schon erwähnte Beratung statt, an der die Brüder Stauffenberg, Schulenburg, Trott zu Solz, Yorck, Mertz, Hansen und Hofacker teilnahmen. Es wurde beschlossen, bei der nächsten Gelegenheit unter allen Umständen loszuschlagen und danach sofort Verhandlungen anzubieten. „In der anschließenden Diskussion wurde die Meinung vertreten, daß die Verhandlungen von Militär zu Militär geführt werden sollten, und zwar nicht nur mit den Feinden im Westen, sondern auch mit den Sowjets“, stellte die Gestapo später fest.[36]
Am 17. Juli wurde Rommel im Westen schwer verwundet und fiel für die weitere Mitwirkung aus.
Es wird berichtet, daß in diesen Tagen in Berlin und Potsdam merkwürdigerweise das Gerücht umlief, daß das Führerhauptquartier bald in die Luft gesprengt werden würde. Die Mitteilung darüber gelangte auch zu Stauffenberg.
Am 18. Juli erhielt Stauffenberg die Anweisung, am 20. Juli im Führerhauptquartier einen Bericht über die Neuaufstellung von Volksgrenadierdivisionen zur Stabilisierung der katastrophalen Lage im Osten zu erstatten. Die Freunde und Kampfgefährten wußten, daß jetzt die Würfel gefallen waren. Am 19. Juli gingen in aller Eile vertrauliche Benachrichtigungen an die Vertrauensleute hinaus. Wagner, Olbricht, Mertz, Bernardis, Schulenburg, Yorck, Schwerin und andere Stauffenberg nahestehende Mitverschworene waren an diesem Tage darüber informiert, daß am nächsten Tag – so oder so, wie Tresckow gesagt hatte – die Entscheidung fallen mußte. Manche nahmen Abschied von

ihren Familien, ohne daß die Familien wußten, daß es womöglich ein Abschied für immer war.
Am Abend des 19. Juli suchte der frühere Reichskommissar für Arbeitsbeschaffung, Dr. Dr. Günther Gereke, den zurückgezogen auf Gut Seese im Kreis Calau bei seinem Adjutanten Graf Lynar-Reedern lebenden Generalfeldmarschall von Witzleben auf, um mit ihm den Entwurf eines Aufrufs zu besprechen, der im Falle eines Gelingens des Attentats an die Bevölkerung gerichtet werden sollte. In den Erinnerungen Gerekes heißt es darüber: „Mein mitgebrachter Entwurf war das Ergebnis zahlreicher Besprechungen, die ich mit Popitz und mit Langbehn, einmal auch mit Generaloberst Beck Ende 1943, geführt hatte. Gegenüber früheren Vorschlägen von Goerdeler hielt ich es für entscheidend, daß wir unseren Standpunkt vertreten hatten, die Bitte um Waffenstillstand nicht nur an die Westmächte, sondern auch an die Sowjetunion zu richten. 1943 war uns bekannt geworden, daß sich in der UdSSR aus Angehörigen der KPD und gefangenen Offizieren und Soldaten der Wehrmacht ein Nationalkomitee ‚Freies Deutschland' gebildet hatte. Ich freute mich darüber, erblickte ich doch in dem Zusammengehen so verschiedenartiger Kräfte eine Bestätigung für Gedanken, die auch mir vorschwebten. Eine Verbindung mit dem Nationalkomitee war für uns technisch leider unmöglich, so gern ich auch persönlich eine Abstimmung mit dem Nationalkomitee gesehen hätte. Bei der Erwähnung des Nationalkomitees meinte Witzleben: Wenn ein Mann wie der General von Seydlitz sich dort so positiv einsetzt, ist eine Fühlungnahme nach gelungenem Attentat dringend notwendig.
Bis zu diesem Abend hatte ich Witzleben persönlich nicht gekannt. Ich gewann während unserer Unterhaltung den

Eindruck, mit einem klugen, politisch durchaus interessierten Offizier zu sprechen. Seine Ablehnung des Nationalsozialismus war stark gefühlsmäßig geprägt – irgendwie sprach aus ihm noch der Vertreter der alten, betont konservativen Schule. Doch meine Aufgabe war es nicht, jetzt darüber ein Streitgespräch zu beginnen. Witzleben, der sehr nervös wirkte, teilte mir mit, daß das Attentat nunmehr am folgenden Tag in Hitlers Hauptquartier im Steinorter Wald bei Rastenburg, der sogenannten Wolfsschanze, stattfinden solle. Nach gelungenem Attentat wollten wir uns in Berlin in der Bendlerstraße treffen, um dann den Aufruf zu veröffentlichen und die provisorische Regierung zu bilden. Witzleben und ich waren uns über die Zusammensetzung der vom Verschwörerkreis geplanten provisorischen Regierung einig. Der Feldmarschall begrüßte meine Bereitschaft, das Reichsinnenministerium zu übernehmen."[37]

Die in dem geplanten Aufruf und im Gespräch mit Gereke von Witzleben geäußerten Vorstellungen standen in eindeutigem Gegensatz zu den Auffassungen Goerdelers. Mit ihm versuchte am gleichen Abend Fritz-Dietlof von der Schulenburg Verbindung aufzunehmen, indem er sich in Potsdam bei der Schwester Goerdelers nach dessen Aufenthaltsort erkundigte. Sie wußte ihn aber nicht, da er sich bereits versteckt halten mußte.

Noch am 12. Juli hatte Goerdeler über die Offiziere um Stauffenberg gesagt: „Die machen es nie."[38] Von Stauffenberg wird berichtet, daß er am 19. Juli das gleiche Bild wie an anderen Tagen bot: ruhig, heiter, seinen Dienstobliegenheiten nachgehend. Er hatte ein Gespräch mit Trott zu Solz. Den Abend verbrachte er mit seinem Bruder.

Am Donnerstag, dem 20. Juli 1944, kurz nach 6 Uhr morgens, verließ Oberst Graf von Stauffenberg in Begleitung seines Bruders die Wohnung in Berlin-Wannsee. Ein Auto brachte beide in die Stadt, wo Oberleutnant Werner von Haeften zustieg, und dann weiter zum Flugplatz Rangsdorf, wo bereits Generalmajor Stieff wartete, um zum Führerhauptquartier zurückzufliegen. Der Start des von General Wagner zur Verfügung gestellten zweimotorigen Kampfflugzeugs vom Typ He 111 erfolgte gegen 7 Uhr. In den mitgeführten Aktentaschen befanden sich zwei Bomben, die mit lautlos arbeitenden chemischen Zündern versehen waren.[39] Während Stauffenberg eine Bombe in seiner Aktentasche unterbrachte, nahm Haeften die andere an sich. Berthold von Stauffenberg begab sich unterdessen zum Gebäude des OKH in der Bendlerstraße.

Nach dem etwa 560 Kilometer langen Flug landete die Maschine gegen 10.15 Uhr in Rastenburg. Stauffenberg beauftragte den Flugzeugführer, sich ab Mittag zum Rückflug nach Berlin bereitzuhalten. Mit einem Dienstwagen begaben sich Stauffenberg und seine Begleiter ins Führerhauptquartier, wo sich Stauffenberg beim Lagerkommandanten meldete. Nach einem Frühstück mit dessen Adjutanten Rittmeister von Möllendorf ging Stauffenberg zu General Fellgiebel, dem Chef des Wehrmachtsnachrichtendienstes, der in die Verschwörung eingeweiht war. Anschließend hatte er noch eine dienstliche Angelegenheit mit General Buhle, dem Vertreter des Heeres beim Oberkommando der Wehrmacht, zu klären. Gegen 12 Uhr traf Stauffenberg zusammen mit Buhle bei Generalfeldmarschall Keitel, dem Chef des OKW, ein, um den Vortrag noch einmal zu besprechen. Haeften befand sich in einem Aufenthaltsraum im gleichen Gebäude. Keitel teilte mit, daß die ursprünglich für 13 Uhr angesetzte Lagebesprechung wegen des Besuchs Mussolinis auf 12.30 Uhr vorverlegt sei. Die vorzutragenden Berichte sollten kurz sein. Keitel teilte ferner mit, daß die Lagebesprechung in der für diese Zwecke vorgesehenen Lagebaracke – einer Baracke mit Holzwänden, die durch einen Betonmantel verstärkt waren – stattfinden werde. Kurz vor 12.30 Uhr schickte sich Keitel an, mit seinem Adjutanten John von Freyend, Buhle und Stauffenberg von seinem Büro aus zu der etwa drei Minuten entfernten Lagebaracke zu gehen. Stauffenberg jedoch erklärte, sich noch etwas frisch machen und das Hemd wechseln zu wollen.[40] Er traf im Flur auf Haeften, und John von Freyend zeigte beiden sein Schlafzimmer. Haeften ging mit Stauffenberg hinein, da er dem Einarmigen helfen mußte. Diese kurze Zeit des Alleinseins war notwendig, um mit einer Zange den Zünder der Bombe, die sich in der Aktentasche befand, einzudrücken. Fünfzehn Minuten danach mußte die Explosion erfolgen. Keitel war schon ein Stück vorausgegangen. Während sich Stauffenberg und Haeften im Zimmer Johns befanden, rief Fellgiebel im OKW-Bunker an und ließ Stauffenberg sagen, er möge ihn noch einmal anrufen. John schickte den Oberfeldwebel Vogel mit dieser Nachricht zu Stauffenberg in das Zimmer. Vogel berichtet später, er habe gesehen, wie Stauffenberg und Haeften etwas in eine Aktentasche taten. Auf dem Bett lagen eine Menge Papiere. Offenkundig waren Stauffenberg und Haeften dabei gestört worden, beide Bomben in der Aktentasche zu verstauen. Vielleicht hatte, so müssen wir annehmen, Stauffenberg die Absicht, beide Sprengkörper zur Explosion zu bringen. Tatsache ist jedenfalls, daß Haeften

das zweite Paket nunmehr in seine Aktentasche packte und Stauffenberg verließ, um sich um das Auto zu kümmern.
Auf dem Wege zur Lagebaracke wies Stauffenberg mehrere Angebote seiner Begleiter, die Tasche tragen zu wollen, zurück. Zusammen mit dem schon ungeduldig gewordenen Keitel betrat Stauffenberg kurz nach 12.30 Uhr den Lageraum, nachdem er vor seinem Eintritt einem Feldwebel des Fernsprechdienstes zugerufen hatte – so laut, daß Keitel es hören mußte –, daß er ein dringendes Gespräch aus Berlin erwarte. Beim Eintreten sprach gerade General Heusinger über die Lage an der Ostfront. Keitel ließ den Vortrag kurz unterbrechen, um Stauffenberg Hitler vorzustellen, der ihn mit Handschlag begrüßte. Danach fuhr Heusinger in seinen Darlegungen fort.
Der Konferenzraum befand sich am Ende der Baracke und war etwa 5 × 10 m groß. Er wurde fast ganz von dem riesigen Kartentisch, um den nach Stauffenbergs und Keitels Eintritt nunmehr 25 Personen versammelt waren, ausgefüllt. Der Tür gegenüber befanden sich drei Fenster, die wegen der Hitze geöffnet waren. Hitler stand an der Mitte des Tisches, mit dem Gesicht zu den Fenstern und dem Rükken zur Tür. Der Tisch bestand aus einer schweren Eichenholzplatte, die auf zwei massiven Holzsockeln ruhte. Stauffenberg stellte die Aktenmappe mit der Bombe an den Sockel in unmittelbare Nähe Hitlers (siehe Skizze). Kurz danach teilte er Keitel mit, daß er telefonieren müsse, und verließ den Raum. Er begab sich zu General Fellgiebel, wo bereits Werner von Haeften mit dem Auto auf ihn wartete. „Kein Sachverständiger bezweifelte, daß der vorgesehene Sprengstoff in geschlossenem Raum mit dicken oder dünnen Wänden ... ganze Arbeit leisten würde.“[41]
Inzwischen setzte Heusinger seinen Vortrag fort. Oberst

Brandt, Heusingers Stellvertreter, wurde beim näheren Herantreten an die Karte durch Stauffenbergs Aktenmappe gestört. Er stellte sie an die andere Seite des Holzsockels, die Hitler abgewandt war. Da Stauffenberg unmittelbar nach Heusinger sprechen sollte, aber noch nicht wieder zurück war, verließ Buhle den Raum, um den Obersten zu holen.[42] Der Telefonist jedoch erklärte, daß der Oberst weggegangen sei. Buhle war betroffen und ging in den Konferenzraum zurück. Um 12.42 Uhr – Heusinger wollte gerade die letzten Sätze sprechen – explodierte die Bombe. Stauffenberg, Haeften und Fellgiebel sahen die Detonation und waren der festen Überzeugung, daß Hitler tot sein müsse. Es war, als hätte eine 15-Zentimeter-Granate eingeschlagen, sagte Stauffenberg später in Berlin.

Stauffenberg und Haeften sprangen in den Wagen, der nach etwa zwei Minuten an der Offizierswache hielt. Die Wache weigerte sich zunächst, die beiden Offiziere durchzulassen. Stauffenberg zeigte seinen Sonderausweis und erklärte, daß er die Erlaubnis zum Passieren habe, worauf die Wache die Ausfahrt freigab. An der Außenwache Süd wurde wiederum die Ausfahrt verweigert. Inzwischen war auch Alarm ausgelöst worden. Stauffenberg ließ sich jedoch nicht verwirren und rief den Rittmeister von Möllendorf an, der dem diensthabenden SS-Scharführer die Ausfahrtserlaubnis bestätigte. Kurz nach 13 Uhr erreichte Stauffenberg den Flugplatz, nachdem Haeften unterwegs die Reservebombe weggeworfen hatte. Um 13.15 Uhr startete das Flugzeug zum Rückflug nach Berlin, wo es gegen 16 Uhr landen sollte.

Nahezu drei Stunden war Stauffenberg zur Untätigkeit verurteilt, Stunden, die sich als verhängnisvoll für seine Aktionen erweisen sollten. Was geschah in den Stunden nach dem Attentat im Führerhauptquartier und in Berlin, dem Zentrum der Verschwörung?

Die Explosion hatte im Konferenzraum schwere Verwüstungen angerichtet: Der Tisch war zerfetzt, die Decke teilweise herabgestürzt, die Fenster zersplittert und zum Teil herausgerissen. Ein Mann war durch ein Fenster ins Freie geschleudert worden. Jedoch mußte General Fellgiebel, der telefonisch die Nachricht vom erfolgreichen Attentat zur Bendlerstraße durchgeben sollte, zu seinem Entsetzen sehen, daß Hitler, rauchgeschwärzt zwar und mit versengter und zerrissener Uniform, aber lebend, von Keitel gestützt, aus der qualmenden Baracke wankte. Keitel brachte Hitler in seine Unterkunft und veranlaßte sofortige ärztliche Behandlung. Hitler hatte Brandwunden am rechten Bein, sein Haar war versengt, seine Trommelfelle geplatzt, sein rechter Arm teilweise gelähmt – insgesamt erwiesen sich die Verletzungen aber als leicht.

Von den Teilnehmern der Lagebesprechung war einer – der Stenograf Berger – sofort tot; drei andere – Oberst Brandt, Heusingers Stellvertreter; General Korten, Chef des Luftwaffenführungsstabes; Generalleutnant Schmundt, Chefadjutant der Wehrmacht bei Hitler und Chef des Heerespersonalamtes – erlagen einige Zeit später ihren Verletzungen. General Bodenschatz, Verbindungsoffizier des Oberbefehlshabers der Luftwaffe im Führerhauptquartier, und Oberst Borgmann, Adjutant Hitlers, wurden schwer verletzt. Alle anderen erlitten leichte Verletzungen oder blieben völlig unverletzt.

Ein Blick auf die Verteilung der Personen im Raum (siehe Skizze) zeigt, daß die Toten und Schwerverletzten fast ausnahmslos unter jenen zu finden waren, die rechts von dem Sockel des Tisches standen. Offenkundig hat der Um-

stand, daß Oberst Brandt die Aktentasche mit der Bombe auf die rechte Seite des Sockels stellte, die Richtung der Detonationswirkung wesentlich beeinflußt. So ist es zu erklären, daß Hitler, der außerdem zur Zeit der Explosion weit vornübergebeugt fast auf dem Kartentisch lag (er war kurzsichtig), mit dem Leben davonkam. Nach der Überwindung des Schocks bereiteten sich Hitler und seine Umgebung auf den für den Nachmittag vorgesehenen Besuch Mussolinis im Führerhauptquartier vor.
Nachdem Fellgiebel Hitler lebend gesehen hatte, unterließ er den verabredeten Anruf nach Berlin. Es war vorgesehen, daß er melden sollte, ob das Attentat stattgefunden habe oder nicht. Der Fall, daß Hitler das erfolgte Attentat überleben könnte, war nicht einkalkuliert worden. Fellgiebel wurde in seiner Unschlüssigkeit noch durch Stieff bestärkt, der sich dafür entschied, den Staatsstreich nicht auszulösen und nur noch auf die eigene Sicherheit und die Sicherheit der anderen Verschworenen bedacht zu sein.[43]
So blieb die Zentrale in Berlin mehr als drei Stunden – entscheidende Stunden – ohne Nachricht.
Eine halbe Stunde nach dem Attentat traf der inzwischen benachrichtigte Himmler, der sich in seinem Hauptquartier am Mauersee befand, im Führerhauptquartier ein. Er begann sofort mit der Untersuchung und forderte dazu vom Reichssicherheitshauptamt in Berlin Kriminalbeamte per Flugzeug an. Goebbels, der in Berlin war, erhielt nach 13 Uhr die telefonische Nachricht, daß ein Attentat stattgefunden habe, Hitler jedoch lebe. Danach wurden alle Nachrichtenverbindungen zwischen Rastenburg und der Außenwelt für zwei Stunden unterbrochen. Hitler ordnete Nachrichtensperre an. Dieser Umstand hätte für die Verschwörer sogar günstig sein können, denn Fellgiebel hatte

Geheim

Geheime Kommandosache

HOKW

20 Juli 1944

Fernschreiben!

I.) Der Führer Adolf Hitler ist tot!

Eine gewissenlose Clique frontfremder Parteiführer hat es unter Ausnutzung dieser Lage versucht, der schwerringenden Front in den Rücken zu fallen und die Macht zu eigennützigen Zwecken an sich zu reißen.

II.) In dieser Stunde höchster Gefahr hat die Reichsregierung zur Aufrechterhaltung von Recht und Ordnung den militärischen Ausnahmezustand verhängt und mir zugleich mit dem Oberbefehl über die Wehrmacht die vollziehende Gewalt übertragen.

III.) Hierzu befehle ich:

1.) Ich übertrage die vollziehende Gewalt – mit dem Recht der Delegation auf die territorialen Befehlshaber – in dem Heimatkriegsgebiet auf den

Befehlshaber des Ersatzheeres

Gleiches haben alle territorialen Befehlshaber, die Oberkommandos der Wehrmachtteile und die den Oberkommandos unmittelbar unterstehenden Kommandobehörden des Heeres, der Kriegsmarine und der Luftwaffe.

Der Oberbefehlshaber der Wehrmacht
gez. v. Witzleben
Generalfeldmarschall

Der erste Grundbefehl der Verschwörer (mit Paraphe Mertz von Quirnheims)

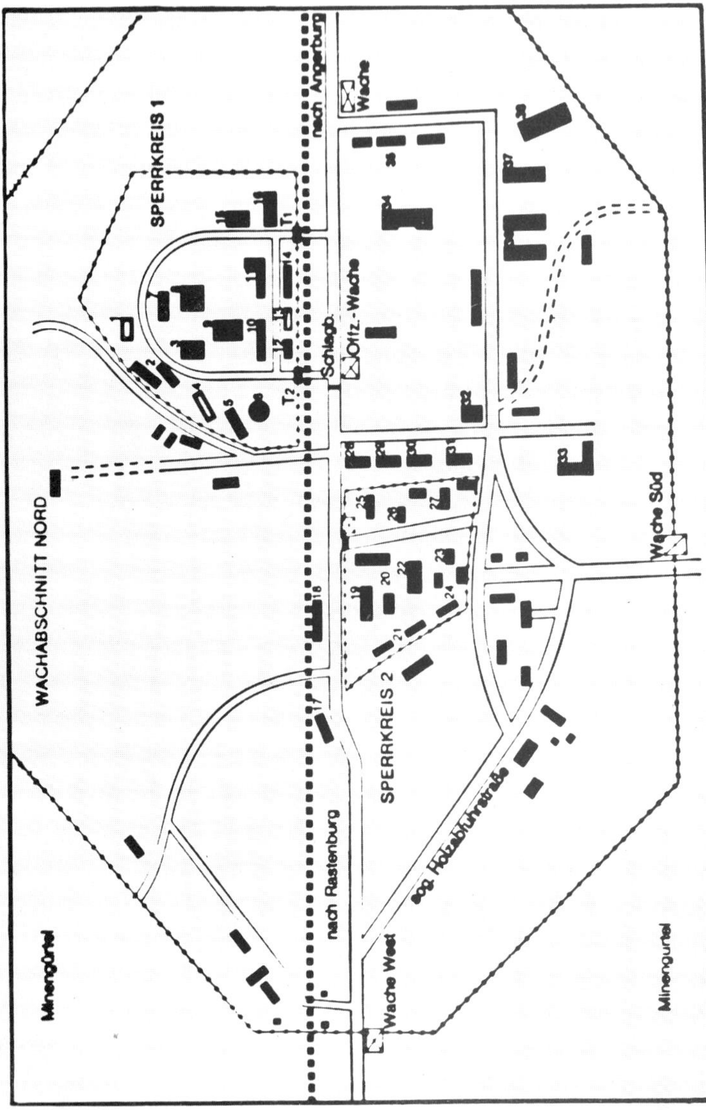

„Führerhauptquartier" Wolfsschanze bei Rastenburg

(Erläuterungen siehe nebenstehend)

Hitlers Hauptquartier „Wolfsschanze“ heute

1 Hitler · *2* Stenografen · *3* Bormann · *4* Lagebaracke · *5* Reichssicherheitsdienst · *6* Reichspressechef · *7* Küche und Teehaus · *8* Wehrmacht (Ordonnanzen, Fahrer) · *9* Kino · *10* Garagen · *11* Keitel · *12* Heizbaracke · *13* Nachrichtenbunker · *14* Jodl · *15* Kartenhaus · *16* Göring · *17* Tankstelle · *18* Bahnhof Görlitz · *19* Kurhaus · *20* Nachrichtenzentrale · *21* Stabsbaracken · *22* Führerbegleitbefehlsstelle · *23* Sauna · *24* Wehrmachtsführungsstab · *25* Gästebunker · *26* Gästebunker · *27* Wehrmachtführungsstab · *28* Abteilung IVb (Arzt) · *29* Schreibstube (Schirrmeister) · *30* Post · *31* Bad · *32* Kompaniechef 1. Kompanie · *33* Kasino · *34* Speer · *35* Gästeunterkunft · *36* Unterkunft des 3. Zuges der 1. Kompanie · *37* Kammer, Schneider usw. · *38* Unterkunft des 1. Zuges der 1. Kompanie · *T 1, T 2* Tore 1 und 2 zum Sperrkreis 1

Raum der Lagebesprechung im „Führerhauptquartier" nach dem Attentat. Pfeil und Kreis bezeichnen die Stelle, an der Hitler stand

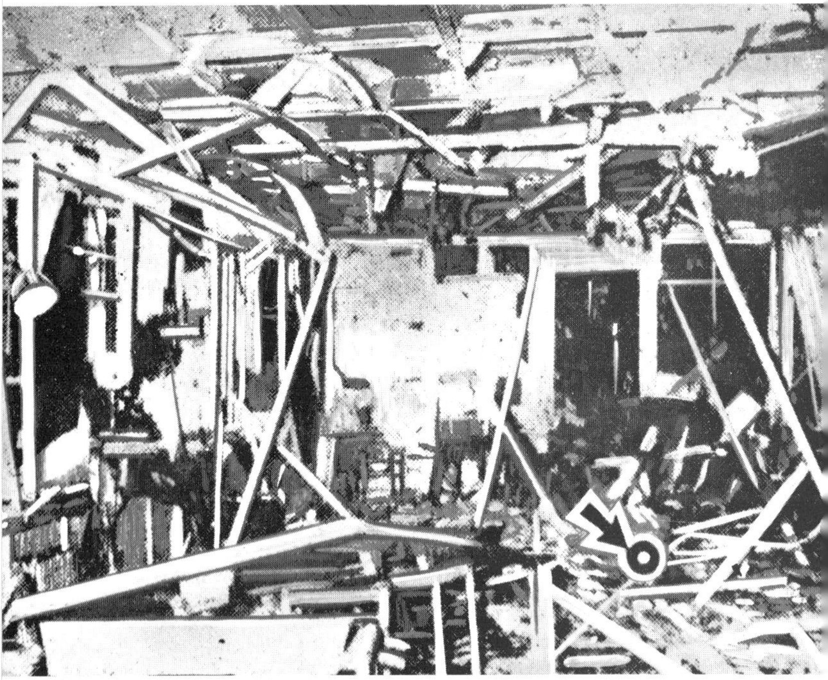

Hitler zeigt Mussolini, der kurz nach dem Attentat zu einem Besuch im „Führerhauptquartier" eintraf, den zerstörten Konferenzraum

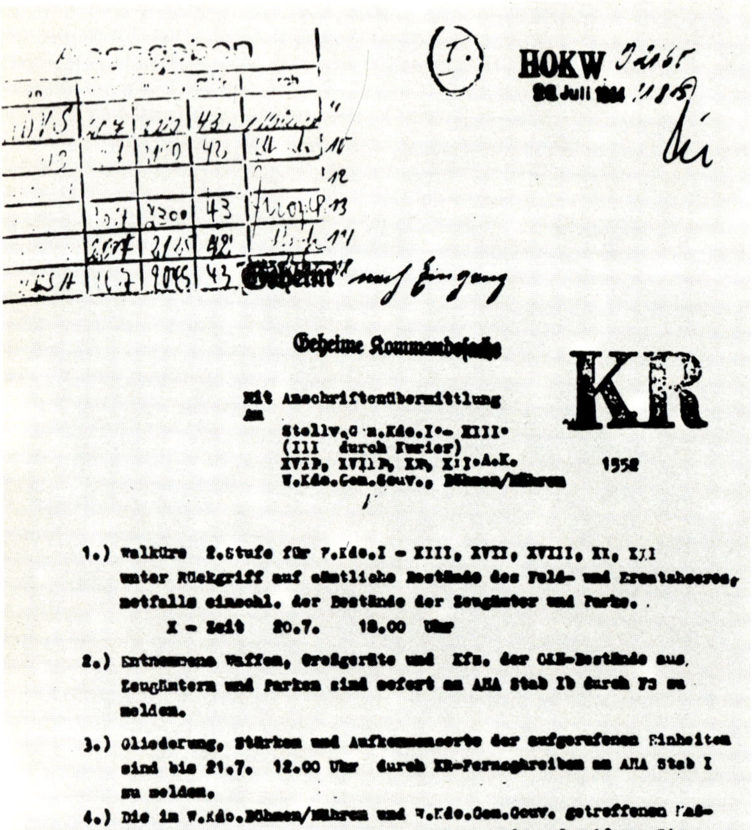

HOKW
20 Juli 1944

Geheim nach Eingang

Geheime Kommandosache

KR

Mit Anschriftenübermittlung
an
Stellv.Gen.Kdo.I - XIII
(III durch Kurier)
XVII, XVIII, XX, XXI.A.K.
W.Kdo.Gen.Gouv., Böhmen/Mähren

1552

1.) Walküre 2.Stufe für W.Kdo.I - XIII, XVII, XVIII, XX, XXI unter Rückgriff auf sämtliche Bestände des Feld- und Ersatzheeres, notfalls einschl. der Bestände der Zeugämter und Parks.
X - Zeit 20.7. 18.00 Uhr

2.) Entnommene Waffen, Großgeräte und Kfz. der OKH-Bestände aus Zeugämtern und Parken sind sofort an AHA Stab Ib durch FS zu melden.

3.) Gliederung, Stärken und Aufkommensorte der aufgerufenen Einheiten sind bis 21.7. 12.00 Uhr durch KR-Fernschreiben an AHA Stab I zu melden.

4.) Die im W.Kdo.Böhmen/Mähren und W.Kdo.Gen.Gouv. getroffenen Maßnahmen sind entsprechend durchzuführen. Die aufgerufenen Einheiten sind gemäß Ziffer 3.) an AHA Stab I zum 21.7. 12.00 Uhr zu melden.

OKH Chef H Rüst und BdE
AHA Stab I Nr.4936 /44 g.Kdos.v.20.7.44
I. A.

Nach Abgang:
AHA Stab I(1) 1.Ausf.
II 2. "
Ib 3. "
Ia 3 4. "

Zweiter „Walküre"-Befehl mit Unterschrift Mertz von Quirnheims ohnehin den Auftrag, nach erfolgter Vollzugsmeldung alle Nachrichtenverbindungen vom Hauptquartier zu sperren. Auf Grund von Himmlers Ermittlungen konzentrierte sich der Verdacht bald auf Oberst Stauffenberg, dessen Verhalten, vor allem sein plötzliches Verschwinden, jetzt auch Keitel verdächtig vorkam. Noch aber ahnte niemand aus Hitlers Umgebung, daß es sich nicht um das Attentat eines einzelnen, sondern um den Auftakt zu einem Aufstandsversuch in größerem Stil handelte. Im OKH in der Bendlerstraße warteten indessen General Olbricht und seine Vertrauten auf den erlösenden Anruf aus Rastenburg.

Gegen Mittag schickte Olbricht den Major Hayessen zum Polizeipräsidenten Graf Helldorf, um mit ihm den Einsatz der Polizei bei der Besetzung der wichtigsten Gebäude und bei der Verhaftung der Naziführer zu besprechen. In der Aufregung hatte der Major allerdings eine veraltete Karte mitgebracht. Weit schwerwiegender aber war, daß Helldorf ein selbständiges Vorgehen der Polizei ablehnte und erklärte, die Polizei könne erst handeln, wenn das Heer die Macht in der Hand hätte. Bei Helldorf befand sich Hans Bernd Gisevius, ein Agent der deutschen Abwehr, der aber – wie schon gesagt – tatsächlich mit dem amerikanischen Geheimdienst zusammenarbeitete.

Graf Helldorf war ein Altnazi, der als SA-Führer in den zwanziger und dreißiger Jahren maßgeblich den Blutterror gegen Antifaschisten gefördert hatte. Jetzt wollte die Ratte das sinkende Schiff verlassen. Seine Rolle am 20. Juli bestand im wesentlichen darin, untätig herumzusitzen, zynische Bemerkungen über die Unzulänglichkeiten des Unternehmens von sich zu geben und andere die Arbeit tun zu lassen. Stauffenberg hatte schon vorher nicht viel von Helldorf gehalten.

Erst um 15.30 Uhr gelang es dem Generalleutnant Thiele, von der Bendlerstraße aus telefonische Verbindung zum Führerhauptquartier zu bekommen. Er erhielt nur die kurze Mitteilung, daß ein Attentat stattgefunden habe, aber keine Auskunft, ob Hitler tot sei. Danach veranlaßte Olbricht, daß gegen 15.30 Uhr die ersten Befehle zur Alarmierung der Truppen im Rahmen des Plans „Walküre" hinausgingen. Zunächst erhielt der Wehrmachtkommandant von Berlin, General von Kortzfleisch, durch einen Verbindungsoffizier den Befehl, zur Entgegennahme von Anweisungen in die Bendlerstraße zu kommen. Der dem Wehrmachtkommandanten unterstehende Berliner Standortkommandant von Hase, ein Mitverschwörer, wurde von Olbricht telefonisch verständigt, sich zum Einsatz bereitzuhalten.[44] Thiele ließ einen Funktrupp zusammenstellen, der in der Stadtkommandantur eine Funkstelle einrichten sollte.[45]
Gegen 16 Uhr landeten Stauffenberg und Haeften in Rangsdorf in der Annahme, daß der militärische Staatsstreich in vollem Gange sei. Haeften telefonierte mit der Bendlerstraße und forderte einen Wagen an. Gleichzeitig bestätigte er das Attentat und den – nach seiner Meinung sicheren – Tod Hitlers. Nunmehr forcierten Olbricht und Mertz von Quirnheim die Herausgabe weiterer Walküre-Befehle. Die dem General von Hase unterstehenden Truppen in Berlin wurden alarmiert: das Wachbataillon (ein Verband, der Regimentsstärke hatte), die Truppe der Garnison Spandau, die Heeresfeuerwerkerschule und die Heereswaffenmeisterschule. Die Kommandeure dieser Einheiten wurden zum Befehlsempfang in die Stadtkommandantur Unter den Linden 1 befohlen. Sie erhielten die vorher ausgearbeiteten Befehle zur Besetzung bestimmter Gebäude, Ministerien, SS-Kasernen und Verkehrszentren. Das Wachbatail-

lon sollte das Regierungsviertel absperren und Goebbels festnehmen.

Nach 16 Uhr begann Oberstleutnant Bernardis, die Truppenteile außerhalb Berlins zu alarmieren: die Panzertruppenschulen Krampnitz und Wünsdorf, die Panzerlehrgänge Groß-Glienicke, die Infanterieschule Döberitz, die Fahnenjunkerschule und die Unteroffiziersschule Potsdam. Die auswärtigen Truppen sollten teils die Berliner Truppen unterstützen, teils die Rundfunksender besetzen, die Ausfallstraßen sperren und gegen SS-Verbände vorgehen. Die zum Wachbataillon gehörende Wache des Gebäudes in der Bendlerstraße erhielt von Mertz den Befehl, alle Ausgänge zu sperren und eventuell anrückende SS zu bekämpfen.

Nachdem die ersten Nachrichten und Befehle hinausgegangen waren, begab sich Olbricht zu General Fromm, der gerade einen Bericht entgegennahm, um ihn zu informieren und nach Möglichkeit für die Aktion zu gewinnen. Olbricht teilte ihm mit, er habe von General Fellgiebel die Nachricht erhalten, daß Hitler durch ein Attentat getötet worden sei. Er schlug ihm vor, das Stichwort „Walküre" auszugeben und damit die vollziehende Gewalt durch die Wehrmacht übernehmen zu lassen. Fromm wollte jedoch diese Nachricht von Keitel selbst erfahren und rief gegen 16.10 Uhr das Führerhauptquartier an. Da die von Hitler angeordnete Nachrichtensperre inzwischen aufgehoben war, meldete sich Keitel sofort und teilte auf die Anfrage Fromms mit, es habe zwar ein Attentat stattgefunden, der Führer sei aber nur leicht verletzt worden. Dabei fragte Keitel, ob Oberst Stauffenberg schon zurückgekehrt sei. Nach diesem Bescheid weigerte sich Fromm, „Walküre" auszulösen. Mertz setzte inzwischen – unter Verwendung des Namens Fromm – die Durchgabe der Walküre-Befehle fort.

Etwa um 16.30 Uhr brachte Hauptmann Klausing das Fernschreiben mit dem ersten Grundbefehl in die Nachrichtenzentrale des Hauses in der Bendlerstraße. Da es keine Vermerke über Dringlichkeitsstufe und Geheimhaltungsgrad trug, brachte der Nachrichtenleutnant Röhrig das Schreiben zu Klausing zurück, wo es ihm nochmals abgenommen wurde. Nach zehn Minuten übergab Klausing wiederum das Schreiben an Röhrig. Röhrig sagte später aus, nunmehr sei der erste Satz: „Der Führer Adolf Hitler ist tot" durchgestrichen gewesen.[46] Offenkundig war Olbricht nach dem Telefongespräch Fromms mit Keitel unsicher geworden. Das Fernschreiben mit dem ersten Grundbefehl wurde in der Zeit von 17.35 Uhr bis 21.03 Uhr an zwanzig Empfänger abgesetzt. Der Grundbefehl trug die Unterschrift des Generalfeldmarschalls von Witzleben und übertrug die vollziehende Gewalt an die militärischen Befehlshaber, die damit gleichzeitig die ersten Anweisungen erhielten.
Gegen 16.45 Uhr traf Stauffenberg zusammen mit Haeften in der Bendlerstraße ein und begab sich sofort in das Arbeitszimmer Olbrichts, um ihm Bericht zu erstatten. Olbrichts Hinweis auf die Mitteilung Keitels trat er mit der Meinung entgegen, dies sei nur ein Manöver Keitels und des Führerhauptquartiers, um Zeit zu gewinnen. Stauffenberg forderte schnelles und entschlossenes Handeln.
Um die gleiche Zeit trafen auch Beck und andere Mitverschworene in der Bendlerstraße ein. Generaloberst Hoepner hatte sich schon früher eingefunden. Der von Olbricht herbeigerufene Graf Helldorf, der in Begleitung von Gisevius war, erhielt die offizielle Mitteilung, daß die Wehrmacht die Exekutivgewalt übernommen habe und damit die Polizei der Wehrmacht unterstellt sei. Beck hielt es für notwendig, Helldorf auf die widersprechenden Nachrich-

ten aus dem Führerhauptquartier hinzuweisen. Er forderte, gemeinsam einen klaren Standpunkt einzunehmen, insbesondere für den Fall, daß die Nachricht verbreitet würde, daß Hitler noch lebe. Beck forderte alle Anwesenden auf, sich ihm anzuschließen:

„Für mich ist dieser Mann tot. Davon lasse ich mein weiteres Handeln bestimmen. Von dieser Linie dürfen wir nicht abweichen, sonst bringen wir unsere eigenen Reihen in Verwirrung. Ein unwiderleglicher Beweis, daß Hitler – und nicht sein Doppelgänger – lebt, kann vom Hauptquartier frühestens nach Stunden geführt werden. Bis dahin muß die Berliner Aktion abgeschlossen sein.“[47]

Um 17 Uhr betrat Olbricht noch einmal, diesmal in Begleitung Stauffenbergs, das Arbeitszimmer Fromms. Er teilte Fromm mit, daß Hitler tot sei und daß Stauffenberg dies bezeugen könne. Die darauffolgende Auseinandersetzung zwischen Fromm, Olbricht und Stauffenberg ist wie folgt überliefert:

„Fromm: ‚Das ist doch unmöglich, Keitel hat mir das Gegenteil versichert.‘

Stauffenberg: ‚Der Feldmarschall lügt wie immer. Ich habe selbst gesehen, wie man Hitler tot hinausgetragen hat.‘

Olbricht: ‚Angesichts dieser Lage haben wir das Stichwort für Innere Unruhen an die stellvertretenden Generalkommandos gegeben.‘

Fromm, aufspringend und mit der Faust auf den Tisch schlagend: ‚Das ist glatter Ungehorsam! Was heißt ›wir‹? Wer hat den Befehl gegeben?‘

Olbricht: ‚Mein Chef des Stabes, Oberst Mertz von Quirnheim.‘

Fromm: ‚Holen Sie mir sofort den Obersten Mertz hierher!‘

Mertz von Quirnheim erscheint. Auf Befragen gibt er zu, ohne Fromms Einwilligung das Stichwort für Innere Unruhen an die stellvertretenden Generalkommandos gegeben zu haben.
Fromm: ‚Sie sind verhaftet. Das Weitere wird sich finden.‘
In diesem Augenblick steht Oberst Graf Stauffenberg auf und erklärt eiskalt: ‚Herr Generaloberst, ich habe die Bombe selbst während der Besprechung bei Hitler gezündet. Es hat eine Explosion gegeben, als ob eine 15-cm-Granate eingeschlagen wäre. Niemand in jenem Raum kann mehr leben.‘
Fromm: ‚Graf Stauffenberg, das Attentat ist mißglückt. Sie müssen sich sofort erschießen.‘
Stauffenberg: ‚Nein, das werde ich keinesfalls tun.‘
Olbricht: ‚Herr Generaloberst, der Augenblick zum Handeln ist gekommen. Wenn wir jetzt nicht losschlagen, wird unser Vaterland für immer zugrunde gehen.‘
Fromm: ‚Dann sind auch Sie, Olbricht, an diesem Staatsstreich beteiligt?‘
Olbricht: ‚Jawohl. Aber ich stehe nur am Rande des Kreises, der die Regierung in Deutschland übernehmen wird.‘
Fromm: ‚Ich erkläre Sie hiermit alle drei für verhaftet.‘
Olbricht: ‚Sie können uns nicht verhaften, Sie täuschen sich über die wahren Machtverhältnisse. Wir verhaften Sie.‘“[48]
Es kam zu einem kurzen Handgemenge, unter Androhung von Waffengewalt wurde Fromm im Zimmer seines Adjutanten festgesetzt. Allerdings wurde die Bewachung sehr großzügig gehandhabt, so daß Fromm später Verbindung mit gleichgesinnten Offizieren aufnehmen konnte. Als neuer Befehlshaber des Ersatzheeres wurde von den Verschwörern Generaloberst Hoepner, der seine mitgebrachte Uniform jetzt anlegte, eingesetzt. Hoepner, eine der unentschlossen-

sten und zwiespältigsten Gestalten der Aktion in Berlin, wartete ungeduldig auf das Eintreffen des neuen Oberbefehlshabers, also des Generalfeldmarschalls von Witzleben, aber nicht, um mit ihm gemeinsam rücksichtslos das Unternehmen vorwärtszutreiben, was allein noch den Erfolg verbürgt hätte, sondern um sich zunächst einmal seine Ernennung schriftlich bestätigen zu lassen. Anstatt sich um die schnelle Mobilisierung der Truppen zu kümmern, sorgte sich Hoepner um das Wohlbefinden Fromms und wollte ihn sogar in seine Privatwohnung entlassen, was aber auf den Widerstand Stauffenbergs, Becks und sogar Gisevius' stieß. (Später ließ er ihm Wein und belegte Brote bringen.) Dann informierte Hoepner die Offiziere der Abteilung vom „Tode" Hitlers und von den ergriffenen Maßnahmen. Dem Drängen Stauffenbergs, den Wehrkreisbefehlshabern kräftig „einzuheizen", kam Hoepner nicht nach. Er telefonierte mit Wiesbaden, Stettin[49] und Stuttgart, gab aber keine energischen Direktiven. Als die ersten Gegenbefehle aus dem Führerhauptquartier kamen, war er völlig hilflos.
Eine Gruppe junger Offiziere nahm dagegen tatkräftig an der Aktion teil: Oberleutnant Cords sicherte die Torwache, die nur Personen mit Sonderausweisen passieren ließ, Hauptmann Fritzsche kontrollierte den Flur und die anliegenden Räume (da längst nicht alle Mitarbeiter der Dienststelle eingeweiht waren), Hauptmann Klausing und die Leutnants von Kleist, von Oppen, von Hammerstein standen als Ordonnanzoffiziere zur Verfügung.
Eine andere Gruppe von Offizieren hielt sich jedoch zurück, ohne allerdings sofort Gegenmaßnahmen zu ergreifen. Einige von ihnen trennten sich den faschistischen Hoheitsadler von der Uniform ab, um ihn nach wenigen Stunden, als die Wende eintrat, rasch wieder anzunähen.

Nach 17 Uhr erschien der SS-Oberführer Piffrader in der Bendlerstraße und verlangte Stauffenberg zu sprechen. In Wirklichkeit hatte er vom Reichssicherheitshauptamt den Auftrag, Stauffenberg, der von Himmler aus dem Führerhauptquartier als der mutmaßliche Attentäter gemeldet worden war, unauffällig festzunehmen. Aber Stauffenberg ließ Piffrader samt Begleitung einsperren. Das gleiche widerfuhr dem Ritterkreuzträger General von Kortzfleisch, der in die Bendlerstraße gekommen war, sich aber weigerte, die Aktion zu unterstützen. Als sein Nachfolger wurde General von Thüngen eingesetzt. Kortzfleisch machte einen Fluchtversuch, wurde aber wieder ergriffen. Die Atmosphäre in der Bendlerstraße schilderte Ludwig von Hammerstein, der von Schwerin angewiesen worden war, sich im Vorzimmer von Olbricht aufzuhalten:

„Auf meinem Platz im Vorzimmer zurück, holte mich Olbricht in sein Zimmer und sagte, ich solle mich bei ihm aufhalten, nebenan sitze der General von Kortzfleisch, der dürfe auf keinen Fall irgendwelche Dummheiten machen. Nach knapp fünf Minuten stürzte schon der Adjutant, der alte Oberstleutnant z. V. von der Lancken, mit dem Ruf herein: ‚Der General ist weg!' Ich flitzte sofort hinterher, sah den General auf dem Flur zum Ausgang laufen und brüllte: ‚Achtung Ausgang!' Dort stand Kleist mit einem zuverlässigen Unteroffizier, der dem General gleich die Pistole auf die Brust setzte. Dazu kamen ein Oberleutnant (Wendelstein) von der A. A. 8, ... Kortzfleisch lehnte zwischen ihnen. Er war völlig außer Atem.

Ich expedierte den Herrn sehr höflich auf sein Zimmer zurück und habe ihn für den Rest des Abends bewachen müssen. Zuerst tobte er noch, brüllte, wem wir den Fahneneid geschworen hätten. Dann beruhigte er sich allmählich. Später kam sein Ordonnanzoffizier, ein völlig ahnungsloser Infanterie-Hauptmann, um sich zu erkundigen, wo sein Kommandierender geblieben sei. Olbricht ließ den Hauptmann zu uns herein. Er berichtete, daß die Befehle, die sie bisher bekommen hätten, ausgeführt seien.

Kortzfleisch sprach nun mehr zu sich als zu uns von seinen Verdiensten im Feld und als stellvertretender Kommandierender General in Berlin. Er habe immer seine Pflicht getan und seine Truppen so gut wie möglich geführt. Aber einem Putsch sei er nicht gewachsen, das könne er einfach nicht, und man könne es nicht von ihm verlangen, er sei Soldat. Diesen Satz wiederholte er ein paarmal und gab mir dann den Auftrag, mich zu erkundigen, was man mit ihm vorhabe; wenn man ihn über Nacht dabehalten wolle, müßten ja nun Vorbereitungen für seine Übernachtung getroffen werden. ‚Sagen Sie dem Generaloberst, ich hätte nur noch ein Interesse: nach Hause zu gehen und in meinem Garten Unkraut zu jäten!' Erst die Toberei mit dem Fahneneid, jetzt wollte er Unkraut jäten."[50]

Das Erscheinen Piffraders in Begleitung von zwei Kriminalbeamten zeigte, daß man im Reichssicherheitshauptamt zu dieser Zeit – gegen 17 Uhr – immer noch annahm, es handle sich um eine Einzelaktion Stauffenbergs, nicht aber um einen Staatsstreich. Um 17.30 Uhr hatten alle aufgerufenen Truppenteile in Berlin und in der Umgebung Berlins ihre Einsatzbefehle und waren zum Teil auf dem Marsch. Jedoch verzögerte sich der Anmarsch, so daß zu dieser Zeit – etwa fünf Stunden nach dem Attentat – die befohlenen Positionen noch nicht eingenommen waren.

Ferner begann sich die Tatsache auszuwirken, daß in der Nachrichtenzentrale der Bendlerstraße Sabotage geübt wurde. Die Durchgabe von Fernschreiben wurde von dem diensthabenden Offizier, dem Leutnant Röhrig, verzögert, die Reihenfolge der sich systematisch ergänzenden Walküre-Befehle willkürlich verändert, so daß der Sinn entstellt wurde, schließlich wurden Fernschreiben durchgegeben, zugleich telefonisch aber für ungültig erklärt. Olbrichts und Stauffenbergs Drängen beantwortete Röhrig mit dem Hinweis auf „betriebliche Schwierigkeiten". Mehreren Wehrkreisen wurden auf diese Weise nur Bruchstücke des in sich geschlossenen Befehlskomplexes übermittelt, mit denen sie nichts anzufangen wußten. Die Verschwörer hatten versäumt, zuverlässige Leute an die Nachrichtengeräte zu setzen. Gegen 17.35 Uhr begann, wie schon gesagt, die Absetzung des Fernschreibens mit dem ersten Grundbefehl.

Um 18 Uhr trafen die Generale Specht, Kunze und Strecker, die noch von Fromm zu einer Dienstbesprechung eingeladen worden waren, in der Bendlerstraße ein. Im Amtszimmer Fromms erklärte ihnen Hoepner die Lage. Specht, der Inspekteur für den Führernachwuchs, den Olbricht früher mehrmals vergeblich zu gewinnen versucht hatte, war auch jetzt nicht zum Mitgehen bereit. Auch Kunze, der Chef des Ausbildungswesens, weigerte sich ebenfalls. Man sperrte sie zu Fromm, von wo sie jedoch gegen 20.20 Uhr unbemerkt entweichen konnten.

In der Zeit nach 18.30 Uhr gingen der zweite Grundbefehl und weitere Befehle – allerdings unvollständig – an die Wehrkreisbefehlshaber: Besetzung von Ämtern und Verkehrszentren, Verhaftung von Naziführern, Besetzung der Konzentrationslager. Die Befehle trafen vielfach auf Überraschung, Unentschlossenheit, Zögern. Da nur wenige der Wehrkreisbefehlshaber eingeweiht waren, war die Durchführung in den meisten Fällen in Frage gestellt, zumal im Laufe des Abends die ersten Gegenbefehle eintrafen.

Um 18.30 Uhr traf in der Bendlerstraße endlich die Meldung ein, daß das Regierungsviertel von drei Kompanien des Wachbataillons abgeriegelt sei. Bis 19 Uhr erreichten die Einheiten der Feuerwerkerschule und der Heereswaffenmeisterschule ihre Stützpunkte im Zeughaus und im Schloß. Zwei Stoßtrupps des Heeresstreifendienstes standen um 19 Uhr Unter den Linden (Ecke Wilhelmstraße) bereit, um gegen das Propagandaministerium vorzugehen und Goebbels auszuheben. Noch war aber das Gros der Truppen nicht angelangt, die ersten Panzer trafen erst gegen 19.30 Uhr in der Innenstadt ein.

Oberst Gläsemer, Ritterkreuzträger und Kommandeur der Panzertruppenschule II Krampnitz, kam dem Befehl nur widerwillig nach, verzögerte die Alarmierung und den Anmarsch der Schule und fuhr inzwischen mit seinem Adjutanten, Hauptmann Schauß, voraus zur Bendlerstraße. Olbricht wies ihn an, sich mit der Masse seiner Panzer an der Siegessäule bereitzuhalten und das Allgemeine Heeresamt zu sichern. Mertz sollte ihm die näheren Befehle geben. Als er sich diesem gegenüber jedoch weigerte, den Befehlen nachzukommen, mußte er von Mertz festgesetzt werden. Vorher konnte er aber noch seinen Adjutanten beauftragen, der Inspektion der Panzertruppen über die Lage Bericht zu geben. Der Inspekteur der Panzertruppen, Oberst Bolbrinker, dem alle Panzertruppenschulen unterstanden, veranlaßte, daß die Panzer zum Fehrbelliner Platz zurückgenommen wurden. Gleichzeitig benachrichtigte er Goebbels von den Vorgängen in der Stadt. Goebbels hatte inzwischen auch von anderer Seite Informationen erhalten, wie wir noch sehen werden. Mit der Erklärung, nunmehr die Befehle Olbrichts ausführen zu wollen, konnte Gläsemer seine Bewacher täuschen und entweichen.

Ähnlich sieht das Bild über den Einsatz der Panzertruppenschule Groß-Glienicke aus. Der schon erwähnte damalige Fähnrich Walter Hartz berichtet: „Am 20. Juli 1944 waren wir wieder außerhalb der Kaserne. Es war wohl am späten Nachmittag, als wir wieder sofort einrücken mußten. Wieder der gleiche Ablauf wie vor einigen Tagen. Die ganze Angelegenheit schien sich noch schleppender abzuwickeln. Auch unsere Vorgesetzten schienen den Alarm als Schikane zu empfinden, und es kam sogar so weit, daß einige Fähnriche, die nicht unmittelbar zu den eingesetzten Panzerbesatzungen gehörten, sich verdrückten, obwohl sie natürlich bei Ausrufung eines derart wichtigen ‚Notstandes' als gefechtsbereite Reserve bereit sein mußten. Was tatsächlich an dem Tag bisher geschehen war, blieb uns bis jetzt noch unbekannt. Ich war als Richtschütze in einem ‚Panzer IV' vorgesehen, fuhr aber später als Melder in einem Kübel mit unserem Chef der Panzerinspektion, einem Major Haustein (oder Hanstein). Die Fahrzeuge standen ziemlich lange auf der Straße, einige Fähnriche verließen sogar ihre Panzer und gingen in die Kaserne, und es kam dann so weit, daß gegen Abend die Ausbildungsoffiziere von Stube zu Stube liefen, um die Leute zusammenzuholen, weil es nun ‚losginge'. Ich weiß das noch ganz genau, weil sich in meiner Stube ein Fähnrich in seinem Spind verkroch, um diese ‚Übung' nicht mitmachen zu müssen.

Die genaue Uhrzeit des Abmarsches kann ich heute nicht mehr sagen, es war aber noch hell. Wir fuhren dann sehr schnell nach Berlin ... Unterwegs wurde öfters kurz gehalten, bei diesen Fahrtunterbrechungen erfuhren die Besatzungen, daß es sich um einen Putsch der SS gegen Hitler handele, daß SS-Verbände im Anmarsch gegen Berlin seien und daß die SS zu entwaffnen sei. Jeder Widerstand müsse gebrochen werden. Das neue Kennwort sei ‚Hindenburg'. Die Panzer verteilten sich dann gruppenweise im Berliner Zentrum, besetzten wichtige Kreuzungen oder Bahnhöfe. Ich selbst wartete in der Nähe der Bendlerstraße mit dem Kübelwagen und dem Fahrer. Mein Major war anscheinend in der Bendlerstraße. Nach längerer Zeit kam er sehr aufgeregt wieder, erzählte uns aber nichts von den Vorgängen, sondern wir fuhren sofort zu den Panzern, und ich mußte den Kommandanten den Befehl zum Sammeln bzw. zum Rückmarsch übermitteln. Wir Fähnriche wußten also tatsächlich auch bis dahin noch nichts Näheres über die tatsächlichen Begebenheiten dieser Nacht. Über die wirklichen Vorgänge wurden wir erst am nächsten Tag aufgeklärt, natürlich in der offiziellen NS-Version."[51]

Es gab am Abend immer noch keine Meldungen über die Besetzung der Reichskanzlei, des Propagandaministeriums, des Reichssicherheitshauptamtes und vor allem des Rundfunks.

Es zeigte sich, daß die Verschwörer – entgegen dem Drängen Becks – die Besetzung der Rundfunkanlagen so behandelten wie beliebige andere Fragen, anstatt diese Aufgabe mit besonderer Energie und Präzision in Angriff zu nehmen. So kam es, daß Rundfunkanlagen zwar besetzt, aber nicht in den Dienst des Aufstandes gestellt wurden, weil klare Weisungen fehlten. Einen anschaulichen Eindruck, der die ganze Widersprüchlichkeit der Situation deutlich werden läßt, vermittelt der ehemalige Unteroffizier in der Panzer-Aufklärungskompanie, Standort Potsdam-Nedlitz, Fritz Ludwig. Ludwig, der am 20. Juli 1944 in seiner Kaserne Wachthabender war, schreibt:

„Es mag zwischen 18.15 Uhr und 18.30 Uhr gewesen sein, als ein Anruf mit dem Stichwort ‚Walküre' kam.

Ich war darüber etwas erschrocken, denn ich wußte, was dieser Anruf auslöste. Das Wachpersonal meinte, daß bestimmt im Reichsgebiet irgendwo Fallschirmjäger gelandet seien und bekämpft werden müßten; denn bei Kompanie-Belehrungen wurde immer gesagt, ‚Walküre' bedeutet Fronteinsatz. Ich erbrach den auf der Wache liegenden Brief, schloß das Kasernentor und alarmierte die Kompanie und den Kompanieführer. Wie ich bereits betonte, war der größte Teil der Panzerfahrer als Wachpersonal eingesetzt. Dieses meldete ich ebenfalls, und daraufhin wurden wir von Fähnrichen abgelöst.

Anschließend ging alles sehr schnell und reibungslos vonstatten. Munitionsempfang – Anzug feldmarschmäßig – Fahrzeuge waren bereits aufgetankt, und ich glaube, gegen 19 Uhr rollten wir bereits in Richtung Potsdam. Vorher fand noch eine Befehlsausgabe statt, wo der Panzer-Aufklärungskompanie die Aufgabe zufiel, die Sendeanlagen von Königs Wusterhausen zu besetzen und das SS-Personal, wenn nötig, mit Gewalt zu beseitigen. Das war natürlich eine eigentümliche Situation, und wir fragten uns, was los sei und was das alles zu bedeuten habe.

Ich fungierte als Panzerführer und erinnere mich noch – da wir doch eine Lehreinheit waren und ein einmal ausgelöster Alarm besonders schnell realisiert werden mußte –, daß ich die Magazine meiner MPi unterwegs füllte.

In Königs Wusterhausen angekommen, vollzog sich alles sehr schnell und reibungslos. Ein Zug besetzte die Sendetürme, und mehrere Fahrzeuge richteten ihre 2-cm-Kampfwagenkanonen und MG auf die Sendegebäude. Ich schulterte die MPi und begab mich mit mehreren Panzerführern und Funkern in die Anlagen. Die SS-Bewachungsmannschaft entwaffneten wir und sperrten sie in einen Raum.

Betonen möchte ich, daß das alles ohne Widerstand und Blutvergießen geschah. Was wollte auch das SS-Personal gegen so eine Übermacht unternehmen, noch dazu, wo es nur mit Pistolen ausgerüstet war.
Der Sendebetrieb lief weiter. Wir sahen allerdings nicht ganz klar, was das alles zu bedeuten hatte, hörten aber von Einwohnern, daß es in Berlin ebenfalls zu Unruhen gekommen sei. Der Sender war fest in unserer Hand, und die Meinung von uns Soldaten war, daß es kein Problem gewesen wäre, wenn einer von den Widerstandskämpfern in das Mikrofon gesprochen hätte. Die Anlagen von Königs Wusterhausen wurden bis zum Morgen des 21. Juli von uns besetzt gehalten.
Nachts hatten wir es uns in den Klubsesseln bequem gemacht, hörten uns die Reden von Hitler, Göring und noch jemandem an und rückten wieder ab in Richtung Potsdam-Nedlitz."[52]
Ähnliches sagt ein Bericht des schon zitierten ehemaligen Obergefreiten Walter Keirath über den Einsatz der Infanterieschule Döberitz gegen das Funkhaus in der Masurenallee: „Die Einheiten des Lehrstabes 4 standen in kürzester Zeit gefechtsbereit. Marschverpflegung wurde ausgegeben. Mit der Abfahrt durch motorisierte Einheiten wurde jedoch noch gezögert. Hauptmann Patzer sagte uns, ‚die SS wollte den Führer umbringen, wir müßten nach Berlin'. Ich gehörte seinem Kompanietrupp an und sollte mich immer in seiner Nähe aufhalten ... Während der Fahrt gab Patzer Einzelheiten des Auftrags dem Kompanietrupp bekannt: Das Funkhaus in der Masurenallee ist mit Waffengewalt zu besetzen. Die dort stationierte Wacheinheit der SS ist zu entwaffnen oder zu beseitigen ... Schützenpanzer, Pak, schwere Granatwerfer und Maschinengewehre gingen mit Bedie-

nungsmannschaften sofort in Stellung. Deckungslöcher wurden ausgehoben. Das ganze Gebäude wurde von Infanterie abgeriegelt. Die SS-Wache blieb auf ihrem Posten. Unser Kommandeur, Major Jacob (Ritterkreuzträger), verhandelte mit den Posten am Hauptportal. Nach einer Zeit konnten wir, Hauptmann Patzer und sein Kompanietrupp, das Funkhaus durch den Haupteingang betreten. Wir umstellten sofort die Telefonanlagen, die sich unmittelbar im Hauptportal befanden. Aufgeregt schritten Major Jacob und Hauptmann Patzer in die Telefonzelle. In der Eile ließen sie einen Spalt von der Tür offen, ich stand an dieser Tür, war natürlich neugierig, was sich da nun abspielen wird. Ich steckte meinen Kopf in den Spalt, es war mir vollkommen gleich, ob ich dafür einen Anpfiff in Kauf nehmen mußte. Wunderte mich nur, daß wir entgegen aller Erwartung ohne Gewaltanwendung das Funkhaus passieren durften. Major Jacob sollte nun eine Geheimnummer von General Olbricht anrufen, wählte sie aber nicht – er rief Goebbels an.[53] Den hörte ich nun, wie er mit aufgeregter Stimme rief: ‚Um Gottes willen, Herr Major, Sie spielen mit den Verrätern!' Kreideweiß kam nun Jacob aus der Telefonzelle, sagte zu Hauptmann Patzer: ‚Der Stauffenberg hat uns einen Bären aufgebunden, da hätten wir bald was gemacht!' Inzwischen rückte die ganze 2. Stammkompanie ins Gebäude ein und verteilte sich auf das ganze Haus. Der Kommandeur und Hauptmann Patzer begaben sich nun zum wachhabenden SS-Offizier und klärten das, ‚Mißverständnis' mit dem Ergebnis, daß das Funkhaus gemeinsam mit der SS für den ‚Führer' bewacht wird. Die SS erhielt in aller Eile Verstärkung ... Als Obergefreiter wurden mir vier Soldaten zur Besetzung des Büros des Kommentators Hans Fritzsche beigegeben ... Sollte nun das Funkhaus von anderen Ein-

heiten angegriffen werden oder auch Zivilisten Einlaß haben wollen, so sollte nach dem Anruf ‚Für oder gegen den Führer?‘ auf ‚gegen‘ sofort das Feuer eröffnet werden.“[54]
Es zeigte sich, daß der Angriff gegen die Rundfunkanlagen wohl organisatorisch vorbereitet worden war und auch – rein militärisch gesehen – erfolgreich verlief.[55] Es wurde aber nicht die politische Bedeutung dieser Aktion gesehen. Damit wird bereits eine wichtige Frage berührt, die auf die Ursachen für das Scheitern des gesamten Unternehmens hinweist. Wir werden uns an anderer Stelle noch damit zu beschäftigen haben.
Im Führerhauptquartier war um 16 Uhr der Sonderzug mit Mussolini eingetroffen. An der Begegnung mit Mussolini nahmen Göring, Ribbentrop, Dönitz und andere Naziführer teil. Während Hitler sich als von der Vorsehung gerettet und damit sichtbar für noch zu lösende große Aufgaben aufgespart spreizte, überboten sich die Anwesenden gegenseitig in Ergebenheitsbekundungen. Gegen 18 Uhr geleitete Hitler seinen Besuch wieder zum Bahnhof. Nach der Aufhebung der Nachrichtensperre und nach Durchgabe der ersten Walküre-Befehle von Berlin aus war es mehrfach zu telefonischen Rückfragen verschiedener Kommandeure im Führerhauptquartier gekommen. Allmählich verdichtete sich hier der Eindruck, daß eine größere Aktion im Gange sei, als man zuerst vermutet hatte. Gegen 17 Uhr ernannte Hitler den Reichsführer SS Himmler an Stelle Fromms zum Befehlshaber des Ersatzheeres und befahl ihm, sofort nach Berlin zu fliegen. Um 17.30 Uhr telefonierte Hitler mit Goebbels und beauftragte ihn, eine Sondermeldung für den Rundfunk vorzubereiten, daß ein Attentat verübt worden, aber mißlungen sei.
Diese Sondermeldung wurde um 18.45 Uhr vom Deutsch-

landsender verbreitet. Die Mitteilung, daß Hitler nur leicht verletzt sei, verstärkte die Unschlüssigkeit unter den Kommandeuren und verzögerte weiterhin die Durchführung der Walküre-Befehle. Polizeipräsident Graf Helldorf und der Präsident des Reichskriminalamtes, Arthur Nebe, die ohnehin bisher kaum etwas zum Gelingen der Aktion beigetragen hatten, versagten jetzt völlig ihre weitere Mitwirkung. Es häuften sich Anfragen bei Stauffenberg. Stauffenberg antwortete, die Mitteilung des Rundfunks sei irreführend, das Heer habe die Macht übernommen und die Walküre-Befehle seien durchzuführen. Da inzwischen Keitel auf telefonische Anfragen einzelner Kommandeure die Nichtdurchführung der Berliner Befehle angewiesen hatte, veranlaßte Stauffenberg gegen 19.15 Uhr die Durchgabe eines dringlichen Fernschreibens an alle Wehrkreise und Befehlshaber, in dem die Aussagen Keitels dementiert und die Kommandeure zum tatkräftigen Handeln aufgefordert wurden. Stauffenberg – unterstützt von seinen Freunden Olbricht, Mertz, Haeften und anderen – war in diesen Stunden der Motor der Aktion, der unermüdlich tätig war, um den Staatsstreich zum Erfolg zu führen. Ein Augenzeuge gibt eines der zahllosen Telefongespräche, die Stauffenberg in diesen Stunden führte, wie folgt wieder:

„Die Telefonistin im Vorzimmer rief nach Stauffenberg. Er stürzte herbei und ergriff den Hörer, den die Telefonistin ihm hinhielt: ‚Hier Stauffenberg – jawohl – ja, alles Befehl des B. d. E. – jawohl – es bleibt dabei – alle Befehle sofort ausführen – Sie müssen sofort alle Rundfunk- und Nachrichtenstellen besetzen – jeder Widerstand wird gebrochen – wahrscheinlich bekommen Sie Gegenbefehle aus dem Führerhauptquartier – die sind nicht autorisiert – nein – die Wehrmacht hat die vollziehende Gewalt übernommen – niemand außer dem B. d. E. ist autorisiert, Befehle zu erteilen – haben Sie verstanden? – Jawohl – das Reich ist in Gefahr – wie immer in Stunden der höchsten Not hat jetzt der Soldat die vollziehende Gewalt – ja. Witzleben ist zum Oberbefehlshaber ernannt – es ist nur eine formelle Ernennung – besetzen Sie alle Nachrichtenstellen – klar? – Heil!"[56]

Um 19.30 Uhr traf – angetan mit Uniform und Marschallstab – Generalfeldmarschall von Witzleben in der Bendlerstraße ein. Er suchte sofort Beck auf und hatte mit ihm eine persönliche Unterredung, in der er scharf die Unzulänglichkeit der bisher getroffenen Maßnahmen kritisierte. Gegen 20.15 Uhr verließ Witzleben die Bendlerstraße und gab damit zu verstehen, daß er die Aktion für gescheitert ansah. Er fuhr zu seinen Bekannten nach Seese zurück.

Am Abend – etwa um 20 Uhr – war die Lage durch folgende Tatbestände gekennzeichnet:

In Berlin und Umgebung hatten die Truppen das Regierungsviertel abgesperrt, das OKH-Gebäude in der Bendlerstraße gesichert und das Funkhaus in der Masurenallee sowie die Sendeanlagen in Königs Wusterhausen besetzt. Andere Truppenteile hatten Positionen in der Innenstadt – am Zeughaus, am Schloß, an der Siegessäule – eingenommen und warteten auf weitere Einsatzbefehle. Ein dritter Teil befand sich noch auf dem Marsch.

Jedoch waren die Erstziele noch nicht erreicht: Ministerien, Reichskanzlei und Gestapohauptquartier waren nicht besetzt, die in Berlin befindlichen Naziführer nicht verhaftet, der Rundfunk nicht stillgelegt bzw. in den Dienst des Aufstandes gestellt, die SS nicht entwaffnet. Kostbare Zeit war verstrichen, die der zunächst ahnungslosen Gegenseite zustatten kam. Stauffenberg und Olbricht waren in ihren sehr sorgfältig ausgearbeiteten Plänen davon ausgegangen, daß die Truppenteile schnell und exakt handeln würden, was wiederum wesentlich von der Haltung der Offiziere abhing. Aber hier lag der schwächste Punkt der militärischen Planung. Gegen 20.15 Uhr meldete Major Hayessen, daß die Aktion in Berlin nicht vorankomme. Das Wachtbataillon zögere, und sein Kommandeur, Major Remer, befinde sich bei Goebbels. Oberst Jäger, der beauftragt sei, Goebbels auszuheben, habe keine Soldaten für den Stoßtrupp zur Verfügung. Damit deutete sich bereits die Wende an.

Einen anschaulichen Eindruck von dem schleppenden Gang der militärischen Aktion vermittelt auch der Bericht des damaligen Nachrichtenunteroffiziers Gerhard Maerlender, der von der Potsdamer Nachrichtenkaserne aus auf Anforderung des Majors Thiele in Berlin zum Einsatz kam. Er berichtet:

„Major Thiele stellte mich seinem Bruder, dem General Thiele, vor und erteilte mir dann folgenden Befehl: ‚Der Führer ist tot.' Ein stellvertretendes Hauptquartier würde heute in Berlin, Unter den Linden 1, unter dem Befehl von Oberst von Stauffenberg errichtet. Dort sollte eine Funkstelle eingerichtet werden, die ich übernehmen sollte. Hierzu sollte ich mir sieben Männer aussuchen, aus meinem Kameradenkreise der Nachrichtenoffiziersanwärter, die mit mir den Funktrupp bilden sollten.

Major Thiele veranlaßte weiter in Gegenwart der Gruppe Offiziere, daß ich mit einer Pistole ausgerüstet würde, daß meine Kameraden zu ihrem Karabiner zwei Patronentaschen (es waren also 60 Schuß) Gewehrmunition erhalten, ferner für 2 Tage Verpflegung. Abschließend nannte er mir als Parole und Kennwort den Satzteil ‚nur auf Befehl des Führers!' Ich sollte einen Lastwagen bekommen, mit welchem

ich anschließend sofort in die Innenstadt zum Kronprinzenpalais fahren sollte.
Das Aussuchen meiner Kameraden, das Fassen von Waffen, Munition, Verpflegung und Funkgeräten und Verladen auf den Lastwagen, der kein Funkfahrzeug war, sondern nur mit einer Plane bedeckt war, dauerte noch einige Stunden. Erst etwa gegen fünf Uhr fuhren wir mit großer Geschwindigkeit zum Avuszubringer nach Nikolassee und von dort über die Avus und durch den Tiergarten über ‚Unter den Linden‘ bis zum Kronprinzenpalais. Überall sahen wir Panzerwagen an den Ecken stehen, Gruppen von Soldaten mit Maschinengewehren an allen wichtigen Plätzen und Straßenkreuzungen, alle Soldaten im Stahlhelm, teils das Gewehr über den Arm gelegt, teilweise Wehrmacht, teilweise auch SS-Einheiten. Inzwischen hatten wir im Radio die sich widersprechendsten Meldungen gehört. Ich meine mich heute zu erinnern, daß wir zunächst vom Mißlingen des Anschlages, dann von Major Thiele vom gelungenen Attentat, dann wieder im Rundfunk vom Überleben Hitlers gehört haben ... Als ich mich dem Kronprinzenpalais näherte, stellte ich fest, daß auch um das Palais herum Militärgruppen, aber solche der SS, im Stahlhelm und mit Waffen postiert waren. Vor dem Eingang lag eine Gruppe mit einem oder zwei Maschinengewehren im Anschlag, bereit zu schießen.
Ich stieg vom Fahrzeug und schritt auf den Haupteingang zu. Ein SS-Truppführer im Range der Unteroffiziere oder Feldwebel rief mich an, wo ich hinwolle. Ich gab an, zu Oberst Stauffenberg. Was ich von ihm wolle. Meine Antwort, mich bei ihm melden. Wie mein Kennwort sei. Ich antwortete: ‚Nur auf Befehl des Führers!‘ Er erwiderte: ‚Hier kommen Sie nicht herein, fahren Sie weiter und verschwinden Sie!‘ Ich beharrte auf meinem Befehl, mich bei

Oberst Stauffenberg zu melden. Der SS-Mann erwiderte, er habe den Befehl, niemanden in das Gebäude hereinzulassen. Ich antwortete: ‚Dann will ich wenigstens mit dem General Thiele telefonieren.' Die Antwort: ‚Aber nicht von hier. Telefonieren Sie, wo und wohin Sie wollen!'

Gegenüber dem Kronprinzenpalais, auf der anderen Seite der ‚Linden', sah ich eine Telefonzelle. Ich schritt dort hin, um die Potsdamer Kaserne anzurufen und Major Thiele sprechen zu wollen. Der Apparat war jedoch tot, das Fernsprechnetz lahmgelegt. Als ich wieder zurückkam, berichtete ich den Kameraden, daß ich nicht habe telefonieren können. Einige Minuten standen wir unschlüssig herum, dann riefen uns die SS-Leute zu, wir sollten ruhig wieder nach Hause fahren, wo wir hergekommen seien. Hier ist kein Oberst von Stauffenberg und hier würde auch keine Funkstelle mehr gebraucht.

Nach einigen Minuten des Abwartens bestiegen wir dann unseren Lastwagen und fuhren wieder nach Potsdam. Bis wir wieder in unserer Baracke waren, war es 22.00 Uhr geworden."[57]

Doch nicht in mangelhafter Befehlsgebung und im schleppenden Gang der militärischen Aktion lag die Hauptursache des Scheiterns. Diese Erscheinungen waren nur Ausdruck für den politischen Charakter der gesamten Verschwörung. Wäre es anders gewesen, so hätte man doch alles versuchen müssen, um die werktätigen Massen zum Handeln zu mobilisieren.

Die Führer des Aufstandes in Berlin hatten, so sagen alle Berichte, nicht genügend zuverlässige Kampfgruppen zur Lösung der unaufschiebbaren Aufgaben der ersten Stunde. Hätte ihnen nicht ein Handstreich auf das Gestapo-Gefängnis in der Prinz-Albrecht-Straße und auf das vor den Toren

Berlins gelegene KZ Sachsenhausen Hunderte entschlossener, politisch zielklarer Mitkämpfer zugeführt? Hätten nicht die besetzten Rundfunksender pausenlos Aufrufe, Bekanntmachungen und Aufklärungssendungen verbreiten müssen? Hätte man nicht sofort die Druckereien besetzen und die Betriebe Berlins und der Umgebung mit mobilisierenden Flugblättern überschwemmen müssen? Hätte man nicht schließlich Goebbels und die anderen Naziführer rücksichtslos ausschalten und diese Nachricht unverzüglich über den Rundfunk verbreiten müssen?

Daß dies alles – hier nur willkürlich herausgegriffen – nicht geschah, war keine „Unterlassungssünde", sondern Ausdruck des Charakters der Aktion. Man wollte die Macht mit Hilfe des durch Fernschreiben und Telefongespräche dirigierten Militärs ergreifen, ohne Massenbewegung. Aufrufe und Rundfunkansprachen waren vorbereitet, aber man wollte erst zum Volke sprechen, wenn man die Macht fest in der Hand hatte. Auch Stauffenberg hatte sich dieser Konzeption nicht völlig entziehen können. Objektiv kam dies der reaktionären Zielsetzung der Goerdeler-Gruppe entgegen. Bevor wir die Ereignisse in Berlin weiterverfolgten, werfen wir zunächst einen Blick auf die Lage in den anderen Wehrkreisen und in den von den Nazis noch besetzten Gebieten.[58] Das reaktionäre Wesen des Unternehmens kam hier noch deutlicher zum Ausdruck.

In Stettin (Wehrkreis II) feierte die gesamte Prominenz der NSDAP, der Verwaltung und der Wehrmacht am 20. Juli das zehnjährige Dienstjubiläum des Gauleiters Franz Schwede-Coburg. Als der Stellvertretende Kommandierende General im Wehrkreis II, General Kienitz, zwischen 18 und 19 Uhr vom Attentat auf Hitler erfuhr, äußerte er, der Täter könne nur aus „Parteikreisen" kommen. Er rief damit in der Gesellschaft heftige Entrüstung hervor. Der Chef des Stabes, Oberst Staudinger, hatte zwischen 17 und 18 Uhr die beiden ersten Grundbefehle erhalten, hörte dann aber auch die Rundfunkmeldung über das mißlungene Attentat. Er wollte Kienitz bei der Feier nicht stören und informierte ihn erst nach 20 Uhr über die eingetroffenen Befehle. Kienitz hatte inzwischen von Keitel telefonisch die Weisung erhalten, die Berliner Befehle nicht zu befolgen. Obwohl der General nichts unternahm, blieb die Gauleitung mißtrauisch. Eine SS-Ersatzformation im Stettiner Vorort Nemitz setzte ihre Unterkunft in Verteidigungszustand und stellte Spanische Reiter und Maschinengewehre auf. Gegen Mitternacht gaben Kienitz und Staudinger dem Gauleiter gegenüber eine besondere Loyalitätserklärung ab.

In Dresden (Wehrkreis IV) war nur ein Offizier vom Dienst im Stab des Wehrkreises anwesend, als der erste Befehl der Verschwörer eintraf. Der Diensthabende rief alle erreichbaren Offiziere in den Stab und verständigte auch gleichzeitig die Gestapo. Der Stellvertretende Kommandierende General Victor von Schwedler, der in die Verschwörung eingeweiht war, verstärkte lediglich die Wache des Generalkommandos und wartete die weiteren Ereignisse ab. Inzwischen trafen Keitels Gegenbefehle ein. Abends wurden Schwedler und seine Offiziere in die Villa des Gauleiters Mutschmann befohlen, wo man ihnen die Waffen abnahm und wo der Höhere SS- und Polizeiführer von Alvensleben die Namen der „politisch unzuverlässigen" Offiziere wissen wollte.

In Kassel (Wehrkreis IX) erhielt der Chef des Stabes, Oberst von Plate, die ersten Befehle gegen 19.30 Uhr, obwohl sie schon ab 18 Uhr eingingen. Er alarmierte Truppeneinheiten und verstärkte die Wache im Generalkommando.

Als gegen 21 Uhr der Stellvertretende Kommandierende General Schellert von einer Dienstfahrt zurückkehrte, wollte er sich zunächst mit dem Gauleiter von Kurhessen, Gerland, beraten, unterzeichnete aber dann doch den Befehl zur Verhaftung der im Wehrkreisbereich amtierenden drei Gauleiter, unter denen sich der berüchtigte Sauckel befand. Die alarmierten Truppen erhielten Einsatzbefehle. In Frankfurt am Main wurden Hauptpost, Telegrafenamt, Hauptbahnhof und Rundfunk besetzt. Doch die drei Gauleiter waren „unauffindbar". Inzwischen trafen die Gegenbefehle aus dem Führerhauptquartier ein, gegen 22.30 Uhr wurden die Aktionen gestoppt. Gauleiter Gerland erschien, begleitet von einer Anzahl Bewaffneter, im Generalkommando und forderte Rechenschaft.

In Nürnberg (Wehrkreis XIII) waren einige Offiziere zunächst bereit, die Truppen in Marsch zu setzen, fragten jedoch erst in Stuttgart und München an, wie man sich dort verhalte. Da dort nichts geschah, blieb man auch hier passiv.

In München (Wehrkreis VII) war der 1. Generalstabsoffizier Oberstleutnant Grosser in die Verschwörung eingeweiht. Unter dem Vorwand einer Geländeübung hatte er am Starnberger See Infanterie, Panzer und Pioniere zusammengezogen. Als er jedoch die Nachricht vom Staatsstreich erhielt, unternahm er nichts. Statt dessen wollte der Gauleiter Giesler den Stellvertretenden Kommandierenden General Kriebel festnehmen, da er ihn für den Führer einer Offiziersmeuterei hielt. Kriebel floh zum schwäbischen Gauleiter Wahl nach Augsburg und stellte sich unter dessen Schutz!

In Königsberg (Wehrkreis I) befand sich der Stellvertretende Kommandierende General auf der Jagd, als die ersten Befehle aus Berlin eintrafen. Der 1. Generalstabsoffizier

Oberstleutnant Erdmann war in die Verschwörung eingeweiht, unternahm jedoch nichts, obwohl eine Panzeraufklärungsersatzabteilung dafür vorgesehen war, die NSDAP-Gauleitung auszuheben. Gauleiter Koch ließ, als er vom Attentat hörte, die SA sowie eine ihm unterstehende Sondereinheit alarmieren.
In Prag erhielt der Wehrmachtsbefehlshaber im „Protektorat Böhmen und Mähren", General Ferdinand Schaal, die ersten Befehle etwa um 18.30 Uhr. Er ließ Truppen in Alarmbereitschaft setzen, ging jedoch nicht gegen Naziführer und SS vor. „Staatsminister" Karl Hermann Frank alarmierte seinerseits die SS. Schaal versuchte, mit dem berüchtigten Nazi Frank ein Übereinkommen zu treffen. Die Gegenbefehle machten auch hier den schwachen Ansätzen der Aktion ein Ende.
In den anderen Wehrkreisen bzw. militärischen Befehlsbereichen, außer Wien und Paris, geschah noch weniger oder überhaupt nichts. Im Stab der Heeresgruppe Mitte warteten Tresckow und Schlabrendorff ungeduldig auf Nachricht. Sie erhielten eine telefonische Mitteilung vom erfolgreichen Attentat; kurz darauf hörten sie jedoch die Rundfunknachricht vom Überleben Hitlers. Sie warteten ab, bis die Situation in Berlin geklärt war.
Kurz nach 19 Uhr bekam die Bendlerstraße telefonische Verbindung mit der Heeresgruppe Nord im Baltikum. Stauffenberg teilte dem Generalstabschef mit, daß Witzleben und Beck die militärische und politische Führung übernommen hätten. Danach gab Beck der Heeresgruppe den Befehl, Vorbereitungen für den Rückzug auf Ostpreußen zu treffen. Immerhin soll betont werden, daß der erste Befehl Becks an Truppen der Ostfront ein Befehl zur Räumung besetzten Gebietes war. Der Generalstabschef der

Heeresgruppe rief gegen 19.40 Uhr das Führerhauptquartier an und sagte dabei dem Grafen Kielmannsegg: „Sie wissen, daß dies die einzige vernünftige Lösung ist. Wir haben dies oft genug gemeldet, aber wir können doch nicht Beck gehorchen, ohne zu wissen, was los ist."[59] Der hitlertreue Kielmannsegg veranlaßte, daß Becks Anweisung annulliert wurde.

Die weitaus meisten Generale und Generalstabsoffiziere waren so fest in das Nazisystem integriert, daß sie selbst die formale Durchführung militärischer Befehle nicht fertigbrachten, als sie wußten oder spürten, daß sich diese Befehle gegen das System richten könnten. Wenn wir an anderer Stelle darauf verwiesen haben, daß die militärische Führerschaft wesentlichen Anteil an der Errichtung und Festigung der faschistischen Diktatur hatte, so müssen wir hier in analoger Weise sagen, daß sie den Staatsstreichversuch vom 20. Juli 1944 verhindert und die wenigen oppositionellen Offiziere der Rache der Nazis preisgegeben hat.

Echte Ansätze einer Aktion gab es lediglich in Wien und in Paris.

Beim Wehrkreiskommando XVII Wien waren der Oberst Graf Marogna und der Hauptmann Szokoll in die Verschwörung eingeweiht und auch mit Stauffenberg und Bernardis persönlich bekannt. Gegen 18 Uhr traf hier das Fernschreiben mit dem ersten Grundbefehl, in dem jedoch der Satz „Hitler ist tot" fehlte, ein.[60] Der Chef des Stabes, Oberst i. G. Kodré, benachrichtigte den abwesenden Kommandierenden General, Freiherrn von Esebeck, und veranlaßte die ersten Maßnahmen. Weitere Offiziere wurden verständigt und zwei Züge des Wiener Wachbataillons zur Sicherung des Wehrkreiskommandos herangezogen. Inzwischen traf ein weiteres Fernschreiben mit dem zweiten Grundbefehl, der Besetzungen und Verhaftungen anordnete, ein. Kodré löste allgemeinen Walküre-Alarm aus und berief eine Offiziersberatung für 19 Uhr ein. Der inzwischen angelangte General Esebeck billigte die Maßnahmen, verlangte aber eine Rückfrage in Berlin, da inzwischen die Rundfunkmeldung über das Attentat abgehört worden war. Kodré telefonierte mit Stauffenberg, der die Fernschreiben bestätigte und auf schnelle Durchführung der Befehle drängte. Esebeck war nicht eingeweiht, aber als er hörte, daß Stauffenberg, den er von der 1. Leichten Division her kannte, einer der Führer sei, war er zum Handeln bereit. Die gegen 19.20 Uhr versammelten Offiziere wurden mit der Lage bekannt gemacht und in ihre Aufgaben eingewiesen. An alle SS-, NSDAP- und Polizeiführer Wiens erging die Einladung zu einer dringenden Besprechung um 20 Uhr im Wehrkreiskommando. Hauptmann Szokoll, der sich für eine schnelle Alarmierung der Truppen einsetzte, gab der Wache des Hauses den Befehl, alle Personen, die nicht Wehrmachtsuniform tragen, am Verlassen des Gebäudes zu hindern, im Weigerungsfalle festzunehmen und bei Widerstand von der Waffe Gebrauch zu machen. Als die Eingeladenen – von denen einige, darunter Gauleiter von Schirach, nicht anwesend waren – sich versammelt hatten, wurden ihnen die Fernschreiben verlesen, und sie wurden in verschiedenen Zimmern des Gebäudes festgesetzt, wobei man ihnen Getränke und Speisen zur Verfügung stellte. Der Stadtkommandant von Wien, General Sinzinger, Träger des Goldenen Ehrenzeichens der NSDAP, übernahm es, die anderen maßgeblichen Naziführer in der Stadt zu verhaften.

Bis dahin war keinem der Beteiligten Näheres über die Vorgänge im Führerhauptquartier und in Berlin bekannt. Erst als nach 20 Uhr ein weiteres Fernschreiben eintraf und die Einsetzung von politischen Beauftragten anordnete, ließen die darin auftauchenden Namen früherer österreichischer Politiker die Ahnung aufkommen, daß es sich um eine politische Aktion handeln müsse. Unsicherheit breitete sich aus, aber noch stützten sich Esebeck und Kodré auf die erhaltenen Befehle. Die alarmierten Truppen der 117. und 417. Division befanden sich auf dem Marsch, um wichtige Objekte zu besetzen. Nachdem mehrere Telefongespräche mit der Bendlerstraße geführt worden waren, kam ein Anruf von Keitel, der befahl, alle eingeleiteten Maßnahmen rückgängig zu machen. Esebeck gab die entsprechenden Befehle. Kurz danach rief Stauffenberg an: „Kodré, was ist denn los? Ihr werdet doch nicht ausspringen wollen!" Kodré konnte nur antworten: „Eben hat Keitel angerufen", dann wurde die Verbindung unterbrochen. General Esebeck entschuldigte sich bei den Verhafteten und ließ sie frei. Hauptmann Szokoll wollte sich mit dem Zusammenbruch nicht abfinden und versuchte erfolglos, noch einmal telefonisch die Bendlerstraße zu erreichen.

Wie Otto Hartmut Fuchs, der wegen seiner Zugehörigkeit zur katholischen Widerstandsbewegung Häftling der Wehrmachtshaftanstalt im X. Bezirk in Wien war, berichtet, waren er und seine Mithäftlinge am Abend des 20. Juli so gut wie frei. Der Wärter, der bisher besonders scharf war, wurde plötzlich freundlich. Am Morgen des 21. Juli war die Haft jedoch wiederhergestellt, und der Wärter war schärfer als zuvor.[61]

Die höchste Entfaltung und Wirksamkeit erreichte die Bewegung in Paris.[62] Bereits nach 14 Uhr hatte Oberst Finckh in Paris telefonisch aus Zossen eine verschlüsselte Meldung

über das Attentat erhalten, während die Bendlerstraße zu dieser Zeit noch ohne Nachricht war. Genaue Informationen erfolgten allerdings auch erst um 16.30 Uhr durch einen Anruf Stauffenbergs an Caesar von Hofacker, der als Oberstleutnant im Stab des Oberbefehlshabers West Dienst tat und der führende Kopf der Verschwörergruppe im Westen war. Hofacker informierte sofort den Militärbefehlshaber in Frankreich, General von Stülpnagel, um den sich nach kurzer Zeit die Gruppe der mitverschworenen Offiziere sammelte. Stülpnagel erteilte die vorher festgelegten Befehle: Alarmierung zuverlässiger Truppen, Besetzung wichtiger Gebäude, Festnahme der SS- und SD-Führer, Unterbrechung des Funk- und Telefonverkehrs zwischen Frankreich und Deutschland bis auf die Linien nach Berlin, Inbesitznahme des Pariser Senders. Gegen 18.30 Uhr erhielt Stülpnagel einen Anruf von Beck. Stülpnagel bestätigte seine vorbehaltlose Mitwirkung – trotz der aufgekommenen Zweifel an Hitlers Tod. Er berichtete Beck gleichzeitig von den veranlaßten Maßnahmen.
Der Oberbefehlshaber West, Generalfeldmarschall von Kluge, der früher schon mehrmals seine Mitwirkung bei einem Vorgehen gegen Hitler zu- und dann immer wieder abgesagt hatte, wurde gegen 18.45 Uhr in einem Telefongespräch, das Stülpnagel vermittelt hatte, von Beck eindringlich aufgefordert, sich der Aktion anzuschließen. Aber Kluge kannte bereits die Nachricht, daß Hitler nur leicht verletzt worden sei, und erklärte Beck deshalb, daß er sich erst mit seinen Offizieren beraten müsse und in einer halben Stunde Bescheid gebe. Kluge erhielt danach sowohl den von Witzleben unterzeichneten Befehl über die Verhängung des militärischen Ausnahmezustandes als auch das Fernschreiben Keitels, das die Ausführung von Befehlen

Witzlebens, Becks oder Hoepners verbot. Aus dem OKW wurde ihm telefonisch von Stieff bestätigt, daß Hitler das Attentat überlebt habe. Nach anfänglichem Schwanken war Kluge jetzt entschlossen, sich aus der Sache herauszuhalten.

Um 22 Uhr war das für den Schlag gegen SS und SD vorgesehene Sicherungs-Regiment Nr. 1 alarmiert. Der Sturm auf die SS- und SD-Unterkünfte wurde für 22.30 Uhr festgesetzt.

Inzwischen versammelten sich Stülpnagel, von Hofacker, General Blumentritt, General Speidel u. a. bei Kluge in La Roche-Guyon zu der von ihm befohlenen Offiziersbesprechung. Hofacker nahm im Auftrag der Verschwörer das Wort und versuchte, Kluge zum Mitgehen zu gewinnen. Er appellierte an sein Gefühl für Volk und Nation, erinnerte an Kluges frühere Äußerungen gegen Hitlers Politik – aber es war vergeblich: Kluge lehnte ab. Als während des anschließenden gemeinsamen Essens Stülpnagel in einem persönlichen Gespräch Kluge von den bereits eingeleiteten Maßnahmen in Kenntnis setzte, wurde Kluge wütend und verlangte die Zurückziehung der Befehle. Aber General Blumentritt erklärte sich dazu außerstande, da die Truppe schon marschiere. Stülpnagel und Hofacker drangen noch einmal in Kluge, aber Kluge hatte nur – im Hinblick auf Hitler – die Bemerkung übrig: „Ja, wenn das Schwein tot wäre“, und erklärte Stülpnagel für abgesetzt: „Verschwinden Sie in Zivil irgendwohin.“

Um 22.30 Uhr begann – ohne Wissen Kluges – die Verhaftung der SS-, SD- und Gestapoführer in Paris. Obwohl die Mehrzahl der beteiligten Heeresoffiziere nicht in die Verschwörung eingeweiht war, führten sie die Befehle konsequent durch, als sie begriffen, daß es gegen SS und Gestapo ging. Dasselbe traf in noch ausgeprägterem Maße auf die Soldaten zu. Als der Kommandant von Paris, Generalleutnant Freiherr von Boineburg-Lengsfeld, der die Aktion persönlich leitete, einen Soldaten fragte, was er über die ganze Sache denke, erhielt er die Antwort: „Endlich geht es der schwarzen Pest zu Leibe. Dann werden auch wir bald Ruhe haben."[63] In kurzer Zeit waren etwa 1200 SS-, SD- und Gestapoführer festgesetzt. Widerstand gab es nicht, nur einige wenige konnten entfliehen. Das Unternehmen vollzog sich so überraschend, daß nach einiger Zeit das Gerücht umlief, französische Widerstandskämpfer hätten, mit deutschen Uniformen getarnt, einen Überfall auf das Gestapohauptquartier verübt. Die Pariser Aktion zeigte, welche Möglichkeiten für einen Staatsstreich tatsächlich bestanden, selbst wenn er sich nur auf einige Truppenteile stützte. Allerdings erfuhr auch hier im Westen die Masse der Soldaten erst von dem Geschehen, als alles schon vorbei war.

Inzwischen hatte sich in Berlin die entscheidende Wende vollzogen.

Während das Wachbataillon alarmiert wurde und die befohlenen Absperrmaßnahmen durchzuführen begann, begab sich der Leutnant Hagen, ein Mitarbeiter des Propagandaministeriums, der vor dem Unterführerkorps des Bataillons einen Vortrag über die politische Lage gehalten hatte, gegen 17.30 Uhr zu Goebbels, da er wegen der eingeleiteten Maßnahmen Verdacht geschöpft hatte.[64] Er äußerte seine Vermutung, daß ein Militärputsch im Gange sei, bei dem das Wachbataillon anscheinend mithelfen müsse. Goebbels, der vom Attentat wußte, aber von den weiteren Ereignissen noch keine Ahnung hatte, befahl sofort Major Remer zu sich. Gleichzeitig wurde die SS-Leibstandarte

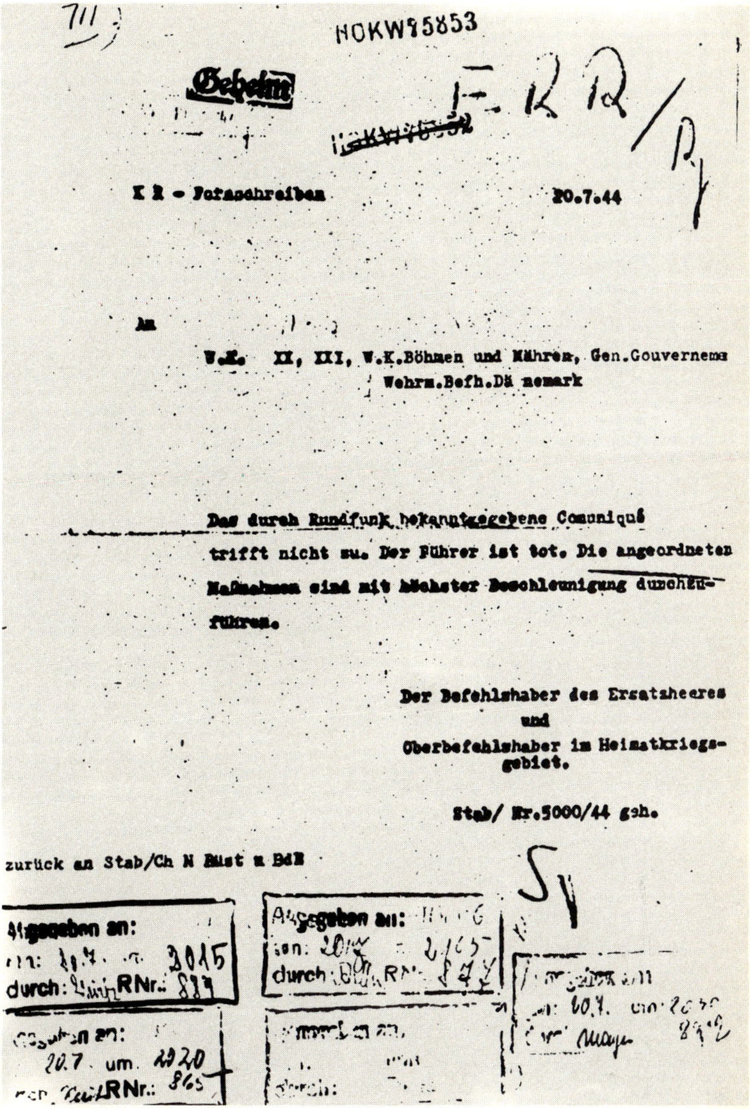

NOKW95853

Geheim

K R - Fernschreiben 20.7.44

An

W.K. XX, XXI, W.K.Böhmen und Mähren, Gen.Gouvernement
Wehrm.Befh.Dänemark

Das durch Rundfunk bekanntgegebene Comuniqué trifft nicht zu. Der Führer ist tot. Die angeordneten Maßnahmen sind mit höchster Beschleunigung durchzuführen.

Der Befehlshaber des Ersatzheeres
und
Oberbefehlshaber im Heimatkriegsgebiet.

Stab/ Nr.5000/44 geh.

zurück an Stab/Ch H Rüst u BdE

Abgegeben an:
am: 20.7. um 2015
durch: RNr.: 889

Abgegeben an:
am: 20.7. um 2105
durch: RNr.:

Abgegeben an:
20.7. um 2020
RNr.: 865

Abgegeben an:
am: 20.7. um 2030

Fernschreiben mit Paraphe Stauffenbergs

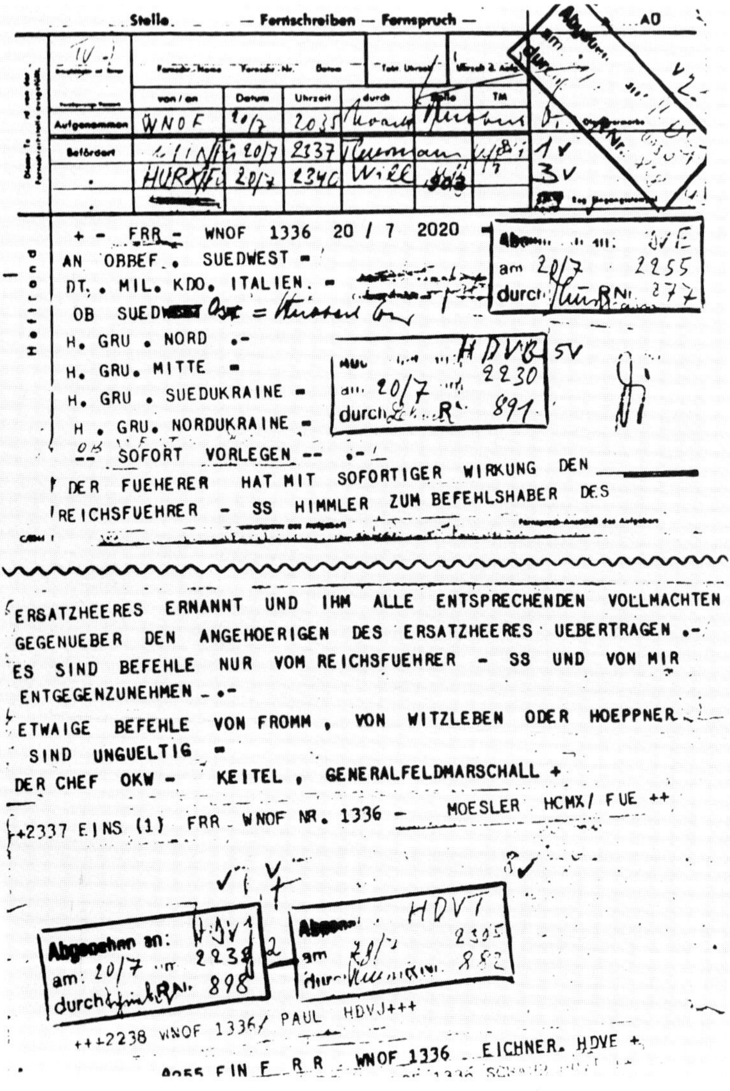

Stelle. — Fernschreiben — Fernspruch — AO

+ - FRR - WNOF 1336 20 / 7 2020 -

AN OBBEF . SUEDWEST -

DT. . MIL. KDO. ITALIEN. -

OB SUEDWEST

H. GRU . NORD .-

H. GRU. MITTE -

H. GRU . SUEDUKRAINE -

H . GRU. NORDUKRAINE -

-- SOFORT VORLEGEN -- .-

DER FUEHERER HAT MIT SOFORTIGER WIRKUNG DEN REICHSFUEHRER - SS HIMMLER ZUM BEFEHLSHABER DES ERSATZHEERES ERNANNT UND IHM ALLE ENTSPRECHENDEN VOLLMACHTEN GEGENUEBER DEN ANGEHOERIGEN DES ERSATZHEERES UEBERTRAGEN .-

ES SIND BEFEHLE NUR VOM REICHSFUEHRER - SS UND VON MIR ENTGEGENZUNEHMEN _ .-

ETWAIGE BEFEHLE VON FROMM , VON WITZLEBEN ODER HOEPPNER SIND UNGUELTIG -

DER CHEF OKW - KEITEL , GENERALFELDMARSCHALL +

+2337 EINS (1) FRR WNOF NR. 1336 - MOESLER HCMX/ FUE ++

+++2238 WNOF 1336/ PAUL HDVJ+++

2255 EIN F R R WNOF 1336 EICHNER. HDVE +

Fernschreiben Keitels

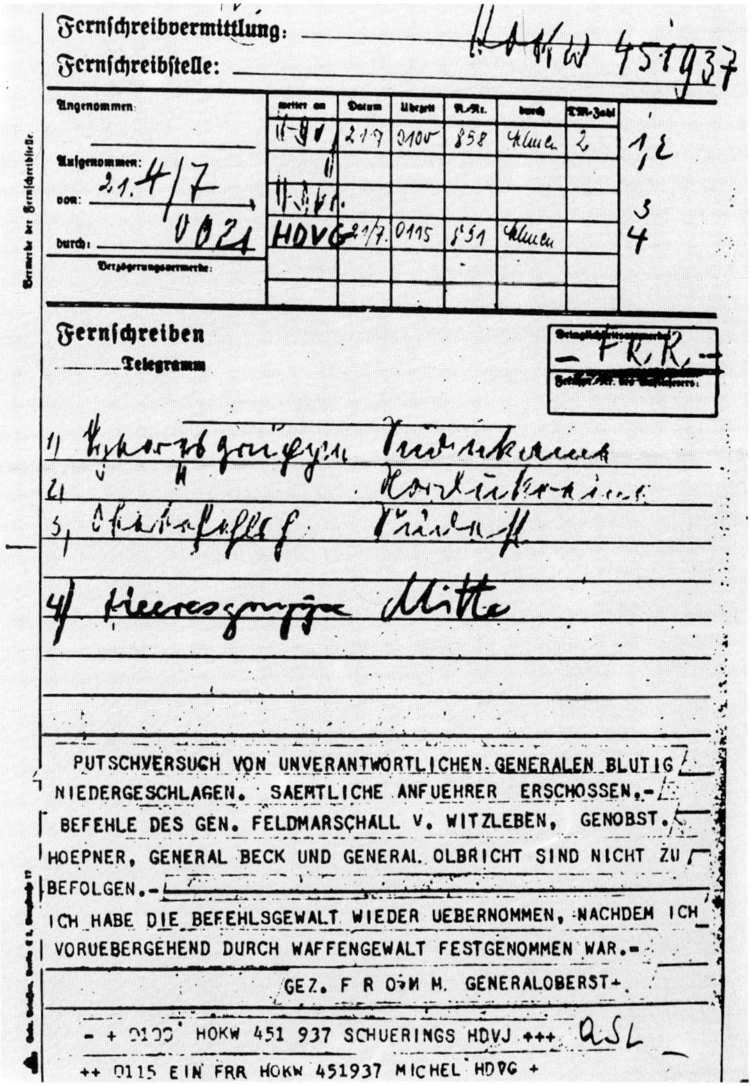
Fernschreibvermittlung: HOKW 451937

Fernschreibstelle:

Angenommen:

Aufgenommen: 21. 4/7

von:

durch: 0021

Verzögerungsvermerke:

weiter an	Datum	Übergeb.	R-Nr.	durch	TM-Zahl
	21.7	0100	858		2
HDVG	21.7	0115	851		

Fernschreiben

Telegramm

4) Heeresgruppe Mitte

PUTSCHVERSUCH VON UNVERANTWORTLICHEN GENERALEN BLUTIG NIEDERGESCHLAGEN. SAEMTLICHE ANFUEHRER ERSCHOSSEN.- BEFEHLE DES GEN. FELDMARSCHALL V. WITZLEBEN, GENOBST. HOEPNER, GENERAL BECK UND GENERAL OLBRICHT SIND NICHT ZU BEFOLGEN.-

ICH HABE DIE BEFEHLSGEWALT WIEDER UEBERNOMMEN, NACHDEM ICH VORUEBERGEHEND DURCH WAFFENGEWALT FESTGENOMMEN WAR.-

GEZ. F R O M M. GENERALOBERST+

- + 0100 HOKW 451 937 SCHUERINGS HDVJ +++ QSL

++ 0115 EIN FRR HOKW 451937 MICHEL HDVG +

Fernschreiben Fromms

Generalfeldmarschall von Witzleben vor dem „Volksgerichtshof“

Der Präsident des „Volksgerichtshofs", Dr. Roland Freisler, bei der Urteilsverkündung

Das Urteil

DNB. Berlin, 8. August.

Der Volksgerichtshof des Großdeutschen Reiches verhandelte am 7. und 8. August gegen acht der aus dem Heere ausgestoßenen Verräter, die an dem Verbrechen des 20. Juli führend beteiligt waren. Die Angeklagten

Erwin von Witzleben,
Erich Höppner,
Hellmuth Stieff,
Albrecht von Hager
Paul von Hase,
Robert Bernardis,
Friedrich-Karl Klausing und
Peter Graf York von Wartenburg

wurden als eidbrüchige, ehrlose Ehrgeizlinge wegen Hoch- und Landesverrates zum Tode verurteilt. Ihr Vermögen verfällt dem Reich.

Das Urteil wurde zwei Stunden nach Verkündung an sämtlichen Verurteilten durch Erhängen vollstreckt.

Innern die Gewalt über Heer uud Staat an sich zu reißen, um sich schimpflich dem Feinde zu ergeben.

Der Lügner Stieff

Als erster Angeklagter tritt Stieff vor den Richtertisch. Aus seiner Vernehmung ergibt sich, daß er am 30. Januar 1944, also wie der Präsident unterstreicht, am Jahrestage der Machtergreifung, zum Generalmajor befördert worden ist. Der Präsident stellt fest, daß der Angeklagte bei der ersten polizeilichen Vernehmung, in der er vorgab, von alledem, was mit den furchtbaren Ereignissen zusammenhängt, erst nach dem Mordanschlag erfahren zu haben, gelogen hat. Als Stieff Ausflüchte versucht, fordert der Präsident ein unzweideutiges Ja oder Nein, worauf der Angeklagte zugibt, bei der ersten Vernehmung die Unwahrheit gesagt zu haben. Der Präsident hält sodann dem Angeklagten die einzelnen Worte seines polizeilichen Geständnisses vor.

Präsident: „Haben Sie im Sommer 1943 den Oberst von Tresckow, den späteren Chef des Stabes einer Armee der Heeresgruppe Mitte, aufgesucht und hat er davon gesprochen, der Führer müsse durch einen Sprengstoffanschlag bei der militärischen Lagebesprechung ermordet werden?

Angeklagter: „Jawohl".

Präsident: „Haben Sie von dieser Ungeheuerlichkeit Ihren Vorgesetzten und haben Sie dem Führer Meldung erstattet?"

Angeklagter: „Nein, das habe ich nicht".

Der Angeklagte gibt weiter zu, daß er an einer späteren Besprechung mit dem inzwischen standrechtlich erschossenen General der Infanterie Olbricht teilgenommen hat und dabei auch mit dem ehemaligen Generaloberst a. D. Beck bekannt gemacht wurde, der ihn direkt aufforderte, den Führer durch einen Sprengstoffanschlag zu beseitigen.

Präsident: „Sind Sie gefragt worden, ob Sie mitmachen wollten?"

Angeklagter: „Jawohl."

Präsident: „Ist es richtig, daß im Oktober 1943 der Graf von Stauffenberg in Sie gedrungen ist und daß Sie nicht nein gesagt haben, weil Sie Ihre Finger darin haben wollten?

Angeklagter: „Jawohl."

Präsident: „Sind Sie sich darüber klar, daß Sie nicht nur die Finger — von Ihrem Kopf gar nicht zu reden —, sondern Ihre Ehre darin gehabt und mit Ihrer Einwilligung Ihre Ehre für immer ausgelöscht haben?"

Angeklagter: „Jawohl."

Stieff gibt sodann auf Befragen zu, daß, als Stauffenberg ihm angetragen habe, den Anschlag durchzuführen, er zwar für sich diesen Vorschlag abgelehnt, aber den für die Durchführung des Anschlages verwandten Sprengstoff aufbewahrt habe, obwohl er wußte, daß er für den hinterhältigen Mordplan bestimmt war. Der Präsident hält dem Angeklagten vor, daß er vor der Polizei erklärt habe, er habe nie Sprengstoff besessen, und verliest dann zum Beweis für seine Verlegenheit das Vernehmungsprotokoll, in dem der Angeklagte zunächst alles abstreitet, um dann nach längerem Vorhalt einzugestehen, daß er es war, der die Sprengkörper zu Stauffenberg schaffen ließ, die ein entfernter Verwandter des Attentäters beschafft hatte. Dabei weist der Präsident darauf hin, daß es sich um einen englischen Sprengstoff gehandelt hat.

Aus dem „Völkischen Beobachter" vom 9. August 1944: Die Aussage Stieffs wurde gefälscht. In Wirklichkeit hatte er den damaligen stellvertretenden Chef des Generalstabs und späteren Generalinspekteur der westdeutschen Bundeswehr, Generalleutnant Heusinger, als Mitwisser genannt

„Adolf Hitler" alarmiert, aber noch in den Lichterfelder Kasernen in Sitzbereitschaft belassen. Hagen benachrichtigte Remer, der inzwischen seinen Gefechtsstand in der Stadtkommandantur Unter den Linden 1 eingerichtet hatte, und informierte auch alle anderen Offiziere, die er traf, über den Putsch gegen den „Führer".

Remer erbat von General von Hase die Erlaubnis, zu Goebbels fahren zu dürfen, erhielt sie aber nicht. Es ist schwer verständlich, daß der in das Unternehmen eingeweihte General von Hase Remer nicht sofort festsetzen ließ, da ihm dessen Wunsch, zu Goebbels zu fahren, doch zumindest verdächtig vorkommen mußte. So begab sich Remer auf eigene Faust gegen 19 Uhr zu Goebbels, der ihn fragte, ob er überzeugter Nationalsozialist sei. Remer versicherte, daß er „hundertprozentig zum Führer stehe". Goebbels stellte eine telefonische Verbindung zum „Führer" her, der Remer den unmittelbaren Befehl gab, den Putsch niederzuschlagen. Bis zum Eintreffen von Himmler war Remer direkt Hitler unterstellt. Er fuhr zur Kommandantur zurück und leitete die entsprechenden Gegenmaßnahmen ein.

Inzwischen hatte auch der schon erwähnte Bolbrinker die Panzertruppen aufgehalten und deren Einsatz verzögert. Nach eigenen Angaben war Remer in der Folgezeit noch mehrmals bei Goebbels, um ihn über den Stand der Gegenaktion zu informieren.

Gegen 20.30 Uhr versammelte sich auf Befehl Remers ein großer Teil des Wachbataillons im Garten des Goebbelsschen Hauses Hermann-Göring-Straße 20. Goebbels hielt eine Ansprache, in der er die „Verräter" beschimpfte und den Soldaten des Wachbataillons zur Pflicht machte, den Putsch niederzuschlagen. Remer erklärte den Soldaten, daß er vom Führer persönlich damit beauftragt sei. Danach bereitete Remer den Angriff auf die Bendlerstraße vor. Gleichzeitig schickte er Melder zu allen Truppenteilen in der Stadt und zu den anmarschierenden Einheiten und forderte sie auf, in ihre Unterkünfte zurückzukehren. Als gegen 21 Uhr der Rundfunk meldete, Hitler werde in Kürze sprechen – was die Verwirrung der Verschwörer noch steigerte –, waren die Truppen schon im Begriff, das Stadtzentrum zu räumen. Um 21.30 Uhr verließen die letzten Panzer die Innenstadt. Anrückende Truppen waren teilweise schon vorher von inzwischen alarmierter SS gestoppt worden. So wurde eine Einheit des Infanterie-Lehr-und-Versuchs-Bataillons Döberitz-Elsgrund, die sich auf der Anfahrt nach Berlin befand, an der Brücke Heerstraße in Spandau (am Stößensee) von SS angehalten und zur Rückkehr veranlaßt. Olbricht schickte Kleist zum Stadtkommandanten von Hase und zu Graf Helldorf, um eine Truppe zum Schutz der Bendlerstraße zu besorgen, da die zum Wachbataillon gehörende Wachmannschaft auf Befehl Remers abgerückt war. „Hase war nicht auf der Kommandantur, und sein Stab machte einen kopflosen, die Leute auf dem Polizeipräsidium einen abwartenden Eindruck. Helldorf war nicht mehr da. Als Kleist durch das Brandenburger Tor zurückkam, sah er, daß die SS-Wachen auf der Hermann-Göring-Straße wieder Waffen hatten.“[65]

Um 22.30 Uhr – zur gleichen Zeit, als in Paris erfolgreich die Verhaftungen stattfanden – mußte Olbricht die in der Bendlerstraße anwesenden Offiziere auffordern, den Schutz des Hauses selbst zu übernehmen. Das war für jene Offiziere, die sich passiv verhalten hatten, das Zeichen, nunmehr ihrerseits zu handeln, um nicht als Teilnehmer des jetzt offenkundig gescheiterten Unternehmens zu gelten.

In der Zwischenzeit sammelten sich die Naziführer: Bei Goebbels fanden sich Himmler und Kaltenbrunner ein, in der Zentrale des SD Schellenberg und Skorzeny.

Während sich auch im Gebäude in der Bendlerstraße die Offiziersgruppe, die sich zunächst abwartend verhalten hatte, zum Gegenstoß formierte, erlebte die Aktion ein letztes Aufflackern: Etwa gegen 22.40 Uhr traf eine Kompanie der Heereswaffenmeister-Schule zur Sicherung des Gebäudes ein. Doch kurz danach rückten Teile des Wachbataillons an. Der Obergefreite der Heereswaffenmeister-Schule Helmut Nake berichtet darüber: Als die Kompanie auf dem Hof stand, kam eine Kompanie vom Wachbataillon „Großdeutschland", bewaffnet u. a. mit SMG und Pak. Die Kompanie der HWS mußte die Waffen ablegen und wurde in eine Ecke des Hofes gedrängt und bewacht. Nach etwa 20 Minuten wurde bekanntgegeben, was sich ereignet hat. Die Waffen wurden zurückgegeben. Im Haus fiel ein Pistolenschuß; man erzählte, daß ein Oberst Metz sich erschossen habe (gemeint war Beck). Es wurden Kommandos zusammengestellt, vor jede Tür kam ein Posten. H. Nake hatte als Torposten den Befehl, niemanden aus dem Hause zu lassen und ohne Anruf zu schießen. Nach der Ablösung gab es ein Essen wie nie zuvor während des ganzen Krieges.[66] Im Hause selbst vollzog sich zu dieser Zeit der letzte Akt des Dramas. Gegen 22.45 Uhr erhielt Oberst Linstow in Paris, Chef des Stabes bei Stülpnagel, von Stauffenberg die telefonische Mitteilung, daß alles verloren sei. Um 22.50 Uhr drang eine Gruppe von Offizieren und Unteroffizieren, an der Spitze die Oberstleutnants Herber, von der Heyde, Pridun und Kuban und der Major Fließbach, die sich von auswärts Waffen beschafft hatten, in Olbrichts Zimmer ein, wo sich u. a. Olbricht, Peter Yorck von Wartenburg, Eugen Gerstenmaier und Berthold Stauffenberg befanden. Auf Oberst Stauffenberg und Haeften wurde im Flur geschossen, wobei Stauffenberg verwundet wurde. Es folgten etwa zehn Minuten lang Geschrei, Schießerei und Handgemenge auf dem Flur und in den angrenzenden Räumen. Beck, Hoepner, die Brüder Stauffenberg, Olbricht, Mertz, Haeften und die anderen Verschwörer wurden festgesetzt; einige wenige, darunter der Luftwaffenmajor Georgi, Olbrichts Schwiegersohn, ferner Kleist, Fritzsche und Ludwig von Hammerstein konnten in dem allgemeinen Durcheinander entkommen. Draußen war inzwischen die im oben zitierten Bericht bereits erwähnte Kompanie des Wachbataillons unter Führung des Oberleutnants Schlee eingetroffen, hatte die Einheit der Heereswaffenmeister-Schule entwaffnet und alle Ausgänge besetzt. Als der Oberstleutnant Kuban zum Eingangsportal des Hauses kam, traf er bereits auf eine Wache des Wachbataillons, die ihn verhaften wollte. Nach seiner Frage: „Ist die Truppe für den Führer oder nicht?" wurde das Einverständnis hergestellt, und Kuban berichtete, die Verschwörer seien bereits festgesetzt.

Gegen 23.15 Uhr erschien Fromm wieder in seinem Dienstzimmer und erklärte Beck, Hoepner, Stauffenberg und die anderen Verschwörer für verhaftet. Haeften riß die Pistole hoch, um auf Fromm zu schießen, aber Stauffenberg hielt ihn zurück. Fromm veranlaßte die Verhafteten, ihre Waffen abzulegen. Beck bat, seine Pistole zu „privaten Zwekken" behalten zu dürfen. Fromm forderte ihn auf, seine Absicht schnell auszuführen. Beck richtete die Pistole auf seine Schläfe, aber der Schuß war nicht tödlich, Beck brach im Sessel zusammen. Nach einiger Zeit bat er mit erschöpfter Stimme um eine andere Waffe. Man gab sie ihm, aber

auch der zweite Schuß war nicht tödlich. Ein Feldwebel mußte dem Bewußtlosen den „Gnadenschuß“ geben.
In der Zwischenzeit hatte Fromm die Verhafteten aufgefordert, letzte Briefe zu schreiben, wenn sie es wünschten. Olbricht und Hoepner schrieben ihren Frauen letzte Zeilen. Fromm verließ das Zimmer und kehrte nach kurzer Zeit in Begleitung von einigen Offizieren des Wachbataillons zurück. Er erklärte, daß er ein Standgericht berufen habe, das vier Offiziere zum Tode verurteilt habe: Oberst Mertz, General Olbricht, Oberst Stauffenberg und Oberleutnant Haeften – wobei sich Fromm weigerte, die Namen Stauffenberg und Haeften auszusprechen.
Fromm bot Hoepner an, ebenfalls Selbstmord zu begehen. Aber Hoepner erklärte, sich keiner so schwerwiegenden Schuld bewußt zu sein, und ließ sich in das Militärgefängnis Moabit abführen. Die vier Verurteilten wurden gegen Mitternacht zur Erschießung in den Hof gebracht, wobei der infolge seiner Verwundung geschwächte Stauffenberg von Haeften gestützt wurde. Die Scheinwerfer eines Wehrmachts-LKW beleuchteten die Richtstätte.[67] Claus Schenk Graf von Stauffenberg starb mit dem Ruf: „Es lebe das heilige Deutschland!“[68]
Stauffenberg stand vor der Vollendung seines 37. Lebensjahres, als die Kugeln sein Leben auslöschten. Auch für ihn galt, was sein Kampfgefährte Schulenburg am gleichen Abend, kurz vor seiner Verhaftung, sagte: „Offenbar muß das deutsche Volk diesen Kelch bis zur Neige leeren. Wir müssen uns opfern. Später wird man uns verstehen.“[69]

Generaloberst Fromm ließ um 0.21 Uhr ein Fernschreiben an alle Stellen, die vorher Befehle von den Verschwörern erhalten hatten, durchgeben. Darin erklärte er diese Befehle für ungültig und teilte mit, daß ein Putschversuch niedergeschlagen worden sei.[70] Danach hielt er eine kurze Ansprache an die im Hof des Hauses versammelten Soldaten.

Fromms Entschluß, die Haupttäter sofort hinrichten zu lassen, war offenkundig dem Wunsche entsprungen, sich unangenehmer Zeugen schnell zu entledigen. Die inzwischen eingetroffenen SS-Führer Skorzeny und Kaltenbrunner ließen die anderen Gefangenen gefesselt in die Prinz-Albrecht-Straße bringen, wo sofort die Vernehmungen begannen.

Fromm, der keine Kommandogewalt mehr hatte, da ja Himmler zum Befehlshaber des Ersatzheeres ernannt worden war, fuhr danach zu Goebbels. Er wurde noch in der gleichen Nacht in „Ehrenhaft" genommen.

Die Leichen Becks, Stauffenbergs und der anderen drei Erschossenen wurden sofort auf den Friedhof der Matthäikirche in Schöneberg gebracht und begraben, am nächsten Tage jedoch wieder hervorgeholt und verbrannt. Himmler erklärte in einer Rede: „Ich habe dann den Befehl gegeben, daß die Leichen verbrannt wurden und die Asche in die Felder gestreut wurde. Wir wollen von diesen Leuten, auch von denen, die jetzt hingerichtet werden, nicht die geringste Erinnerung in irgendeinem Grabe oder an einer sonstigen Stätte haben."[71]

Gegen ein Uhr übertrug der Rundfunk die Rede Hitlers, die schon vier Stunden lang angekündigt worden war. Ein

Übertragungswagen hatte die Aufnahme erst von Rastenburg nach Königsberg bringen müssen.

„Eine ganz kleine Clique ehrgeiziger, gewissenloser und zugleich verbrecherischer, dummer Offiziere hat ein Komplott geschmiedet, um mich zu beseitigen und zugleich mit mir den Stab der deutschen Wehrmachtsführung auszurotten. Die Bombe, die von dem Oberst Graf von Stauffenberg gelegt wurde, krepierte zwei Meter an meiner rechten Seite ... Ich selbst bin völlig unverletzt bis auf ganz kleine Hautabschürfungen, Prellungen oder Verbrennungen. Ich fasse das als eine Bestätigung des Auftrages der Vorsehung auf, mein Lebensziel weiter zu verfolgen, so wie ich es bisher getan habe ...“[72] Wüste Beschimpfungen wechselten mit der Ankündigung, daß die Verschwörer „jetzt unbarmherzig ausgerottet werden“. Hitler dankte noch einmal der „Vorsehung“ und versprach, „daß ich mein Werk weiter fortführen muß und daher auch weiter fortführen werde“.

Auch im Funkhaus in der Masurenallee hörten die Soldaten die Rede. W. Keirath berichtet: „Morgens am 21. Juli ... hörten wir dann aus erster Hand die ‚Vorsehungsrede‘ des ‚Führers‘ aus seinem Hauptquartier. Fritzsche, der bis dahin nirgends zu sehen war, kam nun in sein Zimmer hereingestürzt, freute sich, wie sich nur ein Kind freuen kann. Er brach in einen Freudentaumel aus, sprang von Tür zu Tür. Er schüttelte den Soldaten die Hände, verteilte Liebesgaben und stammelte: ‚Der Führer lebt, Stauffenberg am Galgen, Dank, Dank, meine Lebensretter!‘ War die Verpflegung in unserem Standort knapp und schlecht, so waren wir maßlos erstaunt, was man uns nun hier auftischte. In der Kantine war das Warenangebot so wie im tiefsten Frieden. Von Sekt bis zur besten Zigarette ‚Atika‘

war alles zu haben, und jeder Soldat, soweit das Geld reichte, kaufte Mangelwaren ein. Frontzulage wurde uns sofort ausgezahlt, wenn auch nicht ein Schuß gefallen war. Nach zwei Tagen rückten wir wieder in Döberitz-Elsgrund ein."[73]

Als Goebbels am Morgen des 21. Juli den Putsch als niedergeschlagen ansehen konnte, äußerte er sich gegenüber seiner Umgebung abfällig über die Verschwörer und verspottete sie. Er nannte die Aktion eine „Revolution am Telefon". Nur Stauffenberg konnte selbst er seinen Respekt nicht versagen: „Der Stauffenberg, allerdings, das war ein Kerl! Um den ist es beinahe schade. Welche Kaltblütigkeit! Welche Intelligenz, welch eiserner Wille! Unbegreiflich, daß er sich mit dieser Garde von Trotteln umgab!"[74]

Zur Untersuchung der Vorgänge und zur Ermittlung weiterer Teilnehmer bildete Himmler bei der Gestapo sofort eine „Sonderkommission 20. Juli", der 400 Beamte in elf Abteilungen angehörten. Diese Sonderkommission arbeitete bis zum Tode Hitlers. Die Untersuchungsergebnisse wurden ständig von Kaltenbrunner an Himmler weitergereicht und von ihm Hitler und den anderen Naziführern vorgelegt. Die Gesamtzahl aller Verhafteten wird mit etwa 7000 angegeben.[75] Nach vorsichtiger Schätzung von Günther Weisenborn soll die Zahl der unmittelbaren Opfer 160 bis 180 betragen haben,[76] davon aus der Goerdeler-Gruppe mindestens zwanzig, aus den Offiziersgruppen im OKW, OKH und Generalstab mindestens sechzig, aus dem Geheimdienst mindestens zehn, aus dem Kreisauer Kreis acht, aus dem Solf-Kreis sechs, aus der sozialdemokratischen Gruppe zehn und aus der Gruppe der christlichen Gewerkschaften acht bis zehn Opfer.[77] Dazu kamen etwa 700 Wehrmachtsangehörige aus den Wehrkreisen und von der Front, die zum Tode verurteilt wurden.[78] Unter den Opfern des Naziterrors nach dem 20. Juli 1944 befanden sich zwanzig Generale, darunter ein Generalfeldmarschall.[79]

Schwerwiegender in den Auswirkungen jedoch war, daß die Faschisten die niedergeschlagene Verschwörung vom 20. Juli zum Anlaß für eine neue Vernichtungskampagne gegen die antifaschistischen Kräfte nahmen. Zahlreiche Kommunisten fielen dem Blutterror der Faschisten zum Opfer. Darunter befanden sich die Mitglieder der illegalen operativen Leitung der KPD Bernhard Bästlein, Franz Jacob, Theodor Neubauer, Anton Saefkow und Georg Schumann sowie die führenden Funktionäre Magnus Poser, Ernst Grube, Albert Kuntz, Ernst Schneller und Mathias Thesen. Am 18. August wurde Ernst Thälmann auf Weisung Hitlers und Himmlers im KZ Buchenwald ermordet. Die Ermordung Thälmanns war für das ganze deutsche Volk ein schwerer Verlust. Mit ihm verlor die deutsche und internationale Arbeiterklasse einen ihrer hervorragendsten Funktionäre.

Von den Verschwörern selbst konnten einige zunächst untertauchen. Nach ihnen wurde gefahndet, so nach Carl Goerdeler (eine Million Mark Belohnung), Fritz Lindemann (500 000 Mark Belohnung), Max Habermann, Graf Lehndorff (5000 Mark Belohnung), Hauptmann Ludwig Gehre, Hanna Gehre, Wilhelm Leuschner. Die meisten fielen jedoch der Gestapo sofort in die Hände. Gleich nach dem 20. Juli waren verstärkte Grenzsicherungsmaßnahmen angeordnet worden.

Major Kuhn gelang es, zur Roten Armee überzulaufen. Ludwig und Kunrat von Hammerstein hielten sich verborgen und konnten sich bis zur Befreiung ihren Häschern entziehen. Kunrat von Hammerstein schrieb später: „Ich wäre wie Kuhn übergelaufen.“[80] Insgesamt konnten sich nur wenige vor der Verhaftung retten.

Die Verhaftungswelle erfaßte auch Personen, die keinen antifaschistischen Widerstand leisteten. So wurde sogar der Korvettenkapitän a. D. Ehrhardt, einer der Führer des Kapp-Putsches von 1920, Anfang August festgenommen. Am 3. August wurde Ingeborg von Seydlitz, die Ehefrau des Generals Walther von Seydlitz, verhaftet, am 5. August ihre beiden ältesten Töchter. Um die gleiche Zeit wurden auch Gudrun Korfes und andere Angehörige von Mitgliedern des NKFD und des Bundes Deutscher Offiziere in Sippenhaft genommen.

Nach dem Scheitern des Staatsstreichs entzogen sich einige Teilnehmer durch Selbstmord den zu erwartenden Folterungen durch die Gestapo:

General Henning von Tresckow begab sich am Morgen des 21. Juli zwischen die deutsch-sowjetischen Linien, täuschte durch Schüsse und eine Handgranatendetonation Gefechtslärm vor und nahm sich dabei das Leben. Er wollte, um keinen Verdacht zu erregen und seine Freunde zu schützen, den Eindruck erwecken, daß er bei einem Zusammenstoß mit dem Gegner gefallen sei. Seine Leiche wurde auch zunächst in seinem Heimatort würdig bestattet, nach Bekanntwerden seiner Beteiligung jedoch ausgegraben, nach Berlin gebracht und dort verbrannt. Bevor Tresckow sich – buchstäblich und in übertragenem Sinne – in das Niemandsland begeben hatte, hatte er seinen Kameraden noch einmal seine Überzeugung von der Rechtmäßigkeit seines Handelns bekräftigt:

„Jetzt wird die ganze Welt über uns herfallen und uns beschimpfen. Aber ich bin nach wie vor der felsenfesten Überzeugung, daß wir recht gehandelt haben... Wenn einst Gott Abraham verheißen hat, er werde Sodom nicht verderben, wenn auch nur zehn Gerechte darin seien, so hoffe ich, daß Gott auch Deutschland um unsertwillen nicht vernichten wird. Niemand von uns kann über seinen Tod Klage führen. Wer in unseren Kreis getreten ist, hat damit das Nessushemd angezogen. Der sittliche Wert eines Menschen beginnt erst dort, wo er bereit ist, für seine Überzeugung sein Leben hinzugeben."[81]

Job von Witzleben widmete seinem Kameraden später Gedenkworte, die die widerspruchsvolle Problematik des Ereignisses eindringlich wiedergeben: „Die Tragik eines Tresckow, eines der mutigsten der Verschwörer, der selbst alle Vorbereitungen getroffen hatte, um Schulenburg über die Ostfront mit der Sowjetregierung in Verbindung zu bringen, liegt aber darin, daß er den Sprung nicht wagte und sich, sozusagen im Angesicht der wahren, der guten Deutschen auf der anderen Seite, erschoß. Er wurde Opfer jenes verderblichen Antikommunismus, der hier nicht mehr nur Torheit war, sondern zum Verbrechen wurde an einem integren Manne und tapferen Hitlergegner."[82]

General Heinrich von Stülpnagel erhielt am Morgen des 21. Juli den Befehl, sich sofort in Berlin zu melden. Auf der Fahrt schoß er sich am 22. Juli eine Kugel in den Kopf, die die Sehnerven zerstörte, ihn aber nicht tötete. Er wurde am 30. August 1944 hingerichtet.

Generalquartiermeister Eduard Wagner war nicht sofort als Mitbeteiligter bekannt. Er mußte noch mit Kaltenbrunner über das zweckmäßigste Untersuchungsverfahren Verhandlungen führen. Am 23. Juli erschoß er sich, nachdem er zu einer weiteren Unterredung mit Kaltenbrunner aufgefordert worden war. Hans Graf von Hardenberg schoß sich eine Kugel in die Brust. Da sie ihn nicht tötete, öffnete er sich die Pulsadern. Aber die Gestapoleute griffen ihn und brachten ihn ins Lazarett. Bei Kriegsende wurde er im KZ Sachsenhausen von der Sowjetarmee befreit.

Des in Deutschland und im Ausland sehr bekannten Feldmarschalls Erwin Rommel entledigten sich die Nazis auf besondere Weise. Ihm wurde am 14. Oktober 1944 auf Befehl Hitlers anheimgestellt, entweder Selbstmord zu verüben oder vor Gericht zu erscheinen. Im Falle des Selbstmordes sollte er ein Staatsbegräbnis erhalten, und seine Familie sollte von Verfolgungen verschont bleiben. Rommel verabschiedete sich von seiner Frau und seinem Sohn und nahm das Gift, das die Abgesandten Hitlers bereits mitgebracht hatten. Offiziell wurde erklärt, daß Rommel im Zusammenhang mit seiner Verwundung an einer Embolie gestorben sei. Ein Staatsbegräbnis wurde inszeniert, auf dem Generalfeldmarschall von Rundstedt – der die Hintergründe des makabren Schauspiels kannte – die Trauerrede hielt und Rommel als führertreuen Helden pries. Frau Rommel mußte die „Beileidsbezeugungen" der Naziführer entgegennehmen.

Feldmarschall Günther von Kluge erhielt am 18. August 1944 seinen Versetzungsbefehl. Er wußte, was ihm bevorstand, und schrieb einen letzten Brief an Hitler, in dem es hieß: „Mein Führer, ich habe immer Ihre Größe bewundert ... Wenn das Schicksal stärker ist als Ihr Wille und als Ihr Genie, so liegt das im Willen der Vorsehung. Sie haben einen ehrenhaften und großen Kampf gekämpft. Dieses Zeugnis wird Ihnen die Geschichte ausstellen. Zeigen Sie sich jetzt auch so groß, dem hoffnungslosen Kampf, falls es notwendig ist, ein Ende zu setzen. Ich scheide von Ihnen, mein Führer, als einer, der Ihnen in dem Bewußtsein, seine Pflicht bis zum äußersten getan zu haben, näherstand, als Sie das vielleicht erkannt haben.“[83] So pries Kluge noch am Vorabend seines Todes seinen „Führer“, dem entgegenzutreten er sich nie hatte entschließen können. Am 19. August 1944 nahm er Gift.

Manche Verhafteten waren brutalen Folterungen ausgesetzt. Mit schmerzhaften Fesselungen, Schlägen, Hineintreiben von Nägeln in Fingerspitzen und Beine und anderen Torturen wollten die Gestapobeamten Aussagen erzwingen.

Um die Offiziere nicht vor ein Kriegsgericht stellen zu müssen, sondern sie vor dem „Volksgerichtshof“ unter Vorsitz des berüchtigten Freisler verurteilen lassen zu können, berief Hitler einen „Ehrenhof des Heeres“, der die beteiligten Offiziere aus dem Heere ausstieß. Dem „Ehrenhof“ gehörten an: Vorsitzender – Feldmarschall von Rundstedt; Beisitzer – Feldmarschall Keitel, Generaloberst Guderian, die Generale Schroth, Specht, Kriebel, Burgdorf und Maisel.

Der erste Prozeß, über den in der Presse berichtet wurde, fand am 7. und 8. August 1944 statt. Die acht Angeklagten – von Witzleben, Hoepner, Stieff, von Hase, Bernardis, Klausing, von Hagen, Yorck von Wartenburg – wurden zum Tode durch den Strang verurteilt.

Auch über den zweiten Prozeß wurde noch berichtet. Er fand am 7. und 8. September 1944 statt und endete ebenfalls für alle Angeklagten – Goerdeler, Leuschner, von Hassell, Wirmer und Lejeune-Jung – mit dem Todesurteil. Goerdeler war nach mehrwöchiger Flucht am 12. August auf Grund der Denunziation einer Stabshelferin in Westpreußen in die Hände der Gestapo gefallen. Von den anderen Prozessen erfuhr die Öffentlichkeit wenig oder gar nichts. Die Angeklagten wurden zum größten Teil zum Tode verurteilt und hingerichtet. Viele kamen ohne Gerichtsurteil in den Zuchthäusern und Konzentrationslagern um. Die letzten Hinrichtungen fanden noch im April 1945 statt. Während man in der ersten Zeit die Vollstreckung der Todesurteile noch bekanntgab, erfolgte dies später nicht mehr.

Schon das Wissen um die Existenz der Verschwörung genügte für den Tod. So wurde Oberst Meichßner hingerichtet, obwohl er sich nicht bereit erklärt hatte, den Anschlag auf Hitler auszuführen. Sogar Generaloberst Fromm, dessen Haltung zum Scheitern des Putsches wesentlich beigetragen hatte, wurde wegen Feigheit hingerichtet.

Theodor Steltzer war ebenfalls zum Tode verurteilt. Norwegische Freunde veranlaßten jedoch eine Intervention des finnischen Medizinalrats Kersten. Kersten war Himmlers Masseur und hatte großen Einfluß auf ihn. Seine Intervention war erfolgreich und führte zur Aussetzung der Urteilsvollstreckung. Himmler soll sogar die Freilasssung Steltzers versprochen haben mit der Bemerkung: „Später hängen wir sie doch alle auf!“[84]

Anders lagen die Gründe, die Heusinger, Speidel und Gerstenmaier vor jenem Schicksal bewahrten, das die anderen Mitglieder oder Mitwisser traf. Adolf Heusinger wurde am 23. Juli verhaftet, aber nicht vor Gericht gestellt, obwohl die Untersuchung dokumentarisch ergeben hatte, daß er seit 1943 von den Attentatsvorbereitungen wußte. Während seiner zweimonatigen Haft verfaßte er eine „Denkschrift“ über Hintergründe und Vorgeschichte des 20. Juli. Nach Heusingers eigenen Worten sagte Hitler zu ihm: „Es hat mir leid getan, daß auch Sie in die Untersuchungen verwickelt waren ... Ich habe Ihre Denkschrift aus der Haftzeit studiert. Ich danke Ihnen dafür."[85] Im Jahre 1959 bildete die „Arbeitsgemeinschaft ehemaliger Offiziere" in Berlin einen Untersuchungsausschuß – bestehend aus Generalleutnant a. D. Johannes Zukertort, Generalmajor a. D. Martin Lattmann, Generalmajor a. D. Arno von Lenski und Dr. Max Hummeltenberg –, der die Rolle Heusingers im Zusammenhang mit dem 20. Juli untersuchte und zu folgenden Ergebnissen kam:

„Die Untersuchung hat einwandfrei ergeben, daß Heusinger von der Verschwörung und von der Planung eines Attentats gegen Hitler wußte.

Der Verlauf der Ereignisse am 20. Juli und in der Folgezeit hat bewiesen, daß die Machthaber des Regimes jeden umbrachten, der nur irgendwie Mitwisser war und ihnen in die Hände fiel.

Aber der Mitwisser Heusinger lebt ...

Warum richteten die nationalsozialistischen Machthaber skrupellos nur die anderen und nicht auch ihn?

Warum klammerten sie ihn aus dem Prozeß aus und versteckten ihn bis nach dem Tode seiner ehemaligen Kameraden bei der Geheimen Staatspolizei?

Warum empfing ihn Hitler in persönlicher Audienz?

Warum bedankte sich Hitler bei ihm für seine Denkschrift?"[86]

Angesichts dieser offenen Fragen äußerte der Untersuchungsausschuß die Meinung, daß Heusinger etwas mit der Aufdeckung der Hintergründe der Verschwörung vom 20. Juli und mit der Kennzeichnung ihrer Angehörigen für die Gestapo zu tun gehabt haben muß.

Während Rommel zum Selbstmord getrieben wurde, blieb

sein Stabschef Hans Speidel merkwürdigerweise unbehelligt, obwohl er Rommels Absichten gekannt und in den Kreis der Verschwörer in Paris Einblick gehabt hatte.[87]

Gerstenmaier war am Abend des 20. Juli in der Bendlerstraße verhaftet und zusammen mit anderen Beteiligten zur Vernehmung abgeführt worden. Alle, die an diesem Abend als Teilnehmer des Umsturzversuches festgestellt wurden, verfielen bald danach dem Todesurteil und der Hinrichtung; nur Gerstenmaier erhielt die für die damaligen Verhältnisse geringe Strafe von sieben Jahren Zuchthaus. Während für die meisten Angeklagten das bloße Wissen um Einzelvorgänge der Verschwörung den Tod bedeutete, wurden bei dem Verfahren gegen Gerstenmaier vor dem „Volksgerichtshof" unter Freisler vom 9. bis zum 11. Januar 1945 die schwersten Belastungspunkte aus der Verhandlung herausgenommen: seine Teilnahme an der Aussprache des Kreisauer Kreises mit der Goerdeler-Beck-Gruppe im Januar 1943 in Berlin (s. S. 210), deren sonstige Teilnehmer alle hingerichtet wurden, sowie seine Anwesenheit in der Bendlerstraße am 20. Juli 1944! Dennoch beantragte der Vertreter des Oberreichsanwalts am 10. Januar auch für Gerstenmaier die Todesstrafe. Zur Überraschung aller verkündete Freisler aber am nächsten Tage für ihn die genannte Freiheitsstrafe. In der Begründung hieß es, Gerstenmaier sei „weltfremd" und „unter Umständen noch für die Gemeinschaft wiederzugewinnen". Diese Begründung war für die Nazijustiz recht ungewöhnlich und diente in anderen Fällen keineswegs als Entlastung.

Wie mehrere der Verschwörer, gehörte auch Gerstenmaier als Mitarbeiter dem Geheimdienst an und war unter der Nummer P 38/546 in der Abteilung „VI A — Organisation des Auslandsnachrichtendienstes" des Amtes VI des Reichssicherheitshauptamtes registriert.[88]

Wenden wir uns nun dem Schicksal der Freunde und engsten Kampfgefährten Stauffenbergs zu, von denen keiner am Leben blieb.

Zusammen mit Graf Stauffenberg waren, wie gesagt, noch in der Nacht vom 20. zum 21. Juli Olbricht, Mertz und Haeften erschossen worden; Henning von Tresckow hatte sich am 21. Juli und Eduard Wagner am 23. Juli das Leben genommen. Am 8. August standen Yorck und Stieff zusammen mit anderen Verschwörern vor Gericht. Beide boten in der Gerichtsverhandlung dem Blutrichter Freisler, der sie beschimpfte und lächerlich zu machen versuchte, mutig die Stirn. Stieff unterbrach Freislers Tiraden und erklärte, daß er seine Tat für das deutsche Volk getan habe, was bei Freisler zu einem Wut- und Schreianfall führte. Yorck lehnte den Nationalsozialismus offen ab und bekannte sich zu seiner Tat. Seiner Mutter schrieb er:

„Das Ausmaß an innerer Not, das Menschen wie ich in den letzten Jahren zu durchleben hatten, ist gewiß nicht von denen zu verstehen, die ganz von ihrem Glauben beseelt sind, den ich nun einmal nicht teile. Dich darf ich versichern, daß kein ehrgeiziger Gedanke, keine Lust nach Macht mein Handeln bestimmten. Es waren lediglich meine vaterländischen Gefühle, die Sorge um mein Deutschland, wie es in den letzten zwei Jahrtausenden gewachsen ist, das Bemühen um seine innere und äußere Entwicklung, die mein Handeln bestimmten. Deshalb stehe ich aufrecht vor meinen Vorfahren, dem Vater und den Brüdern. Vielleicht kommt doch noch einmal die Zeit, wo man nicht als Lump, sondern als Mahnender und Patriot gewertet wird.“[89]

Der letzte Brief an seine Frau schloß mit den Worten: „Des Lebens Fackel wollten wir entzünden, ein Flammenmeer umgibt uns, welch ein Feuer!“[90]

Das Todesurteil wurde sofort nach der Verkündung in Plötzensee vollstreckt. Über den Hinrichtungsvorgang gibt es folgenden Bericht eines Kameramannes, der auf Befehl Hitlers die Hinrichtung filmen mußte:

„Der Raum war etwa vier Meter breit und acht Meter lang. Ein schwarzer Vorhang teilte diesen Raum in zwei Hälften. Der Raum bekam nur durch zwei kleine Fenster etwas Tageslicht. Unmittelbar vor diesen beiden Fenstern befanden sich an der Decke acht Haken, woran die Verurteilten aufgehängt werden sollten. Weiterhin befand sich im Raum noch eine Vorrichtung zur Enthauptung. Als erster Delinquent wurde der ehemalige General ... von zwei Henkern durch den schwarzen Vorhang in den Raum hineingeführt. Zuvor hatte in dem Vorraum der Staatsanwalt den Verurteilten nochmals das Todesurteil mit folgenden Worten vorgelesen: ‚Angeklagter, Sie sind von dem Volksgerichtshof zum Tode durch den Strang verurteilt worden. Scharfrichter, walten Sie Ihres Amtes.' Der Angeklagte ging mit erhobenem Haupt, zwar von den Henkern eines schnelleren Schrittes genötigt, zum Ende des Raumes. Dort angekommen, mußte er eine Kehrtwendung machen, und dann legte man ihm die Hanfschlinge um den Hals, worauf der Angeklagte von den Henkern hochgehoben und die obere Schlaufe des Hanfstricks in den Haken an der Decke eingehangen und der Delinquent nun mit großer Wucht fallen gelassen wurde, so daß ihm die Schlinge sofort sehr stark den Hals zuschnürte. Meines Erachtens trat der Tod sehr bald ein. Nachdem das erste Urteil vollstreckt war, wurde ein schmaler, schwarzer Vorhang vor den Erhängten gezogen, so daß der nächstfolgende Todeskandidat den ersten nicht gewahr wurde. In kürzester Folge kam dann der zweite Delinquent, der ehemalige General ..., der ebenfalls selbstbewußt seinen letzten Gang antrat. Nach jeweiliger Vollstreckung des Urteils wurde jedesmal so ein schmaler, schwarzer Vorhang vor den Erhängten vorgezogen, so daß es auch dem letzten der Verurteilten nicht möglich war, die Vorangegangenen zu sehen. Die Urteilsvollstreckung ging in sehr rascher Folge vor sich, und die Verurteilten gingen alle ohne ein Wort der Klage aufrecht und männlich ihren letzten Gang."[91]

Ähnlich ging es bei den anderen Hinrichtungen zu.

Französische Widerstandskämpfer boten Hofacker an, ihm bei der Flucht zu helfen. Doch er hoffte, die oppositionellen Kräfte in Deutschland neu organisieren zu können. Am 25. Juli 1944 wurde er verhaftet, am 28. August zum Tode verurteilt und am 20. Dezember in Brandenburg hingerichtet.

Am 10. August starben Berthold Stauffenberg und Fritz-Dietlof von der Schulenburg. Während der Verhandlung nannte Freisler Schulenburg nur „Verbrecher" oder „Schurke Schulenburg". Als er einmal „Graf Schulenburg" sagte, unterbrach dieser ihn mit den Worten: „Schurke Schulenburg, bitte!" In seinem Schlußwort erklärte Schulenburg:

„Wir haben diese Tat auf uns genommen, um Deutschland vor einem namenlosen Elend zu bewahren. Ich bin mir klar, daß ich daraufhin gehenkt werde, bereue meine Tat aber nicht und hoffe, daß sie ein anderer, in einem glücklicheren Augenblick, durchführen wird."[92] Seiner Frau schrieb er im Abschiedsbrief: „Was wir getan, war unzulänglich, aber am Ende wird die Geschichte richten und uns freisprechen."[93]

Am 15. August fiel Bernhard Klamroth, am 26. August Trott zu Solz und am 8. September Graf Schwerin von

Schwanenfeld den faschistischen Henkern zum Opfer. Trotts letzte Worte im Abschiedsbrief an seine Frau galten dem Vaterland:

„Du ... wirst wissen, daß mich am meisten schmerzt, unserem Land die besonderen Kräfte und Erfahrungen, die ich in fast einseitiger Konzentration auf seine außenpolitische Behauptung unter den Mächten in mir ausgebildet hatte, nun vielleicht nie mehr dienend zur Verfügung stellen zu können. Hier hätte ich wirklich noch helfen und nützen können.“[94]

Über Schwerin von Schwanenfeld berichtet sein Sohn: „In der letzten Zeit vor dem Juli 1944 war er sich jedoch völlig bewußt, daß die gewaltsame Beseitigung des nationalsozialistischen Regimes die Katastrophe für Deutschland nicht mehr abwenden könne. Doch er meinte: auch ein Scheitern würde beweisen, daß man keine Opfer scheue, um sich von der geistigen Krankheit des Nationalsozialismus zu befreien.“[95] Als er in der Nacht des 20. Juli gefesselt aus der Bendlerstraße abgeführt wurde, sagte er: „Man kann schließlich nicht mehr tun als dafür sterben.“[96]

General Fritz Lindemann konnte sich zunächst der Verhaftung durch die Flucht entziehen. Für seine Ergreifung wurde eine Belohnung von 500 000 RM ausgesetzt. Er wandte sich zuerst nach Dresden, wo er vom 22. bis 26. Juli bei seinem Onkel Max Lindemann blieb. Er erhielt die Unterstützung des Kaufmanns Hermann Lindemann (eines Verwandten), des Geschäftsführers Karl Marks und des Stadtbaurats i. R. Hans Sierks. Sierks gehörte bis 1930 der SPD und danach der SAP an. In seiner Wohnung hatte vorher eine Besprechung von Sozialdemokraten mit Vertretern der Bewegung „Freies Deutschland“ (Otto Engert) stattgefunden. Sierks hatte seine Mitarbeit zugesagt. Er schlug vor, Lindemann bei dem ihm befreundeten Ehepaar Gloeden in Berlin unterzubringen. Marks brachte Lindemann nach Berlin. Vom 28. zum 29. Juli hielt sich Lindemann in Potsdam, Birkenstraße 1, auf. Vom 29. Juli bis 3. September lebte er in Berlin unter dem Namen Exner beim Ehepaar Gloeden, das selbst wegen „halbjüdischer" Abstammung manchen Schikanen unterlag. Es war beabsichtigt, Lindemann mit Hilfe des Oberstleutnants Horst von Petersdorff aus Potsdam, der Chef der deutschen Industriekommission in der Slowakei war, in die Slowakei in Sicherheit zu bringen. Marks hatte jedoch dem ihm befreundeten Ingenieur Schäffner und dessen Ehefrau von Lindemann erzählt. Schäffner erstattete am 20. August bei der Polizei in Dresden Anzeige. Am 3. September erschien die Gestapo in der Wohnung Gloeden. Lindemann floh, wurde aber von einem Schuß getroffen, an dessen Folgen er am 29. September 1944 starb. Erich Gloeden, Dr. Elisabeth Gloeden, Elisabeth Kuznitzky (die Mutter von Frau Gloeden, eine geb. Freiin von Liliencron), Karl Marks und Hans Sierks wurden hingerichtet, Hermann Lindemann erhielt zehn Jahre Zuchthaus, Max Lindemann wurde freigesprochen, weil er – 72jährig – dem Gericht körperlich und geistig verfallen schien.[97]

Am 29. September wurde Wilhelm Leuschner hingerichtet, am 20. Oktober folgten ihm Hermann Maaß und Adolf Reichwein. Judith Auer, die die Verbindung zu den Kommunisten hergestellt hatte, fiel am 27. Oktober, Julius Leber am 5. Januar 1945 dem Blutterror zum Opfer. Mit ihnen zusammen starben zahlreiche weitere Hitlergegner am Galgen, unter dem Henkerbeil oder auf den Erschießungsstätten.

Graf Moltke wurde am 23. Januar 1945 hingerichtet, da

der Prozeß gegen ihn und andere Kreisauer erst im Januar 1945 stattfand. Auch er blieb bis zum letzten Augenblick standhaft und machte aus seiner Ablehnung des Faschismus keinen Hehl. Obwohl er keiner praktischen Handlung gegen das Naziregime beschuldigt werden konnte, genügte allein die Tatsache, daß er mit seinen Freunden Pläne für die Gestaltung Deutschlands nach Hitlers Abtreten diskutiert hatte, für das Todesurteil.

Während sich die meisten der Freunde und Kampfgefährten Stauffenbergs bis zum letzten Augenblick wehrten und mutig den Faschisten ihre Verachtung ins Gesicht schleuderten, verhielten sich einige der angeklagten Verschwörer anders.

Nicht wenige bereuten vor den Nazis ihre Beteiligung und baten um „Bewährung" oder um einen „ehrlichen" Tod. Klausing und Bernardis z. B. erklärten, daß sie das Recht verwirkt hätten, weiter der „Volksgemeinschaft" anzugehören. Sie baten um den Tod durch Erschießen. Hoepner, der sich während der Verhandlungen selbst als „Esel" bezeichnet hatte, bat darum, sein Vermögen nicht zu beschlagnahmen. Manche ersuchten das Gericht, ihre „Schuld" durch „Bewährung an der Front" sühnen zu dürfen. Höhnisch verkündete Freisler in jedem Falle das Todesurteil.

Ein makabres Beispiel für die Verquickung von antikommunistischer Gesinnung und moralischem Tiefstand lieferte der Major Ludwig Freiherr von Leonrod. Bei einem im Juni 1944 geführten Gespräch mit dem Hauptmann Graf Drechsel, der als Verbindungsoffizier für den Wehrkreis VII (München) vorgesehen war, hatte sich Leonrod dafür ausgesprochen, „vorsorglich eine Abwehrorganisation zu schaffen, die bei der Besetzung Deutschlands durch den Feind die Arbeit gegen Kommunisten und andere Ele-

mente der Unruhe übernimmt".[98] Nach seiner Verhaftung denunzierte dieser prononcierte Antikommunist sogar seinen Beichtvater bei den Faschisten. Während der Gerichtsverhandlungen richtete er ein Gnadengesuch an den Oberreichsanwalt, in dem er den Kaplan Hermann Wehrle beschuldigte, ihn falsch beraten zu haben, und in dem er sich zugleich von Stauffenberg, der ihm vor dem 20. Juli vertraut hatte, lossagte. In dem Gesuch hieß es: „Ich bitte bei Urteilsfällung beziehungsweise bei der Art der Durchführung des Urteils zu berücksichtigen, daß ich heute nicht vor dem Volksgerichtshof gestanden bzw. mich nicht an den Vorbereitungen zum 20. 7. beteiligt hätte, sondern nach Einweihung in den Plan durch Stauffenberg Anzeige erstattet hätte, wenn ich durch meinen Beichtvater anders beraten worden wäre gelegentlich meiner Aussprache mit ihm unter dem Siegel des Beichtgeheimnisses 2 und 3 Tage nach der Einweihung von mir durch Stauffenberg. Wahrscheinlich hätte schon ein anderer Beichtvater genügt. Mein Unglück ist eben, daß ich an diesen geraten war."[99]
Durch Leonrods Denunziation, die seine eigene Lage um nichts besserte, erfuhr das Gericht, daß der Kaplan Wehrle von den Umsturzplänen wußte. Das genügte, um auch über ihn die Höchststrafe zu verhängen.

Der zum Tode verurteilte Goerdeler wurde vorerst noch nicht hingerichtet, weil er sich als eine für die Nazis äußerst ergiebige Informationsquelle erwies. Er verfaßte Denkschriften, nannte Namen, charakterisierte einzelne Teilnehmer der Verschwörung und versuchte sogar, den Nazis Ratschläge zu erteilen. Ende August schrieb er in seiner Zelle die Worte nieder:

„Wenn wir das Vaterland über alles stellen, was doch unser Glaube ist, so haben wir den 20. Juli als ein endgültiges Gottesurteil zu achten. Der Führer ist vor fast sicherem Tode bewahrt. Gott hat nicht gewollt, daß Deutschlands Bestand, um dessen Willen ich mich beteiligen wollte und beteiligt habe, mit einer Bluttat erkauft wird; er hat auch dem Führer diese Aufgabe neu anvertraut. Das ist alte deutsche Auffassung. Jeder Deutsche in der Reihe der Umsturzbewegung ist nunmehr verpflichtet, hinter den von Gott geretteten Führer zu treten, auch die Mittel, die einer neuen Regierung zur Verfügung gestellt werden sollten, rückhaltlos ihm zu geben; ob er sie nützen will, für brauchbar hält, entscheidet er."[100]

Wenn es erwiesen wäre, daß diese Worte das Ziel hatten, die Nazis zu täuschen und Goerdeler die Freiheit wiederzugeben, so hätte niemand das Recht, über den Verfasser moralisch den Stab zu brechen, denn gegenüber den Faschisten konnte es nur eine moralische Bindung geben, sie zu bekämpfen und ihnen zu schaden. Aber Goerdeler kannte die Nazis, er kannte Hitler, Göring und Himmler, er wußte, daß sie ihn nicht freilassen würden. So lassen sich die Worte nicht anders verstehen denn als Kapitulation, als Ergebenheitserklärung für Hitler und sein Regime.

Die Racheakte der Nazis erstreckten sich auch auf die Familien der Hingerichteten. Unter den Eingesperrten befanden sich zwölf Frauen von über 70 Jahren, darunter die Mutter der Brüder Stauffenberg. Fast 50 Kinder im Alter von ein bis fünfzehn Jahren wurden ihren Eltern weggenommen und in Heime, die die Gestapo kontrollierte, gebracht. Unter ihnen befanden sich die Kinder Goerdelers, von Hofackers, von Stauffenbergs und von Tresckows. Später sollten sie von SS-Familien adoptiert werden. Teilweise mußten die Frauen und Kinder der Hingerichteten neue Familiennamen annehmen. Die dreizehnjährige Christa von Hofacker kam in ein Heim in München, wo sie in einem Zimmer zusammen mit der gleichaltrigen Uta von Tresckow wohnte. Die Kinder wußten nichts von ihren Eltern und Geschwistern. „Sie hatten mir alles Geld und alle meine Sachen weggenommen", schreibt Christa von Hofacker, „selbst die Bilder von Vati und Mutti. Wir durften niemandem unsere richtigen Namen nennen. Ich dachte oft an Vater und wie sie ihn quälten und wie tapfer er sein würde, und das gab mir auch Mut."[101]

Auch die Familie Stauffenbergs wurde verhaftet. Die Kinder mußten den Familiennamen „Meister" annehmen und kamen zunächst in ein Kinderheim nach Thüringen. Seine Frau sollte fortan „Frau Schank" heißen. Da sie schwanger war, erhielt sie Sonderrationen und durfte wöchentlich einmal ein Bad nehmen. Es ergab sich, daß sie dabei einmal auf Rosa Thälmann traf, die gerade zuvor erst die Nachricht von der Ermordung ihres Mannes erhalten hatte. Gräfin Stauffenberg berichtet, daß sie mit ihr sprach und ihr ihre tiefe Anteilnahme zu verstehen gab.[102] Die jüngste Tochter Graf Stauffenbergs wurde im Januar 1945 in Frankfurt (Oder) geboren. Erst durch den Vormarsch der Truppen der Antihitlerkoalition wurden die Verhafteten frei.

Vom Gestapoterror nicht unmittelbar betroffene Antifaschisten und auch manche einfachen Menschen versuchten, den Verfolgten zu helfen.

Der vom Dienst in der Wehrmacht zeitweilig beurlaubte Offizier Richard Scheringer, Anfang der dreißiger Jahre durch sein demonstratives Eintreten für die KPD bekanntgeworden, versteckte einen Antifaschisten, der im Zuge der großen Verhaftungswelle von der Gestapo ergriffen worden war, der aber hatte fliehen können.[103] Harald Poelchau nutzte seine Stellung als Gefängnispfarrer, um Verfolgte zu verbergen und den Verhafteten und ihren Angehörigen Nachrichten zukommen zu lassen. Gertrud Maschke berichtet, daß Poelchau ständig Kassiber zu ihrem inhaftierten Mann brachte, so daß dieser ihr einmal sagen ließ, sie möchte nicht vergessen, den offiziell zugelassenen Brief zu schreiben, damit die Gefängnisbehörden keinen Verdacht schöpften.[104]

General Lindemann fand, wie schon berichtet, Unterkunft bei Dresdner Antifaschisten und beim Ehepaar Gloeden in Berlin. Einige Tage nach dem 20. Juli kam Ernst von Harnack zu dem Pfarrer Arthur Rackwitz in Berlin und bat ihn um Hilfe. Pfarrer Rackwitz behielt den Verfolgten in seiner Wohnung, bis die Gestapo am 29. September durch eine List Harnacks habhaft wurde: Ein Gestapomann rief Frau von Harnack an, gab sich als ein Vetter, der Offizier war, aus und teilte ihr mit, daß sie ihren Mann warnen solle, da auf seine Ergreifung eine halbe Million Mark ausgesetzt sei. Frau von Harnack rief darauf ihren Mann bei Pfarrer Rackwitz an, um ihm die Warnung zu übermitteln. Die Gestapo überwachte das Telefon von Frau von Harnack und stellte somit den Aufenthalt ihres Mannes fest. Harnack und Rackwitz wurden noch am gleichen Abend verhaftet, Rackwitz kam bis Kriegsende in das KZ Dachau, während Ernst von Harnack den Tod fand.[105]

Zusammen mit Alexander Graf Schenk von Stauffenberg war auch seine Frau Melitta geb. Schiller verhaftet worden. Melitta Gräfin von Stauffenberg, die wie ihr Mann nichts mit der Verschwörung zu tun hatte, war Fliegerin und leitete auf dem Flughafen Gatow bei Berlin die Ausbildung von Nachtjagdpiloten an einem Gerät, das Bruchlandungen verhinderte. Nach der Entlassung aus der Sippenhaft nutzte sie die wiedergewonnene Bewegungsfreiheit, um den Familien der Verfolgten zu helfen und Nachrichten zu überbringen. Sie kam ums Leben, als auf einem dieser Flüge ihr unbewaffnetes Flugzeug am 8. April 1945 von einem englischen Jäger abgeschossen wurde.

Die in die Gefängnisse und Konzentrationslager eingelieferten Verschwörer fanden durchweg die solidarische Hilfe der „alteingesessenen“, meist kommunistischen Gefangenen. Im KZ Sachsenhausen halfen Kommunisten, so gut es ging, dem schwerverletzt eingelieferten Grafen Hardenberg und anderen Häftlingen. Der kommunistische Landarbeiterfunktionär Fritz Perlitz lag Bett an Bett mit Hardenberg im Krankenrevier von Sachsenhausen. Perlitz hatte 1931 einen Streik auf dem Gut Hardenbergs mit organisiert. Er berichtet darüber:

„Hardenberg forderte Polizei und Gendarmerie an. 31 Landarbeiterfamilien wurden brotlos und verloren ihre Wohnungen, 15 Familien kamen nach Müncheberg und 16 nach Fürstenwalde. Wir mußten ihnen irgendwie Unterkunft verschaffen. Die Landarbeiter erhielten Wohlfahrtsunterstützung und wurden in das große Heer der Arbeitslosen eingereiht. Diese Geschichte hatte ich bis 1944 natürlich nicht vergessen. Aber nun kamen meine Genossen und sagten: ‚Nun paß einmal auf! Mit dem Grafen müssen wir auch diskutieren.‘ Ich sagte: ‚Macht mit mir, was ihr wollt.‘ (Ich lag mit dem Grafen von Hardenberg im gleichen Raum.) ‚Zu dieser Diskussion habe ich keine große Lust. Die Haltung des Grafen während des Streiks 1931 kann ich nicht vergessen.‘ ‚Ja, aber du siehst doch, er war doch jetzt auch gegen Hitler. Er gehört zu den Offizieren, die am 20. Juli den Putsch durchführten, und wir müssen jetzt dafür sorgen, daß er zumindest ein Stück des Weges mit uns gemeinsam geht. Du kannst doch diese Frage mit ihm besprechen, aber wenn du Erfolg haben willst, darfst du nicht nur schimpfen. In Spanien hast du gelernt, wie man Verbündete für den Kampf gegen den Faschismus gewinnt. Wende diese Erkenntnisse und Kenntnisse an. Wir wollen mit jedem gemeinsam kämpfen, wenn er gegen den Faschismus ist.'

Mit jedem – schon, aber der Graf von Hardenberg wollte mir zuerst als Verbündeter nicht gefallen. Die Genossen rückten unsere Betten zusammen, und die Gespräche begannen. Zuerst mußten wir aber alles tun, um dem Grafen das Leben zu erhalten. Er hatte versucht, sich vor der Verhaftung durch die Gestapo das Leben zu nehmen ... Genosse Willy Engel, später in unserer Volksarmee tätig, heute Rentner, brachte ihm das Essen, das dann der Graf mit meiner Hilfe zu sich nahm. Regelmäßig holte die Gestapo ihn in die Prinz-Albrecht-Straße. Unsere Sanitäter machten ihn aber vorher immer vernehmungsunfähig, um ihm Leiden und eventuelle durch Folterungen erzwungene Aussagen zu ersparen. Wir kamen ins Gespräch, und mit der Zeit überwindet man auch böse Erinnerungen, wenn es um eine gute Sache geht ... Wir haben dann unsere Informationen ausgetauscht und dadurch unser Bild über die Lage vervollständigt. Natürlich unterhielten wir uns dann auch über die Frage, wie das zukünftige Deutschland nach der Zerschlagung des Faschismus aussehen sollte. Über diese Frage konnten wir keine gültige Übereinstimmung erzielen. Er konnte nicht ganz meiner Meinung sein, da er davon träumte, daß eine Regierung gebildet werden sollte, in der wir eventuell einige untergeordnete Funktionen erhalten könnten. Aber Ministerposten hat er uns nicht zubilligen wollen. Er war immer noch der Meinung, die Arbeiterklasse sei gar nicht in der Lage, den Staat zu leiten und zu regieren. Mit der Zeit haben wir es bewiesen, daß wir es können. Das Hauptziel der Diskussion bestand aber nicht darin, daß wir uns über diese zuletzt genannte Frage einigen wollten. Wichtig war es für uns, daß wir uns darüber verständigten, gemeinsam gegen den Faschismus zu kämpfen. Hardenberg bestätigte, daß er längst eingesehen habe, daß die Hitlerdiktatur nur zum Unglück des deutschen Volkes geführt habe. Hardenberg und seine Freunde waren sich auch mit uns darüber einig, daß ein neues Deutschland zu schaffen sei, das anders aussehen sollte als das Deutschland, das die Faschisten hinterlassen wollten."[106]

Über die Solidarität der kommunistischen Häftlinge äußerte sich Graf Hardenberg: „Meine kommunistischen Bettnachbarn instruierten mich: ‚Reg dich gar nicht auf, Hans, sondern nur die anderen. Rede so wenig wie möglich bei heiklen Fragen, um so länger bei harmlosen. Verdächtige keinen Freund. Bekenne alles, worauf nicht Todesstrafe steht. Es ist egal, ob du lebenslanges Zuchthaus oder ein halbes Jahr Gefängnis erhältst. Beides dauert genauso lange wie das Dritte Reich. Nach zwölf bis fünfzehn Minuten zeige Atembeschwerden, antworte immer langsamer und schließe die Augen."[107]

Selbst ein Antikommunist wie Fabian von Schlabrendorff mußte in den späteren Aufzeichnungen über seine Haft in der Prinz-Albrecht-Straße zugestehen: „Die Kalfaktoren, die gesinnungsgemäß auf kommunistischem Boden standen, waren mit viel Eifer bemüht, uns das Leben erträglich zu machen."[108]

Die Nachricht vom Versuch, Hitler zu stürzen, löste im Nationalkomitee „Freies Deutschland" zunächst einhellige Begeisterung und Zustimmung aus, hatte doch das Nationalkomitee von Anfang an den Sturz des Nazisystems in den Mittelpunkt seines Kampfes gestellt.[109] Am 9. Oktober 1943 hatte es in einem Kommentar des Senders „Freies Deutschland" geheißen: „Eine Division der Wehrmacht mit einem entschlossenen Führer an der Spitze zum Führerhauptquartier, und weggeblasen ist der Hitlerspuk! Ein Armeekorps nach Berlin, und unser Vaterland ist von dem Fluch befreit, der Hitler heißt. Durch die vereinte Aktion von oben und unten die Industrie, den Verkehr auf drei Tage stillgelegt, und alle Not, alles Elend dieses Krieges hat ein Ende ... Wir alle haben nur eine Aufgabe, nur eine Pflicht, und die heißt: Deutschland!"[110]

Die jetzt aus der Heimat eintreffenden Meldungen schienen zunächst zu bestätigen, daß in diesem Sinne dort gehandelt wurde. Bereits wenige Stunden nach Bekanntwerden der Nachricht sprach General Lattmann im Sender „Freies Deutschland". Dazu erklärte er später: „Wir waren vollauf im Recht, den Attentatsversuch als eine echte patriotische Tat, als einen schweren Schlag gegen den Hitlerismus, gegen den Krieg zu werten ... Stauffenberg und seine mitverschworenen Offiziere gehörten damit zu uns."[111]

Das Nationalkomitee solidarisierte sich mit den kämpfenden Hitlergegnern in Deutschland und versuchte, die werktätigen Massen, die Soldaten, Offiziere und Generale zur Fortsetzung des Kampfes zu mobilisieren. Am 21. Juli 1944 sagte Anton Ackermann im Sender „Freies Deutschland": „Die Männer, die gehandelt haben, handelten in der Erkenntnis, daß jeder Tag, den die bankrotte, nationalsozialistische Staatsführung am Ruder bleibt, verderblich für Volk und Vaterland ist, daß Hitler gestürzt werden muß, unverzüglich gestürzt werden muß und jedes Mittel dazu heilig ist.

Wir wissen nicht, wer die Männer alle gewesen sind, die gegen Hitler gehandelt haben. Aber wir fragen auch nicht danach. Wer gegen Hitler kämpft, wer diesen schlimmsten Feind der Nation stürzen will, dem gehört die aktive Unterstützung aller ehrlichen Deutschen, aller Generale, Offiziere und Soldaten, die Unterstützung des ganzen Volkes. Und dazu rufen wir die Anhänger der Bewegung ‚Freies Deutschland', das schaffende deutsche Volk in erster Reihe, auf."[112] Ackermann wandte sich noch einmal besonders an die Generale und warnte sie vor der Gefahr eines neuen 30. Juni 1934:

„Jetzt untätig dem Wüten der Hitlerbanden zuzusehen, das würde bedeuten, sich selbst aufzuopfern und das Vaterland ins Verderben stürzen zu lassen. Nur der offene Kampf kann die Entwicklung herbeiführen ... Sie, Generale der Wehrmacht, Sie wissen: die Offiziere und Soldaten der Wehrmacht sind die entscheidende Kraft. Sie sind die Waffenträger. Gegen ihren entschlossenen Willen kann sich das Hitlerregime keinen Tag länger an der Macht halten."[113]

Am 23. Juli 1944 erschien in der Zeitung „Freies Deutschland" ein Aufruf des NKFD an das deutsche Volk und an die Wehrmacht. In dem Aufruf wurde auf die Haltung der Generale und Offiziere verwiesen, die an der Ostfront den aussichtslosen Kampf aufgegeben und sich der Bewegung „Freies Deutschland" angeschlossen hatten, und

dann wurde gesagt: „Nun sind auch in Deutschland verantwortungsbewußte Generale zum Sturm gegen Hitler angetreten.
Das Signal ist gegeben. Die Empörung des Volkes über die sinnlose Fortsetzung des längst verlorenen Krieges hat in dieser Tat ihren ersten Ausdruck gefunden. Jetzt muß der Sturm im ganzen Volk entfacht werden. Alle Waffen der Wehrmacht, alle Kraft im Lande zum Einsatz gegen Hitler und seine Mitverschworenen für die Rettung der Nation!
Hitler gab dem Henker Himmler die Gewalt, diese Vorkämpfer der Befreiung Deutschlands vom Hitlerregime zu vernichten. Diese Gewalt kann nur durch die Gewalt des *einigen* Volkes gebrochen werden. Das Volk darf die nicht allein lassen, die zum Kampf gegen Hitler angetreten sind.
Jeder Schlag gegen das Hitlersystem, wer ihn auch führen möge, ist ein Schlag gegen den Todfeind unserer Nation.
Jede Tat gegen Hitler und seine Helfer ist eine wahrhaft vaterländische Tat."
Volk und Wehrmacht wurden aufgefordert, Hitler und Himmler die Gefolgschaft zu versagen, da ihre Herrschaft Chaos und Ausblutung für Deutschland bedeutet.
„Jetzt muß unser Volk beweisen, daß es mit Hitler und seinen Verbrechern nichts gemein haben will.
Der offene Kampf hat begonnen. Das Herz jedes ehrenhaften Deutschen ist mit den Männern, die ihn gewagt haben. Laßt sie nicht im Stich.
Generale, Offiziere, Soldaten an der Front! Stellt den Kampf ein und richtet die Waffen gegen Hitler!
Arbeiter, Angestellte, Unternehmer der Kriegsindustrie! Legt die Rüstungsproduktion still!

Deutsche an der Front und in der Heimat! Schafft die große Einheit im Befreiungskampf gegen Hitler! Verstärkt die Kraft der Wehrmachtgruppen und Volksausschüsse! Hört auf die Befehle derer, die euch *gegen* Hitler führen!
Mit ihnen zum Sieg über Hitler!
Mit ihnen zu Freiheit und Frieden!"[114]
Der Aufruf war unterzeichnet vom Präsidenten Erich Weinert und von den Vizepräsidenten General von Seydlitz, Generalleutnant Edler von Daniels, Major Hetz, Leutnant Graf von Einsiedel, Soldat Emendörfer.
Walter Ulbricht erläuterte in dem Leitartikel „Die Waffen gegen Hitler" in der Zeitung „Freies Deutschland" noch einmal die Notwendigkeit des gemeinsamen Handelns aller Hitlergegner: „Nichts fürchtet Hitler mehr als die Kampfgemeinschaft des Volkes. In seiner letzten Not wird Hitler versuchen, das schaffende Volk gegen die Generäle und Offiziere aufzuhetzen, die gegen ihn auftreten. Es wäre unverzeihlich, wenn ein Antifaschist aus Mißtrauen gegen Generäle passiv beiseite stände. Wir wissen, viele Männer in der Wehrmacht und in der Heimat waren früher auf falschem Wege. Aber Hitlers Wahnsinnstaten haben so manchem die Augen geöffnet, und heute marschieren sie gemeinsam mit allen Antifaschisten auf neuem Wege gegen Hitler für Deutschland. Beurteilen wir die Menschen nach ihren heutigen Taten gegen Hitler. Solidarität aller Hitlergegner ist das oberste Gesetz des Handelns."[115]
Damit setzte die KPD konsequent ihre vom VII. Weltkongreß der Komintern und von der Brüsseler Konferenz beschlossene und mit der Gründung des NKFD verwirklichte Linie fort, alle Gegner des Hitlerregimes aus al-

len Klassen und Schichten zum gemeinsamen Kampf zusammenzuschließen.

Außer Walter Ulbricht, Anton Ackermann und Martin Lattmann nahmen auch andere Führer der Bewegung „Freies Deutschland" zum 20. Juli Stellung und riefen Volk und Wehrmacht zum Handeln auf, so u. a. Oberleutnant Fritz Rücker, Oberstleutnant Freiherr Senfft von Pilsach, Generalleutnant Alexander Edler von Daniels, Generalleutnant Edmund Hoffmeister, Soldat Max Emendörfer, Generalmajor Dr. Otto Korfes, Soldat Heinz Kessler und Feldwebel Herbert Stresow.

Der 20. Juli hatte bewiesen, wie notwendig und richtig der bisherige Kampf des NKFD war. Gleichzeitig aber war es erforderlich, keine falschen Vorstellungen oder Illusionen über den Charakter der Verschwörung aufkommen zu lassen.

Die Differenzierung innerhalb der Verschwörung, die Motive der einzelnen Teilnehmer sowie das Ausmaß der Bewegung waren in den ersten Tagen den Offizieren und Soldaten im NKFD nicht voll bewußt und auch kaum bekannt. Obwohl den kommunistischen Mitgliedern auch nicht mehr Fakten zur Meinungsbildung zur Verfügung standen, wiesen sie doch bald darauf hin, daß die Tat vom 20. Juli nicht nur patriotischen Motiven entsprang, sondern daß dahinter auch Kräfte standen, denen die Beseitigung Hitlers nur die Voraussetzung war, das imperialistisch-militaristische System in Deutschland zu retten. Darüber gab es im NKFD Auseinandersetzungen, bei denen die Offiziere bald erkannten, wie recht die Kommunisten mit ihrer differenzierten Einschätzung hatten.[116] Es widerspiegelt einen bemerkenswerten Grad von Einsicht, wenn General Vincenz Müller, der – wie schon erwähnt – am 8. Juli 1944 mit den Resten der eingeschlossenen 4. Armee bei Minsk kapituliert hatte, auf der 12. Vollsitzung des NKFD am 3. August 1944 das Wort nahm und über den 20. Juli folgendes ausführte:

„Unorganisiert, ohne feste Verbindung aller Schichten untereinander und ohne Waffen ist die Masse des Volkes machtlos. Zur Einleitung des offenen Kampfes ist vor allem die Wehrmacht imstande. Sonst werden die Truppen der gegnerischen Mächte es besorgen. Die Erhebung der Generale am 20. Juli, geboren aus Einblick in die militärische Katastrophe . . ., ist mißlungen. Die Generale hatten nicht genügend starke, festgefügte Truppen zur Verfügung. Ihr Vorgehen war nicht fundiert auf der organisierten Kraft und Mitwirkung weitester, im Sinne zustimmender Kreise des Volkes. Nur eine Einheitsfront aller das Hitlerregime ablehnenden Deutschen, vom Konservativen bis zum Kommunisten, aller Stände und Konfessionen, ein neuer deutscher Staat auf demokratischer Grundlage, eine ehrliche Friedenspolitik und ernste Arbeit werden die Folgen des Hitlerbankrotts überwinden und Deutschland wieder einer besseren Zukunft entgegenführen. Gedeihen und Wohlstand können sich für unser Volk auf die Dauer nur entfalten in vertrauensvoller Zusammenarbeit mit allen Völkern, vor allem in fester Freundschaft mit der Sowjetunion. Es ist jetzt die letzte Minute für uns! Wenn wir nicht selbst das Hitlerregime stürzen und so den sinnlosen Krieg beenden, dann wird der Kampf ganz Deutschland überfluten und zerstören.“[117]

Am 16. August 1944 hielt Anton Ackermann, Kandidat des Politbüros der KPD und Mitglied des NKFD, im Nationalkomitee einen Vortrag zum Thema „Die Lehren des 20. Juli 1944“. Anton Ackermann analysierte hier die Hintergründe des 20. Juli, schätzte seine Bedeutung ein und zeigte den Zusammenhang zwischen der Verschwörung und der weiteren Arbeit des NKFD.[118]

Der Redner erklärte, daß das Attentat zwar am meisten ins Auge springe, daß es aber nicht das Wesen der Sache ausmache. Das Attentat war, wie es in den Vortragsnotizen Ackermanns heißt, „Teil eines Gesamtplans, der viel mehr bedeutete als die Beseitigung der Person Hitlers". Ackermann analysierte die vorhandenen Informationsquellen, vor allem die Reden von Hitler, Göring, Dönitz und Goebbels sowie die amtlichen Bekanntmachungen, und zog daraus die Schlußfolgerung, daß es sich um eine relativ breite Offiziersverschwörung gehandelt habe, die jedoch nur geringe Verbindung zu den Volksmassen hatte:

„1. Eine seit langem aufgebaute Organisation.
Offiziell seit 1943.
Bindungen teilweise best(immt) viel älter.

2. Eine weitverzweigte Organisation.
Die führende Generalität in der Heimat (Spaltung im Auge behalten).
Höchste Beamtenschaft.
Einige NS-Größen.
Bestimmt: führende *Wirtschaftskreise.*
Haupt: Nicht bei den Erschossenen *ausschließlich* zu suchen.

3. Eine Staatsverschwörung.
Offener Kampf mit den letzten Mitteln.

4. Politische Ziele: x[119]

5. Methoden: Bombe – war gegeben.
List.
Vermeidung großer bewaffneter Kämpfe.

Kein Appell an das Volk.
Kein Appell an Frontarmee.

Folglich: *Sturz Hitlers und Beendigung des als verloren erkannten Krieges ohne Erschütterung der Front und ohne Beunruhigung des Volkes.*
Also: ‚Palastrevolution.'
Unblutiger Staatsstreich – gestützt auf Schlüsselstellung in Generalstab und Heer.
Eidfrei machen – überführen.
Front halten. Verhandlungen.
Freiwillig räumen. Retten, was noch zu retten ist.
Programm – in einem Wort: *‚Deutschland über den 2. Weltkrieg hinüberführen wie über den 1.'*"

Anton Ackermann wertete den 20. Juli als „Folge und Ausdruck der Krise des Hitlerregimes".

Selbstverständlich waren den in der Sowjetunion tätigen Führern der KPD noch nicht alle Zusammenhänge und Personen der Verschwörung bekannt. Die hohe Achtung, die die KPD allen Menschen entgegenbrachte, die ihr Leben im Kampf gegen Hitler einsetzten, geht aus den folgenden Vortragsnotizen Anton Ackermanns hervor:

„Schicksalsfrage – Leben und Tod: Sturz Hitlers und Frieden. Leben der Nation – jedes Mittel recht.
Große, vaterländische Tat.
Hut ab! Tapfere Männer.
Gehängte – Kämpfer für die Rettung von Volk und Vaterland.

Unsere Haltung
Gesagt: Welche Tat – wie zu würdigen.
Nicht nur: Sympathie (bekunden).
Bedingungslos unterstützen.
Nicht fragen ...

Besonders: klare Haltung in der 1. Minute.
Ohne Schwankung.
Sender: als erster politisch Stellung genommen.
...
Aufruf – Appell. Morgen des 21., Auswirkungen – positiv.
Bewertung:
1. Offener Kampf begonnen. Innere Front.
2. Die Front ist die allerbreiteste.
3. Die große Absetzbewegung hat mit schnellstem Tempo begonnen.
4. Volk klar gemacht:
   Krieg ist verloren.
   Hitler muß fallen.
5. Hitler kann gestürzt werden.“[120]

Anton Ackermann sah in der „Begrenztheit“ der Verschwörung, in ihrem Charakter als „Palastrevolution“ die Hauptursache ihres Scheiterns. Er verglich die Verschwörer mit Truppenführern, die den „Angriff auf die stark befestigte feindliche HKL ohne vorbereitendes Feuer“ führten und alles von der Überraschung abhängig machten.
„Ins Politische übersetzt:
1. Zäher, vorbereitender täglicher Kampf.
   = Voraussetzung des Sieges.
   Kleinkrieg.
   Einzelaktionen.
   Selbständiger Entschluß und Einsatz.
   Selbständiges Handeln.
   Illusion: Hitler stürzen – aber vorher nicht schwächen!
2. *Appell an Volk und Wehrmacht – Voraussetzung des Sieges.*

Totaler Staat.
Massenbasis (Besonderheit).
'Handelnde Generale würden als Reaktion verschrien'.
Wie vermeiden?
Mißerfolg – nicht Frage der Taktik der Erhebung.

Es geht nicht wie in Italien.

1. Italien – allgemein leichtere Lage als Deutschland.
Es konnte abspringen, verlassen.
Deutschland ist selbst die Festung."

Anton Ackermann wies auf die Berührungspunkte hin, die es zwischen der Verschwörung vom 20. Juli und dem NKFD gab, und betonte, daß die Tätigkeit des Nationalkomitees „Freies Deutschland" auf die Herausbildung der Opposition in Deutschland große geistige Auswirkungen hatte:

„Wir haben die Tür geöffnet.
Erster General, der gegen Hitler aufstand, nicht Feldmarschall Lützow (gemeint Witzleben – K. F.) – General von Seydlitz.
A) Historisch gerechtfertigt durch die Tat des 20. Juli!
B) Der politische Weg gerechtfertigt durch den Mißerfolg.
Ohne Sieg – Opfer – die stärkste Rechtfertigung unseres Weges."

In der Tat hatte der 20. Juli nur noch unterstrichen, wie notwendig und richtig die Bildung und der Kampf des NKFD waren. Anton Ackermann wandte sich zum Schluß seines Vortrages noch einmal an die Soldaten und Offiziere:

„Wir als Kommunisten: Mit allen, die Deutschland retten

wollen. Wir brauchen uns als Deutsche gegenseitig. Jawohl, wir brauchen Sie!
Und Sie brauchen uns. Nicht, um (uns) gegenseitig hereinzulegen. 20. Juli (hat es) bewiesen.
Wir sind nicht nur die Nehmenden.
...
Wenn sich die Stellung des Offizierskorps nicht zur völligen Isolierung vom Volke auswächst, Verdienst vor allem unserer Bewegung.
Hängt vom Offizier und General selbst ab."
Mit dieser trotz unzureichender Informationen tiefgründigen und treffenden Analyse der Bewegung rüstete das NKFD seine Mitglieder und Mitarbeiter für die weitere Tätigkeit aus. Es ging darum, eine Politik ohne Illusionen zu machen, andererseits aber auch, alle Möglichkeiten auszuschöpfen, um den deutschen Widerstandskampf gegen den Faschismus auf breitere Grundlagen zu stellen.
Anton Ackermann verfaßte ferner einen Artikel über den 20. Juli, der in der Zeitschrift „Bolschewik", dem theoretischen Organ der KPdSU, erschien und der Information und Orientierung der sowjetischen Parteiarbeiter diente. Nachdem darin ein Abriß der Entwicklung der Opposition in der Hitlerwehrmacht und ihrer Ursachen gegeben worden war, wurde – mit allen notwendigen Einschränkungen – der 20. Juli als ein Schlag gegen das Hitlerregime bewertet, der die Zeit bis zur endgültigen Befreiung der Völker vom Faschismus verkürzen helfen würde. Um die gleiche Zeit begnügte sich Churchill im britischen Unterhaus mit der Feststellung, daß sich im „Deutschen Reich die höchsten Persönlichkeiten gegenseitig umbringen oder umzubringen trachten, während der zum Untergang verdammte, immer mehr schrumpfende Kreis ihrer Macht

von den rächenden Armeen der Alliierten enger und enger umfaßt wird".[121]

Die „New York Times" bezeichnete am 9. August 1944 nicht das Nazisystem, sondern die Verschwörung als „Atmosphäre einer grausigen Gangsterunterwelt".[122] Die „New York Herald Tribune" schrieb am gleichen Tage: „Amerikaner werden im allgemeinen nicht bedauern, daß die Bombe Hitler verschont hat, auf daß er seine Generale liquidiere ... Laßt die Generale die Gefreiten umbringen, oder umgekehrt, am besten beides."[123]

Welche Resonanz fand die Tat Stauffenbergs in Deutschland selber? Waren er und seine Freunde Einzelgänger, so wie es der schnelle Zusammenbruch des Unternehmens auszusagen schien? Oder war die Tat Ausdruck einer in der Mehrheit des Volkes schwelenden Hoffnung?

Es ist Tatsache, daß sich die Führer der Naziwehrmacht darin zu überbieten suchten, Hitler ihre Ergebenheit zu versichern. Die beschwörenden Appelle des NKFD blieben auf sie ohne jede Wirkung. Sie riefen weiter zum „Durchhalten" auf und trugen die Hauptschuld an den Orgien der Vernichtung und des Blutvergießens, die in den nächsten Monaten folgten.

Großadmiral Dönitz erließ noch am Abend des 20. Juli einen Tagesbefehl an die Kriegsmarine, in dem er vom „heiligen Zorn gegen unsere verbrecherischen Feinde und ihre Mietlinge" sprach. „In der wunderbaren Bewahrung unseres Führers sehen wir aufs neue die Bestätigung des Rechtes unserer Sache. Laßt uns noch mehr als bisher uns um unseren Führer zusammenschließen und mit all unserer Kraft kämpfen, bis der Sieg unser ist."[124]

Generaloberst Guderian verkündete am 23. Juli in einem Tagesbefehl, daß die Verschwörer eine kleine Gruppe von

Offizieren seien, die aus Feigheit und Schwäche schändlich gehandelt hätten. Guderian verbürgte sich dem „Führer“ gegenüber für die Treue und Einigkeit des Offizierskorps und der Soldaten des Heeres.[125]

Generalfeldmarschall Model, der Nachfolger Kluges als Oberbefehlshaber West, sandte Hitler eine Ergebenheitsadresse. Er setzte in der Heeresgruppe B, wo Rommel das Kommando geführt hatte, einen Nazikommissar ein und forderte für sich einen SS-Offizier als persönlichen Adjutanten.[126]

Der von Hitler davongejagte Generalfeldmarschall von Brauchitsch verurteilte in einer Erklärung den Putsch und begrüßte die Ernennung Himmlers zum Befehlshaber des Ersatzheeres.

Großadmiral Raeder versicherte persönlich Hitler seine Treue. Er putzte einen Sicherheitsoffizier der SS herunter, weil dieser ihn zwei Tage nach dem Attentat mit einer geladenen Pistole in der Tasche allein mit Hitler habe frühstücken lassen.[127]

Am 24. Juli wurde der Nazigruß als militärischer Gruß in der Wehrmacht eingeführt.

Im Führerhauptquartier häuften sich die Treuebekenntnisse und Huldigungsschreiben der Generale und hohen Offiziere. Wie es im höheren Offizierskorps aussah, berichtet der Schriftsteller Franz Fühmann, damals Obergefreiter im Luftnachrichtenregiment 40 in Athen. Fühmann saß an seinem Fernschreiber und gab Lagemeldungen nach Berlin durch, als in der Dienststelle Unruhe entstand und der diensthabende Offizier einen Stapel Huldigungsschreiben hereinbrachte, die durchweg in einem „widerlich devoten“ Ton gehalten waren. Da der Obergefreite diese Fernschreiben nicht vorrangig durchgab, verstärkte sich die Unruhe, und verschiedene Adjutanten versuchten, in den Raum einzudringen. Schließlich befahl ein höherer Nachrichtenoffizier, die Treueerklärungen mit höchster Dringlichkeitsstufe durchzuschreiben. „Wir waren einhellig (wir – das Fußvolk) empört darüber; einmal natürlich, weil wir eine kolossale Arbeitsbürde zusätzlich aufgehalst bekamen, aber auch, und dies ganz echt, weil wir nicht verstanden, daß Generäle beteuern mußten, für den Führer zu sein – wir hatten dies als eine Selbstverständlichkeit angesehen. Es gab nach Dienst erregte Debatten darüber. Dann kamen Frr-Schreiben vom FHQu (höchste Dringlichkeitsstufe – K. F.) mit der Anweisung, sofort die Namen aller Kommandeure anzugeben, die Verwandte oder Klientel im Ausland besaßen, ehemalige Mitglieder von Freimaurerlogen waren, besonders bezeichneten aristokratischen Geschlechtern entstammten ...; es wurden daraufhin wieder diese Listen durchgegeben, und uns fiel nachträglich auf, daß ein bestimmter Zusammenhang von Länge und Unterwürfigkeit der Huldigungsschreiben einerseits und hochadligem Namen des Huldigers andererseits bestand.“[128]

Die Nachricht vom Attentat auf Hitler, die fast alle Menschen in Deutschland erst durch den Nazirundfunk erfuhren, löste keine Widerstandsaktionen aus. Es war ja im Volk unbekannt, daß zugleich mit dem Attentat der Versuch eines Staatsstreiches unternommen wurde.

Wie hätte sich das Offizierskorps im Falle eines Gelingens verhalten?

Der ehemalige General der Artillerie Johannes Zukertort berichtete: „Ich war in keiner Weise mit ins Vertrauen gezogen worden; insbesondere hatte auch der mir befreundet gewesene General Olbricht, obgleich er über meine politische Einstellung nicht im unklaren gewesen ist, mit mir

keinerlei Verbindung aufgenommen. Wäre es geschehen, so würde ich mit großer Wahrscheinlichkeit auf der Seite der Verschwörer mit zu finden gewesen sein."[129]
Für Richard Scheringer kam die Nachricht insofern nicht ganz unerwartet, „als wir ja immer auf eine Aktion aus der Armee gehofft hatten. Aber warum wußten wir nichts davon? Warum hatte unser alter Regimentskommandeur Beck uns nicht informiert? Warum hatten sie sich auf eine Generalsverschwörung beschränkt?"[130] Der damalige Kommandant von Innsbruck, Generalleutnant Moritz von Faber du Faur, schreibt, daß er mit dem 20. Juli nichts zu tun hatte, daß er aber „mit Beck und Stülpnagel mehr sympathisierte als mit Rundstedt und Keitel und den mitgefangenen, mitgehangenen Kluge und Rommel".[131]
Am 22. Juli 1944 unterzeichneten 17 gefangene Generale der zerschlagenen Heeresgruppe Mitte einen Aufruf, in dem sie sich vom Hitlerregime lossagten und ihre Kameraden zum gleichen Schritt aufforderten. Auf ihre Entscheidung hatte auch der 20. Juli einen gewissen Einfluß, denn in dem Aufruf hieß es: „Die letzten Rundfunknachrichten über das Attentat gegen Adolf Hitler beweisen, daß die militärische Krisis bereits in eine politische sich weiterentwickelt hat und daß Deutschland Kräfte hat, die fähig und gewillt sind, in dieser Lage Hitler aus der Führung auszuschalten."[132] Generalleutnant Hoffmeister schloß sich am 24. Juli 1944 diesem Aufruf an und schrieb: „Ich bedaure aufrichtig, jetzt gefangen zu sein und mich nicht an dem in Deutschland selbst begonnenen Kampfe gegen Hitler und seine SS beteiligen zu können."[133]
Wir dürfen somit annehmen, daß ein kleiner Teil des Offizierskorps durchaus zu einer aktiven Mitwirkung beim Umsturz bereit gewesen wäre. Ein weiterer Teil hätte zunächst

abgewartet und sich dann auf den Boden der neuen Tatsachen gestellt. Allerdings sahen auch diese Offiziere ihren Feind nur in Hitler und seinen Paladinen, bestenfalls noch in der SS. Von einer Erkenntnis der tieferen Zusammenhänge waren sie weit entfernt.

Wie war der Widerhall auf das Attentat bei den einfachen Soldaten und in der Zivilbevölkerung, also bei den Werktätigen?

Einer solchen Untersuchung stellen sich heute, nach mehr als einem Vierteljahrhundert, viele Schwierigkeiten entgegen. Es ist kaum möglich, die damalige Volksmeinung und -stimmung noch exakt zu fixieren. Das Studium zeitgenössischer Literatur sowie zahlreiche Befragungen gaben uns jedoch einige Aufschlüsse. Eine Verallgemeinerung dieser Aussagen wird freilich nur mit aller Vorsicht vorgenommen werden können.

Die Reaktion auf den 20. Juli muß im Zusammenhang mit der Depression gesehen werden, die im Sommer 1944 weite Teile des Volkes einschließlich der Soldaten angesichts der Kriegs- und Lebenslage erfaßt hatte. Dazu kam die zunehmende Furcht der Bevölkerung im letzten Kriegsjahr vor der Rache und Vergeltung der Sieger für die Schandtaten des Naziregimes. Von diesen wußte man genug, um sich ausrechnen zu können, was mit Deutschland und jedem einzelnen Deutschen geschehen mußte, wenn die Sieger nach dem Wort „Auge um Auge, Zahn um Zahn" verführen. Und damit wurde ziemlich allgemein gerechnet; in diesem Punkt wurde die Nazipropaganda von großen Teilen des Volkes auch dann noch geglaubt, als man ihre Verlogenheit im großen und ganzen längst durchschaut hatte. Aufschlußreich und in mancher Hinsicht typisch für die damalige Situation scheinen uns die Tagebucheintragungen des Gefreiten Hermann Reich (Beruf: Schriftsetzer) von der 52. Infanteriedivision zu sein. Reich schrieb am 16. 12. 1943 – er befand sich damals nach seiner Entlassung aus dem Lazarett in Siegen – in sein Tagebuch: „Da die Verfügung zum Schutze der einzigen und letzten Söhne mit Wirkung vom 15. 9. 1943 aufgehoben ist, kann ich nur hoffen, einen Heimatschuß zu bekommen ... Die Aufhebung dieser Verfügung ist mehr als alles andere ein Zeichen der Schwäche. Wenn man schon die Aufhebung der Zuckerwarenfabrikation und sonstige Notmaßnahmen mit Verständnis entgegennimmt, ohne auf allzu große Schwäche zu schließen, so ist mir doch die Aufhebung der Schutzbestimmung ein *bedenkliches* Zeichen. Über den Ausgang des Krieges müßten einem doch mindestens Zweifel aufsteigen. Wenn das Ende des Krieges nicht den bisherigen Erwartungen entsprechen sollte, dann vae victis! Und ich glaube, dieses Ende schon voraussehen zu können."[134]

Nach einer erneuten Verwundung schrieb er am 24. 6. 1944: „Die großen kommenden Ereignisse machen sich wie üblich auch wieder in den Sonderzuteilungen bemerkbar. So gab es heute Wein und Frontkämpferpäckchen, die mit Schokolade, Bonbon, Zigaretten und Keks gefüllt sind. Das alles schmeckt ein bißchen bitter, weil man sich nicht erwehren kann, diese Dinge als Beruhigungspillen zu betrachten ... Da meine Wunden fast verheilt sind, wird es nur noch wenige Tage dauern, bis ich kv. bin ... Dann geht es wieder hinein. Aber wohin? Zu einer neuen Verwundung? In die Gefangenschaft? Oder – ins ewige Vergessen?"

In Minsk notierte er, wiederum verwundet, am 28. 6. 1944: „Es war überhaupt keine Organisation in diesem Rückzug.

Die Kolonnen versperrten sich gegenseitig die Straße. Das war für die russischen Flieger ein gefundenes Fressen. Wir kamen also zu Fuß fast wieder an unseren Ausgangspunkt zurück ... So blieb also nur noch eine einzige Straße offen. Ehe wir aber uns entschlossen, loszuwandern, waren schon wieder russische Tiefflieger da und beschossen uns mit Bordwaffen ... Jetzt ging es wieder durch Partisanengebiet. Aber da sich große Kolonnen angehäuft hatten, war es ungefährlich. Allerdings hatten die Partisanen alle Brükken zerstört ... Heute abend wird uns Iwan wieder in den Keller treiben. Er hat gestern ziemlich stark angegriffen. Auch die Partisanen rund um Minsk sind sehr mobil ... So herrschte gestern abend Alarmstufe II. Das bedeutet, daß man sich nur angekleidet aufs Bett legen darf. – Inzwischen wächst der Anfall von Verwundeten mehr und mehr. Es ist gar kein Platz mehr für alle, und doch ist von diesem Strom noch kein Ende zu sehen."

Am 5. 7. 1944 war Reich im Lazarett in Braunlage (Harz) und schrieb: „Mir fehlt also weiter nichts als eine Verwundung oder Krankheit, deren Heilung einige Monate in Anspruch nimmt. Leider sind meine Wunden ziemlich verheilt, und ich muß in den nächsten Tagen das Feld räumen. Aber vielleicht gibt es Urlaub."

In einem Gespräch berichtete er, daß er das Attentat begrüßt und sein Mißlingen bedauert habe. Er wäre bereit gewesen, eine neue Regierung zu unterstützen. Einige seiner Kameraden hätten ebenso gedacht.[135]

Die Mehrzahl der von uns Befragten[136] äußerte sich ähnlich. Dennoch muß man zu dem Schluß kommen: Vorherrschend war eine allgemeine Passivität. Viele allerdings hätten eine neue Regierung unterstützt, wenn diese Regierung sofort Frieden geschlossen hätte.

In gewissem Sinne typisch für die Reaktion auf das Attentat und die Stimmung scheinen uns folgende Aussagen zu sein: Der damals neunzehnjährige Gefreite Otto Leisering (Beruf: Schriftsetzer), der im Lazarett in Toulouse lag, schreibt: „Das Attentat fiel zeitlich etwa mit der Bildung der zweiten Front durch die Anglo-Amerikaner zusammen. Wir standen damals unter dem Eindruck beider Ereignisse. Ich weiß nur, daß uns die Kampfhandlungen in Frankreich mehr interessierten, weil diese sich auf uns ganz konkret auswirken konnten... Ich war weder Nazi noch ein Antifaschist, ich wurde lediglich von dem Gedanken beherrscht, meine Haut zu retten. Unter uns Landsern, die wir schon an der Ostfront unsere Erfahrungen mit dem Kampfgeist der Sowjetarmee gemacht hatten, herrschte eine allgemeine Schnauze-voll-Atmosphäre. Mir lag daran, daß der Krieg recht schnell ein Ende finden möge... Wahrscheinlich hätten ich und viele meiner damaligen Kameraden eine neue Regierung unterstützt, wenn diese nur den Krieg beendet hätte... Unter den einfachen Soldaten gab es zu dieser Zeit nur noch wenige fanatische Parteigänger Hitlers. Das mag natürlich unterschiedlich gewesen sein in den einzelnen Truppenteilen. Die Läuterung durch das Fronterlebnis spielte meiner Ansicht nach eine große Rolle dabei."

Der damals zwanzigjährige Gefreite S. aus einem Marschbataillon in Teplitz-Schönau (Böhmen) berichtet, daß es in seiner Einheit Großalarm gab, daß die Posten verstärkt und die Befehlskaserne verbarrikadiert wurden. Er und seine Freunde begrüßten das Attentat und hätten jede Nicht-Nazi-Regierung unterstützt. Ihr Gedanke war: „‚Was werden die Tschechen mit uns machen?' – Wir brauchen Waffen, und dann ab nach Hause!"[137]

Der damals 27jährige Unteroffizier Walter L. (Beruf:

Auszug aus der Vernehmung des Generals der Nachrichtentruppen Erich F e l l g i e b e l vom 31. Juli 1944:

.....Mit Gewissheit kann ich sagen, dass die Besprechung nicht vor dem .. Juli 1944 stattgefunden hat. Wie ich bereits angegeben habe, nahmen an dieser Besprechung ausser mir W a g n e r , L i n d e m a n n und S t i e f f teil. ....

Auszug aus der Vernehmung des Generalmajors Hellmuth S t i e f f vom 2 . Juli 1944:

......Antwort: Ich kann Ihnen jetzt auch sagen, dass ich mit anderen darüber gesprochen habe. Frage: Mit wem und worüber? Antwort: Mit General H e u s i n g e r , später mit General W a g n e r und General L i n d e m a n n . Mit allen dreien habe ich über eine gewaltsame Beseitigung des die S t a u f f e n b e r ...

Berlin, den 17. Oktober 1944

12

IV-Sonderkommando 20.7.44/III

Geheim

Belastungen des Deserteurs (ehem. Gen.d.Art.) Fritz L i n d e m a n n , geb. am 11.4.1894 in Berlin.

Auszug aus der Vernehmung des Leutnants Peter Graf Y o r c k von Wartenburg, geb. am 13.11.1904 in Klein-Oels, vom 28.7.44:

........Bei diesen Gesprächen fiel im Zusammenhang mit dem Rundfunkhaus auch der Name des Generals L i n d e m a n n . Ich nehme an, dass er für die Wehrmachtspropaganda vorgesehen sei. Es wurde vom Generalfeldmarschall von W i t z l e b e n im Laufe des Nachmittags gesagt, dass er sich nach Zeppelin begeben habe, um einen Oberbefehl zu übernehmen. ....

Aus den Vernehmungsprotokollen Yorck von Wartenburg, Fellgiebel, Stieff

AVZ 1 2 0 3 5

500 000 RM Belohnung für Ergreifung des Deserteurs Lindemann

- - - - - - - - - - - - - - -

Gesucht wird der Deserteur Fritz L i n d e m a n n , geb. am 11.4.1894 Berlin, zuletzt wohnhaft in Hamburg. Lindemann hat sich an den Vorbereitungen zum Attentat auf den Führer am 20 7. beteiligt. - Personalbeschreibung: etwa 1,80 Meter gross, schlank, straffe Haltung, ovales Gesicht, seitlich gescheiteltes, dunkles Haar, hohe Stirn. Trägt vermutlich gut sitzenden, zweireihigen grauen Anzug. Angaben jedweder Art, die zur Ergreifung des Täters dienlich sind, nimmt jede Polizeibehörde entgegen. - Wer den Flüchtigen irgendwie unterstützt oder von seinem jetzigen Aufenthalt Kenntnis hat und sich nunmehr nicht unverzüglich bei der Polizei meldet, hat schwerste Strafe zu erwarten.

Bei Abdruck nennen:

Scherl Bilderdienst

19.8.44 J 27 426

Steckbrief gegen General Lindemann

Deserteur Lindemann gefaßt

Berlin, 14. September.

Der im Zusammenhang mit den Ereignissen des 20. Juli 1944 gesuchte Deserteur Fritz L i n d e m a n n wurde in Berlin festgenommen. Lindemann hatte in der W o h n u n g e i n e s H a l b j u d e n Unterschlupf gefunden. Ein Zivilingenieur hatte durch Zufall von dem Aufenthalt des Lindemann Kenntnis erhalten und sofort Anzeige bei der Polizei erstattet. Er erhält die für die Ergreifung des Lindemann ausgesetzte Belohnung von 500 000 RM.

Meldung des „Völkischen Beobachters" über seine Verhaftung

Der Deserteur v. Seydlitz im Dienste Moskaus

Der ehemalige General zum Tode verurteilt — Proklamation der Generalfeldmarschälle des Heeres an den Führer

Berlin, 17. Oktober.

Bei ihren vergeblichen Versuchen, die Schlagkraft der Front und die Widerstandskraft der Heimat zu erschüttern, bedient sich die sowjetische Agitation seit längerer Zeit eines neuen Mittels: Ein sogenanntes „National-Komitee Freies Deutschland" läßt über der Front Flugblätter abwerfen, die bei der Truppe nichts anderes als verächtliche Ablehnung finden. Die Flugblätter wärmen die alten Lügen von 1918 wieder auf, wonach dem deutschen Volk ein „Leben in Schönheit und Würde" versprochen wird, wenn es sich von seiner Führung trennt. Daß sich dahinter die Absicht verbirgt, Deutschland, wenn es erst die Waffen niedergelegt hätte, auszurotten und zu versklaven, braucht nach den Erfahrungen von 1918 und den Feindparolen von heute nicht erst betont zu werden.

Die Leitung dieses Lügenkomitees bilden aus Deutschland emigrierte Juden und Kommunisten, sowie auch ein ehemaliger deutscher General von Seydlitz, der vor anderthalb Jahren seine tapfer kämpfenden Truppen feige im Stich ließ und zu den Bolschewisten überlief. Er ist inzwischen durch das Reichskriegsgericht in Abwesenheit zum Tode, zur Wehrunwürdigkeit und zur Einziehung des Vermögens verurteilt worden.

Die weiteren Mitglieder des Komitees sind vereinzelte Kriegsgefangene, die sich unter dem Druck eines jüdisch-bolschewistischen Terrors in ehrloser Weise dem Feinde verkauft haben. Mit dieser im Solde Stalins stehenden Clique hatten auch mehrere Verschwörer und Attentäter des 20. Juli Verbindung aufgenommen; in einem unmittelbar nach dem Attentat auf den Führer durch Rundfunk verbreiteten Aufruf des Moskauer Komitees heißt es:

„Männer wie von Stauffenberg sind aus unseren Reihen hervorgegangen . . ."

Damit ist der eindeutige Beweis erbracht, daß die Hoch- und Landesverräter, die den Führer durch feigen Mord zu beseitigen versuchten, mit dem aus jüdisch-kommunistischen Verbrechern und feigen Überläufern bestehenden Moskauer Komitee zusammenarbeiteten.

Der Hinweis auf den gerichteten Stauffenberg sagt zur Genüge aus über den Charakter dieses „National-Komitees" aus jüdischen und kommunistischen Emigranten, die sich eines verräterischen Generals als Aushängeschild bedienen. Moskau hat außerhalb des Bereichs, in dem es mit dieser Clique agitiert, kein Hehl daraus gemacht, daß es sie lediglich zu Zersetzungszwecken verwendet. Bezeichnenderweise hat der Sowjetvertreter auf der Konferenz von Dumbarton Oaks, als er von der britischen Delegation auf dieses „National-Komitee" angesprochen wurde, rundweg erklärt, es sei lediglich aus Propagandagründen gebildet worden, eine politische Bedeutung komme ihm nicht im geringsten zu.

Die Hoffnungen der Bolschewisten, mit Hilfe gedungener Verräter die Widerstandskraft des deutschen Soldaten der Ostfront zu lähmen, sind völlig fehlgeschlagen. Er hat diesen bolschewistischen Betrugsversuch mit Verachtung beantwortet und mit der erhöhten Erbitterung des unbeirrbaren Einsatzwillens. Die Mittel des November 1918 verfangen nicht mehr, auch wenn sich jüdisch-marxistische Emigranten eines ehrlosen Generals bedienten, um ihrer schmutzigen Sache die Tarnfarbe des Nationalen zu geben.

VB.

Meldung des „Völkischen Beobachters": Seydlitz wird in Abwesenheit zum Tode verurteilt. Dabei wird mehrfach auf Zusammenhänge zwischen dem Nationalkomitee „Freies Deutschland" und Stauffenberg hingewiesen

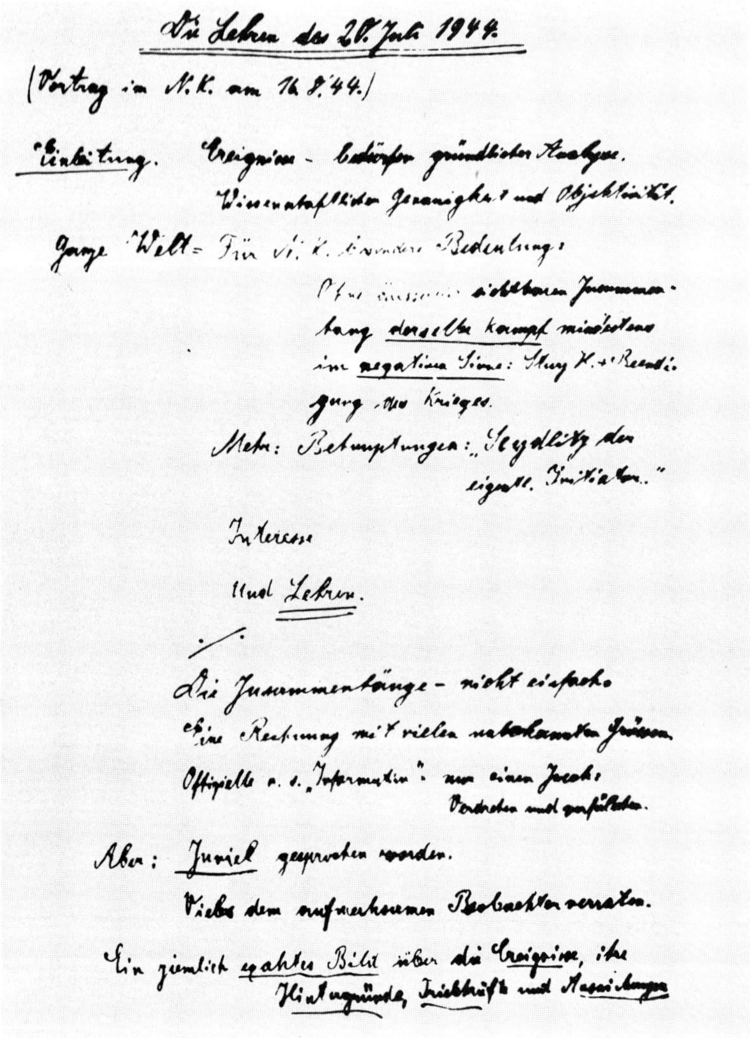
Die Lehren des 20. Juli 1944.

(Vortrag im N.K. am 16.8.44.)

Einleitung. Ereignisse – bedürfen gründlicher Analyse.
Wissenschaftlicher Genauigkeit und Objektivität.

Ganze Welt= Für N.K. besondere Bedeutung:
Ohne äusseren sichtbaren Zusammenhang derselbe Kampf mindestens im negativen Sinne: Sturz H. + Beendigung des Krieges.
Mehr: Behauptungen: „Seydlitz der eigentl. Initiator."

Interesse

und Lehren.

./.

Die Zusammenhänge – nicht einfache
eine Rechnung mit vielen unbekannten Grössen
Offizielle u. s. „Information": nur einen Zweck:
Verdrehen und verfälschen.

Aber: Zuviel gesprochen worden.
Vieles dem aufmerksamen Beobachter verraten.

Ein ziemlich exaktes Bild über die Ereignisse, ihre Hintergründe, Triebkräfte und Auswirkungen

Aus der Vortragsdisposition Anton Ackermanns „Die Lehren des 20. Juli 1944"

IV. Bewertung. [positive]

Schicksalsfrage – Leben u. Tod: Krieg Hitlers
und Frieden.

Leben der Nation – jedes Mittel recht.

Grosse, vaterländische Tat.

Hut ab! Tapfere Männer.

Getöteten – Kämpfer für die Rettung von
Volk und Vaterland

Unsere Haltung.

Gesagt: Welche Tat – sie zu würdigen

Nicht nur: Sympathie.

Bedingungslos unterstützen.

Nicht fragen ....

Besonders: Klare Haltung in der 1. Minute.

Ohne Schwankung.

Sender – als erster polit. Stellung
genommen. (Sender)

Provokation? Wenig bekannt.

Wann? Abend des 20.

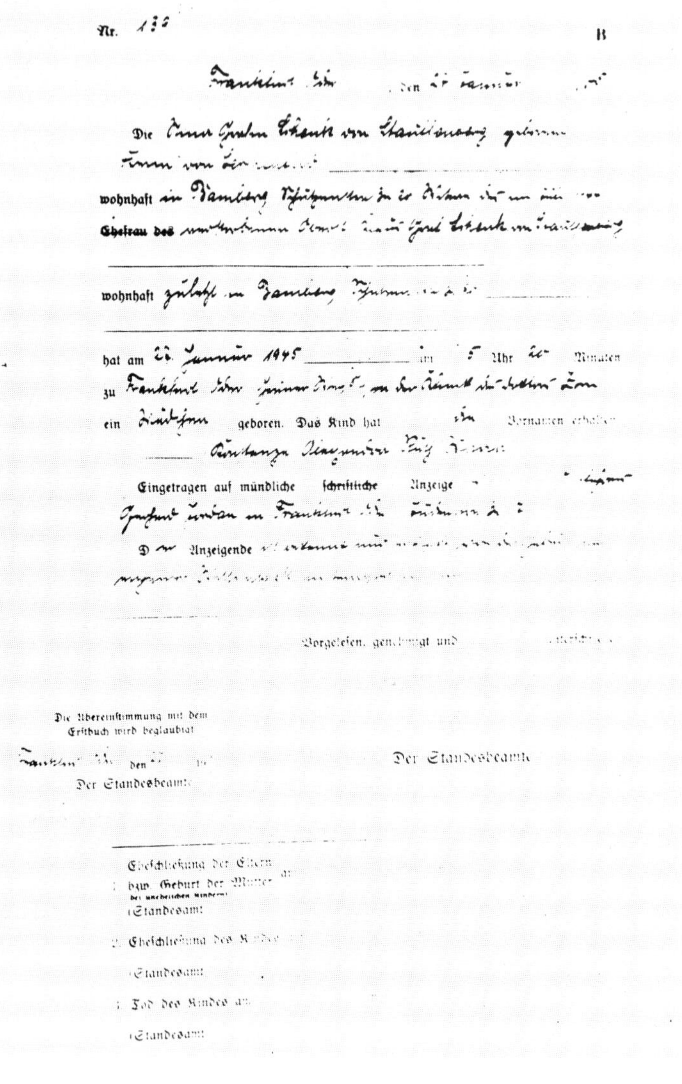

Nr. [illegible] B

den

Die

wohnhaft

Ehefrau des

wohnhaft

hat am 23. Januar 1945 um Uhr Minuten

zu

ein geboren. Das Kind hat Vornamen erhalten

Eingetragen auf mündliche schriftliche Anzeige

Der Anzeigende

Vorgelesen, genehmigt und unterschrieben

Die Übereinstimmung mit dem Erstbuch wird beglaubigt

den

Der Standesbeamte

Der Standesbeamte

Eheschließung der Eltern
1. bzw. Geburt der Mutter am
des unehelichen Kindes
(Standesamt

2. Eheschließung des Kindes
(Standesamt

3. Tod des Kindes am
(Standesamt

Eintrag der Geburt der jüngsten Tochter Konstanze im Geburtenregister des Standesamts Frankfurt (Oder); vgl. Seite 43

Gedenkveranstaltung des Nationalrates der Nationalen Front und der Arbeitsgemeinschaft ehemaliger Offiziere am 20. Juli 1964. Am Rednerpult Prof. Dr. Heinrich Scheel, stellvertretender Direktor des Instituts für Geschichte bei der Deutschen Akademie der Wissenschaften zu Berlin

Westberliner Pädagogen und Christen besuchen im Frühjahr 1967 das ehemalige KZ Buchenwald. Links vorn der frühere Gefängnispfarrer von Plötzensee, Dr. Harald Poelchau

Feinmechaniker) von der Luftnachrichtenschule III Pokking (Bayern) erklärt allerdings: „Von einer aktiven Widerstandsbewegung innerhalb der Wehrmacht hatten wir nie etwas verspürt. Wir waren weder empört noch erschrocken ... Daß es Menschen gab, die fähig und willens waren, eine neue Regierung zu bilden, wußten wir nicht ... Wir kannten uns in dieser Einheit nur relativ kurze Zeit. Ich konnte mich mit niemandem offen aussprechen. Unangenehm empfanden wir die Einführung des Hitlergrußes."

Der ehemalige Oberfeldwebel der Luftwaffe Gerhard Upatel von der Fliegerhorstkommandantur Gardermoen bei Oslo berichtet: „Am Tage darauf traf ich dann mit einem Kameraden zusammen, den ich Jahre zuvor auf einem Fliegerhorst nördlich des Polarkreises kennengelernt hatte. Er war seinerzeit in einer fast nur aus Österreichern bestehenden Luftnachrichteneinheit, in der eine Anti-Hitler-Strömung spürbar war. Mit diesem Mann kam ich nun, fast wie von selbst, ins Gespräch, und wir waren uns darüber einig, wie bedauerlich das Mißlingen des Attentats doch war. Wir waren beide selbst erschrocken, wie sehr wir einander die wahre Meinung sagten. Denn ungefährlich war das ja nicht. Sonst wurde kaum über das Attentat gesprochen. Und wenn doch einer seine Empörung darüber ausdrückte (ich kann mich an einen solchen Fall erinnern), dann versuchte man, mit nichtssagenden Worten das Thema zu wechseln.

Die Einführung des sog. deutschen Grußes wurde als lächerlich empfunden und entsprechend lässig gehandhabt. Ich sehe noch einen alten Major der Res., wie er noch einige Tage nach Einführung dieses Grußes betont militärisch grüßte."[138]

Über die entschiedene Ablehnung der Vorgänge durch Soldaten liegen uns ebenfalls Berichte vor.
Der damals neunzehnjährige Gefreite F. (Schüler) von der 49. Infanteriedivision in einem Stützpunkt an der Kanalküste erklärt, daß er damals das Attentat verabscheut und die Urheber als Verräter bezeichnet habe. „Eine neue Regierung hätte nur widerwillig Unterstützung gefunden. In der Isolation eines Stützpunktes an der Kanalküste reagierten die Soldaten gegen das Attentat."
Ähnlich äußerte sich der damals 23jährige Feldwebel und Zugführer bei der Transport-Flak M. (ohne Beruf). Auch er war gegen den Umsturz und sah in den Attentätern ebenfalls Verräter. Er „hätte es genommen, wie es gekommen wäre", berichtet er. „Die Kameraden reagierten wie ich."
Ausgeprägte Zustimmung zum Attentat hatte es überall dort gegeben, wo Soldaten und Zivilisten unter dem Einfluß von Antifaschisten standen.
Der damalige Sanitätssoldat Hermann Koch, Sanitätskompanie 744 in Polen, war Widerstandskämpfer und Mitglied der KPD. Er berichtet:
„Meine erste Meinung war folgende: Es gibt unter den Offizieren also Kräfte, die mit Hitler nicht einverstanden waren. Uns war sofort klar, daß die faschistische Armee geschlagen war. Ich war der Ansicht, daß die Offiziere die Absicht gehabt hatten, mit dem Krieg Schluß zu machen. Weiterhin wußte ich aber auch, daß diese Verschwörung gegen Hitler keine Massenbasis hatte, sonst hätte man mehr darüber gehört, auch über andere Aktionen im Reich.
Mit anderen Soldaten konnte man über diese Probleme nicht sprechen . . .

Im Laufe der folgenden Tage sickerten verschiedene Meinungen durch. Die Älteren meinten, daß es höchste Zeit sei, daß die Schweinerei ein Ende nähme, während die jüngeren – sie waren aus Bayern – den Krieg trotzdem gewinnen wollten ...

In unserer Kompanie setzte sich der Hitlergruß sehr schwer durch. Heimlich wurde der alte Soldatengruß angewandt. Uns wurden auch jetzt viele Hinrichtungen bekannt. Einige Soldaten sind auch abgehauen, aber übergelaufen sind sie nicht! Nach meiner Meinung waren das Reaktionen auf das Attentat ... Unser Kompanieführer (ein Arzt) war in seinen Äußerungen sehr vorsichtig. Er achtete streng darauf, daß in dem Ort, in dem wir lagen, keine Ausschreitungen vorkamen ...

Ich selbst war für das Attentat und hätte jede neue Regierung unterstützt, die den Krieg beendet hätte, denn sie hätte sich gegen den Faschismus richten müssen."[139]

Andererseits herrschte dort, wo sich Menschen, insbesondere Jugendliche, fest in der Hand von Naziführern befanden, eine nahezu einhellige Ablehnung des Attentats. Das traf vor allem auf solche Einrichtungen wie Nationalpolitische Erziehungsanstalten, Lehrerbildungsanstalten, Wehrertüchtigungslager der HJ und andere Formen der vormilitärischen Ausbildung zu.

An der Ostfront führte das Bekanntwerden der Nachrichten vom Attentat und vom Staatsstreichversuch zu einem Anwachsen der Überläuferzahlen, wovon die Zeitung „Freies Deutschland" mehrmals berichtete. In dem Abschnitt eines Armeebeauftragten des NKFD im Raum Lublin-Demblin z. B. liefen in drei Tagen 32 Gruppen deutscher Soldaten und Offiziere in der Gesamtstärke von 637 Mann über.[140] Als Begründung gaben viele Überläufer an, daß das Attentat ihnen gezeigt habe, daß selbst hohe militärische Führer den Krieg für verloren und Hitler für einen Verbrecher halten. Der Unteroffizier Heinrich Scherber von der 58. I. D. drückte diese Stimmung mit folgenden Worten aus: „Das Attentat hätte niemanden verwundert, wenn es von revolutionären Kreisen unternommen worden wäre. Aber daß deutsche Generale zu terroristischen Mitteln greifen, machte uns doch nachdenklich. Offenbar ist die Lage Deutschlands so hoffnungslos geworden, daß selbst sonst ergebene Fachleute keinen anderen Ausweg mehr sehen. Es kann doch nicht sein, sagten wir uns, daß alle unrecht haben und nur einer hat recht – wenn er auch der Führer ist."[141]

Der Unteroffizier Paul Keller vom I. R. 1067 berichtete dem Armeebeauftragten des NKFD: „Wir lagen am Njemenufer in Stellung. Am 26. Juli erfuhren wir durch Lautsprecher über den Fluß herüber von dem Attentat auf Hitler. Der Soldat Pfefferkorn sagte unwillkürlich laut: ‚Gottlob, jetzt geht's los! Wenn der erst weg ist, dann ist der Krieg schnell zu Ende.' Die Kameraden stimmten ihm zu. Im Morgengrauen wurde gemeldet, daß die Russen über den Fluß setzten. Wir hätten zurückgehen können, aber wir beschlossen, dazubleiben und zum Nationalkomitee überzutreten."[142]

So war also die Reaktion auf die Tat Stauffenbergs sehr unterschiedlich. Man darf aber doch wohl ohne Übertreibung feststellen, daß der positive Widerhall des Attentats bei den werktätigen Massen und bei den einfachen Soldaten verhältnismäßig groß war. Daß eine Verschwörung dahinter stand, war der Bevölkerung im ganzen allerdings nicht bewußt. Hätten sich die Verschwörer jedoch im Falle ihres Sieges entschlossen bemüht, den Frieden herzustellen, wäre ihnen die Unterstützung eines beträchtlichen Teils des Volkes, einschließlich der Soldaten, sicher gewesen. Aber die Massen waren auf den Umsturz nicht vorbereitet, sie wurden von ihm überrascht, sie verharrten angesichts des schnellen Zusammenbruchs der Aktion in Passivität.

Auf der anderen Seite zeigt der Blick auf die Lage in Deutschland, daß das Unternehmen, wenn es nur in Berlin und einigen anderen wichtigen Punkten erfolgreich gewesen wäre, durchaus Chancen gehabt hätte. Wenn die Verschwörer die Aufgabe, sich in kürzester Zeit des Rundfunks und der Druckereien zu bemächtigen, vorrangig behandelt hätten, um das Volk und die Wehrmacht zum allgemeinen Aufstand aufzurufen, so hätte die Losung des Friedens zu einer Brandfackel werden können, um das Naziregime lahmzulegen und zu zerstören. Wie unsere obigen Berichte nahezu einhellig aussagen, war die Friedenssehnsucht allgemein. Die Friedenslosung, entschlossen und umfassend verkündet, hätte den Verschwörern eine Massenbasis gesichert. Sie hätte für kurze Zeit vielleicht sogar das Fehlen einer Organisation ausgleichen können. Aber es lag nicht in der Absicht der Verschwörer – wie wir ausführlich dargelegt haben –, eine „Flamme aufbrausender Zustimmung aus dem Volke"[143] zu entfachen.

Das Scheitern des Unternehmens vom 20. Juli und der wilde Terror der Nazis, der Kommunisten genauso traf wie oppositionelle Feldmarschälle, Atheisten ebenso wie Christen, ließ in vielen Menschen die Erkenntnis reifen, daß für den Sturz Hitlers und für den Neuaufbau Deutschlands die Einheit aller patriotischen Kräfte erforderlich ist. Dieser Erkenntnis gab der in sowjetischer Gefangenschaft befindliche ehemalige Wehrmachtspfarrer Friedrich-Wilhelm Krummacher am 8. Oktober 1944 in einem Artikel in der Zeitung „Freies Deutschland" Ausdruck. Der Artikel entstand unter dem Eindruck der Meldungen über die Ermordung von Witzlebens, von Hases, von Hassells, Thälmanns, Breitscheids und anderer. Krummacher schrieb: „Die Generale und Beamten schwiegen, als die Führer der deutschen Arbeiterbewegung im Konzentrationslager verschwanden, wo sie schon zwölf lange Jahre gequält werden. Ebenso mag mancher linksstehende Arbeiter noch am 20. Juli beim Aufstand der Offiziere gegen Hitler gedacht haben: Was geht mich dieser Machtkampf der Generale an? . . .

Die einen hatten es früher begriffen – ein Thälmann hatte es bereits vor 1933 den Volksmassen eingehämmert: ‚Hitler, das ist der Krieg.' Die anderen haben es erst viel später erkannt, daß Hitler der Totengräber des deutschen Volkes ist. Die Wehrmacht ist mit ihm marschiert, den Generalen hat er die Marschallstäbe in die Hand gedrückt. Die Beamten haben ihm vertraut, die Botschafter haben das Reich vor den anderen Staaten repräsentiert. Und doch ist es kein Zufall, daß auch diese Kreise zum Kampf gegen ihn angetreten sind.

Der gleiche Kampf, das gleiche Schicksal, die gleiche Gefährdung der Existenz durch Hitler schmiedet alle Schichten zusammen: die Freidenker mit den Christen – die Konservativen mit den Sozialisten. Es findet heute ein zwar schmerzhafter, aber um so tiefgreifenderer Prozeß des Umlernens im deutschen Volke statt. Der Bürger sieht nun, daß der Kommunist, der vor Hitler warnte, kein ‚vaterlandsloser Geselle' war, sondern ein Patriot mit heißem, deutschem Herzen. Den Marschall und die Generale sieht man wie gemeine Verbrecher am Galgen hängen, ein Vorgang ohne Beispiel in der Geschichte deutschen Soldatentums."[144]

Krummacher schloß seinen Aufsatz mit dem Appell, die Einheit aller Nazigegner herzustellen. „Dann wächst aus dem Leid und Kampf von heute in einem kommenden Deutschland die wahre nationale Einheit des Volkes. Dann sind die Besten aus allen Kreisen unseres Volkes nicht umsonst gestorben."[145]

Diese Schlußfolgerung, 1944 niedergeschrieben, weist bereits hinüber in das Werden des demokratischen deutschen Staates, der nach Kriegsende unter Führung der Arbeiterklasse im festen Bündnis aller werktätigen Klassen und Schichten und im Einklang mit der gesetzmäßigen weltgeschichtlichen Entwicklung errichtet wurde und das Vermächtnis der gefallenen Patrioten erfüllte.

V Schlußbemerkungen

Am Anfang dieser Abhandlung wurde die Aufgabe gestellt, eine wissenschaftlich fundierte Würdigung Stauffenbergs zu geben, also die Gesamtproblematik seiner Entwicklung in die gesetzmäßigen Abläufe der Geschichte zu stellen. Der tragische Untergang Stauffenbergs und seiner Freunde brachte die absolute Klarstellung, daß eine „Palastrevolution" den Grundwiderspruch in Deutschland nicht lösen konnte. Mußten Goerdelers Pläne letztlich scheitern, weil sie gegen die Interessen des Volkes und weil sie, als Variante der imperialistischen Politik, gegen die Zukunft gerichtet waren, so gilt auch für die Tat Stauffenbergs die Erkenntnis: „Unter den Bedingungen des nazistischen Terrorregimes konnte selbst der bestorganisierte Offiziersaufstand nicht erfolgreich sein, wenn er von der Vorhut der Arbeiterklasse und den antifaschistischen Widerstandsorganisationen isoliert blieb."[1]

Zugleich soll die Untersuchung die gesellschaftliche Polarisierung innerhalb der Verschwörung vom 20. Juli 1944 deutlich machen. Sie bestätigt, daß die Zielsetzungen der fortschrittlichen Kräfte um Stauffenberg und dessen Kampfgefährten in unversöhnlichem Gegensatz zu denen der reaktionären Mehrheit der Verschwörer standen. In der Gruppe um Stauffenberg wirkten zugleich die aktivsten und entschlossensten Kräfte, deren tatsächlicher und potentieller Einfluß größer war, als vielfach angenommen wurde. Insgesamt jedoch konnte die Gruppe um Stauffenberg „den Gesamtcharakter der Verschwörung, der von den Kräften um Carl Goerdeler geprägt wurde, nicht entscheidend beeinflussen".[2] So ergibt sich der große, der Tragik nicht entbehrende Widerspruch, daß der 20. Juli 1944 von der Tat Stauffenbergs bestimmt wurde, daß er aber seinem tiefsten Wesen nach im Widerspruch zu Stauffenberg und dessen Wollen stand.

Stauffenbergs Lebensweg wirft die Frage nach der Rolle starker ethischer Bindungen und ihrer Einwirkungskraft auf politische Entscheidungen auf. Vom Christentum her bestimmte Lebensgrundsätze, eine widerspruchsvolle, eigentümlich „vermenschlichte" Auslegung Georgeschen Elitedenkens, die – noch oberflächliche – Berührung mit der Ideenwelt des Sozialismus und schließlich die schrittweise Apperzeption und innere Verarbeitung der ihn umgebenden militärisch-politischen Realitäten ermöglichten es ihm, sich über Traditionen und Ressentiments der eigenen Klassenherkunft hinwegzusetzen und Partei gegen die Barbarei und für die Menschlichkeit zu ergreifen.

Die Erscheinung ist in der Geschichte der Klassenkämpfe nicht neu. Die Herausbildung einer fortschrittlichen Minderheit innerhalb der Verschwörung bestätigt einmal mehr die Feststellung von Karl Marx und Friedrich Engels im „Kommunistischen Manifest": „In Zeiten endlich, wo der Klassenkampf sich der Entscheidung nähert, nimmt der Auflösungsprozeß innerhalb der herrschenden Klasse, innerhalb der ganzen alten Gesellschaft, einen so heftigen, so grellen Charakter an, daß ein kleiner Teil der herrschenden Klasse sich von ihr lossagt und sich der revolutionären

Klasse anschließt, der Klasse, welche die Zukunft in ihren Händen trägt."[3]

Stauffenberg konnte seinen Weg nicht bis zu Ende gehen, weil er dem gewaltigen Machtapparat des Feindes erlag, aber auch, weil er noch mit manchen festen Fäden an seine Klasse gebunden war. Er verkörperte indes *den* Teil der Klasse, der auf dem Wege zu jenen Kräften war, denen die Zukunft gehörte. Es war sicherlich nicht zufällig, daß die Kontaktaufnahme der Stauffenberg-Leber-Gruppe mit den Führern der KPD in Berlin und das aufmerksame Beobachten der Tätigkeit des NKFD gerade in der Zeit erfolgten, als die deutsche antifaschistische Widerstandsbewegung ihre größte Breite und Wirksamkeit erlangte, als die operative Leitung der KPD sich auf über 10 000 aktive Widerstandskämpfer stützen konnte, als sich dem NKFD und dem Bund Deutscher Offiziere in der Sowjetunion weitere starke Gruppen von Generalen, Offizieren und Soldaten angeschlossen hatten. Die Anschauungen des fortschrittlichen Teils der Verschwörung waren denen der um das Nationalkomitee „Freies Deutschland" gruppierten Offiziere und Soldaten so ähnlich, daß ein Gestapobericht sogar von einer gleichen Gesinnung und Denkart diesseits und jenseits der Ostfront sprach.[4]

Dieses Eingeständnis aus der Feder des Feindes bestätigt noch einmal eines der wichtigsten Ergebnisse der vorliegenden Untersuchung: Stauffenberg und seine Freunde gehören zum antifaschistisch-demokratischen Widerstandskampf, den die besten Kräfte des deutschen Volkes aufopferungsvoll geführt haben. Stauffenberg ahnte, in welche Richtung, auf welche Kräfte gestützt sich ein künftiges Deutschland entwickeln müßte, wenn die Wiederholung von Katastrophen in der Art des Faschismus unmöglich gemacht werden sollte. Er bejahte diese Richtung. An manchen Stellen kam er über Ahnungen hinaus zu bemerkenswerten Einsichten und Erkenntnissen. Die Konzeption der Stauffenberg-Gruppe enthält ein breites Spektrum von Möglichkeiten hin auf Humanismus, Demokratie und soziale Reform.

Auf einer Veranstaltung zum 25. Jahrestag des 20. Juli im Hause des Nationalrates der Nationalen Front in Berlin sagte der Historiker und ehemalige Buchenwald-Häftling Prof. Dr. Walter Bartel, die Historiographie der DDR werte Stauffenberg als eine Persönlichkeit, „die in jahrelanger innerer Auseinandersetzung mit dem strengen Kastengeist seiner Umgebung die Nöte, Sorgen und wahren Interessen seines Volkes erkannte und auf dem Wege war, mit der entscheidenden antifaschistischen und antiimperialistischen Kraft, mit der Arbeiterklasse, zusammenzugehen ... Oberst Stauffenberg ist für immer eingereiht in die große Schar deutscher Patrioten, deren Vermächtnis die DDR als der durch die vielhundertjährige Geschichte unseres Volkes legitimierte deutsche Staat des Friedens und der Freiheit, der Menschlichkeit und sozialen Gerechtigkeit verwirklicht."[5]

Von solchen Überlegungen gehen wir aus, und von diesem Ausgangspunkt ist auch die vorliegende Arbeit geschrieben. Es ist daher müßig, die Frage aufzuwerfen, ob – wie einige westdeutsche Rezensenten der ersten Auflage dieses Buches suggerierten – Stauffenberg und seine Freunde für die DDR „reklamiert" worden sind. Eine solche Behauptung resultiert entweder aus oberflächlicher Kenntnis der Darstellung oder aus der Absicht, die zwingende politische Aussage, die in diesem wissenschaftlichen Gegenstand objektiv liegt, in ihrer Glaubwürdigkeit erschüttern und da-

mit in den Augen bestimmter Leserkreise abwerten zu wollen. Tatsächlich ist es erwiesen, und das muß mit Nachdruck unterstrichen werden, daß Stauffenberg fortschrittliche, in die Zukunft weisende Vorstellungen von einem neuen Deutschland hatte, die sich in vielen Punkten den programmatischen Kundgebungen der Bewegung „Freies Deutschland" näherten. Stauffenberg wollte die Rettung des deutschen Volkes vor dem Faschismus und den Folgen der Aggressionspolitik, er wollte die vaterländische Front aller demokratischen Kräfte einschließlich der Kommunisten, und für die Sozialdemokraten unter seinen Freunden wurde in diesem Zusammenhang die Frage nach der Einheit der Arbeiterbewegung zur letztlich entscheidenden.
Stauffenberg, Leber, Moltke und ihre Freunde sind im Kampf für diese Ziele gefallen. Ihre nach vorn weisenden Gedanken sind in der antifaschistisch-demokratischen Umwälzung in der damaligen sowjetischen Besatzungszone verwirklicht worden, also unter anderen historischen Bedingungen, als sie 1943 oder 1944 vorauszusehen waren. In diesem Sinne stellen wir die aktuelle Beziehung zwischen Stauffenberg und unserer Gegenwart her, in diesem Sinne gehört Stauffenberg zu uns, zur DDR, ebenso wie zu allen demokratischen, friedliebenden Kräften der Bundesrepublik und Westberlins, die gegen Notstandsdiktatur, Neonazismus, soziale Unsicherheit und Großmachtchauvinismus kämpfen. Gerade wenn man die verschiedenen Varianten des 20. Juli genau analysiert hat, wird man im Blick auf diese Problematik sehr scharf auf jegliche Ambivalenz bestimmter politischer Entscheidungen zu achten haben. Das hat nichts zu tun mit der spekulativen Frage, ob Stauffenberg heute in der DDR oder in der BRD leben würde.

Damit kommen wir zu einigen Bemerkungen über den „20. Juli“ in der BRD. Was in der damaligen sowjetischen Besatzungszone nicht gelang, das wurde 1945–47 und nach 1947 in den Westzonen zum Ereignis. Die Goerdeler-Variante wurde zum Ausgangskonzept für alle Aktionen der Monopolbourgeoisie und der Kaste der Großgrundbesitzer, die gegen die Versuche der demokratischen Kräfte gerichtet waren, den Kampf gegen die faschistischen und militaristischen Kräfte mit Tendenzen einer sozialen Neuordnung zu verbinden (als Stichwort sei hier nur das Ahlener Programm der CDU vom Februar 1947 genannt).
Da die Goerdeler-Variante in den Jahren unmittelbar nach 1945 noch völlig undifferenziert das Stigma des Antinazistischen und Antifaschistischen trug, konnte sie zur ideologischen Fassade der Monopolbourgeoisie und anderer reaktionärer Kräfte im Prozeß der Restauration der alten Machtverhältnisse werden – zu einer Fassade freilich, die bald, nach 1947, nur noch eine unter vielen anderen war, die die imperialistischen Kräfte in Westdeutschland vornehmlich als Alibi und zu Tarnzwecken gegenüber dem Ausland, vor allem gegenüber den Ländern der Antihitlerkoalition, gebrauchten, die Vorgänge um den 20. Juli sogar benutzend, um ihre Hegemonieansprüche etwa gegenüber England geltend zu machen (indem nämlich „Vorwürfe“ ausgesprochen wurden, weil die englische Regierung nicht auf die „Angebote“ der Goerdeler-Leute eingegangen sei und diese „im Stich gelassen“ habe).
Es war gewiß kein Zufall, daß gerade die Generale Speidel und Heusinger bereits bei der Gründung der Bundeswehr eine führende Rolle spielten. Sie galten als Überlebende der Verschwörung und damit als „Widerstandskämpfer“. Über den Grafen Kielmannsegg, den ehemali-

gen Befehlshaber der NATO-Landstreitkräfte Europa-Mitte, schrieb der Hamburger „Spiegel“: „Oberst Graf Kielmannsegg zählte damals zum Widerstandskreis seines Freundes Oberst Graf Stauffenberg.“ [6] Woher der Verfasser dieses Artikels seine Kenntnis über den „Widerstandskämpfer“ Kielmannsegg, den selbst seriöse bürgerliche Historiker nicht erwähnen, der aber noch 1941 in seinem Buch „Panzer zwischen Warschau und Atlantik“ die faschistischen Raubzüge und Verbrechen pries, hergenommen hat, blieb er allerdings den Lesern schuldig. Im zivilen Bereich sorgte indessen Gerstenmaier für die mythische Aufbereitung des 20. Juli. [7]

Flossen so die Vorstellungen der Goerdeler-Gruppe in die innen- und außenpolitischen Konzeptionen der herrschenden Kreise Westdeutschlands ein (vornehmlich in Gestalt der Restauration der Monopole und der Politik der sogenannten „europäischen Einigung“[8]), mehr noch: boten sie die antinazistisch getarnte Möglichkeit, die imperialistischen Kriegsziele nach dem verlorenen Krieg und trotz der Niederlage zu erreichen, so wurden sie gleichzeitig mit Vehemenz dazu benutzt, den ideologisch-politischen Kampf gegen den „Osten“, also gegen die Siegermacht Sowjetunion, gegen Polen und die Tschechoslowakei, vor allem aber gegen die DDR, zu forcieren. Auf der Feierstunde in der Beethovenhalle in Bonn am 20. Juli 1965 erklärte etwa der damalige Staatssekretär im „Bundesverteidigungsministerium“ Gumbel den 20. Juli 1944 zum „Kulminationspunkt des deutschen Widerstandes gegen ein totalitäres System“. [9] Damit auch jeder merkte, worauf das abzielte, fuhr er fort: „Einen aktuellen Anschauungsunterricht über die Verhältnisse, die in einem derartigen Staat herrschen, erhalten wir noch heute tagtäglich durch das kommunistische Regime in Mitteldeutschland.“

Dann kam der Staatssekretär mit dem heraus, was er eigentlich sagen wollte: „An dieser Stelle sollten wir unser Augenmerk für einen Augenblick auf jenes andere Ereignis werfen, das in einer inneren Verbindung zum 20. Juli steht, auf den Aufstand der Arbeiter in Ostberlin und anderen Orten der Zone am 17. Juni 1953. Beide Ereignisse gehören zusammen ... Jene Deutschen im anderen Teil unseres Vaterlandes müssen noch immer die Freiheit entbehren, deren wir uns erfreuen dürfen."

An der politischen Leichenfledderei beteiligten sich auch Historiker. So machte Dr. Eberhard Zeller aus seinem Haß gegen die DDR kein Hehl und brachte es angesichts der Tausende von Blutrichtern, SS-Führern, Kriegsgewinnlern und Nazipropagandisten in der Bundesrepublik fertig, seinem Buch über den 20. Juli folgende Worte voranzustellen: „Die Bundesrepublik hat sich des Dankes angenommen, den sie den Männern und Frauen des Zwanzigsten Juli und ihrem Opfer für Freiheit, Gerechtigkeit und für ein neues Zusammenleben der Völker zu schulden glaubt, und sie weiß sie als Zeugen gegen Unterdrückung und Lüge jenseits der Mauer."[10] Über Rothfels, Müller u. a. wurde das Nötige schon gesagt.

Diese Beispiele sind keine Einzelfälle, sondern kennzeichnen die Grundtendenz in der gesellschaftlichen Rezeption des 20. Juli durch die herrschenden Kreise der Bundesrepublik und Westberlins. Bezeichnend ist, was uns ein Westberliner Pfarrer schrieb: „Obwohl ich ... nur eine ganz unbedeutsame Nebenrolle ... gespielt habe, werde ich immer zu den jährlich in Berlin stattfindenden Gedächtnisfeiern eingeladen, gehe aber nicht hin, weil da immer der Kampf gegen Hitler mit böswilliger Feindseligkeit gegen die SED und gegen die DDR verknüpft wird."[11]

Bei diesem Vorgehen der herrschenden Kreise der BRD und Westberlins haben wir es mit einer in sich logischen und konsequenten Verwirklichung der Vorstellungen der Goerdeler-Leute zu tun. Und auch das schon bald nach der Gründung der westdeutschen Spalterrepublik einsetzende Bündnis der Goerdeler-Leute mit ehemaligen Nazis ist nicht als Widerspruch in sich zu betrachten, sondern als die Fortsetzung jener Bemühungen einiger Kräfte des 20. Juli, mit der SS zusammenzuarbeiten.

Charakteristisch für diese Tendenz in der bundesdeutschen Politik ist eine Äußerung des damaligen BRD-Verteidigungsministers von Hassel aus dem Jahre 1964: „Diese Tat des 20. Juli setzt für das Verhalten der Soldaten von heute keine Norm. Sie vollzog sich in einer geschichtlichen Ausnahmesituation, die sich nicht wiederholen darf und nicht wiederholen kann."[12] Solche Ausnahmesituationen könnten nur in „totalitären" Staaten entstehen, nicht aber in der „freiheitlich-demokratischen" Bundesrepublik!

Nun sieht sich aber der einfache Bundeswehrsoldat der Situation gegenüber, daß nicht die früheren antinazistischen Oppositionellen, sondern in erster Linie Hitlers Durchhalteoffiziere in der Bundeswehr den Ton angeben, und hieran hat sich unter sozialdemokratischen Ministern nichts geändert.

So hieß es bereits am 3. September 1952 in einer Bonner Regierungserklärung, „daß wir alle Waffenträger unseres Volkes, die im Rahmen der hohen soldatischen Überlieferung ehrenhaft zu Lande, zu Wasser und in der Luft gekämpft haben, anerkennen".[13] Dem Bundeswehrsoldaten wird erklärt, daß „die tragisch Gehorsamen und die mutig Ungehorsamen heute zusammengehören".[14] Diese Sowohl-als-auch-Entscheidung schuf die kuriose Situation, daß der

Bundeswehrsoldat heute nicht nur das Andenken des Obersten Stauffenberg achten und würdigen soll, sondern zugleich und vor allem die Mörder Stauffenbergs und die anderen noch lebenden Nazioffiziere, die Stauffenberg in den Rücken gefallen sind. In den letzten Jahren treten jedoch in der Traditionspflege der Bundeswehr die Teilnehmer der Verschwörung immer mehr in den Hintergrund. Man versucht, die progressiven Kräfte völlig in die Goerdeler-Gruppe zu integrieren, und bagatellisiert die prinzipiellen Gegensätze zwischen Goerdeler und Stauffenberg, was besonders kennzeichnend für die Stauffenberg-Biographien von Kramarz und Müller ist. Zugleich wird versucht, alle Hitlergenerale und -offiziere als mehr oder weniger heimliche Widerstandskämpfer – man spricht vom „Opfergang der Generale und Admirale" – umzudichten, während die sogenannten soldatischen Tugenden, wie „Pflichterfüllung", „Gehorsam" usw., immer mehr zu alleinigen Leitbildern in der Truppe werden.[15]

Es wurde schon darauf hingewiesen, daß im Zusammenhang mit der „neuen Ostpolitik" flexiblere Erscheinungsformen des Antikommunismus sichtbar wurden. So kommt es heute vor, daß die kommunistischen Widerstandskämpfer nicht mehr völlig ignoriert, sondern scheinbar positiv gewürdigt, in Wahrheit aber wie bisher der bürgerlichen Palastrevolution ein- und untergeordnet werden.[16]

So heißt es in einer von der Westberliner Landeszentrale für politische Bildungsarbeit 1967 in Massenauflage herausgegebenen Broschüre über die Gedenkstätte Plötzensee[17]: „Die Tat des 20. Juli wurde zum herausragenden Ereignis und Symbol des deutschen Widerstandes. Aber der Widerstand reichte weit darüber hinaus ... Mit die ersten Opfer politischer Verfolgung waren die Kommunisten ...

Während die Führung, die in Moskau Zuflucht gefunden hatte, in ihrer wirklichkeitsfremden Doktrin befangen blieb, begannen in Deutschland, auf sich allein gestellt, viele Kommunisten eigene ideologische und politische Wege zu gehen und auch mit bisher bekämpften Sozialdemokraten, Christen und Bürgerlichen zusammenzuarbeiten"! Viele deutsche Kommunisten, so behaupten die Verfasser verleumderisch, „kämpften nicht mehr für einen anderen, kaum weniger unmenschlichen Totalitarismus, sondern schließlich für die Grundwerte der Menschlichkeit".
Ähnlich gebärdet sich in dieser Frage der Schulenburg-Biograph Albert Krebs. Er „entschuldigt" Schulenburgs Zustimmung zur Kontaktaufnahme mit den Kommunisten mit der lächerlichen Behauptung, bei Saefkow und Jacob, deren Namen er nicht nennt, obgleich er sie meint, habe es sich um „deutsche Altkommunisten" gehandelt, die gegen Stalins Regime eingestellt gewesen seien und „umgekehrt von Moskau als Spalter und Renegaten angesehen wurden"! Schulenburg habe nur wissen wollen, „was das für Leute waren, mit denen er als Staatssekretär zu tun bekommen würde"! [18]
Die alte These vom 20. Juli 1944 als dem „Höhepunkt" des Widerstandes wird also keineswegs aufgegeben, sie wird aber ergänzt durch eine – der „neuen Ostpolitik" angepaßte – raffiniertere Variante des Antikommunismus. Gestützt auf die vorausgesetzte Unwissenheit vieler Menschen, wird einfach geleugnet, daß die KPD auf der Brüsseler und der Berner Konferenz sowie in den Beschlüssen des ZK eine klare strategisch-taktische Konzeption für die Schaffung einer breiten antifaschistisch-demokratischen Volksfront ausgearbeitet hatte, die den illegalen Widerstandsorganisationen Richtschnur ihres Handelns war. Der

bundesrepublikanische und Westberliner Leser aber soll den Eindruck gewinnen, als ob die kommunistischen Widerstandskämpfer gegen den Willen ihrer Führung gehandelt, als ob sie sich von ihrer Partei und ihrer Weltanschauung losgesagt hätten. Es bedarf an dieser Stelle wohl kaum der ausdrücklichen Beweisführung, daß z. B. Anton Saefkow und Franz Jacob völlig im Sinne der Beschlüsse der Parteiführung handelten, als sie mit Vertretern der Gruppe um Stauffenberg Kontakt aufnahmen, arbeitete doch das ZK der KPD selbst seit langem mit Vertretern des Bürgertums, mit Sozialdemokraten, Christen, Wehrmachtsoffizieren und anderen nichtkommunistischen Kräften in der Bewegung „Freies Deutschland" zum Sturz Hitlers zusammen.[19]

Stauffenberg und seine Freunde suchten auf dem Höhepunkt ihres Kampfes die Verbindung mit den Vertretern der revolutionären deutschen Arbeiter. Es ist ihre Tragik, daß sie „nicht rechtzeitig und weitgehend genug das Bündnis mit der echten antifaschistischen Widerstandsbewegung unter der Führung der Kommunistischen Partei Deutschlands zu realisieren vermochten und daß daher die imperialistische Konzeption der Goerdeler in der Verschwörung dominieren konnte".[20] Diese Problematik wird evident auch aus der Sicht des nichtproletarischen Antifaschisten, wenn Martin Niemöller in dem am Anfang unserer Darstellung schon zitierten Schreiben feststellt, daß er von seiner heutigen Sicht aus sagen müsse, er hätte sich am 20. Juli nicht beteiligen können.

Trotzdem ist im Kampf und Sterben Stauffenbergs und seiner Freunde ein Vermächtnis enthalten. Die Verschwörung vom 20. Juli 1944 zeigt in ihrer Widersprüchlichkeit, daß der verderbliche Antikommunismus überwunden werden muß, wenn der Friede gesichert werden soll. Für Stauffenberg und seine Freunde, für die Bewahrung ihres Vermächtnisses, für die Beherzigung der Lehren aus der Geschichte gilt nach wie vor, was Heinrich Mann 1948 über die Bedeutung des deutschen Widerstandes geschrieben hat: „Manifeste, die mit dem Tode besiegelt sind, haben Aussicht, unvergessen zu bleiben. Das nächste Mal wären sie im voraus bekannt, ein künftiger Widerstand gegen Gewalt fände Belehrte vor. Ein ganzes Volk, sobald es will, erinnert sich seiner achtungswertesten Kämpfer. Dann muß nicht mehr gestorben werden, die Vorigen hätten lieber lebend gesiegt."[21]

ANHANG

Anmerkungen

zum Vorwort

1 Karl Marx, Friedrich Engels, Werke, Band 8, Berlin 1960, S. 115.
2 Franz Mehring, Karl Marx, Geschichte seines Lebens, Berlin 1960, S. 4/5.
3 Ebenda, S. 5.

zu Kapitel I

1 Brief von D. Martin Niemöller an Günter Wirth vom 31. 1. 1967.
2 Fritz Selbmann, Alternative – Bilanz – Credo, Halle (Saale) 1969, S. 372.
3 Geschichte der deutschen Arbeiterbewegung, Band 5, Berlin 1966, S. 411/412.
4 Ebenda, S. 412.
5 Ebenda, S. 413.
6 Die Ereignisse und Probleme dieser Zeit sind in zahlreichen Abhandlungen dargestellt, so daß ich glaube, mich auf einen kurzen Hinweis beschränken zu können. Vgl. Helmut Otto / Karl Schmiedel / Helmut Schnitter, Der erste Weltkrieg, Berlin 1964; Geschichte der deutschen Arbeiterbewegung in acht Bänden, Band 2–5, Berlin 1966.
7 Vgl. Geschichte der deutschen Arbeiterbewegung, Band 3–5.
8 Theodor Pfizer, Die Brüder Stauffenberg, Sonderdruck aus: Robert Boehringer – Eine Freundesgabe, Tübingen 1957, S. 491.
9 Ebenda.
10 Ebenda, S. 493.

11 Berthold Schenk Graf von Stauffenberg, am 15. 3. 1905 in Stuttgart geboren, studierte Rechts- und Staatswissenschaft und war später im Justizwesen tätig. Er nahm zusammen mit Claus von Stauffenberg an der Verschwörung vom 20. Juli 1944 teil und wurde am 10. 8. 1944 hingerichtet. (Vgl. S. 178 f.)
Sein Zwillingsbruder Alexander Schenk Graf von Stauffenberg studierte nach dem Besuch des Gymnasiums an verschiedenen Universitäten Staats- und Rechtswissenschaften und später klassische Altertumswissenschaften. Während des Krieges war er Frontoffizier in Frankreich und an der Ostfront und wurde zweimal verwundet. Obwohl er an der Verschwörung nicht beteiligt war, erfolgte nach dem 20. 7. 1944 seine Einkerkerung, aus der er erst bei Kriegsende befreit wurde. 1948 erhielt er den Lehrstuhl für Alte Geschichte an der Universität München. Seine wissenschaftlichen Arbeiten erschienen unter den Titeln „Das Imperium und die Völkerwanderung", „Dichtung und Staat in der antiken Welt" und „Trinakria", eine frühe Geschichte Siziliens und Großgriechenlands. Er starb am 27. Januar 1964 in München. Nach seinem Tode erschien der von Professor Rudolf Fahrner herausgegebene Gedichtband „Denkmal".
Alexander von Stauffenberg wahrte das Vermächtnis seiner im Kampf gegen den Faschismus gefallenen Brüder und setzte sich für die Schaffung demokratischer Verhältnisse in der BRD ein. In den Jahren 1952/53 wandte er sich gegen die antikommunistische Hetze in der BRD, die u. a. zur Verteufelung der Historiker Arno und Anneliese Peters geführt hatte. Er schrieb damals: „Wohin sind wir aber gekommen, wenn eine bestimmte geistige Position, mag sie auch diesem oder jenem nicht gefallen, sogleich zur völligen Verdammung eines zweifellos verdienstvollen Lebenswerkes führt, ja wenn gar dieses Werk von vornherein der Sache nach als Ausdruck einer artfremden Lehre, als Ausgeburt eines kulturfeindlichen Dogmas, kurz: als verbrecherisch gebrandmarkt wird? In den Vereinigten Staaten haben angesehene Gelehrte – es waren keine Kommunisten – sich zur Wehr gesetzt gegen den staatlichen Zwang, dem Kampfe gegen den Kommunis-

mus auf dem Boden der Wissenschaft verpflichtet zu werden, weil sie höhere Güter dadurch bedroht sahen. Sie haben aus ihrer Haltung die Konsequenzen gezogen. Möge die Kommunistenschnüffelei in unseren Breiten an jenen Schranken haltmachen, wo sie die Freiheit des Geistes berührt." (Alexander Graf von Stauffenberg, Die synchronoptische Frage. Eine Dokumentation, Frankfurt [Main] 1953, S. 125)
Als einer der wenigen westdeutschen Historiker distanzierte er sich von den unwürdigen Provokationen gegen die DDR-Wissenschaftler auf dem Trierer Historikertag am 25. 9. 1958 (vgl. „Trier – und wie weiter?" Materialien, Betrachtungen und Schlußfolgerungen auf dem Trierer Historikertag am 25. 9. 1958, Berlin 1969, S. 18). Einige Wochen später nannte er in den „Blättern für deutsche und internationale Politik" (Heft 10/1958, S. 773 f.) die Bundesrepublik einen „greisen Polizeistaat Metternich'scher Observanz" und schrieb: „Es ist aber darüber hinaus das selbstverständliche Recht des souveränen Volkes, vollends, wenn es vor der Wahl durch die Regierungspropaganda getäuscht und betrogen war, seinen Widerstand durch Demonstrationen, Kundgebungen u. dgl., m. E. auch durch plebiszitähnliche, freilich unverbindliche Abstimmungen, aber auch durch den Generalstreik zu bekunden" zitiert in: „Trier – und wie weiter?", a. a. O., S. 18/19). Der DDR und ihren Problemen gegenüber zeigte er sich aufgeschlossen und verständnisvoll. Nach einem Bericht von Frau Gudrun Korfes, die ihn in München besucht hatte, war er auch zu einem öffentlichen Auftreten in der DDR bereit, fürchtete aber in Westdeutschland Repressalien gegen seine Familie.
Hermann Kalb, Sekretär des Hauptvorstandes der CDU, hatte in den Jahren 1957 bis 1959 mehrere Gespräche mit ihm in München. Stauffenberg sympathisierte zu dieser Zeit mit dem „Club 1954". Über den Inhalt der Gespräche berichtete H. Kalb: „Stauffenberg zeigte sich an der Fortsetzung der Gespräche mit mir durchaus interessiert, um – wie er freimütig bemerkte – ein unverfälschtes Bild von der Politik der DDR und ihrer gesellschaftlichen Wirklichkeit zu erhalten. Besonders beeindruckt zeigte er sich von der

Haltung Prof. Walter Hagemanns und dessen mutigem Auftreten vor dem Nationalrat (Redeaustausch Prof. Hagemann/Walter Ulbricht). Bei meinem zweiten oder dritten Gespräch 1959 in München gab mir Stauffenberg das Versprechen, ebenfalls vor dem Nationalrat aufzutreten und an dieser Stelle seinen Standpunkt zur nationalen Frage unseres Volkes und den Möglichkeiten gemeinsamer Aktionen gegen den verhängnisvollen Kurs der Adenauer-CDU mit dem Ziel einer Überwindung der deutschen Spaltung zu äußern. Er autorisierte mich ausdrücklich, in diesem Sinne mit unseren zuständigen Stellen zu verhandeln. Als Termin war der Sommer 1960 in Erwägung gezogen. Stauffenberg bat seinerzeit um Verständnis für diese Verzögerung, da er zunächst ein Buchmanuskript abschließen wollte" (Mitteilung von H. Kalb an G. Wirth).

12 Th. Pfizer, a. a. O., S. 491.

13 Vgl. Wolfgang Heise, Aufbruch in die Illusion. Zur Kritik der bürgerlichen Philosophie in Deutschland, Berlin 1964.

14 Th. Pfizer, a. a. O., S. 490, 495.

15 Harry Pross, Jugend. Eros. Politik. Die Geschichte der deutschen Jugendverbände, Bern/München/Wien 1964, S. 206.

16 Vgl. Christian Müller, Oberst i. G. Stauffenberg. Eine Biographie, Düsseldorf o. J. (1971), S. 41.

17 Th. Pfizer, a. a. O., S. 495.

18 Günter Ehrenthal, Die deutschen Jugendbünde, Berlin 1929, S. 53/54.

19 Th. Pfizer, a. a. O., S. 498.

20 Nina Gräfin von Stauffenberg, zitiert bei Kramarz, a. a. O., S. 23.

21 Th. Pfizer, a. a. O., S. 498.

22 Ebenda, S. 498.

23 In einem Gestapobericht wird folgende Aussage Bertholds wiedergegeben: „Wir sind zwar nicht das, was man im eigentlichen Sinne gläubige Katholiken nennt. Wir gingen nur selten zur Kirche und nicht zur Beichte. Mein Bruder und ich sind der Meinung, daß aus dem Christentum heraus kaum noch etwas Schöpferisches kommen könne." Spiegelbild einer Verschwörung. Die Kaltenbrunner-Berichte an Bormann und Hitler über das Attentat vom 20. Juli

1944, herausgegeben vom Archiv Peter, Stuttgart 1961 (im folgenden: Kaltenbrunner-Berichte), S. 435.

24 Mitteilung von Nina Gräfin von Stauffenberg.

25 Festschrift des Eberhard-Ludwigs-Gymnasiums Stuttgart zur Einweihung des neuen Schulgebäudes, Stuttgart 1957, S. 11; Th. Pfizer, a. a. O., S. 493 f.

26 Alexander Graf von Stauffenberg, Ansprache vor dem Eberhard-Ludwigs-Gymnasium im Januar 1959 (hektographiertes Manuskript).

27 Eberhard Zeller, Zum Gedenken der Grafen Claus und Berthold Stauffenberg, in: Festschrift des Eberhard-Ludwigs-Gymnasiums ..., S. 65/66.

28 Th. Pfizer, a. a. O., S. 495/496.

29 E. Zeller, Zum Gedenken ..., a. a. O., S. 66/67.

30 Nach einer Abschrift des Abiturzeugnisses, die dem Verfasser vom Rektor des Eberhard-Ludwigs-Gymnasiums zur Verfügung gestellt wurde.

31 Mitteilung von Oberstudiendirektor Dr. W. Haußmann.

32 Claus von Stauffenberg sagte später einmal zu seiner Frau: „Ich betrachte es als Gnade, den besten Freund in meinem Bruder (Berthold) gefunden zu haben und dem größten Mann meiner Zeit (George) verbunden zu sein" (Mitteilung von Nina Gräfin von Stauffenberg).

33 Edgar Salin, Um Stefan George. Erinnerungen und Zeugnis, München/Düsseldorf 1954, S. 324, Anm. 1. – Der Georges Geschichtsauffassung stark verpflichtete Historiker Ernst Kantorowicz (1895–1963; als Professor an der Universität Frankfurt am Main 1934 von den Nazis wegen seines Judentums, an der Universität Berkeley 1949 von den Amerikanern wegen seiner Weigerung entlassen, an einem Loyalitätseid der Professoren „als Barriere gegen den Kommunismus" teilzunehmen; vgl. Bücher von Autoren jüdischer Herkunft in deutscher Sprache. Eine Ausstellung der B'nai B'rith Wien, Wien 1967, S. 129f.) schreibt in seinem Buch „Kaiser Friedrich der Zweite" (Berlin 1927, Neuausg. Düsseldorf 1964), daß bei der 700-Jahr-Feier der Universität Neapel, einer Stiftung des Hohenstaufenkaisers, im Mai 1924 am Sarkophag

Friedrichs im Dom zu Palermo ein Kranz lag mit der Inschrift: „Seinem Kaiser und Helden / das geheime Deutschland". Dazu schrieb mir Professor Ernst Hadermann: „Ich habe selbst 1932 im Dome zu Palermo die Sarkophage des Kaisers Heinrich VI., der Konstanze und des Kaisers Friedrich besucht ...; da lag vor dem majestätischen Sarkophag von dunkelrotem Porphyr, in dem Kaiser Friedrich II. bestattet war, ein großer Kranz mit einer Schleife, die dieselbe Inschrift trug. Ich wußte natürlich, wer dieses ‚Geheime Deutschland' war, und ich war tief erschüttert." Hierzu schrieb mir aus Basel Professor Edgar Salin: „Das eine aber ist sicher, daß die Tat vom 20. Juli aus Georgischem Geist erwachsen ist, und daß es überhaupt Stauffenberg war, durch den vor allem der militärische Kreis der Verschwörer (...) in Wort und Geist sich durch George verbunden fühlte. Schon seit 1938 war das Gedicht ‚Der Widerchrist' ein Erkennungszeichen der militärischen Freunde, und wenn sie von ihrem Deutschland sprachen, so hatten sie die gemeinsame Bezeichnung: ‚unser heimliches Deutschland', – heimlich in Nachbildung des Georgischen Gedichts." In ähnlicher Weise sprach sich Professor Robert Boehringer, Genf, aus.

Ich habe diese Äußerungen heutiger George-Verehrer so ausführlich zitiert, um die Wirkung zu zeigen, die der Dichter auch heute noch hat. Ich glaube allerdings nicht, daß man eine direkte Verbindung von George zum 20. Juli 1944 ziehen kann, daß die Tat Stauffenbergs aus Georgischem Geist erwachsen ist. Stauffenberg unterlag auch noch anderen, bedeutsameren Einflüssen.

34 Alexander z. B. erhielt von George den Namen „Offa", den Namen eines sagenhaften Prinzen der Angeln.

35 Arnold Zweig, Standbild und Einsturz des Stefan George, in: Neue Deutsche Literatur, Heft 11/1957, S. 108.

36 Ebenda.

37 Ebenda, S. 111.

38 Vgl. Robert Boehringer, Mein Bild von Stefan George, Düsseldorf 1951.

39 Bruno Markwardt, Geschichte der deutschen Poetik. Band V:

Das zwanzigste Jahrhundert (= Grundriß der Germanischen Philologie 13/V), Berlin 1967, S. 204.

40 Vgl. Bruno Markwardt, a. a. O., S. 207: „Nietzsche mit seiner Theorie von der Höherzüchtung um jeden Preis unter Verwerfung des Mitleids mit den Schwachen stand hinter Bekundungen dieser Art (bei George – K. F.): ‚Eine ganze niedergehende welt war bei allen ihren einrichtungen aufs ängstlichste bedacht den armen im geiste gerecht zu werden: möchte eine aufgehende (Welt) sich vornehmen der reichen im geiste zu gedenken.' Das war das Prinzip des Herrenmenschen, der sich auf dem Wege zum Übermenschen fühlte und das Volk in wesenlosen Tiefen weit unter sich sah."

Die Hauptrichtung der bürgerlichen Ideologie dieser Zeit und ihre Widerspiegelung vor allem im Bereich der Dichtung charakterisiert Wolfgang Heise in seinem Buch „Aufbruch in die Illusion – Zur Kritik der bürgerlichen Philosophie in Deutschland", Berlin 1964, wie folgt: „Die wachsenden inneren Widersprüche und der anhebende Kampf um die Neuaufteilung der Erde verlangten ideologische Rechtfertigung und massenwirksame Mobilisierungsideen. Der Bogen dieser Entwicklung reicht von Nietzsche zur eigentlichen Kriegsphilosophie von 1914 bis 1918 in seiner ersten Phase... Entscheidende inhaltliche Anstöße kamen aus dem jenseits der akademischen Arbeit liegenden Bereich der ästhetischen Kultur. Hier wurde in der Sphäre bewußter Selbsttäuschung als Widerspiegelung und Widerspiel des kapitalistischen Alltags, als phantastische Ergänzung seiner Entfremdung schon jene Romantik der Entfesselung, des Rausches, der Gewaltanbetung und Erlösung, der grenzenlosen Expansion und des ästhetisch genossenen Untergangs vorgespielt und emotional-bildhaft antizipiert, die von der ökonomischen Alltagspraxis des Kapitalismus ebensosehr produziert wie verdeckt wurde, ihr tendenziell immanent und zugleich als ästhetischer Glanz zur Verhüllung der Brutalität des Geschäftes als Bedürfnis erzeugt war" (W. Heise, a. a. O., S. 140).

Heise hebt mit Recht die möglichen und tatsächlich auch wirksam gewordenen Tendenzen dieser Erscheinungen hervor: „Was in der Sphäre der ästhetischen Emotionalität vorgespielt, als nicht ernst genommene Dekoration der politischen Macht benutzt wurde, drängte unter der Bedingung der zunehmenden Widersprüchlichkeit des gesellschaftlichen Lebens, des Heranreifens imperialistischer Expansionslust zur Formulierung als politisch-soziale Ideologie, zur Prägung als Weltanschauung, zum philosophisch-allgemein formulierten Aktionsprogramm" (S. 140).

Heise verweist auch auf den Zusammenhang zwischen Nietzsche und George: „Nietzsches mythologische Konzeption vom Willen zur Macht als Wesen des Seins kennzeichnet das Neue... Er ist der wirksamste, originellste und konsequenteste einer ganzen Schar von Ideologen.

Diese stand teils in Opposition gegen die akademische Philosophie, kam teils vom konservativen Kampf gegen den Liberalismus her, drängte teils auf ein ‚neues' weltanschaulich-religiös orientiertes Philosophieren und wirkte insgesamt als weltanschauliche Konzipierung jener Tendenzen, die dann in den ‚völkischen' und alldeutschen Bestrebungen wie in der literarischen Neuromantik und dem Georgekreis ‚fruchtbar' wurden" (S. 145).

„Auch die schöne Literatur spiegelt die tiefe Unruhe jener ersten Etappe des Imperialismus wider in den verschiedenen Phasen: in messianischen Hoffnungen am Ende des Jahrhunderts – Hauptmanns ‚Emanuel Quint' ist dafür typisch – in der Fin-de-siècle-Stimmung von der Vergänglichkeit und dem Genuß des schwindenden Augenblicks, im Umschlag des Dekadenzgefühls in die tiefer dekadenten Barbarismen des Schreies nach Kraft und Gewalttat – brutal bei Nietzsche, poetisiert bei George und seinem aristokratischen Kreise, wo Nietzsches Herrschaftsmodell zum Bilde künftiger Ordnung, künftiger Herrschaft über die Massen, damit der Überwindung der ‚Vermassung' wurde..." (S. 178).

41 Hans Jürgen Geerdts, Deutsche Literaturgeschichte in einem Band, Berlin 1966, S. 486.

42 Alexander Graf von Stauffenberg, Erinnerung an Stefan George. Rede auf einer Gedenkfeier am 4. 12. 1958 in Westberlin (hektographiertes Manuskript).

43 Ebenda.

44 Ebenda.

45 Ebenda.

46 In seinem satirischen Gedicht „Der ewige Wandervogel" karikierte Erich Weinert die George-Schwärmerei der „unpolitischen" Jugendvereine. Darin hieß es u. a.:

Die Mähne entfesselt, die Gurgel so nackt,
So schnob er einst über die Heide,
Sein Schicksalsweib um die Hüften gepackt;
Sie schwangen die Laute im tänzelnden Takt
Und sangen von Lieb und Leide,
Sie beide.

. . .

Und wenn man eng beieinander saß,
In sonnigem Seelenbeschaue,
Und er im dämmernden Heidegras
Ein Lied von Stefan George las,
Dann glommen die Augen der Fraue
Ins Blaue.

(Erich Weinert, Gedichte. Eine Auswahl, Berlin 1956, S. 90.)

47 Das Werk Stefan Georges ist von den Nazis als ihr geistiges Erbgut in Anspruch genommen worden, wozu sich mancher Anlaß bot. Obwohl George persönlich die Nazis und ihr Regime strikt ablehnte, sind die nationalistischen Gedankengänge, die Elite-Ideologie, die Idee von der Herrschaft eines neuen Adels und manches andere solche Ansatzpunkte, die es den Nazis geboten erscheinen ließen, am 12. Juli 1933, dem 65. Geburtstag des Dichters, den Stefan-George-Preis als höchste literarische Auszeichnung zu stiften. Mit diesem Preis wollte alljährlich am 1. Mai, dem zum „Tag der nationalen Arbeit" verfälschten Kampftag des internationalen Proletariats, der „Reichsminister für Volksaufklärung und Propaganda", Joseph Goebbels, nicht etwa Leistungen von wirklich bedeutendem Rang würdigen, sondern dasjenige Buch des letzten Jahres auszeichnen, in dem „das aufrüttelnde Erlebnis unserer Tage den packendsten und künstlerisch reifsten Ausdruck gefunden hat" (Der Große Brockhaus, Ergänzungsband,

Leipzig 1935, S. 352). George selber war 1933 eine Zeitlang im Gespräch als Kandidat für die seit Heinrich Manns Ausschluß vakante Präsidentschaft der – inzwischen gleichgeschalteten – Deutschen Dichterakademie (Abteilung für Dichtung der Preußischen Akademie der Künste). So mußte später selbst ein so kritikloser George-Verehrer wie Alexander von Stauffenberg zugestehen: „Manche der nächsten Gefährten des Dichters haben seine Verheißungen unmittelbar auf die eigene Zeit gedeutet, sie glaubten das gelobte Land vor ihren Blicken. Wie bitterlich, wie schmählich sie geirrt haben, steht heute vor aller Augen. Man kann es ihnen natürlich kaum verargen, denn solche Deutung lag nicht gar zu fern."

48 Joachim Kramarz, Claus Graf Stauffenberg, Frankfurt (Main) 1965, S. 20.

49 Mitteilung von Nina Gräfin von Stauffenberg.

50 Ebenda.

51 Kramarz, a. a. O., S. 22.

52 Mitteilung von Nina Gräfin von Stauffenberg.

53 Vgl. Chr. Müller, a. a. O., S. 42.

54 Wolfgang Ruge, Deutschland von 1917 bis 1933, Berlin 1967, S. 249f.

55 Kramarz, a. a. O., S. 33.

56 Mitteilung von Manfred von Brauchitsch.

57 Nina Gräfin von Stauffenberg, zitiert bei Kramarz, a. a. O., S. 41.

58 Alexander Graf von Stauffenberg, Erinnerung an Stefan George, a. a. O.

59 Bernd von Pezold, zitiert bei Kramarz, a. a. O., S. 37/38.

60 Siehe Eintrag ins Geburtenregister von Frankfurt (Oder). – Abb.

61 Mitteilung von Nina Gräfin von Stauffenberg.

zu Kapitel II

1 Geschichte der deutschen Arbeiterbewegung, Band 5, S. 11.

2 Rede des Bundespräsidenten der BRD, Gustav Heinemann, zum

25. Jahrestag des 20. Juli 1944, in: „Stuttgarter Zeitung" vom 21. 7. 1969, S. 9.

3 Geschichte der deutschen Arbeiterbewegung, Band 5, S. 55.

4 Konzeption für die Ausarbeitung einer vierbändigen „Geschichte Deutschlands im zweiten Weltkrieg", Autorenkollektiv unter Leitung von Wolfgang Schumann, in: Jahrbuch für Geschichte, 3. Teil, Berlin 1969, S. 30.

5 Förster/Helmert/Otto/Schnitter, Der preußisch-deutsche Generalstab 1640–1965, Berlin 1966, S. 224, 514/515.

6 Geschichte der deutschen Arbeiterbewegung, Band 5, Berlin 1966, S. 13.

7 Ebenda, S. 21.

8 Walter Ulbricht, Fünfzig Jahre Kommunistische Partei Deutschlands, in: „Neues Deutschland" v. 31. 12. 1968, S. 4.

9 Vgl. auch Wilhelm Pieck, Der neue Weg zum gemeinsamen Kampf für den Sturz der Hitlerdiktatur. Referat und Schlußwort auf der Brüsseler Parteikonferenz der KPD, Berlin 1960; ferner: Revolutionäre deutsche Parteiprogramme vom Kommunistischen Manifest zum Programm des Sozialismus, herausgegeben und eingeleitet von Lothar Berthold und Ernst Diehl, Berlin 1964.

10 Vgl. Geschichte der deutschen Arbeiterbewegung, Band 5, S. 128.

11 Ebenda, Band 5, S. 482–484.

12 Revolutionäre deutsche Parteiprogramme, S. 168.

13 Ebenda, S. 179/180.

14 Vgl. Geschichte der deutschen Arbeiterbewegung, Band 5, S. 245 f.

15 Günter Weisenborn, Der lautlose Aufstand, Hamburg 1954, S. 151.

16 Geschichte der deutschen Arbeiterbewegung, Band 5, Berlin 1966, S. 139–142.

17 Ebenda, S. 143.

18 Ebenda, S. 280/281.

19 Gerhard Ritter, Carl Goerdeler und die deutsche Widerstandsbewegung, Stuttgart 1956, S. 107.

20 Bruno Gebhardt, Handbuch der deutschen Geschichte, Band 4: Die Zeit der Weltkriege, von Karl Dietrich Erdmann, Stuttgart 1959, S. 302.

21 Vgl. Kurt Finker, Was erfährt die Jugend in den Schulen Westdeutschlands über die Geschichte des Nationalkomitees „Freies Deutschland", in: Das Nationalkomitee „Freies Deutschland" und seine militärpolitische Bedeutung, Potsdam 1963, S. 188.

22 Hans Rothfels, Werden Historiker dem 20. Juli gerecht?, in: „Die Zeit" vom 18. 7. 1969, S. 30.

23 Chr. Müller, a. a. O., S. 420.

24 Kurt Meier in: Ruf und Antwort, Festgabe für Emil Fuchs, Leipzig 1964, S. 182ff., sowie Hans-Joachim Kraus in: Entscheidungsjahr 1932. Zur Judenfrage in der Endphase der Weimarer Republik, Tübingen 1966, S. 266.

25 Carl Ordnung, Martin Niemöller, Berlin 1967 (= Reihe Christ in der Welt, Heft 11), S. 13f.

26 Vgl. Friedrich-Wilhelm Krummacher, Ruf zur Entscheidung, Berlin 1965; Herbert Trebs, Karl Barth, Berlin 1966 (= Reihe Christ in der Welt, Heft 8), sowie Geschichte der deutschen Arbeiterbewegung, Band 5, Berlin 1966, S. 375, 380f. (u. ö.).

27 Geschichte der deutschen Arbeiterbewegung, Band 5, Berlin 1966, S. 180ff.

28 Reimund Schnabel, Die Frommen in der Hölle, Berlin 1966.

29 Vgl.: Auf dem Wege zur gemeinsamen humanistischen Verantwortung (Dokumentenband), Berlin 1967.

30 Lothar Berthold, Das System des faschistischen Terrors in Deutschland und die Haltung der einzelnen Klassen und Volksschichten, in: Zeitschrift für Geschichtswissenschaft, Heft 1/1964, S. 14/15.

31 Vgl. Kurt Schützle, Reichswehr wider die Nation. Zur Rolle der Reichswehr bei der Vorbereitung und Errichtung der faschistischen Diktatur in Deutschland (1929–1933), Berlin 1963.

32 Vgl. S. 83ff.

33 „Völkischer Beobachter" vom 6. Februar 1933, zitiert in: Förster / Helmert / Otto / Schnitter, Der preußisch-deutsche Generalstab 1640–1965, Berlin 1966, S. 226.

34 „Potsdamer Tageszeitung" vom 21. März 1933, Abendausgabe.

35 Ebenda.

36 „Mitteilungsblatt der Arbeitsgemeinschaft ehemaliger Offiziere" (im folgenden AeO), Heft 8/1963, S. 4.

37 Friedrich v. Rabenau, Seeckt. Aus seinem Leben, Leipzig 1940, S. 606.

38 Kunrat Freiherr von Hammerstein, Spähtrupp, Stuttgart 1963, S. 20.

39 Reichsgesetzblatt Teil 1, Jahrgang 1933, S. 1017, und Jahrgang 1934, S. 785.

40 Moritz von Faber du Faur, Macht und Ohnmacht. Erinnerungen eines alten Offiziers, Stuttgart 1953, S. 188–194.

41 Bernhard Watzdorf, Die getarnte Ausbildung von Generalstabsoffizieren der Reichswehr von 1932 bis 1935, in: Zeitschrift für Militärgeschichte, Heft 1/1963, S. 86.

42 „Berliner Börsenzeitung" vom 1. Juni 1933.

43 „Berliner Börsenzeitung" vom 16. Februar 1934.

44 Förster u. a., a. a. O., S. 222.

45 Sonderdruck aus der Zeitschrift „Reichsverband Deutscher Offiziere", Nr. 6, 25. Februar 1935.

46 In früheren Darstellungen wird berichtet, Stauffenberg habe sich am 30. Januar 1933 in Bamberg in voller Uniform bewußt an die Spitze eines faschistischen Demonstrationszuges gestellt und sei dafür von seinen Vorgesetzten zurechtgewiesen worden. J. Kramarz hat in seiner Biographie nachgewiesen, daß diese Schilderung auf falschen Informationen beruht. Vgl. Kramarz, a. a. O., S. 42–46. Auch Nina Gräfin von Stauffenberg erklärte mir, daß ihr von Vorgängen solcher Art nichts bekannt sei.

47 Kramarz, a. a. O., S. 46.

48 Kaltenbrunner-Berichte, S. 447/448. Die Kaltenbrunner-Berichte (auch nach dem eigentlichen Verfasser Kielpinski-Berichte genannt) sind Geheimberichte, die vom Reichssicherheitshauptamt auf Grund der Verhöre der nach dem 20. Juli 1944 Verhafteten zusammengestellt und an Bormann gesandt wurden, der sie an Hitler weiterleitete. Sie enthalten Auszüge aus den Vernehmungsprotokollen, indirekte Wiedergaben von Aussagen sowie Zusammenfassungen durch die Gestapobeamten. Rechnet man noch hinzu, daß die Verhafteten z. T. gefoltert wurden und vielfach Schutz-

behauptungen aufstellten, um sich und andere abzusichern, so ergibt sich die Schlußfolgerung, daß der Quellenwert dieser Berichte in ihrer Gesamtheit begrenzt ist. Die Methoden der wissenschaftlichen Quellenkritik erlauben es jedoch, solche Materialien, deren Wahrheitsgehalt unbestritten sein dürfte, herauszusondern. Die vorliegenden Äußerungen Berthold Stauffenbergs z. B. entsprechen folgerichtig dem Bild, das wir über die geistige Entwicklung der Stauffenberg-Brüder, insbesondere unter dem Einfluß Stefan Georges, besitzen. Im folgenden werden ebenfalls nur solche Auszüge aus den Kaltenbrunner-Berichten zitiert, deren Wahrheitsgehalt gesichert erscheint.

49 Nach dem Bericht von Rudolf Fahrner, zitiert in: Eberhard Zeller, Geist der Freiheit, München 1965, 5. Auflage, S. 241.

50 Kramarz, a. a. O., S. 46.

51 Mitteilung von Prof. Dr. Ernst Hadermann (†), Halle (Saale).

52 Werner Reerink, zitiert bei Kramarz, a. a. O., S. 72.

53 Kaltenbrunner-Berichte, S. 448.

54 Vgl. Karl-Wilhelm Nuß, Die Rolle der Reichswehrgeneralität bei der militärischen Aufrüstung Deutschlands in der Weimarer Republik, Phil. Diss. (MS), Potsdam 1962, S. 178 f.

55 Vgl. B. Watzdorf, a. a. O.

56 Bericht von Wilhelm Bürklin, zitiert bei Kramarz, a. a. O., S. 36/37.

57 Kramarz, a. a. O., S. 38/39.

58 Mitteilung von Nina Gräfin von Stauffenberg.

59 Mitteilung von General a. D. Arno von Lenski.

60 Zeller, a. a. O., S. 228.

61 Kramarz, a. a. O., S. 54.

62 Zitiert nach einer Abschrift der Arbeit, die sich im Besitz von Nina Gräfin von Stauffenberg befindet.

63 Wissen und Wehr. Monatsschrift der Deutschen Gesellschaft für Wehrpolitik und Wehrwissenschaft, Heft 7/1938, S, 459 f.

64 Ebenda, S. 460. Auch die folgenden Zitate sind dieser Quelle entnommen.

65 Mitteilung von Charlotte Gräfin von der Schulenburg.

66 Geschichte der deutschen Arbeiterbewegung, Band 5, S. 61/62.

67 Ebenda, S. 62.

68 Deutsche Geschichte, Band 3, S. 202.

69 Ebenda, S. 243.

70 Siehe dazu Gerhard Förster, Totaler Krieg und Blitzkrieg, Berlin 1967.

71 Der Nürnberger Prozeß. Ausgewählt und eingeleitet von Prof. Dr. P. A. Steiniger, Berlin 1960, Bd. II, S. 94/95.

72 Ebenda, S. 110.

73 Wolfgang Foerster, Generaloberst Ludwig Beck, München 1953, S. 99/100.

74 Ebenda, S. 120.

75 Kunrat von Hammerstein, a. a. O., S. 66, 91.

76 Mitteilung von General a. D. Martin Lattmann.

77 Einblick in die im Herbst 1939 erörterten Pläne gibt Vincenz Müller in seinen Memoiren „Ich fand das wahre Vaterland", Berlin 1963, S. 369–375.

78 Die biographischen Angaben sind in der Hauptsache entnommen aus: Gerhard Ritter, Carl Goerdeler und die deutsche Widerstandsbewegung, Stuttgart 1956.

79 Ritter, a. a. O., S. 27/28.

80 Nicht zu verwechseln mit General Eduard Wagner, der ein Anhänger Stauffenbergs wurde.

81 Ritter, a. a. O., S. 49.

82 Ebenda, S. 67.

83 Zitiert bei Ritter, a. a. O., S. 68.

84 Deutsches Zentralarchiv Potsdam, Auswärtiges Amt, Nachrichten- und Presseabteilung, Nr. 60634, Bl. 1 ff. Abgedruckt bei Johannes Glasneck, Eine Denkschrift Goerdelers vom Sommer 1939, in: „Bulletin des Arbeitskreises ‚Zweiter Weltkrieg'", Heft IV/1965, S. 19 ff. Die nachfolgenden Zitate sind dieser Veröffentlichung entnommen.

85 Der Herausgeber der Goerdeler-Beck-Denkschriften, Wilhelm Ritter von Schramm, vertritt in der Einleitung seines Buches die Auffassung, daß der Anteil Becks an der Ausarbeitung der Denk-

schriften größer sei, als allgemein angenommen wird. Vgl. Wilhelm Ritter von Schramm, Beck und Goerdeler. Gemeinschaftsdokumente für den Frieden 1941–1944, München 1965, Einleitung.

86 Schramm, a. a. O., S. 97. Auch die nachfolgenden Zitate aus der Denkschrift entstammen dieser Quelle. In seiner Einleitung bestreitet Schramm, daß diese Forderung mit dem „Großdeutschen Reich" der Nazis identisch sei. Er meint, daß es sich bei Beck und Goerdeler um „die natürliche und zeitgerechte Zusammen*fassung* derer, die die gleiche Sprache sprechen", handele, nicht aber um die „Hitlersche Zusammen*raffung*"! Er bleibt allerdings den Nachweis der politischen Unterscheidung beider Begriffe schuldig (S. 48).

87 Schramm, a. a. O., S. 167ff.

88 Kunrat von Hammerstein, Spähtrupp, S. 242.

89 D. Melnikow, 20. Juli 1944, 2. Auflage, Berlin 1966, S. 76f.

90 Erich Hoepner hatte als Divisionskommandeur im Polenfeldzug das Ritterkreuz erhalten. Er wurde im Januar 1942 aus der Wehrmacht entlassen, weil er seine Panzerarmee vor Moskau entgegen einem Befehl Hitlers aus einer aussichtslosen Lage zurückgenommen hatte.

91 Melnikow, a. a. O., S. 76f.

92 Zu Charakter und Rolle des NKFD siehe Erich Weinert, Das Nationalkomitee „Freies Deutschland" 1943–1945. Bericht über seine Tätigkeit und seine Auswirkung, Berlin 1957; Geschichte der deutschen Arbeiterbewegung, Band 5, Berlin 1966; Willy Wolff, Zur Fronttätigkeit des Nationalkomitees „Freies Deutschland" 1943–1945, Diss. (MS), Potsdam 1969.

93 Anatomie des Krieges. Neue Dokumente über die Rolle des deutschen Monopolkapitals bei der Vorbereitung und Durchführung des zweiten Weltkrieges, herausgegeben und eingeleitet von Dietrich Eichholtz und Wolfgang Schumann, Berlin 1969, S. 28.

94 Hans Walz war Wehrwirtschaftsführer, SS-Hauptsturmführer, Mitglied des „Freundeskreises des Reichsführers SS", Geschäftsführer der Robert Bosch GmbH. Nach dem Kriege wurde er mit

dem Großen Verdienstkreuz mit Stern des Verdienstordens der Bundesrepublik ausgezeichnet. (Vgl. Braunbuch. Kriegs- und Naziverbrecher in der Bundesrepublik, Herausgeber: Nationalrat der Nationalen Front, Dokumentationszentrum der Staatlichen Archivverwaltung der DDR, Berlin 1965, S. 61.)

95 Ebenda, S. 255 ff. Die folgenden Zitate sind dieser Quelle entnommen. Siehe auch Ritter, a. a. O., Anhang, S. 586 ff. Bei Ritter auch weitere Denkschriften und Ausarbeitungen Goerdelers.

96 Hans Bernd Gisevius, Bis zum bitteren Ende, Hamburg 1947, Band 2, S. 222.

97 Emil Henk, Die Tragödie des 20. Juli 1944, Heidelberg 1946, S. 35.

98 Kluge hatte im Herbst 1942 bei einem Besuch Goerdelers in Smolensk zwar seine Zusage für die Mitwirkung gegeben, gleichzeitig aber hatte er im Oktober 1942 zu seinem 60. Geburtstag von Hitler ein Geldgeschenk von 250000 RM angenommen.

99 Prof. Dr. Rudolf Fahrner, nach E. Zeller, Geist der Freiheit, München 1965, S. 242.

100 Ebenda.

101 Ebenda, S. 243.

102 Mitteilung von Gudrun Korfes, geb. Mertz von Quirnheim.

103 Kramarz, a. a. O., S. 67. Im Gegensatz dazu stellten polnische Behörden fest, daß sich sein ehemaliger Kriegsschulkamerad Graf von Kielmannsegg aktiv an der Verwirklichung der faschistischen Terror- und Ausrottungspolitik in Polen beteiligt hat. Die polnische Hauptkommission zur Verfolgung der Naziverbrechen gab bekannt, daß Kielmannsegg als ehemaliger Ic der 1. Panzerdivision für die Tötung von mindestens 443 Zivilpersonen verantwortlich sei. (Neues Deutschland vom 25. 1. 1967, S. 7.) Im Jahre 1941 veröffentlichte er das faschistische Propagandamachwerk „Panzer zwischen Warschau und Atlantik“, in dem er die faschistischen Eroberungsfeldzüge pries, sich offen zu Hitler bekannte und seine Bereitschaft verkündete, „den Auftrag durchzuführen ..., die Vernichtung Englands“ (S. 248). Siehe auch: K. Finker, Kielmannsegg gestern und heute, in: Mitteilungsblatt der AeO, H. 11/1963, S. 12 f.

104 Albert Krebs, Fritz-Dietlof Graf von der Schulenburg. Zwischen Staatsraison und Hochverrat, Hamburg 1964, S. 175.

105 Bodo Scheurig, Claus Graf Schenk von Stauffenberg, Berlin (W) 1964, S. 18.

106 Chr. Müller, a. a. O., S. 181/182.

107 Ebenda, S. 190.

108 Waldemar Erfurth, Die Geschichte des deutschen Generalstabes von 1918 bis 1945, Göttingen 1960, S. 185.

109 Zeller, a. a. O., S. 237.

110 Kramarz, a. a. O., S. 82.

111 Zeller, a. a. O., S. 244.

112 Kramarz, a. a. O., S. 89. Ein Vergleich mit der Haltung und den Handlungen Stauffenbergs in der angegebenen Zeit läßt die Vermutung zu, daß Halder bei der Wiedergabe des Gesprächs übertrieben hat, offenkundig, um seine eigene „antifaschistische" Haltung zu unterstreichen und sich als geistigen Vater von Stauffenbergs späterer Tat hinzustellen.

113 Zeller, a. a. O., S. 244.

114 Kramarz, a. a. O., S. 89.

115 Bericht von Prof. J. Speer, zitiert bei Zeller, a. a. O., S. 244.

116 „Freies Deutschland", 2. Jg., N. 33, 13. 8. 1944, S. 3.

117 Kramarz, a. a. O., S. 97.

118 Geschichte des Großen Vaterländischen Krieges der Sowjetunion, Band 2, Berlin 1963, S. 425.

119 Geschichte der deutschen Arbeiterbewegung, Band 5, Berlin 1966, S. 334.

120 Ebenda, S. 576/577.

121 Zeller, a. a. O., S. 236.

122 Ebenda, S. 246/247.

123 Kramarz, a. a. O., S. 113.

124 Ebenda.

125 Ebenda, S. 116.

126 Generalleutnant a. D. Friedrich Freiherr von Broich, zitiert bei Kramarz, a. a. O., S. 114.

127 Zeller, a. a. O., S. 247/248.

128 Kramarz, a. a. O., S. 120.

129 Zeller, a. a. O., S. 248.

130 Kaltenbrunner-Berichte, S. 395.

131 Fraenkel/Manvell, Der 20. Juli, Berlin/Frankfurt (Main)/Wien 1964, S. 206, Anm. 2.

132 Nina Gräfin von Stauffenberg, zitiert bei Kramarz, S. 132.

133 Ebenda.

134 Wilhelm Bürklin, zitiert ebenda, S. 131.

135 Förster/Helmert/Otto/Schnitter, Der preußisch-deutsche Generalstab 1640–1965, Berlin 1966, S. 263/264.

136 Ferdinand Sauerbruch, Das war mein Leben, München 1951, S. 550f., zitiert bei Kramarz, a. a. O., S. 132.

137 Zeller, a. a. O., S. 254.

138 Ebenda.

139 Chr. Müller, a. a. O., S. 298.

zu Kapitel III

1 Siehe dazu Geschichte der deutschen Arbeiterbewegung, Band 5, S. 552.

2 Ebenda, S. 552.

3 Ebenda, S. 553.

4 Vgl. ebenda, S. 306f.

5 Ebenda, S. 548.

6 Walter Ulbricht, Zur Geschichte der neuesten Zeit, Berlin 1955, S. 8.

7 Klaus Drobisch, Wir schweigen nicht! Eine Dokumentation über den antifaschistischen Kampf Münchner Studenten 1942/43, Berlin 1968, S. 96.

8 Sie kämpften für Deutschland (Sammelband), Berlin 1959, S. 114, 121.

9 Geschichte der deutschen Arbeiterbewegung, Band 5, S. 318.

10 „Wie ist der Krieg zu beenden?“ Ein Manneswort eines deutschen Hauptmanns. Von Ernst Hadermann mit einer Vorrede von Erich Weinert, Moskau 1942, Flugschrift.

11 Ebenda.

12 Zur Geschichte der deutschen antifaschistischen Widerstands-

bewegung 1933–1945. Eine Auswahl von Materialien, Berichten und Dokumenten, Berlin 1957, S. 182f.

13 Geschichte der deutschen Arbeiterbewegung, Band 5, S. 329f.

14 Ebenda, S. 350.

15 Sie kämpften für Deutschland, Berlin 1959, S. 147.

16 Ebenda, S. 148.

17 „Freies Deutschland" v. 22. 1. 1944, S. 1.

18 „Freies Deutschland" v. 21. 2. 1944, S. 1.

19 Geschichte der deutschen Arbeiterbewegung, Band 5, S. 596.

20 Karl-Heinz Biernat, Sie kämpften für Deutschland, in: „Berliner Zeitung" v. 14. 9. 1969, S. 13.

21 Gerhard Nitzsche, Die Saefkow-Jacob-Bästlein-Gruppe, Berlin 1957, S. 139/140.

22 „Neues Deutschland" v. 31. 12. 1968, S. 4.

23 Kaltenbrunner-Berichte, S. 178.

24 Mitteilung von Gudrun Korfes.

25 „Freies Deutschland" vom 20. 8. 1944, S. 3.

26 Mitteilung von Gudrun Korfes. Vgl. auch Erwin Engelbrecht, Der Einsatz des Nationalkomitees „Freies Deutschland" am Kessel von Tarnopol, in: Sie kämpften für Deutschland, S. 94.

27 Vgl. S. 64.

28 E. Zeller, a. a. O., S. 278f. Auch die folgenden Briefauszüge entstammen dieser Quelle.

29 E. Zeller, a. a. O., S. 196.

30 Ebenda, S. 206.

31 Ebenda, S. 208.

32 B. Watzdorf, a. a. O., Zeitschrift für Militärgeschichte, Heft 1/1963, S. 87.

33 Mitteilung von B. Watzdorf.

34 Mitteilung an den Verfasser. Die Autorin dieser Mitteilung wünschte, ungenannt zu bleiben.

35 „Freies Deutschland" vom 20. 8. 1944, S. 3.

36 Klaus Drobisch, Über die Haltung Friedrich Flicks in den Jahren 1943/1944, in: Bulletin des Arbeitskreises „Zweiter Weltkrieg", Heft III/1963, S. 42.

37 Vgl. auch Kapitel I, Anm. 11.

38 K. Bauch, zitiert in: E. Zeller, Geist der Freiheit, S. 252.

39 Ebenda, S. 253.

40 Nicht zu verwechseln mit dem Nazi-Rundfunkkommentator Hans Fritzsche.

41 Harald Poelchau, Die letzten Stunden, Berlin 1949, S. 103.

42 Eine zusammenfassende Darstellung der Zusammensetzung und Tätigkeit des Kreisauer Kreises bietet Ger van Roon, Neuordnung im Widerstand. Der Kreisauer Kreis innerhalb der deutschen Widerstandsbewegung, München 1967. Wenn diese materialreiche Arbeit, die durch die erstmalige Veröffentlichung vieler Dokumente einen besonderen Wert erhält, doch Widerspruch hervorruft, dann deshalb, weil der Verfasser die ausgesprochen reaktionären Kräfte um Goerdeler undifferenziert dem „Widerstand" zurechnet, weil er den historischen Standort des Kreisauer Kreises nur ganz allgemein kennzeichnet und weil er die fortschrittlichen, demokratischen Erkenntnisse des linken Flügels nur undeutlich abhebt. Die Gegensätze zwischen der Stauffenberg- und der Goerdeler-Gruppe begründet van Roon nur mit äußerlichen, sekundären Faktoren. In diesen und anderen Fragen fügt sich die Arbeit auf diese Weise objektiv in das herrschende bürgerliche Geschichtsbild zum 20. Juli ein. Siehe Rezensionen von Horst Bednarek in „Beiträge zur Geschichte der deutschen Arbeiterbewegung", Heft 5/1968, S. 927f., und Kurt Finker in „Zeitschrift für Geschichtswissenschaft", Heft 6/1968, S. 806f.

43 Man vergleiche hierzu die ähnlichen Auffassungen der Brüder Stauffenberg vom August 1942 (S. 147f.) und des Grafen Schwerin von Schwanenfeld (S. 230f.).

44 Arthur Wegner, Einführung in die Rechtswissenschaft, Berlin (W) 1948, 2. Aufl., S. 3.

45 Heinrich Fraenkel/Roger Manvell, Der 20. Juli, Berlin/Frankfurt (Main)/Wien 1964, S. 42.

46 Ebenda, S. 42/43.

47 Theodor Steltzer, Sechzig Jahre Zeitgenosse, München 1966, S. 149.

48 Ebenda.

49 Zur Rolle Gerstenmaiers erschien in der DDR eine auf bisher unveröffentlichte Archivmaterialien gestützte Dokumentation „Vom SD-Agenten P 38/546 zum Bundestagspräsidenten. Die Karriere des Eugen Gerstenmaier". Ein Dokumentarbericht, hg. vom Nationalrat der Nationalen Front des demokratischen Deutschland, Berlin 1969.

50 Th. Steltzer, a. a. O., S. 149.

51 Harald Poelchau, a. a. O., S.. 106/107

52 Ger van Roon, a. a. O., S. 226.

53 Ger van Roon, a. a. O., S. 141 f.

54 E. Zeller, a. a. O., S. 147.

55 Annedore Leber, Das Gewissen steht auf, Berlin (W)/Frankfurt (Main) 1956, S. 221.

56 H. Poelchau, a. a. O., S. 10

57 Ebenda, S. 114.

58 Von 1945 bis 1949 war Dr. Poelchau Mitarbeiter der Zentralverwaltung für Justiz in der damaligen Sowjetischen Besatzungszone Deutschlands, danach wieder Gefängnispfarrer in Tegel und ab 1951 evangelischer Sozialpfarrer in Westberlin. Vgl. Harald Poelchau, Die Ordnung der Bedrängten, Berlin (W) 1963.

59 Charlotte Gräfin von der Schulenburg schrieb mir, daß in der Bibliothek ihres Mannes kaum eines der klassischen sozialistischen Bücher fehlte. „Schon als Schüler hatte er sich eingehend damit beschäftigt, angetrieben von starkem historischen und politischen Interesse."

60 Albert Krebs, Fritz-Dietlof Graf von der Schulenburg, Hamburg 1964, S. 55.

61 Ebenda.

62 Mitteilung von Charlotte Gräfin von der Schulenburg.

63 Ebenda.

64 Vgl. A. Krebs, a. a. O., ferner Mitteilung von Charlotte Gräfin von der Schulenburg.

65 A. Krebs, a. a. O., S. 211.

66 Mitteilung von Charlotte Gräfin von der Schulenburg.

67 Krebs, a. a. O., S. 276.

68 Zeller, a. a. O., S. 543, Anm. 14.

69 Mitteilung von Charlotte Gräfin von der Schulenburg.

70 Mitteilung von Dr. Hans Bernd Gisevius.

71 Julius Leber, Ein Mann geht seinen Weg, Berlin/Frankfurt (Main) 1952, S. 205/206.

72 Mitteilung von Rosemarie Reichwein.

73 Stadtarchiv Jena, Akten der Volkshochschule Jena betr. Reichweinfeier am 3. 11. 1946, Band III, Abt. VIII, a, Nr. 5, Bl. 49, zitiert in: Paul Mitzenheim, Der Weg des Pädagogen Adolf Reichwein vom bürgerlichen Demokraten zum antifaschistischen Widerstandskämpfer, in: Protokoll der Konferenz „Die Lehrer im antifaschistischen Widerstandskampf der europäischen Völker (1933 bis 1945)" in Potsdam im November 1965, Potsdam 1966, S. 225. – Zu Reichwein vgl. jetzt auch die biographische Darstellung von Gerd Hohendorf in dem Sammelband „Antifaschistische Lehrer im Widerstandskampf", Berlin 1967 (Reihe: Lebensbilder großer Pädagogen), S. 54–94, besonders S. 88 ff.

74 Mitteilung von Theodor Steltzer.

75 Otto Buchwitz, 50 Jahre Funktionär der deutschen Arbeiterbewegung, Berlin 1950, S. 193.

76 Mitteilung von Walter und Gertrud Maschke.

77 Geschichte der deutschen Arbeiterbewegung, Band 5, S. 414.

78 Theodor Steltzer, Von deutscher Politik, Frankfurt (Main), 1949, S. 74.

79 Th. Steltzer, Von deutscher Politik, Anhang; ders., Sechzig Jahre Zeitgenosse, S. 317 ff. Die folgenden Zitate sind letztgenannter Veröffentlichung entnommen.

80 Ger van Roon, a. a. O., S. 578 f. Auch die folgenden Zitate sind dieser Quelle entnommen. Ger van Roon beweist recht überzeugend, daß es sich bei diesem Dokument nicht lediglich um „Bemerkungen Trotts", wie Rothfels behauptet, sondern um eine Kreisauer Grundsatzarbeit handelt (S. 309).

81 Ulrich von Hassell, Vom anderen Deutschland, Zürich/Freiburg i. Br. 1946, S. 290.

82 In einem für Präsident Roosevelt bestimmten Memorandum vom Dezember 1943, das von Verbindungsleuten des Kreisauer Kreises in der Türkei ausgearbeitet wurde, wird davon gesprochen, daß die Hitlergegner im Offizierskorps und in der höheren Beamtenschaft sich in eine „pro-russische" und eine „pro-angelsächsische" Gruppe teilen: „Der pro-russische Flügel der Opposition ist besonders in der Wehrmacht wesentlich stärker als der pro-angelsächsische: in der Fliegerwaffe insbesondere ist fast nur er vertreten. In diesen Kreisen wirken teilweise Beweggründe, wie sie seinerzeit zum Abschluß des Vertrages von Rapallo führten, und die Traditionen der damaligen illegalen Zusammenarbeit zwischen Reichswehr und Roter Armee, und neuerdings ist man außerordentlich beeindruckt von der Stärke und den Erfolgen der Roten Armee und würde lieber heute als morgen mit ihr zusammengehen. Die Gründung des Deutschen Offiziersbundes in Moskau hat hier starken Widerhall gefunden, um so mehr, als die Vorstandsmitglieder des Bundes in der Wehrmacht allgemein als erstklassige deutsche Offiziere anerkannt werden... Die proangelsächsische Oppositionsgruppe ist schwächer als die prorussische, hat jedoch gleichfalls erstklassige Vertreter in den militärischen und zivilen Spitzenbehörden, in allen Rangstufen des Offizierskorps und im OKW. Sie steht außerdem in enger Fühlung mit den katholischen Bischöfen, mit der protestantischen Bekenntniskirche und mit führenden Kreisen der früheren Gewerkschaften, der deutschen Wirtschaft und Intelligenz... Die (letztere – K. F.) Gruppe ... hält eine kommunistisch-bolschewistische Entwicklung Deutschlands und die Entstehung eines deutschen National-Bolschewismus für die schwerste und bedrohlichste Zukunftsgefahr für Deutschland und Europa, der deshalb mit allen Mitteln entgegengearbeitet werden muß. Daher muß vor allem unbedingt verhindert werden, daß der Krieg durch einen Sieg der Roten Armee entschieden wird und die Russen vor den Alliierten Deutschland besetzen ... Eine antibolschewistische Innenpolitik wird sich nur durchhalten lassen auf Grund einer loyalen außenpolitischen Zusammenarbeit unter Vermeidung jedes

außenpolitischen Konfliktes mit Rußland ... Eine solche Regierung müßte, um gegenüber der Arbeiterschaft und ihren kommunistischen Tendenzen nicht von vornherein in aussichtsloser Lage zu sein, innenpolitisch mit einem sehr starken linken Flügel operieren und sich mit Nachdruck auf sozialdemokratische und Gewerkschaftskreise stützen" (Ger van Roon, a. a. O., S. 583, 585).

83 Th. Steltzer, Sechzig Jahre Zeitgenosse. S, 154.

84 Kaltenbrunner-Berichte, S. 308, 492, 493, 495.

85 J. Leber, Ein Mann geht seinen Weg, S. 286.

86 Mitteilung von Theodor Steltzer.

87 In den Kaltenbrunner-Berichten heißt es dazu: „Im Herbst 1943 hatten Goerdeler und Tresckow über die Möglichkeit gesprochen, den ehemaligen Botschafter Graf von der Schulenburg durch die deutschen Linien der Ostfront zu schleusen. Der Gedankengang, den von Tresckow vertrat, war etwa der, daß von der Schulenburg einer der wenigen Deutschen ist, die Stalin persönlich kennen. Schulenburg soll die Verbindung neu anknüpfen. Wenn Schulenburg mit Stalin zu einem Ergebnis kam, sollte eine militärische Aktion den Umsturz in Deutschland herbeiführen. Es sprach mit, daß Schulenburg immer von einem Krieg gegen die Sowjetunion abgeraten hatte. Der Plan eines Verhandlungsfriedens mit der Sowjetunion ist zweifellos von Tresckow in dieser Weise vorgebracht worden" (S. 308).

88 Mitteilung von Theodor Steltzer.

89 Aus den 1945/46 niedergeschriebenen persönlichen Erinnerungen Walter Maschkes, in die er mir Einsicht gewährte.

Vgl. auch Horst Bednarek, Gewerkschafter im Kampf gegen die Todfeinde der Arbeiterklasse und des deutschen Volkes (Zur Geschichte der deutschen Gewerkschaftsbewegung von 1933 bis 1945, Berlin o. J., S. 199f.).

Walter Maschke (1891) kehrte 1945 nach seiner Befreiung aus dem Gefängnis Bayreuth nach Berlin zurück und setzte sich aktiv für die Einheit der Arbeiterbewegung ein. Er war viele Jahre als Sekretär des Bundesvorstandes des FDGB, als Sekretär der Volksbühne und als Sekretär der Gewerkschaft Kunst tätig.

Bernhard Göring (1897–1949) setzte sich nach dem Ende des Krieges an führender Stelle für die Einheit der Arbeiterbewegung und für die Gründung des FDGB ein. Er war von 1946 an Mitglied des Parteivorstandes der SED und 2. Bundesvorsitzender des FDGB.

Hermann Schlimme (1882–1955) wirkte nach dem Ende des Krieges ebenfalls in führenden Positionen für die Herstellung der Einheit der Arbeiterbewegung und die Gründung des FDGB. Er gehörte den Führungsgremien der SED und des FDGB an.

Jakob Kaiser (1888–1961) war von 1945 bis 1947 Vorsitzender der CDU in der damaligen Sowjetischen Besatzungszone und vertrat in dieser Tätigkeit vor allem – ganz im Sinne der Goerdeler-Linie – die Interessen der Großbourgeoisie, indem er sich den demokratischen Umgestaltungen widersetzte. Von 1949 bis 1957 leitete er als Bonner „Minister für gesamtdeutsche Fragen" die konterrevolutionäre Wühl- und Hetztätigkeit gegen die DDR.

90 Aus persönlichen Erinnerungen W. Maschkes.

91 Ebenda.

92 Ebenda.

93 Mitteilung von Fritz Krüger. Sowohl Georg Spiegel als auch Fritz Krüger setzten sich nach 1945 aktiv für die Einheit der Arbeiterbewegung ein und hatten verantwortliche Funktionen im Partei- und Staatsapparat inne.

94 Mitteilung von Dr. Hans Grünberg. Während Dr. Grünberg nach 1945 aktiv an der Herstellung der Einheit der Arbeiterbewegung mitwirkte, trat Jesse nach seiner Rückkehr aus Schweden gegen die Einheit auf und verschwand später nach Westdeutschland (vgl. den Beitrag von Karl Mewis in dem Sammelband „Vereint sind wir alles", Berlin 1966).

95 G. Ritter, a. a. O., S. 540/541, Anm. 367.

96 Hans Bernd Gisevius, Bis zum bitteren Ende, 2. Band, Hamburg 1947, S. 240, 241, 260, 274.

97 Allan Welsh Dulles, Verschwörung in Deutschland, Kassel 1949, S. 217/218, 221, 222.

98 G. Ritter, a. a. O., S. 366/367.

99 Zitiert in: E. Zeller, a. a. O., S. 254, Anm. 17.

100 Ebenda.

101 Wheeler-Bennett, Die Nemesis der Macht, Düsseldorf 1954, S. 713.

102 Zeller, a. a. O., S. 534; Kramarz, a. a. O., S. 177;
„Die kommunistische Version". Der 20. Juli 1944 in der Sicht der SED, Dokumentarfilm des westdeutschen Fernsehens vom 20. 7. 1965.
Das „Deutsche Allgemeine Sonntagsblatt" vom 20. Juli 1969 versteigt sich zu der provokatorischen Frage: „Graf Stauffenberg ein Schrittmacher des DDR-Sozialismus?" (S. 6).

103 Die Wiedergabe erfolgt nach Zeller, a. a. O., S. 328/329.

104 Mitteilung von Nina Gräfin von Stauffenberg.

105 A. Leber, in: „Telegraf" vom 16. 6. 1946.

106 Zeller, a. a. O., S. 297.

107 Institut für Marxismus-Leninismus beim ZK der SED, Zentrales Parteiarchiv (im folgenden: IML, ZP): NJ – 17548/1, Anklageschrift des Oberreichsanwalts gegen Goerdeler, W. Leuschner u. a., Bl. 8.

108 Ebenda.

109 Ebenda. Aus der Urteilsbegründung.

110 Ebenda.

111 Ebenda.

112 Kramarz, a. a. O., S. 173.

113 Kaltenbrunner-Berichte, S. 248.

114 Protokoll eines Gesprächs zwischen Karl Gass, Richard Ritterbusch und Dr. Meinicke-Kleint; dieser hatte übrigens den Plan, eine Stauffenberg-Biographie für den Union Verlag zu schreiben.

115 Auf meine Bitte um eine Meinungsäußerung zu der genannten Aussage schrieb mir Nina Gräfin von Stauffenberg: „Was Sie von Major Meinicke-Kleint schreiben, kann ich nur unterschreiben. Er gibt glänzend die Gedankengänge meines Mannes wieder."

116 Zeller, a. a. O., S. 293/294.

117 Mitteilung an den Verfasser. Die Autorin dieser Mitteilung wünscht, ungenannt zu bleiben.

118 Mitteilung von Kunrat Freiherr von Hammerstein. Hammerstein bestätigte mir auf Grund von Berichten seiner Freunde, daß Stauffenberg „nicht enge ‚gräflich'" war.

119 Zeller, a. a. O., S. 489/490.

120 IML, ZP, Akte NJ – 17 548/2.

121 „Das Attentat vom 20. Juli 1944 und seine Hintergründe" (Ergebnis der Vernehmung von Dr. Georg Kiesel), hektographiertes Manuskript, S. 17, im Besitz von Anton Ackermann.

122 Kaltenbrunner-Berichte, S. 201.

123 Job von Witzleben, Am Rande der Verschwörung gegen Hitler. Erinnerungen eines Zeitgenossen, Manuskript (MS), S. 6–8. Oberst von Witzleben sollte auf der Grundlage dieses Manuskripts am 19. 3. 1965 auf einer Kundgebung der „Echanges Franco-Allemands" in Paris einen Vortrag halten. Da man ihm infolge Einmischung der Bonner Behörden die Einreise nach Frankreich verweigerte, wurde der Vortrag auf der Kundgebung im Festsaal der Sorbonne vom Tonband abgespielt.

124 Geschichte der deutschen Arbeiterbewegung, Band 5, S. 408.

125 Sie kämpften für Deutschland, a. a. O., S. 176/177/178.

126 Vgl. D. Melnikow, 20. Juli 1944. Legende und Wirklichkeit, Berlin 1966, 2. Aufl., S. 179.

127 Kaltenbrunner-Berichte, S. 190.

128 Ebenda, S. 193.

129 Richard Wenzel, Zum Kampf der Saefkow-Jacob-Bästlein-Gruppe um die Gewinnung von Soldaten der Wehrmacht für die Sache des Volkes, in: Das Nationalkomitee „Freies Deutschland" und seine militärpolitische Bedeutung, Protokoll einer Konferenz ..., Potsdam 1963, S. 155.

130 Geschichte der deutschen Arbeiterbewegung, Band 5, S. 404.

131 Mitteilung von Max Herm. Bei Ger van Roon, a. a. O., wird gesagt, daß Mierendorff im KZ Osthofen war, „wo ihn kommunistische Leidensgenossen, denen er ausgeliefert worden war, halb totschlugen" (S. 129). Auf Befragen erklärte mir Max Herm, der später mit Mierendorff im KZ Lichtenburg zusammentraf, daß dieser nie etwas von diesen angeblichen Vorfällen erwähnt habe.

Im Gegenteil, zwischen Mierendorff und den Kommunisten habe ein gutes Verhältnis geherrscht.

132 Ger van Roon, a. a. O., S. 589.

133 Ebenda, S. 589/590.

134 Nach einer Aussage Th. Steltzers im westdeutschen Fernsehen („Die kommunistische Version", 20. 7. 1965) war die „Mehrheit" des Kreisauer Kreises gegen die Verhandlungen Lebers und Reichweins mit den Kommunisten. Es muß also auch eine „Minderheit" gegeben haben, die diese Verhandlungen billigte!

135 Annedore Leber, Dr. Leber und Stauffenberg, in: „Telegraf" vom 16. 6. 1946. Unter dem noch frischen Eindruck der Befreiung vom Faschismus gab A. Leber hier ein wahrheitsgetreues Bild der Ereignisse. Später verpflichtete sie sich der antikommunistischen Hetzpropaganda, worunter der Wahrheitsgehalt ihrer Schilderungen dementsprechend wesentlich litt.

136 J. Leber, Ein Mann geht seinen Weg, S. 283/284.

137 Hans Bohnenkamp, Gedenken an Adolf Reichwein, Braunschweig/Berlin/Hamburg 1949, S. 20, zitiert in: Paul Mitzenheim, a. a. O., S. 340.

138 P. Mitzenheim, a. a. O., S. 223.

139 Nach den Kaltenbrunner-Berichten, zitiert bei G. Ritter, a. a. O., S. 340.

140 „Die kommunistische Version", Dokumentarfilm des westdeutschen Fernsehens vom 20. 7. 1965.

141 Mitteilung von Theodor Steltzer.

142 Mitteilung von Rosemarie Reichwein.

143 Karl Hoffmann hat mir diese Angaben bestätigt.

144 Max Günther, Erinnerungen eines Beteiligten, in: „Deutsche Volkszeitung", Zentralorgan der KPD, vom 20. 7. 1945.

145 Mitteilung von Karl Hoffmann. Günther und Hoffmann haben sich nach 1945 aktiv für die Einheit der Arbeiterbewegung eingesetzt.

146 Emil Fuchs, Mein Leben, Zweiter Teil, Leipzig 1959, S. 263. Fuchs war ein konsequenter Antifaschist, aber er war gegen ein Attentat, weil dies seiner Meinung nach nichts an der Lage geändert hätte. „Ich sagte Harnack, daß ich es für geschichtlich sinnlos

hielte, zu glauben, es sei durch ein Attentat zu ändern, was auf soviel falschem Geist der Massen begründet sei" (S. 263). Nach dem Ende des Krieges trat Emil Fuchs unbeirrt für den Aufbau einer antifaschistisch-demokratischen Ordnung ein und übersiedelte 1949 in die DDR.

147 Job von Witzleben, a. a. O., S. 2, 4.

148 Kunrat Freiherr von Hammerstein, Spähtrupp, S. 229. In dem schon erwähnten Dokumentarfilm des westdeutschen Fernsehens bestätigte Hammerstein diese Aussage und ergänzte: „... da man hoffte, daß es zum Staatsstreich kommen würde, ehe die russische Armee Polen erreicht hatte, zog man das Nationalkomitee noch nicht so in die Erwägungen ein, wie man es später getan hätte, als die Russen näher waren" (Fernsehfilm „Die kommunistische Version", 20. 7. 1965).

149 Bodo Scheurig, Verrat hinter Stacheldraht?, München 1965, S. 232.

150 Scheurig, a. a. O., S. 237/238; vgl. auch Walter Görlitz, Widerstand gegen den Nationalsozialismus in Pommern – Ein Versuch, in: Baltische Studien N. F. 48 (1961), S. 63 bis 74 (besonders S. 71 f); zur grundsätzlichen Kritik an Görlitz siehe Werner Lamprecht im Greifswald-Stralsunder Jahrbuch 5 (1965), S. 104.

151 Wilhelm von Schramm, Aufstand der Generale. Der 20. Juli in Paris, München 1966, S. 21.

152 „Die kommunistische Version", a. a. O.

153 Ebenda; Scheurig, a. a. O., S. 234.

154 So behauptet Paulus van Husen: „Es ist nie beabsichtigt worden, eine Verbindung aufzunehmen, weil die klare Grundkonzeption eine Zusammenarbeit mit dem Westen war (so auch bei Stauffenberg und Goerdeler). Eine Erschütterung der Ostfront – wie sie die Ziele des NK bewirkt haben würden – widersprach diametral der bei allen Beteiligten am 20. Juli herrschenden Idee, nach Osten solange als möglich die Front zu halten, um den Westmächten Zeit zum Einmarsch in Deutschland zu schaffen" (Scheurig, a. a. O., S. 234). Die Unsinnigkeit dieser Behauptung – zumindest für Sommer 1944 – ist so offenkundig, daß sie keines Kommentars bedarf. Bestenfalls gibt sie die Meinung der rechten Elemente des

Kreisauer Kreises wieder. (Husen war nach dem Kriege u. a. Präsident des Verfassungsgerichtshofes für das Land Nordrhein-Westfalen.) – Auch Theodor Steltzer, dessen Mitteilungen sonst sehr sachlich sind, gerät hier in Widersprüche. Im westdeutschen Fernsehen sagte er am 20. 7. 1965: „Wir waren wohl der Auffassung, daß in dem Nationalkomitee echte deutsche Patrioten enthalten waren..." („Die kommunistische Version", a. a. O.). In seinem 1966 erschienenen Erinnerungsbuch „Sechzig Jahre Zeitgenosse" dagegen heißt es über das NKFD: „Wir mußten es zunächst für ein sowjetisches Propagandainstrument halten und haben erst später aus dem Buch von Bodo Scheurig erfahren, daß wirkliche Patrioten in ihm vertreten waren" (S. 154/155).

155 J. Kramarz meint, daß Trott danach zu der Meinung gekommen sei, daß es sich bei dem NKFD „nur um ein Propagandaorgan der Sowjets handelte, dem keine positiven politischen Impulse für Deutschland entspringen konnten" (a. a. O., S. 177). Offenkundig stützt sich Kramarz dabei nur auf die Kaltenbrunner-Berichte. Es ist aber sicher – Kramarz weist selber darauf hin –, daß die nach dem 20. Juli von der Gestapo Verhörten oft „Schutzbehauptungen" – wie Kramarz es treffend nennt – aufstellen, um sich vor Weiterungen zu schützen. Dazu gehörte auch, jede Beziehung zum NKFD abzustreiten, weil dies zusätzlich die Anklage des „Landesverrats" bedeutet hätte. Wie oberflächlich Kramarz in diesem Punkte vorgeht, ist schon daraus zu ersehen, daß es das von ihm erwähnte „gemeinsam von Erich Weinert und General von Seydlitz-Kurzbach herausgegebene Programm des Nationalkomitees ‚Freies Deutschland'" (S. 177) gar nicht gibt. Programmatische Bedeutung hatte das von der Gründungskonferenz beschlossene „Manifest des NKFD an die Wehrmacht und an das deutsche Volk", das in zahlreichen Flugschriften, u. a. in den „25 Artikeln zur Beendigung des Krieges" vom März 1944, erläutert wurde. Es gab weder ein „Programm", noch wäre ein solches Programm von Einzelpersonen herausgegeben worden.

156 Kaltenbrunner-Berichte..., S. 493.

157 Mitteilung von Charlotte Gräfin von der Schulenburg.

158 Kaltenbrunner-Berichte, S. 174f.

159 Zeller, a. a. O., S. 356; Kramarz, a. a. O., S. 177. Bei Kramarz heißt es dazu wörtlich: „Er (Trott – K. F.) verschaffte sich das gemeinsam von Erich Weinert und General von Seydlitz-Kurzbach herausgegebene Programm des Nationalkomitees ‚Freies Deutschland', um festzustellen, ob sich auch in diesem Komitee ein geeigneter Gesprächspartner finden ließe. Trott kam jedoch zu der Meinung, daß es sich hier nur um ein Propagandaorgan der Sowjets handelte, dem keine positiven politischen Impulse für Deutschland entspringen konnten. Derartige ‚Proklamationen hinter Stacheldraht' lehnte auch Stauffenberg ab" (S. 177). Kramarz verschweigt dabei, daß selbst die faschistischen Untersuchungsbeamten nicht an die Richtigkeit dieser Aussagen glaubten und dies auch in dem Bericht zum Ausdruck brachten. In dem Bericht, der von Kramarz nicht wörtlich zitiert wird, heißt es nämlich: „Von Trott war es auch, der auf seiner kurz vor dem Anschlag abgeschlossenen Schwedenreise über das Nationalkomitee in Moskau sondierte. Er verschaffte sich die bekannte, gemeinsam von Erich Weinert und von Seydlitz herausgegebene Broschüre über das Programm des Nationalkomitees ‚Freies Deutschland', will allerdings mit seiner Umfrage in Schweden zu dem Ergebnis gelangt sein, daß das Nationalkomitee keinen für die weitere Entwicklung Deutschlands positiv zu verwertenden politischen Gehalt, sondern nur einen propagandistischen Nutzeffekt für die Gegenseite hat. Auch Stauffenberg hat angeblich (! – K. F.) gegen derartige ‚Proklamationen hinter Stacheldraht' Stellung genommen" (S. 174). Diese vorsichtigen Formulierungen, verbunden mit dem allgemein bekannten besonderen Charakter der Kaltenbrunner-Berichte als Quelle, lassen es nicht zu, die von Kramarz aufgestellte Behauptung als glaubwürdig anzusehen. Es ist festzustellen, daß an mehreren Stellen, wo die historische Aussage spezifischen aktuell-politischen Charakter annimmt, Kramarz sehr großzügig mit den Quellen umgeht. Offensichtlich will er bestimmte politische Tabus nicht gefährden, sei es selbst um den Preis der Manipulierung historischer Fakten. Auch das westdeutsche Fernsehen bestritt in dem Dokumentarfilm

„Die kommunistische Version" vom 20. 7. 1965, daß Stauffenberg Sympathien für das NKFD gehabt habe. Als Zeugen dafür wurden Theodor Steltzer und Kunrat Freiherr von Hammerstein befragt, die beide aussagten, daß sie von Verbindungen Stauffenbergs zum NKFD nichts wüßten. Das war zweifellos richtig – denn beide Herren haben Stauffenberg nie gesehen und nie mit ihm gesprochen, wie sie mir in Briefen erklärten! Kunrat von Hammerstein hält es durchaus für möglich, daß Stauffenberg sich für das NKFD interessiert hat.

160 DZA Potsdam, Reichspropagandaleitung der NSDAP (62 Re 3) Nr. 1, Bl. 81.

161 Ebenda, Bl. 85.

162 Schriftliche und mündliche Mitteilungen von Nina Gräfin von Stauffenberg.

163 IML, ZP, Akte NJ – 1614 Bl. 20. Vgl. auch Mitteilungsblatt der AeO, Heft 7/1959, S. 7.

164 Mitteilungsblatt der AeO, Heft 7/1959, S. 7. Frau Korfes hat mir in einem persönlichen Gespräch diese Angaben noch einmal bestätigt. Sie erinnert sich genau, daß ihr Bruder stets von „Wir" sprach, womit er nur die Gruppe um Stauffenberg gemeint haben konnte. Frau Korfes hält es für undenkbar, daß bei dem freundschaftlichen Verhältnis zwischen ihrem Bruder und Stauffenberg dieser die Sympathien und Kontaktversuche nicht geteilt bzw. gebilligt haben könnte.

165 Dora Schaul, Nächtlicher Treff mit dem Vetter Stauffenbergs, in: „Neues Deutschland" v. 15. 7. 1972, S. 15; vgl. auch Karlheinz Pech, Travail Allemand: Widerstand in Wehrmacht und Behörden, in: „Die Tat" v. 5. 2. 1972, S. 14.

166 Job von Witzleben, a. a. O., S. 5, 6. Obwohl es wissenschaftlich gesichert ist, daß die Auffassungen der Stauffenberg-Gruppe denen des NKFD sehr nahe kamen und daß in der engsten Umgebung Stauffenbergs versucht wurde, Verbindung zum NKFD aufzunehmen, reagieren bürgerliche Historiker in der BRD und anderen westlichen Ländern nach wie vor sehr gereizt, wenn diese Fragen zur Sprache kommen. Prof. Hans Rothfels greift dabei sehr tief

hinunter, wenn er schreibt, die marxistischen Historiker zitierten als „Beleg" für ihre Behauptung, Stauffenberg habe unter dem Einfluß des NKFD gestanden, lediglich einen Artikel aus dem „Völkischen Beobachter" („Die Zeit", Hamburg, 18. 7. 1969, S. 30)! Besonders verleumderisch betätigte sich in jüngster Zeit ein gewisser P. Hoffmann, als er sich mit den entsprechenden Passagen der ersten Auflage meines Buches befaßte. Er unterstellt mir die Behauptung, Stauffenberg müsse „ostorientiert" gewesen sein, „da er doch Frieden an allen Fronten gewollt habe". Ferner soll ich behauptet haben, Stauffenberg habe „indirekt" Verbindung zum NKFD besessen. Nachdem Hoffmann solcherart seinen Papiertiger aufgebaut hat, fällt es ihm nicht mehr schwer, ihn mit wuchtigen Streichen zu zerfetzen. Er erklärt, daß Finker für seine (selbstverständlich nie aufgestellten) Behauptungen „sehr vage und sogar nichtssagende Quellen" verwendet habe und nichts Neues biete. Dabei leistet sich Hoffmann noch ein besonders pikantes Glanzstück „objektiver" Geschichtsschreibung: Während die von ihm befragten Personen mit Selbstverständlichkeit integre Zeugen sind, bezeichnet er die von mir u. a. herangezogenen Aussagen von Oberst Job von Witzleben, Georg Lindemann und Gudrun Korfes als „wissenschaftlich wertlose, nicht-schlüssige Belege und Zeugnisse" (Peter Hoffmann, Widerstand, Staatsstreich, Attentat, München 1969, S. 747/748). Ähnlich operiert Christian Müller. Alle Quellen, die auf eine progressive Haltung Stauffenbergs hindeuten, werden unterschlagen oder bagatellisiert. Dagegen werden antikommunistisch ausdeutbare Materialien breit dargelegt und zum Teil sogar konstruiert. Es bleibt also dabei: Man scheut keine bösartige Unterstellung und persönliche Verleumdung, wenn es darum geht, die alte antikommunistische Konzeption aufrechtzuerhalten.

167 „Das Attentat..." (Vernehmung G. Kiesel), S. 16. In dem Sammelband „Darauf kam die Gestapo nicht", Berlin (W) 1966, veröffentlicht Rudolf-Günther Wagner, Mitarbeiter des BRD- bzw. Westberliner Rundfunks, folgende Mitteilung über einen Unteroffizier Leo Dyk aus dem OKH: „Obwohl Dyk als Dolmetscher nur

Unteroffiziersrang bekleidete, war er von Offizieren des OKH in die Umsturzpläne seit langem eingeweiht worden, da sie zu ihm, einem entschiedenen Antifaschisten, Vertrauen hatten. Darüber hinaus war Dyk im OKH der Verbindungsmann zum Nationalkomitee Freies Deutschland, das von deutschen Offizieren und Mannschaften in Moskau ins Leben gerufen worden war und mit dem er durch einen fahrbaren Geheimsender in ständigem Kontakt stand. Dieser Dyk war Chef unserer Widerstandsgruppe ‚Leo III', die sich aus Geistlichen und Atheisten, Kommunisten und Deutschnationalen, Intellektuellen, Künstlern, also Menschen aller Schattierungen, zusammensetzte" (a. a. O., S. 47/48).
Diese Mitteilung ist durch keine weiteren Fakten oder Hinweise belegt. Anton Ackermann, der führend in der Leitung der KPD und des NKFD tätig war, erklärte mir dazu, daß das NKFD keine eigene Funkstation hatte und ihm von einer direkten Funkverbindung zu Widerstandsgruppen in Deutschland oder in der Wehrmacht nichts bekannt sei. Möglicherweise deutet diese Mitteilung auf die Widerstandsgruppe „Dora" (Sándor Radó, Rudolf Rößler) hin (siehe „Budapester Rundschau" Nr. 52/1970, S. 6).

zu Kapitel IV

1 Die Wiedergabe der „Walküre"-Zusatzbefehle erfolgt so, wie sie am 20. Juli 1944 tatsächlich herausgegangen sind. Veröffentlicht von Julius Mader im „Mitteilungsblatt der AeO" Nr. 11/1968 bis 2/1969. Veröffentlicht auch bei Zeller u. a.

2 Mitteilungsblatt der AeO, Nr. 12/1968, S. 9.

3 Ebenda, S. 10.

4 Ebenda.

5 Ebenda.

6 Julius Leber hatte die Absicht, für den Fall eines Erfolges des Attentats Otto Nuschke, den späteren Vorsitzenden der CDU und Stellvertretenden Ministerpräsidenten der DDR, mit der Leitung des Funkhauses zu betrauen. Die administrative Leitung sollte Dr. Herbert Antoine, ein ehemaliger Mitarbeiter der

Reichsrundfunkgesellschaft, der 1933 entlassen worden war, übernehmen. Nuschke, ein führender linksdemokratischer Politiker der Weimarer Zeit (zuletzt Generalsekretär der Deutschen Staatspartei), war 1944 in Beziehungen zu Julius Leber gekommen; seine Sympathie für diesen übertrug sich jedoch nicht auf den Kreis der Verschwörer überhaupt, vor allem gegen Goerdeler hatte er starke Vorbehalte. Nach dem 20. Juli konnte Nuschke untertauchen. Vgl. Günter Wirth, Otto Nuschke, Berlin 1965 (Reihe Christ in der Welt, Heft 1), S. 24, und den Sammelband „Darauf kam die Gestapo nicht", Berlin (W) 1966, S. 74.

7 Charlotte Gräfin von der Schulenburg, zitiert in: Kramarz, a. a. O., S. 148.

8 Ebenda, S. 139.

9 Zeller, a. a. O., S. 285.

10 Ebenda, S. 361.

11 Nach Zeller, a. a. O., S. 314, 317; Ritter, a. a. O., Anhang; Kaltenbrunner-Berichte.

12 August Frölich (1877–1966) setzte sich nach 1945 aktiv für die Einheit der Arbeiterbewegung ein und war u. a. Landtagspräsident in Thüringen und Vizepräsident der Länderkammer der DDR.

13 Nach Zeller, a. a. O., S. 318; vgl. auch G. Ritter, a. a. O., Anhang; Günther Gereke, Ich war königlich-preußischer Landrat, Berlin 1970, S. 291.

14 E. Zeller, Geist der Freiheit, a. a. O.

15 Dieter Ehlers, Technik und Moral einer Verschwörung. 20. Juli 1944, Frankfurt (Main) – Bonn 1964, S. 9.

16 Kunrat von Hammerstein, Spähtrupp, S. 252.

17 Ebenda, S. 253.

18 Ebenda.

19 Ebenda, S. 253/254. Kunrat von Hammerstein erzählte mir, daß er in seinem Manuskript das Wort „Sozialismus" stehen hatte. Goerdeler formulierte es um in „soziale Gerechtigkeit".

20 Ebenda, S. 255.

21 Theodor Steltzer schrieb mir: „Eine militärische Katastrophe hielten wir allerdings für unabwendbar. Aber wir haben versucht,

den Alliierten klar zu machen, daß wir vorher eine politische Verständigung herbeiführen sollten, da niemand der Feldmarschälle mitmachen würde, wenn wir auch politisch bedingungslos kapitulierten. Dieses hat sich dann ja auch als richtig erwiesen. Ich glaube auch heute noch, daß bei der damaligen Zersetzung der militärischen Führung nicht eine Gruppe von Generalen mit der Aufgabe fertig geworden wäre. Und ebenso stand es mit den Aussichten einer Revolution. Wir wußten nur, daß Leuschner, d. h. die Gewerkschaften, bei einem Handeln der Generale sich zu einem späteren Einsatz bereit erklärt hatten."

22 Zur Eidfrage vgl. Hildburg Bethke (Hrsg.), Eid – Gewissen – Treuepflicht, Frankfurt (Main), 1965, besonders S. 11 ff. (Helmut Gollwitzer: Zur Einführung), 19, 36 ff., 65 (H. Bethke), 252, 254 f., 262 f. (Dokumentation).

23 Kramarz, a. a. O., S. 157; Wheeler-Bennett, Die Nemesis der Macht, S. 612.

24 Bodo Scheurig, Ewald von Kleist-Schmenzin. Ein Konservativer gegen Hitler, Oldenburg – Hamburg 1968, S. 187.

25 Job von Witzleben, Nochmals: Heusinger und der 20. Juli 1944, in: Mitteilungsblatt der AeO, Heft 3/1963, S. 8.

26 Ebenda.

27 Reckzeh wurde nach dem zweiten Weltkrieg von einem sowjetischen Militärgericht zu 15 Jahren Haft verurteilt.

28 F. v. Schlabrendorff, Offiziere gegen Hitler, S. 135.

29 Ebenda.

30 Schramm, Aufstand der Generale, S. 57.

31 Schlabrendorff, a. a. O., S. 138.

32 Zeller, a. a. O., S. 354.

33 Bericht von Walter Keirath. Der Bericht wird in seinen Grundzügen bestätigt durch Karl Schober in: „Darauf kam die Gestapo nicht", Berlin (W) 1966, S. 52/53.

34 Mitteilung von Walter Hartz.

35 Kramarz, a. a. O., S. 190; Kaltenbrunner-Berichte, S. 119, 130. Unklar ist, ob Stauffenberg an diesem Tag den Anschlag wagen oder ob er den Sprengstoff an Stieff aushändigen wollte.

36 Kaltenbrunner-Berichte, S. 101. Diese Mitteilung deckt sich dem Wesen nach mit dem Bericht Witzlebens, daß nach Westen und nach Osten je ein Feldmarschall als Verhandlungsführer entsandt werden sollte.

37 Günther Gereke, a. a. O., S. 293/294.

38 Kunrat von Hammerstein, Spähtrupp, S. 263; über Stauffenberg am Vorabend des Attentats vgl. Kramarz, a. a. O., S. 200.

39 Über die Beschaffung und Aufbewahrung der Bomben gibt es verschiedene Versionen. Fraenkel und Manvell sowie Shirer und Gibbon sind der Meinung, daß Stauffenberg die Bomben mitgebracht habe. Andere dagegen sagen, daß Stieff auf dem Flugplatz die Bomben an Stauffenberg übergeben habe. Für den Gesamtablauf des Geschehens ist diese offene Frage selbstverständlich unerheblich (vgl. Fraenkel/Manvell, Der 20. Juli, Berlin [W] 1964, S. 211, Anm. 12). Es ist auch nicht restlos geklärt, ob Stauffenberg beide oder nur eine der Bomben zünden wollte. Vgl. dazu Peter Hoffmann, a. a. O.

40 Darstellung nach Peter Hoffmann, a. a. O., S. 468. Nach einer anderen Version soll er sein Koppel und seine Mütze liegengelassen haben, um noch einmal zurückgehen zu können.

41 K. v. Hammerstein, a. a. O., S. 271.

42 Nach anderen Darstellungen soll Keitel den Raum verlassen haben, um Stauffenberg zu holen.

43 Über die Ursachen für Fellgiebels Schweigen gibt es verschiedene Auffassungen, die aber alle mehr oder weniger auf Mutmaßungen beruhen (vgl. Fraenkel/Manvell, a. a. O., S. 225–227; Zeller, a. a. O., S. 434). Es erscheint am wahrscheinlichsten, daß Fellgiebel die Auslösung des Staatsstreichs verhindern wollte, weil er infolge des Überlebens Hitlers keine Erfolgsaussichten sah.

44 Es gibt zu diesen Vorgängen die andere Auffassung, daß die ersten Befehle erst nach dem Telefonanruf Haeftens nach erfolgter Landung in Rangsdorf hinausgegangen seien – also kurz nach 16.00 Uhr (vgl. Zeller, a. a. O., S. 382). Diese Kontroverse betrifft eine Zeitdifferenz von 10 bis 20 Minuten, die für den Gesamtablauf des Geschehens unerheblich ist.

45 Mitteilung von Gerhard Maerlender.

46 Kaltenbrunner-Berichte, S. 63.

47 Hans Bernd Gisevius, Bis zum bitteren Ende, Hamburg 1947, Band 2, S. 317.

48 Ebenda, S. 322/323; vgl. auch Zeller, a. a. O., S. 387; Kramarz, a. a. O., S. 208/209.

49 Zur Wirkung der Ereignisse in Stettin siehe Seite 327/328; vgl. ferner Walter Görlitz, Widerstand gegen den Nationalsozialismus in Pommern, a. a. O., S. 72.

50 K. v. Hammerstein, a. a. O., S. 282/283.

51 Mitteilung von Walter Hartz.

52 Mitteilung von Fritz Ludwig. Seine Auffassung, „daß es kein Problem gewesen wäre, wenn einer von den Widerstandskämpfern in das Mikrofon gesprochen hätte", ist richtig; denn nach einer Auskunft des Lektorats Rundfunkgeschichte und der Studiotechnik des Staatlichen Rundfunkkomitees ist es immer möglich, von einer Sendeanlage aus zu senden. „Danach war auch am 20. Juli 1944 die Möglichkeit gegeben, unabhängig vom Funkhaus Masurenallee, von Königs Wusterhausen direkt Sendungen auszustrahlen bzw. Ausstrahlungen von Sendungen über den Sender Königs Wusterhausen zu unterbinden" (Mitteilung vom 24. 11. 1966).

53 Auf meine Frage, woher er denn das wisse, sagte mir W. Keirath, daß Hauptmann Patzer, zu dem er ein gutes persönliches Verhältnis hatte, ihm das später erzählt habe.

54 Mitteilung von Walter Keirath. Dieser Bericht wird in seinen Grundzügen bestätigt von Karl Schober in: „Darauf kam die Gestapo nicht", a. a. O., S. 53f. Der Bericht Schobers weicht in einigen Einzelheiten von dem Keiraths ab, zeigt aber Übereinstimmung in den Grundfragen: Besetzung des Funkhauses durch Teile der Infanterieschule Döberitz, Unschlüssigkeit der militärischen Führer infolge fehlender oder unklarer Weisungen, Vereinbarungen mit der SS über den gemeinsamen „Schutz" des Funkhauses. W. Keirath erklärte mir, daß die Infanterieschule Döberitz bereits vor 14 Uhr alarmiert worden sei. Unabhängig davon berichtet auch K. Schober, daß der erste Alarmbefehl seiner „siche-

ren Erinnerung nach“ (S. 55) vor 14 Uhr in Döberitz eintraf. Nach allen bisherigen Darstellungen sollen die ersten Alarmbefehle aber erst frühestens gegen 15.30 Uhr hinausgegangen sein. Es besteht also Grund zu der Annahme, daß die Infanterieschule Döberitz, wo Oberst Müller Mitglied der Verschwörung (jedoch an diesem Tage dienstlich abwesend) war, eine Art Voralarm – ähnlich wie Oberst Finckh in Paris – erhalten hat. Der Absender dieser Nachricht ist jedoch unbekannt.

55 Die hier zitierten Berichte von Teilnehmern beweisen, daß die Anlagen tatsächlich besetzt worden sind, während in einigen Darstellungen behauptet wird, daß es gar nicht zur Besetzung gekommen sei. Vgl. Zeller, a. a. O.; Kramarz, a. a. O.; Scheurig, Stauffenberg, a. a. O.

56 Otto John, in: Fraenkel/Manvell, a. a. O., S. 228.

57 Mitteilung von Gerhard Maerlender.

58 Die Darstellung der Vorgänge im Reichsgebiet und in Böhmen erfolgt im wesentlichen nach Walter Görlitz, 20. Juli 1944: Staatsstreich nach Dienstschluß, in: „Die Welt“ vom 19. 7. 1969, S. III.

59 Zeller, a. a. O., Anm. 18, S. 531.

60 Die Darstellung erfolgt im wesentlichen nach Ludwig Jedlicka, Der 20. Juli 1944 in Österreich, Wien/München 1965.

61 Mitteilung von Otto Hartmut Fuchs an Günter Wirth.

62 Die Darstellung erfolgt im wesentlichen nach Wilhelm von Schramm, Aufstand der Generale. Der 20. Juli in Paris, München 1966; vgl. Fraenkel/Manvell, a. a. O.

63 Nach Aufzeichnungen von Generalleutnant von Boineburg, zitiert bei Schramm, Aufstand der Generale. Der 20. Juli in Paris, München 1966, S. 138.

64 Über diese Vorgänge gibt es voneinander abweichende Darstellungen. So wird von verschiedenen Seiten gesagt, Remer sei zu Goebbels in der Absicht gekommen, ihn zu verhaften, habe sich aber dann von Goebbels’ Argumenten und von dem Telefongespräch mit Hitler umstimmen lassen. Remer selbst behauptete später, er habe die Verschwörer von Anfang an getäuscht. Diese Kontroversen betreffen jedoch unwesentliche Einzelheiten. Ent-

scheidend ist, daß Remer sich auf die Seite von Hitler und Goebbels stellte und dadurch die Entscheidung mit herbeiführte. Vgl. die Berichte Remers, Schlees und Hagens in: „Das Parlament", Bonn, Heft B XXXXVI/54 (17.11.1954), B XXIX/55 (20.7.1955).

65 K. v. Hammerstein, a. a. O., S. 285/286.

66 Mitteilung von Helmut Nake vom 4. 6. 1964 an die KAG Karl Gass der DEFA. Nach diesem Bericht wurde der Alarm in der HWS ausgelöst, als bereits Dienstschluß war (nach 16.00 Uhr). Nach dem feldmarschmäßigen Antreten erfolgte die Ausgabe von Waffen und scharfer Munition. Die Einheit wartete auf Fahrzeuge, die jedoch nicht eintrafen. Während des Marsches durch die Stadt gab es vor dem Schloß eine längere Marschpause.

67 Nach Zeller bestand das Exekutivkommando aus zehn Unteroffizieren unter dem Befehl des Leutnants Schady. H. Nake, der Augenzeuge der Erschießung war, berichtet, daß fünf Unteroffiziere des Wachbataillons hierfür ausgewählt wurden. Nach der Hinrichtung seien zehn Angehörige der HWS, die keine Berliner sein durften, zum Abtransport und zum Begraben der Leichen an einen den Soldaten unbekannten Ort abkommandiert worden.

68 Über den letzten Ruf Stauffenbergs gibt es verschiedene Versionen. Der Ruf soll nach anderen Darstellungen gelautet haben: „Es lebe ein freies Deutschland!" oder „Es lebe das heimliche Deutschland!"

69 K. v. Hammerstein, a. a. O., S. 288.

70 Siehe Abb. S. 336f.

71 Zeller, a. a. O., S. 352, Anm. 31.

72 Kunrat von Hammerstein, Flucht. Aufzeichnungen nach dem 20. Juli, Olten und Freiburg (Br.) 1966, S. 13.
Auch die folgenden Zitate sind dieser Darstellung entnommen. – Göring übertrumpfte seinen „Führer" noch: Er sprach wegwerfend nicht mehr von „dem", sondern von „einem Obersten Graf Stauffenberg" und schloß seine Ansprache an die Luftwaffe mit dem blasphemischen Satz: „Es lebe unser Führer, den der allmächtige Gott heute so sichtbar segnete!" (zitiert nach: Ebenda, S. 16).

73 Mitteilung von Walter Keirath.

74 Fraenkel/Manvell, a. a. O., S. 148.

75 Nordwestdeutsche Hefte, Heft 1–2/1947, S. 33, zitiert in: Melnikow, a. a. O., S. 206. Allerdings erfaßt diese Zahl auch diejenigen, die von den Nazis als verdächtig angesehen wurden, die aber tatsächlich mit der Verschwörung nichts zu tun hatten.

76 Weisenborn, a. a. O., S. 141.

77 Ebenda, S. 347.

78 Melnikow, a. a. O., S. 207.

79 Weisenborn, a. a. O., S. 346. Außerdem wurden 36 Generale wegen oppositioneller Haltung hingerichtet, 43 sollen tödlich verunglückt sein und 49 verübten Selbstmord. Von den 22 Feldmarschällen wurden acht verabschiedet (davon einer hingerichtet), drei gerieten in Kriegsgefangenschaft, vier starben, einer fiel an der Front, vier begingen Selbstmord, einer (Keitel) wurde in Nürnberg hingerichtet (ebenda).

80 Kunrat von Hammerstein, Flucht, S. 67.

81 Fraenkel/Manvell, a. a. O., S. 151.

82 Mitteilungsblatt der AeO, Heft 8/1964, S. 7.

83 Zeller, a. a. O., S. 469.

84 Steltzer, Sechzig Jahre Zeitgenosse, S. 173.

85 A. Heusinger, Befehl im Widerstreit, S. 365/366, zitiert in „Mitteilungsblatt der AeO", Heft 2/1959, Beilage.

86 J. Hellwig/H. Oley, Der 20. Juli 1944 und der Fall Heusinger, Berlin 1959. Heusinger wurde am 1. 3. 1957 erster Generalinspekteur der Bundeswehr und war vom 1. 4. 1961 bis 20. 3. 1964 Vorsitzender des Ständigen Militärausschusses der NATO in Washington. Später wurde er militärischer Berater der CDU.

87 Speidel war nach dem zweiten Weltkrieg General der Bundeswehr und Befehlshaber der NATO-Landstreitkräfte Europa-Mitte.

88 Zum Urteil gegen Gerstenmaier siehe Zentrales Staatsarchiv der DDR Potsdam, Film 1635 P. G. war — nach eigenen Angaben — 1923 in die SA eingetreten. Von 1924 bis 1931 war er Mitglied der Völkischen Jugend, von 1931 bis 1935 Amtsträger der „Deutschen Studentenschaft", 1934 Mitglied des SA-Reitersturms 111. Nach

Abschluß seiner theologischen Ausbildung, vor allem aber während des zweiten Weltkrieges, unternahm er in Abstimmung mit dem Auswärtigen Amt Auslandsreisen und machte dabei u. a. Vorschläge zur stärkeren Einbeziehung der Kirche in die antikommunistische Propaganda auf dem Balkan. Während des Krieges war er für diese Tätigkeit u. k. gestellt. Der bekannte Theologe Karl Barth setzte sich bereits 1945 mit dem „Antifaschismus" Gerstenmaiers auseinander und schrieb: „Der grobe (und dumme) Teufel ist mit Gestank abgegangen. Die Stunde des feinen (und klugen) Teufels scheint angebrochen: die Stunde der großen verkannten Antinazis, Bekenner, Helden und Beinahe-Märtyrer, die Stunde der glänzenden Alibis — die Stunde, wo der alte theologisch-kirchlich-politische Essig (womöglich unter dem Segen ahnungsloser alliierter Besatzungsbehörden, offenbar unter dem Segen der ökumenischen Bewegung und sicher sub specie aeternitatis) eilig, geschickt und fromm, statt weggeschüttet, aus der dritten in die vierte Flasche umgegossen werden soll. Wer das gutheißt, der bewundere, propagiere, fördere und pflege ... den Typus Eugen Gerstenmaier!" (Karl Barth, Neueste Nachrichten zur neueren deutschen Kirchengeschichte?, in: Klärung und Wirkung, Berlin 1966, S. 451). Nach dem zweiten Weltkrieg wurde Gerstenmaier Präsident des Bundestages der BRD, Mitglied der Synode der „Evangelischen Kirche in Deutschland", Mitglied des Präsidiums der CDU der BRD und Mitglied des Europarates. Im Zusammenhang mit der Entfachung des „Kalten Krieges" gehörte er stets zu den fanatischsten Wortführern der gegen die DDR gerichteten Bonner Politik. 1969 trat G. vom Amt des Bundestagspräsidenten zurück.

89 A. Leber, Das Gewissen steht auf, S. 165/166.

90 Ebenda.

91 Fraenkel/Manvell, a. a. O., S. 180/181.

92 Krebs, a. a. O., S. 304.

93 Ebenda, S. 299.

94 A. Leber, Das Gewissen steht auf, S. 222.

95 Ebenda.

96 Ebenda.

97 Darstellung nach: IML, ZP, Akte NJ – 16164, Sonderkommission 20. 7. 1944, Beschuldigung gegen Major a. D. Max Lindemann, Elsa Lindemann u. a. – Während des Aufenthalts beim Ehepaar Gloeden nahm Lindemann übrigens bei einer jungen Russin Sprachunterricht; vgl. Kunrat Frhr. von Hammerstein, Flucht, S. 157.

98 Kaltenbrunner-Berichte, S. 310. Diese Stelle wird von Chr. Müller besonders betont. Er behauptet, daß die Äußerung Leonrods „ein Resultat des vorangegangenen Gespräches mit Stauffenberg am 8./9. Juni gewesen sein dürfte“ (S. 401). Selbstverständlich verzichtet er auch hier auf Belege – wie immer bei seinen bornierten antikommunistischen Konstruktionen.

99 Kaltenbrunner-Berichte, S. 321. Unter den erhalten gebliebenen Filmaufnahmen vom Prozeß vor dem „Volksgerichtshof“ befindet sich auch jener Teil, in dem der als Zeuge geladene Wehrle von Leonrod der Mitwisserschaft bezichtigt wird.

100 Ritter, a. a. O., S. 431.

101 Fraenkel/Manvell, a. a. O., S. 223. – Wie Harald Poelchau berichtet, befand sich unter den etwa dreißig ins Gefängnis Moabit eingelieferten Frauen auch die Witwe des Legationsrats Hans-Bernd von Haeften – des Bruders von Werner von Haeften –, die man „von ihren Kindern weggerissen“ hatte, „obwohl sie die Mutter noch nötig brauchten. Es spielte für die Gestapo keine Rolle, daß dic Mutter das kleinste Kind stillte“ (H. Poelchau, Die Ordnung der Bedrängten, Berlin 1963, S. 68).

102 Mitteilung von Nina Gräfin von Stauffenberg.

103 Richard Scheringer, Das große Los. Unter Soldaten, Bauern und Rebellen, Hamburg 1959, S. 442.

104 Mitteilung von Gertrud und Walter Maschke.

105 Mitteilung von Arthur Rackwitz an Günter Wirth.

106 Bericht über die gemeinsam mit der Bezirksleitung der SED durchgeführte Tagung zum 20. Jahrestag der Gründung der SED, in: Wissenschaftliche Zeitschrift der Pädagogischen Hochschule Potsdam, Mathematisch-Naturwissenschaftliche Reihe, Jg. 10 (1966), Heft 3, S. 434.

107 Kunrat von Hammerstein, Flucht, S. 44.

108 Schlabrendorff, a. a. O., S. 157.

109 Mitteilung von General a. D. Dr. Otto Korfes und General a. D. Martin Lattmann.

110 Aus persönlichen Aufzeichnungen Anton Ackermanns.

111 Mitteilungsblatt der AeO, Heft 8/1964, S. 12.

112 IML, ZP, 238/Mappe 25.

113 Ebenda.

114 „Freies Deutschland" v. 23. 7. 1944. Chr. Müller behauptet, daß die Kommunisten im NKFD das Scheitern des 20. 7. begrüßt hätten, weil nun ihre Machtübernahme ohne „Volksfront" möglich gewesen sei (S. 418). Abgesehen davon, daß er damit absolute Unkenntnis über die Volksfrontstrategie der KPD verrät, hat er es nicht einmal für nötig befunden, die zu dieser Frage inzwischen recht zahlreich vorliegenden, beweiskräftigen Quellen heranzuziehen. Statt dessen verweist er auf die bereits 1965 erschienene und in vielen Teilen doch recht zweifelhafte Arbeit von Bodo Scheurig über das NKFD.

Arbeiterbewegung, Band 2: 1933–1946, Berlin 1953, S. 334.

116 Mitteilung von General a. D. Korfes.

117 Vincenz Müller, Ich fand das wahre Vaterland, Berlin 1963, S. 416.

118 Anton Ackermann ist im Besitz seiner handschriftlichen Disposition des Vortrages, die er mir zur Einsicht zur Verfügung stellte. Die nachfolgenden Ausführungen stützen sich auf diese Aufzeichnungen.

119 Über diesen Punkt hat Ackermann frei gesprochen.

120 Mit diesen in der 1. Auflage dieses Buches erstmals veröffentlichten Auszügen aus den persönlichen Notizen Anton Ackermanns dürften jene imperialistischen Geschichtsschreiber eindeutig widerlegt sein, die in antikommunistischer Absicht immer wieder behaupteten, daß die KPD die Tat vom 20. Juli nicht allseitig eingeschätzt habe.

121 Zitiert in: Wheeler-Bennett, a. a. O., S. 710.

122 Zitiert in: John J. McCloy II, Die Verschwörung gegen Hitler, Stuttgart 1963, S. 57.

123 Ebenda.

124 Schramm, Aufstand der Generale, S. 151.

125 Wheeler-Bennett, a. a. O., S. 699.

126 Ebenda, S. 719.

127 Ebenda.

128 Mitteilung von Franz Fühmann. Franz Fühmann hat diese Erlebnisse in seiner Erzählung „Völuspa“ literarisch gestaltet (vgl. „Das Judenauto“, Leipzig 1965, S. 111 ff.).

129 Unveröffentlichte Erinnerungen des verstorbenen Generals a. D. Johannes Zukertort (MS).

130 Scheringer, a. a. O., S. 441/442.

131 Moritz von Faber du Faur, a. a. O., S. 213.

132 „Freies Deutschland“ v. 30. 7. 1944, S. 3.

133 Ebenda.

134 Aus seinem persönlichen Tagebuch, das mir Hermann Reich zur Einsicht überließ.

135 Mitteilung von Hermann Reich.

136 Ergebnisse schriftlicher Befragungen des Verfassers, bei denen es den Befragten freigestellt war, anonym zu bleiben.

137 Auf gleicher Ebene liegt die Äußerung des damals dreißigjährigen Kammer-Unteroffiziers vom Standortlazarett Potsdam, Erich K. (Beruf kaufmännischer Angestellter). Er begrüßte das Attentat, „weil ich Angehöriger der 6. Armee war und die vielen Kameraden bedauerte, die in Stalingrad umkamen, ... weil der Krieg kein Ende nahm“. – „Ich hätte jede neue Regierung unterstützt“, schreibt er. „Meine Kameraden und Freunde dachten genauso. Meine Eltern waren immer Gegner des Regimes. Vater: Arbeiter, haßte Militärs und Faschisten, Mutter: Hausfrau, hatte eine tiefe religiöse Einstellung.“

Für die Meinung in der Zivilbevölkerung scheinen die folgenden Aussagen wenigstens insoweit typisch zu sein, als sie die tiefe Friedenssehnsucht gerade der einfachen Menschen belegen. Die damals 34jährige Hausfrau M. Kirschke hieß das Attentat gut, „weil ich hoffte, daß der Krieg damit beendet würde“. Sie bedauerte das Mißlingen, hatte aber keine Kenntnis von den Hintergründen und sonstigen Ereignissen im Zusammenhang mit dem Anschlag. „Eine Regierung, die den Krieg beendet hätte, hätte ich unterstützt", schreibt sie. „Es wagte niemand so recht offen zu sprechen, zumal in dem Hause bereits Anzeigen gegen einzelne Mieter bei dem Gericht vorlagen (wegen Verleumdung)." Die damals achtzehnjährige Schülerin M. Richter kennzeichnete ihre damalige Stellung zum Attentat so: „Weder ja noch nein, ich nahm zu dieser Zeit etwa folgenden Standpunkt ein: Wer regiert, ist mir gleich, die Hauptsache ist, daß der Krieg beendet wird. Das war auch die vorherrschende Meinung in meinem Elternhaus."

138 Mitteilung von Gerhard Upatel.

139 In gleichem Sinne berichtet der damals dreißigjährige Oberkraftfahrer Walter B. vom Kraftfahrersatzbataillon Leipzig: „Ich bedauerte, daß das Attentat nicht gelungen war. Vorausschicken möchte ich, daß ich bis 1933 aktiv Mitglied der SAJ war. 1933 und 1934 beteiligte ich mich noch an der illegalen Arbeit ... Bereitschaft, neue Regierung zu unterstützen, war vorhanden. Reaktion der Umgebung: Es wurde nicht offen über diese Angelegenheit gesprochen. Keiner traute dem anderen. Nur mit einem Gleichgesinnten konnte ich offen sprechen." Aus der Aufzeichnung des damals 23jährigen Schlossers Paul Hammer in einer Marinedienststelle in Gotenhafen (Gdynia) ist zu entnehmen, daß nicht nur er das Attentat begrüßt hat, sondern daß auch etwa drei Viertel seiner Kameraden ebenso dachten. Er schreibt: „Durch die gegnerische Einstellung meiner Eltern zum nationalsozialistischen Regime stand ich der damaligen Entwicklung schon als junger Mensch sehr kritisch gegenüber. Außerdem gehörte ich bis 1934 einer konfessionellen Jugendorganisation an. In meinem damaligen Arbeitsbereich waren Schlosser und Ingenieure tätig. Ein Teil der Arbeiter waren sogenannte ‚Eingedeutschte'. Zum Zeitpunkt des Attentats stand dieser Personenkreis in seiner großen Mehrheit nicht mehr hinter der Kriegspolitik der Naziführer. Einen Glauben an einen deutschen Sieg konnte ich damals weithin nicht mehr feststellen. Ich gewann vielmehr den Eindruck, daß das Attentat bei vielen Menschen den letzten Anstoß gab, entweder vom Re-

gime endgültig abzurücken oder zumindest eine kritische Haltung einzunehmen."

Der damalige Nachrichten-Gefreite Erich Gärtner (Beruf Fernkabelmonteur), früher in der Gewerkschaft und im Arbeiter-Turn-und-Sport-Bund organisiert, bedauerte, daß das Attentat mißglückt war. Er berichtet: „Ich wäre bereit gewesen, jede neue Regierung, wenn sie für den Frieden wäre, zu unterstützen ... Von den Kameraden meines Stützpunktes waren alle meiner Meinung ... Ich war über den illegalen Widerstandskampf verschiedener Gruppen und Nationalitäten orientiert, stand mit Partisanengruppen in Verbindung. Von meiner Einheit liefen 6 zu ihnen über, 2 wurden gefaßt und vor unserer Einheit erschossen."

140 „Freies Deutschland" v. 13. 8. 1944.

141 Ebenda.

142 Ebenda.

143 Ernst Niekisch, Das Reich der niederen Dämonen, Berlin 1953, S. 306.

144 Friedrich-Wilhelm Krummacher, Ruf zur Entscheidung, Berlin 1965, S. 109–111. Vgl. „Freies Deutschland" v. 8. 10. 1944.

145 Ebenda, S. 112.

zu Kapitel V

1 Geschichte der deutschen Arbeiterbewegung, Band 5, Berlin 1966, S. 415.

2 Ebenda, S. 413/414.

3 Karl Marx/Friedrich Engels, Manifest der Kommunistischen Partei, in: Werke, Band 4, Berlin 1959, S. 471/472.

4 Kaltenbrunner-Berichte, S. 193.

5 25. Jahrestag des 20. Juli 1944. Versammlung anläßlich des 25. Jahrestages des 20. Juli 1944 im Hause des Nationalrates am 18. Juli 1969 in Berlin. Sonderdruck, Berlin 1969, S. 12. Vgl. auch G. Förster, Legende und Wahrheit über den 20. Juli 1944, „Neues Deutschland" vom 19. Juli 1969.

6 „Der Spiegel" Nr. 33 vom 8. August 1966, S. 30.

7 Vgl. hierzu auch: Vom SD-Agenten P 38/546 zum Bundestagspräsidenten . . ., a. a. O.

8 Prof. Dr. Renate Riemeck schreibt hierzu in der „Deutschen Volkszeitung“ vom 18. Juli 1967: „Wenn man heute diese Gedankengänge der Goerdeler-Gruppe liest, meint man, daß sie mit leichten Varianten ein Konzept für die Entwicklung des Bonner Staates vorweggenommen habe: Eine starke Wehrmacht als ‚Schule der Nation‘, eine auf den deutschen Führungsanspruch abgestellte und gegen die Sowjetunion gerichtete ‚Europa-Politik‘, die Duldung einer neonazistischen Partei und die Wiedergewinnung verlorener Ostprovinzen bei gleichzeitigem Beharren auf der Gültigkeit des von Hitler erpreßten Münchner Abkommens von 1938.“

9 Archiv des Staatlichen Rundfunkkomitees Berlin, Sendung des Norddeutschen Rundfunks vom 20. 7. 1965. Auch die folgenden Zitate von Karl Gumbel entstammen dieser Quelle.

10 Zeller, a. a. O., S. 5.

11 Brief von Pfarrer R. an Günter Wirth.

12 Kai-Uwe von Hassel, Verantwortung für die Freiheit, Auszüge aus Reden und Veröffentlichungen in den Jahren 1963/64, Boppard am Rhein 1965, S. 420, zitiert in: G. Förster, a. a. O., S. 1460/61.

13 Zitiert in: Zeitschrift für Militärgeschichte, Heft 3/1964, S. 335.

14 Ebenda, S. 335/336.

15 Vgl. G. Förster, a. a. O. Außerdem erfolgt bereits eine offene Verurteilung des 20. Juli aus neonazistischer Sicht und damit die Rechtfertigung des faschistischen Terrors: J. F. Taylor, Der 20. Juli 1944. Anatomie einer Verschwörung, Bremen 1968. Diese 80seitige Schrift dient ausschließlich reaktionären politischen Zwecken, wissenschaftlich ist sie absolut wertlos.

16 Hier sind vor allem einige westdeutsche Fernsehsendungen zu den Jahrestagen des 20. Juli anzuführen.

17 Friedrich Zipfel/Eberhard Aleff, Gedenkstätte Plötzensee, Berlin (W) 1967, 8. Auflage, S. 5.

18 Albert Krebs, a. a. O., S. 289.

19 Vgl. Geschichte der deutschen Arbeiterbewegung, Band 5, Berlin 1966.

20 Prof. Dr. Heinrich Scheel, Festansprache anläßlich des 20. Jahrestages des 20. Juli 1944 in Berlin, in: Mitteilungsblatt der AeO, Heft 8/1964, S. 6.

21 Heinrich Mann, Widerstehe dem Übel (1948), in: Essays – 3. Band, Berlin 1962 (= Ausgewählte Werke in Einzelausgaben, Band 13), S. 387.

Quellen- und Literaturverzeichnis

1. Archivalische Quellen

Deutsches Zentralarchiv Potsdam
Reichsministerium des Innern Nr. 25 673/4
Präsidialkanzlei Nr. 39/3
Reichspropagandaleitung der NSDAP Nr. 1

Institut für Marxismus-Leninismus beim ZK der SED.
Zentrales Parteiarchiv
Nr. NJ – 17 548/1
NJ – 17 548/2
NJ – 1614
238 / Mappe 25

2. Darstellungen, Dokumentationen, Memoiren

a) Arbeiten marxistischer Autoren und andere in der Deutschen Demokratischen Republik erschienene Literatur

Marx, Karl/Engels, Friedrich: Manifest der Kommunistischen Partei, in: Werke, Band 4, Berlin 1959.
Marx, Karl: Der Achtzehnte Brumaire des Louis Bonaparte, in: Werke, Band 6, Berlin 1960.
Mehring, Franz: Karl Marx. Geschichte seines Lebens, Berlin 1960 (= Mehring, Gesammelte Schriften, Band 3).
Ulbricht, Walter: Zur Geschichte der neuesten Zeit. Die Niederlage

Hitlerdeutschlands und die Schaffung der antifaschistisch-demokratischen Ordnung, Berlin 1955.
Ulbricht, Walter: Zur Geschichte der deutschen Arbeiterbewegung. Aus Reden und Aufsätzen, Band II, 1933–1946, Berlin 1953.
Ulbricht, Walter: Fünfzig Jahre Kommunistische Partei Deutschlands, in: „Neues Deutschland" vom 31. 12. 1968.
Ackermann, Anton: Der 20. Juli. Vortrag im Nationalkomitee. Handschriftliche Vortragsnotizen, im persönlichen Besitz von A. Ackermann.
Ackermann, Anton: Der 20. Juli und seine Lehren. Die Hintergründe großer und zugleich tragischer Ereignisse, in: Deutsche Volkszeitung, Zentralorgan der KPD, vom 20. 7. 1945.
Ackermann, Anton: Legende und Wahrheit über den 20. Juli 1944, in: „Einheit" Heft 12/1947.
Adam, Wilhelm, Oberst a. D.: Der schwere Entschluß, Berlin 1965.
Anatomie des Krieges. Neue Dokumente über die Rolle des deutschen Monopolkapitals bei der Vorbereitung und Durchführung des zweiten Weltkrieges, hrsg. und eingeleitet von Dietrich Eichholtz und Wolfgang Schumann, Berlin 1969.
Auf dem Wege zur gemeinsamen humanistischen Verantwortung (Dokumentenband), Berlin 1967.
Bartel, Walter: Die deutsche Widerstandsbewegung und die Alliierten zur Zeit des zweiten Weltkrieges, in: Zeitschrift für Geschichtswissenschaft, Heft 5/1961.
Bartel, Walter: Rede (auf der) Veranstaltung anläßlich des 25. Jahrestages des 20. Juli 1944 im Hause des Nationalrats am 18. Juli 1969 in Berlin, in: 25. Jahrestag des 20. Juli 1944 (Berlin 1969).
Barth, Karl: Klärung und Wirkung. Zur Vorgeschichte der Kirchlichen Dogmatik und zum Kirchenkampf, herausgegeben von Walter Feurich, Berlin 1966.
Bednarek, Horst: Gewerkschafter im Kampf gegen die Todfeinde der Arbeiterklasse und des deutschen Volkes, in: Zur Geschichte der deutschen Gewerkschaftsbewegung von 1933 bis 1945, Berlin o. J.
Bericht über die gemeinsam mit der Bezirksleitung der SED durchgeführte Tagung zum 20. Jahrestag der Gründung der SED, in: Wissen-

schaftliche Zeitschrift der Pädagogischen Hochschule Potsdam, Mathematisch-Naturwissenschaftliche Reihe, Jg. 10 (1966), Heft 3, S. 434.

Berthold, Lothar: Das System des faschistischen Terrors in Deutschland und die Haltung der einzelnen Klassen und Volksschichten, in: Zeitschrift für Geschichtswissenschaft, Heft 1/1964.

Berthold, W./Lozek, G./Meier, H.: Grundlinien und Entwicklungstendenzen in der westdeutschen Geschichtsschreibung von 1945 bis 1964, in: Wissenschaftliche Zeitschrift der Karl-Marx-Universität Leipzig, Gesellschafts- und sprachwissenschaftliche Reihe, Heft 3/1965 (14. Jg.).

Biernat, Karl-Heinz: Sie kämpften für Deutschland, in: Berliner Zeitung vom 14. 9. 1969.

Brauchitsch, Manfred von: Ohne Kampf kein Sieg, Berlin 1964.

Braunbuch. Kriegs- und Naziverbrecher in der Bundesrepublik, Berlin 1965.

Buchwitz, Otto: 50 Jahre Funktionär der deutschen Arbeiterbewegung. Berlin 1950.

Christlicher Widerstand gegen den Faschismus, Berlin 1955.

Das Nationalkomitee „Freies Deutschland" und seine militärpolitische Bedeutung. Protokoll der Konferenz des Instituts für Deutsche Militärgeschichte am 27. und 28. März 1963, Potsdam 1963.

Der deutsche Imperialismus und der zweite Weltkrieg. Materialien der Wissenschaftlichen Konferenz der Kommission der Historiker der DDR und der UdSSR zum Thema „Der deutsche Imperialismus und der zweite Weltkrieg" vom 14. und 19. Dezember 1959 in Berlin, Band 1 (Hauptreferate und Dokumente der Konferenz), Berlin 1960, Band 4 (Die Innenpolitik und die Besatzungspolitik des deutschen Imperialismus und die antifaschistische Widerstandsbewegung in Deutschland und den besetzten Gebieten), Berlin 1961.

Der Nürnberger Prozeß. Aus den Protokollen, Dokumenten und Materialien des Prozesses gegen die Hauptkriegsverbrecher vor dem Internationalen Militärgerichtshof, ausgewählt und eingeleitet von Prof. Dr. P. A. Steiniger, 2 Bände, Berlin 1960.

Deutsche Widerstandskämpfer 1933–1945. Biographien und Briefe, (herausgegeben vom) Institut für Marxismus-Leninismus beim Zentralkomitee der SED. 2 Bände, Berlin 1970 (Darin: Claus Schenk Graf von Stauffenberg II 294–296, Caesar von Hofacker I 406f., Julius Leber I 574–576, Wilhelm Leuschner I 589–592, Helmuth James Graf von Moltke I 648–650, Hans Ludwig Sierks II 280–282, Adam von Trott zu Solz II 363–365, Peter Graf Yorck von Wartenburg II 439–441). [Lag bei Abschluß des Manuskripts noch nicht vor.]

Dress, Hans: Der antidemokratische und reaktionäre Charakter der Verfassungspläne Goerdelers, in: Zeitschrift für Geschichtswissenschaft, Heft 6/1957.

Dress, Hans: Die Verschwörung vom 20. Juli 1944 in der neuesten westdeutschen Literatur, in: Zeitschrift für Geschichtswissenschaft, Heft 6/1964.

Dressler, Helmut: Neuorientierung, Berlin 1966.

Drobisch, Klaus: Über die Haltung Friedrich Flicks in den Jahren 1943–1944, in: Bulletin des Arbeitskreises „2. Weltkrieg“, Heft III/1963, S. 42.

Drobisch, Klaus: Wir schweigen nicht! Eine Dokumentation über den antifaschistischen Kampf Münchner Studenten 1942/43, Berlin 1968.

Ersil, Wilhelm: Das außenpolitische Programm der militärischen Verschwörung vom 20. Juli 1944: Deutsche Außenpolitik, Heft 7/1959.

Ersil, Wilhelm: Die Wahrheit über den 20. Juli, in: Einheit, Heft 7/1960.

Fall 12. Das Urteil gegen das Oberkommando der Wehrmacht, gefällt am 28. Oktober 1948 in Nürnberg vom Militärgerichtshof V der Vereinigten Staaten von Amerika, Berlin 1960.

Finker, Kurt: Was erfährt die Jugend in den Schulen Westdeutschlands über die Geschichte des Nationalkomitees „Freies Deutschland“, in: Das Nationalkomitee „Freies Deutschland“ und seine militärpolitische Bedeutung, Potsdam 1963.

Förster, Gerhard: Totaler Krieg und Blitzkrieg. Die Theorie des totalen Krieges und des Blitzkrieges in der Militärdoktrin des faschistischen Deutschlands am Vorabend des zweiten Weltkrieges, Berlin 1967.

Förster, Gerhard: Legende und Wahrheit über den 20. Juli 1944, in: Neues Deutschland vom 19. 7. 1969.

Förster / Helmert / Otto / Schnitter: Der preußisch-deutsche Generalstab 1640–1965, Berlin 1966.

Förster, Gerhard / Helmert, Heinz: Das deutsche Offizierskorps und die Verschwörung vom 20. Juli 1944, in: „Militärwesen“, Heft 8/1962.

Förster, G. / Helmert, H. / Schnitter, H.: Der zweite Weltkrieg, Militärischer Verlauf und Chronik, Leipzig 1962.

Fuchs, Emil: Mein Leben, zweiter Teil, Leipzig 1959.

Fühmann, Franz: Völuspa, in: Das Judenauto, 14 Tage aus zwei Jahrzehnten, Leipzig 1965.

Geerdts, Hans-Jürgen: Deutsche Literaturgeschichte in einem Band, Berlin 1966.

Gereke, Günther: Ich war königlich-preußischer Landrat, Berlin 1970.

Geschichte der deutschen Arbeiterbewegung, Band 2–5, Berlin 1966.

Geschichte der deutschen Arbeiterbewegung, Chronik, Teil III, Berlin 1967.

Geschichte des Großen Vaterländischen Krieges der Sowjetunion. Band 1–5, Berlin 1962–1966.

Glasneck, Johannes: Eine Denkschrift Goerdelers vom Sommer 1939, in: Bulletin des Arbeitskreises „2. Weltkrieg“, Heft IV, 1965.

Glasneck, Johannes: Carl Goerdeler – Apologet der faschistischen Nahostexpansion und Vorläufer des Bonner Neokolonialismus, in: Zeitschrift für Geschichtswissenschaft, Heft 8/1963.

Glondajewski, Gertrud / Schumann, Heinz: Die Neubauer-Poser-Gruppe, Berlin 1957.

Günther, Max: Erinnerungen eines Beteiligten, in: Deutsche Volkszeitung, Zentralorgan der KPD, vom 20. Juli 1945.

Hadermann, Ernst: Ein Beitrag zur Vorgeschichte des Nationalkomitees „Freies Deutschland“, in: „Freies Deutschland“ vom 29. 8. 1943 (Nr. 6)

Hadermann, Ernst: Wie ist der Krieg zu beenden? Ein Manneswort eines deutschen Hauptmanns, mit einer Vorrede von Erich Weinert, Flugschrift, Moskau 1942.

Heise, Wolfgang: Aufbruch in die Illusion. Zur Kritik der bürgerlichen Philosophie in Deutschland, Berlin 1964.
Helwig, Joachim / Oley, Hans: Der 20. Juli 1944 und der Fall Heusinger, Berlin 1959.
Hohendorf, Gerd: Adolf Reichwein, in: Antifaschistische Lehrer im Widerstandskampf, Berlin 1967 (Lebensbilder großer Pädagogen).
Konzeption für die Ausarbeitung einer vierbändigen „Geschichte Deutschlands im zweiten Weltkrieg" (Autorenkollektiv unter Leitung von Wolfgang Schumann), in: Jahrbuch für Geschichte, 3. Teil, Berlin 1969.
Konzeption zur Darstellung der Verschwörung vom 20. Juli 1944, in: Bulletin des Arbeitskreises „Zweiter Weltkrieg", Heft 1/1965.
Korfes, Otto: Zur 18. Wiederkehr des 20. Juli 1944, in: Mitteilungsblatt der AeO, Heft 7/1962.
Krause, Ilse: Die Schumann-Engert-Kresse-Gruppe, Berlin 1960.
Krummacher, Friedrich-Wilhelm: Ruf zur Entscheidung, Predigten, Ansprachen, Aufsätze 1944/45. Dokumente aus dem Arbeitskreis für kirchliche Fragen beim Nationalkomitee „Freies Deutschland", Berlin 1965.
Laschitza, Horst / Vietzke, Siegfried: Deutschland und die deutsche Arbeiterbewegung 1933–1945, Berlin 1964.
Mader, Julius: Geheimnis von Huntsville, Berlin 1963.
Mader, Julius: Dokumentenfund zum 20. Juli 1944, in: Mitteilungsblatt der Arbeitsgemeinschaft ehemaliger Offiziere, Jgg. 1968/69 (4 Folgen).
Mann, Heinrich: Essays, 3. Band, Berlin 1962.
Mann, Thomas: Gesammelte Werke, Band 12, Berlin 1955.
Maschke, Walter: Unveröffentlichte Erinnerungen, Vortragsmanuskripte u. ä. aus den Jahren 1945–1949 (MS).
Melnikow, Daniil: 20. Juli 1944 – Legende und Wirklichkeit, Berlin 1966.
Melnikow, Daniil: Der Kreisauer Kreis und die Gruppe Stauffenberg, in: Blätter für deutsche und internationale Politik, Köln, Heft 7/1965.
Müller, Hanfried: Von der Kirche zur Welt, Leipzig 1966.
Müller, Vincenz: Ich fand das wahre Vaterland, Berlin 1963.

1917–1945 · Neue Probleme der Geschichte der deutschen Arbeiterbewegung in Forschung und Lehre. Protokoll der konstituierenden Tagung der Fachgruppe „Geschichte der neuesten Zeit 1917–1945" der deutschen Historikergesellschaft am 31. Oktober und 1. November 1964 in Brandenburg (Havel). Berlin 1964.

Nitzsche, Gerhard: Die Saefkow-Jacob-Bästlein-Gruppe, Berlin 1957.

Norden, Albert: Die Bedeutung des 20. Juli, in: Die Weltbühne, Heft 13/1947.

Nuß, Karl-Wilhelm: Die Rolle der Reichswehrgeneralität bei der militärischen Aufrüstung Deutschlands in der Weimarer Republik, Phil. Diss. (MS), Potsdam 1962.

Oppitz, Kurt: Die Entwicklung des Kreisauer Kreises und seine Stellung in der Verschwörung vom 20. Juli 1944, Staatsexamensarbeit (MS), Potsdam 1964.

Ordnung, Carl: Martin Niemöller (Reihe Christ in der Welt, Heft 11), Berlin 1967.

Otto, Helmut / Schmiedel, Karl / Schnitter, Helmut: Der erste Weltkrieg, Berlin 1961.

Pech, Karlheinz, Travail Allemand: Widerstand in Wehrmacht und Behörden, in: „Die Tat" v. 5. 2. 1972, S. 14.

Pieck, Wilhelm: Der neue Weg zum gemeinsamen Kampf für den Sturz der Hitlerdiktatur. Referat und Schlußwort auf der Brüsseler Parteikonferenz der Kommunistischen Partei Deutschlands, Oktober 1935, Berlin 1960.

Plavius, Heinz: Bölls Ästhetik des Humanen, in: SONNTAG, Nr. 52 vom 25. 12. 1966.

Probleme der Geschichte des zweiten Weltkrieges. Protokoll der wissenschaftlichen Tagung in Leipzig vom 25. bis 30. November 1957 in 2 Bänden, Band II (Referate und Diskussion zum Thema: Die wichtigsten Richtungen der reaktionären Geschichtsschreibung über den zweiten Weltkrieg), Berlin 1958.

Protokoll der Konferenz „Die Lehrer im antifaschistischen Widerstandskampf der europäischen Völker (1933–1945)" in Potsdam im November 1965, Potsdam 1966.

Putlitz, Wolfgang Gans Edler Herr zu: Unterwegs nach Deutschland. Erinnerungen eines ehemaligen Diplomaten, Berlin 1962.
Revolutionäre deutsche Parteiprogramme vom Kommunistischen Manifest zum Programm des Sozialismus, herausgegeben und eingeleitet von Lothar Berthold und Ernst Diehl, Berlin 1964.
Rossmann, Gerhard: Der Kampf der KPD um die Einheit aller Hitler-Gegner, Berlin 1963.
Ruf und Antwort. Festgabe für Emil Fuchs, Leipzig 1964.
Ruge, Wolfgang: Deutschland von 1917 bis 1933, Berlin 1967.
Schaul, Dora: Nächtlicher Treff mit dem Vetter Stauffenbergs, in: „Neues Deutschland" v. 15. 7. 1972, S. 15.
Scheel, Heinrich: Festansprache anläßlich des 20. Jahrestages des 20. Juli in Berlin, in: Mitteilungsblatt der AeO, Heft 8/1964.
Schindler, Bärbel: Judith Auer. Eine Biographie, Staatsexamensarbeit (MS), Potsdam 1965.
Schnabel, Raimund: Die Frommen in der Hölle, Berlin 1966.
Schützle, Kurt: Reichswehr wider die Nation. Zur Rolle der Reichswehr bei der Vorbereitung und Errichtung der faschistischen Diktatur in Deutschland (1929–1933), Berlin 1963.
Vom SD-Agenten P 38/546 zum Bundestagspräsidenten. Die Karriere des Eugen Gerstenmaier. Ein Dokumentarbericht, hg. vom Nationalrat der Nationalen Front, Berlin 1969.
Sie kämpften für Deutschland. Zur Geschichte des Kampfes der Bewegung „Freies Deutschland" bei der I. Ukrainischen Front der Sowjetarmee, Berlin 1959.
SS im Einsatz. Eine Dokumentation über die Verbrechen der SS, Berlin 1960.
Thesen zur Geschichte der Christlich-Demokratischen Union Deutschlands; in: Dokumente der CDU, Band 6, Berlin 1966.
Trebs, Herbert: Karl Barth (Reihe Christ in der Welt, Heft 8), Berlin 1966.
Trier – und wie weiter? Materialien, Betrachtungen und Schlußfolgerungen über die Ereignisse auf dem Trierer Historikertag am 25. 9. 1958. Herausgegeben von Prof. Dr. Ernst Engelberg unter Mitwirkung von Werner Berthold und Rolf Rudolph, Berlin 1959.

Vereint sind wir alles. Erinnerungen an die Gründung der SED. Mit einem Vorwort von Walter Ulbricht, Berlin 1966.

Wagner, Woldemar / Wagner, Ingo: Die Verfälschung der historischen Rolle der antifaschistischen Bewegung „Freies Deutschland" durch Bodo Scheurig und die geschichtliche Wahrheit, in: Wissenschaftliche Zeitschrift der Karl-Marx-Universität Leipzig, Gesellschafts- und Sprachwissenschaftliche Reihe, Heft 3/1965 (14. Jg.).

Watzdorf, Bernhard: Die getarnte Ausbildung von Generalstabsoffizieren der Reichswehr von 1932 bis 1935, in: Zeitschrift für Militärgeschichte, Heft 1/1963.

Weinert, Erich: Das Nationalkomitee „Freies Deutschland" 1943 bis 1945. Bericht über seine Tätigkeit und seine Wirkung, Berlin 1957.

Weinert, Erich: Gedichte. Eine Auswahl, Berlin 1956.

Winter, Gerhard: Das Problem des Gehorsams in der Bundeswehr und der 20. Juli 1944, in: Zeitschrift für Militärgeschichte, Heft 3/1964.

Winzer, Otto: Zwölf Jahre Kampf gegen Faschismus und Krieg. Ein Beitrag zur Geschichte der Kommunistischen Partei Deutschlands 1933–1945, Berlin 1955.

Winzer, Otto: Der Friedenskampf der Kommunisten in Deutschland und die Verschwörung vom 20. Juli 1944, in: Einheit, Heft 7/1954.

Wirth, Günter: Nachwort zu Ernst Jenssen, Menschen und Zeiten, Berlin 1966.

Wirth, Günter: Otto Nuschke (Reihe Christ in der Welt, Heft 1), Berlin 1965.

Witzleben, Job von: Nochmals: Heusinger und der 20. Juli 1944, in: Mitteilungsblatt der AeO, Heft 3/1963.

Witzleben, Job von: Am Rande der Verschwörung gegen Hitler. Erinnerungen eines Zeitgenossen, Manuskript (MS), 1965.

Zukertort, Johannes: Nach der Verabschiedung, aus bisher unveröffentlichten Memoiren (MS).

Zur Geschichte der antifaschistischen Widerstandsbewegung 1933 bis 1945. Eine Auswahl von Materialien, Berichten und Dokumenten, Berlin 1957.

Zur Vorgeschichte der Verschwörung vom 20. Juli 1944, von einem Autorenkollektiv des Instituts für Deutsche Militärgeschichte unter der Leitung von Oberst W. Stern, Berlin 1960.
Zweig, Arnold: Standbild und Einsturz des Stefan George, in: Neue Deutsche Literatur, Heft 11/1957.

b) In der BRD bzw. in Westberlin erschienene Literatur und ältere Arbeiten bürgerlicher Autoren

Alff, Wilhelm: Der Streit um den Zwanzigsten Juli. „Die Verschwörer" von Wolfgang Graetz in kritischer Sicht, in: Frankfurter Allgemeine Zeitung vom 27. 11. 1965.
Arp, Jochen: Stauffenbergs Hochverrat. Die Wahrheit über den 20. Juli 1944, in: „Deutsche Soldaten-Zeitung und National-Zeitung" vom 20. 7. 1966.
Bethke, Hildburg (Hrsg.): Eid – Gewissen – Treuepflicht, Frankfurt (Main) 1965.
Boehringer, Robert: Mein Bild von Stefan George, Düsseldorf 1951.
Boldt, Gerhard: Die letzten Tage der Reichskanzlei, Hamburg/Stuttgart 1947.
Böll, Heinrich: Erzählungen – Hörspiele – Aufsätze, Köln/Berlin 1961.
Boveri, Margret: Der Verrat im 20. Jahrhundert, Teil II. Für und gegen die Nation. Das unsichtbare Geschehen, Hamburg 1956.
Brüdigam, Heinz: Für welches Deutschland kämpften und starben sie?, in: „Die Andere Zeitung" vom 16. 7. 1964.
Bücher von Autoren jüdischer Herkunft in deutscher Sprache. Eine Ausstellung der B'nai B'rith Wien, Wien 1967.
Buchheit, Gerd: Ludwig Beck, ein preußischer General, München 1964.
Darauf kam die Gestapo nicht. Beiträge zum Widerstand im Rundfunk, Buchreihe des SFB, Berlin (W) 1966.
Der deutsche Widerstand gegen Hitler. Vier historisch-kritische Studien von Hermann Graml, Hans Mommsen, Hans Joachim Reichard

und Ernst Wolf, herausgegeben von Walter Schmitthenner und Hans Buchheim, Köln/Berlin (W) 1966.
Dulles, Allan Welsh: Verschwörung in Deutschland, Kassel 1949.
Ehler, Dieter: Technik und Moral einer Verschwörung. 20. Juli 1944, Frankfurt (Main) 1964.
Ehrenthal, Günter: Die deutschen Jugendbünde. Ein Handbuch ihrer Organisation und Bestrebungen, Berlin 1929.
Ehrler, Klaus (Hrsg.): Die CDU in der DDR oder: Was wir von unseren Brüdern und Schwestern lernen können. Köln 1969.
Entscheidungsjahr 1932. Zur Judenfrage in der Endphase der Weimarer Republik, Tübingen 1966.
Erfurth, Waldemar: Die Geschichte des deutschen Generalstabes von 1918 bis 1945, Göttingen 1960.
Faber du Faur, Moritz von: Macht und Ohnmacht. Erinnerungen eines alten Offiziers, Stuttgart 1953.
Festschrift des Eberhard-Ludwigs-Gymnasiums Stuttgart zur Einweihung des neuen Schulgebäudes, Stuttgart 1957.
Foerster, Wolfgang: Generaloberst Ludwig Beck, sein Kampf gegen den Krieg, aus nachgelassenen Papieren des Generalstabschefs, München 1953.
Fraenkel, Heinrich / Manvell, Roger: Der 20. Juli, Berlin/Frankfurt/Wien 1964.
Gebhardt, Bruno: Handbuch der deutschen Geschichte. Band 4: Die Zeit der Weltkriege, von Karl Dietrich Erdmann, Stuttgart 1959.
Gerlach-Pretorius, Angelika: Gewissen–Konflikt–Entscheidung. Texte und didaktische Überlegungen zum 20. Juli 1944, Heft 7 A der Hamburger Arbeitshilfen für Religionsunterricht, evangelische Unterweisung und Gruppenarbeit, Hamburg 1965.
Gisevius, Hans Bernd: Bis zum bitteren Ende, Band 1 und 2, Hamburg 1947.
Görlitz, Walter: Widerstand gegen den Nationalsozialismus in Pommern. Ein Versuch, in: Baltische Studien N. F. 48 (1961).
Görlitz, Walter: 20. Juli 1944: Staatsstreich nach Dienstschluß, in: Die Welt vom 19. 7. 1969.
Graetz, Wolfgang: Die Verschwörer, München 1965.

Hammerstein, Kunrat Freiherr von: Spähtrupp, Stuttgart 1963.
Hammerstein, Kunrat Freiherr von: Flucht – Aufzeichnungen nach dem 20. Juli, Olten/Freiburg (Br.) 1966.
Hassel, Kai-Uwe von: Verantwortung für die Freiheit, Auszüge aus Reden und Veröffentlichungen in den Jahren 1963/64, Boppard 1965.
Hassell, Ulrich von: Vom anderen Deutschland. Aus den nachgelassenen Tagebüchern 1938–1944, Zürich/Freiburg (Br.) 1946.
Heinemann, Gustav: (Rede zum 25. Jahrestag des 20. Juli 1944) in: Stuttgarter Zeitung vom 21. 7. 1969.
Henk, Emil: Die Tragödie des 20. Juli 1944, Heidelberg 1946.
Hermes, Peter: Die Christlich-Demokratische Union und die Bodenreform in der Sowjetischen Besatzungszone Deutschlands im Jahre 1945, Saarbrücken 1963.
Hoffmann, Peter: Widerstand, Staatsstreich, Attentat, München 1969.
Jedlicka, Ludwig: Der 20. Juli 1944 in Österreich, Wien/München 1965.
Jaspers, Karl: Wohin treibt die Bundesrepublik?, München 1966.
Kantorowicz, Ernst: Kaiser Friedrich der Zweite, Berlin 1927.
Kramarz, Joachim: Claus Graf von Stauffenberg. Das Leben eines Offiziers, Frankfurt (Main) 1965.
Krebs, Albert: Fritz-Dietlof Graf von der Schulenburg. Zwischen Staatsraison und Hochverrat, Hamburg 1964.
Leber, Annedore: Dr. Leber und Stauffenberg, in: „Telegraf" vom 16. 6. 1946.
Leber, Annedore: Das Gewissen steht auf. 64 Lebensbilder aus dem deutschen Widerstand von 1933 bis 1945, Berlin/Frankfurt (Main) 1956.
Leber, Julius: Ein Mann geht seinen Weg. Schriften, Reden und Briefe, hrsg. von seinen Freunden, Berlin/Frankfurt (Main) 1952.
Mann, Golo: Deutsche Geschichte des 19. und 20. Jahrhunderts, Frankfurt (Main) 1963.
Markwardt, Bruno: Geschichte der deutschen Poetik, Band V: Das zwanzigste Jahrhundert, Berlin (W) 1967.
McCloy II, John J.: Die Verschwörung gegen Hitler, Stuttgart 1963.

Moltke, Helmuth J. Graf von: Letzte Briefe aus dem Gefängnis Tegel, Berlin (W) 1963.
Müller, Christian: Oberst i. G. Stauffenberg. Eine Biographie, Düsseldorf o. J. (1971).
Niekisch, Ernst: Das Reich der niederen Dämonen, Berlin 1953.
Pfizer, Theodor: Die Brüder Stauffenberg, Sonderdruck aus: Robert Boehringer – Eine Freundesgabe, Tübingen 1957.
Poelchau, Harald: Die letzten Stunden. Erinnerungen eines Gefängnispfarrers, aufgezeichnet von Graf Alexander Stenbock-Fermor, Berlin 1949.
Poelchau, Harald: Die Ordnung der Bedrängten, Berlin (W) 1963.
Prantner, Robert: Österreichs Beitrag zum 20. Juli 1944, in: Österreichische Monatshefte, Heft 10/1965.
Pross, Harry: Jugend, Eros, Politik. Die Geschichte der deutschen Jugendverbände, Bern/München/Wien 1964.
Rabenau, Friedrich von: Seeckt. Aus seinem Leben. Leipzig 1940.
Reuter, Franz: Der 20. Juli und seine Vorgeschichte, Berlin 1946.
Riemeck, Renate: (Aufsatz) in: Deutsche Volkszeitung, Düsseldorf, vom 18. 7. 1967.
Ritter, Gerhard: Carl Goerdeler und die deutsche Widerstandsbewegung, Stuttgart 1965.
van Roon, Ger: Neuordnung im Widerstand. Der Kreisauer Kreis innerhalb der deutschen Widerstandsbewegung, München 1967.
van Roon, Ger: Het duitse verzet tegen Hitler. (Der deutsche Widerstand gegen Hitler), Utrecht/Antwerpen 1968.
Rothfels, Hans: Die deutsche Opposition gegen Hitler. Eine Würdigung, Frankfurt (Main)/Hamburg 1958.
Rothfels, Hans: Werden Historiker dem 20. Juli gerecht?, in: Die Zeit vom 18. 7. 1969.
Salin, Edgar: Um Stefan George. Erinnerungen und Zeugnis, München/Düsseldorf 1954.
Scheringer, Richard: Das große Los. Unter Soldaten, Bauern und Rebellen, Hamburg 1959.
Scheurig, Bodo: Claus Graf Schenk von Stauffenberg, Berlin (W) 1964.

Scheurig, Bodo: Verrat hinter Stacheldraht? Das Nationalkomitee „Freies Deutschland" und der Bund Deutscher Offiziere in der Sowjetunion 1943–1945, München 1965.

Scheurig, Bodo: Ewald von Kleist-Schmenzin, Ein Konservativer gegen Hitler, Oldenburg/Hamburg 1968.

Schlabrendorff, Fabian von: Offiziere gegen Hitler, Frankfurt (Main)/ Hamburg 1962.

Schmidt, Rudolf: Die befangenen Widerstandskämpfer. Eine umstrittene Beck-Biographie zum Jahrestag des 20. Juli, in: „Spandauer Volksblatt" vom 25. 7. 1965.

Schonauer, Franz: Stefan George in Selbstzeugnissen und Bilddokumenten, Reinbek 1960.

Schramm, Wilhelm Ritter von: Beck und Goerdeler. Gemeinschaftsdokumente für den Frieden 1941–1944, München 1965.

Schramm, Wilhelm Ritter von: Aufstand der Generale. Der 20. Juli in Paris, München 1966.

Shirer, William L.: Aufstieg und Fall des Dritten Reiches, Köln 1961.

Spiegelbild einer Verschwörung. Die Kaltenbrunner-Berichte an Bormann und Hitler über das Attentat vom 20. Juli 1944. Geheime Dokumente aus dem ehemaligen Reichssicherheitshauptamt, herausgegeben vom Archiv Peter für historische und zeitgeschichtliche Dokumentation, Stuttgart 1961.

Stauffenberg, Alexander Graf Schenk von: Erinnerungen an Stefan George. Rede auf einer Gedenkfeier am 4. 12. 1958 in Westberlin, hektographiertes Manuskript.

Stauffenberg, Alexander Graf Schenk von: Ansprache vor dem Eberhard-Ludwigs-Gymnasium im Jahre 1959, hektographiertes Manuskript.

Stauffenberg, Claus Graf Schenk von: Gedanken zur Abwehr feindlicher Fallschirmeinheiten im Heimatgebiet, in: „Wissen und Wehr", Monatsschrift, Heft 7/1938, S. 459f.

Stauffenberg, Claus Graf Schenk von: Heereskavallerie. Eine Studie, unveröffentlichtes Manuskript (MS).

Steltzer, Theodor: Sechzig Jahre Zeitgenosse, München 1966.

Steltzer, Theodor: Von deutscher Politik, Frankfurt (Main) 1949.

Taylor, J. F.: Der 20. Juli 1944. Anatomie einer Verschwörung, Bremen 1968.
Tippelskirch, Kurt von: Geschichte des zweiten Weltkrieges, Bonn 1956.
Wegner, Arthur: Einführung in die Rechtswissenschaft, Berlin (W) 1948, 2. Auflage.
Weisenborn, Günter: Der lautlose Aufstand. Bericht über die Widerstandsbewegung des deutschen Volkes 1933–1945, Hamburg 1954.
Wheeler-Bennett, John W.: Die Nemesis der Macht. Die deutsche Armee in der Politik 1918–1945, Düsseldorf 1954.
Wulf, Joseph: Literatur und Dichtung im Dritten Reich (Dokumentation), Reinbek 1966.
Zeller, Eberhard: Geist der Freiheit. Der 20. Juli 1944, Berlin/Darmstadt/Wien 1965.
Zipfel, Friedrich / Heff, Eberhard: Gedenkstätte Plötzensee, Berlin (W) 1967.

3. *Zeitungen, Zeitschriften und sonstige Materialien*

„Deutsche Volkszeitung" (Zentralorgan der KPD, Berlin) vom 20. 7. 1945.
„Freies Deutschland", Jg. 1944.
Materialien der Künstlerischen Arbeitsgruppe Karl Gass der DEFA, Studio für Wochenschau und Dokumentarfilme, Potsdam-Babelsberg, zum Dokumentarfilm „Revolution am Telefon" vom 20. 7. 1964.
Mitteilung des Lektorats Rundfunkgeschichte und der Studiotechnik des Staatlichen Rundfunkkomitees vom 24. 11. 1966.
„Mitteilungsblatt der Arbeitsgemeinschaft ehemaliger Offiziere" (AeO), Heft 2/1959, 3/1959, 7/1959, 8/1959, 3/1960, 9/1960, 7/1962, 3/1963, 11/1963, 7/1964, 8/1964.
„Neues Deutschland" vom 25. 1. 1967.
„Neue Zeit" (Berlin) vom 22. 7. 1945 und 12. 9. 1945.
Protokoll eines Gesprächs zwischen Karl Gass, Richard Ritterbusch und Dr. Meinecke-Kleint, im Besitz des Verfassers.

Abschrift des Abiturzeugnisses von Claus Graf Schenk von Stauffenberg aus dem Eberhard-Ludwigs-Gymnasium Stuttgart.

Aufzeichnungen von BRD-Rundfunk- und Fernsehsendungen im Archiv des Staatlichen Rundfunkkomitees Berlin.

„Aus Politik und Zeitgeschehen", Beilage zur Wochenzeitung „Das Parlament", Bonn, Heft B XXXXVI/54 (17. 11. 1954), B XXIX/55 (20. 7. 1955).

„Berliner Börsenzeitung" vom 1. 6. 1933 und 16. 2. 1934.

Das Attentat vom 20. Juli 1944 und seine Hintergründe. Ergebnis der Vernehmung von Dr. Georg Kiesel. Hektographiertes Manuskript, im Besitz von Anton Ackermann.

„Der Spiegel", Nr. 35 vom 8. 8. 1966 und Nr. 26 vom 19. 6. 1967.

„Deutsches Allgemeines Sonntagsblatt" vom 20. 7. 1969.

„Deutsche Volkszeitung" (Düsseldorf) vom 18. 7. 1967.

„Die kommunistische Version". Der 20. Juli 1944 in der Sicht der SED. Dokumentarfilm des westdeutschen Fernsehens vom 20. 7. 1965.

„Die Zeit", 17. 7. 1964, 10. 5. 1968, 18. 7. 1969.

„Frankfurter Allgemeine", 5. 9. 1968.

„Potsdamer Tageszeitung" vom 21. 3. 1933. Abendausgabe.

„Reichsgesetzblatt", Teil I Jg. 1933, 1934.

Sonderdruck der Zeitschrift „Reichsverband Deutscher Offiziere", Nr. 6, 25. 2. 1935.

„Stimme der Gemeinde zum kirchlichen Leben, zur Politik, Wirtschaft und Kultur", Heft 22 vom 22. 11. 1967.

„Welt und Wort", Heft 8/1968.

„Wissen und Wehr". Monatsschrift der Deutschen Gesellschaft für Wehrpolitik und Wehrwissenschaften, Heft 7/1938.

Namenverzeichnis

BILDNACHWEIS

Zentralbild, Berlin (19); Berliner Verlag (Archiv), Berlin (4);
Staatliche Museen zu Berlin, Museum für Volkskunde (1); Standesamt Frankfurt/Oder (1);
Anton Ackermann, Berlin (2); Gisela Bendel, Dresden (2); Manfred von Brauchitsch, Gräfenwarth (1); Friedrich Frhr. von Broich, München (2); Prof. Dr. Kurt Finker, Potsdam (1); Gudrun Korfes, Potsdam (1); Bernd Ruland, Fessenbach (7); Job von Witzleben, Potsdam (1)

Der Verlag ist dem Besitzer der Dokumente zum 20. Juli 1944, Herrn Bernd Ruland, für die Erlaubnis zum Abdruck sowie Herrn Dr. Julius Mader und Herrn Dr. Max Hummeltenberg, die den Dokumentenfund 1968/69 im „Mitteilungsblatt der Arbeitsgemeinschaft ehemaliger Offiziere" zuerst veröffentlichten, für die Überlassung der Vorlagen zu besonderem Dank verpflichtet.

Inhalt